Georg Röwekamp

FC SCHALKE 04
Der Mythos lebt

Danksagung

Der Verlag dankt allen Sponsoren, die das Erscheinen dieses Buches freundlicherweise unterstützt haben:
Westdeutscher Rundfunk (WDR), Volksbank Gelsenkirchen, Figura GmbH & Co. KG, Dahli-Kuchen, Sport Concepts, Stadtsparkasse Gelsenkirchen, Sport-Paradies, Stadtwerke Gelsenkirchen, Ute Koch-Tibulsky, Euro Media GmbH, RWE, Sport Studio GYM 80, Schulte Kemna GmbH, Hotel Weissenburg, B.A.F.F., WEBA Leichtmetall, Peter Albrecht, Restaurant Las Tapas, Vereinslokal Schalke 04, Gerhard Bosch, Pokal 2000, Automobile Basdorf, Felix-Fechenbach-Kooperative, Copy-Shop Ebertgalerie, Radio FIV, Fußballmagazin Hattrick, Reviersport sowie die Schalker Faninitiative.

Georg Röwekamp

FC Schalke 04

Der Mythos lebt

VERLAG DIE WERKSTATT

CIP-Titeleintrag der Deutschen Bibliothek

Röwekamp, Georg:
FC Schalke 04 : der Mythos lebt / Georg Röwekamp. –
Göttingen : Verl. Die Werkstatt, 1996
ISBN 3-89533-164-3

1 2 3 4 1999 1998 1997 1996

D-37083 Göttingen, Lotzestr. 24a

Gesamtherstellung Verlag Die Werkstatt GmbH
ISBN 3-89533-164-3

Inhalt

Die Treuesten der Treuen „auf Schalke“.

Stimmen zum Spiel

„Bei Schalke!"
Ernst Kuzorra auf die Frage des schwedischen Königs, wo Gelsenkirchen liege

„Schalke, das ist für dieses knallharte Kombinat aus Mammon und Maloche so etwas wie die Befreiung von den Zwängen und den Zwecken, der Adel des spielerischen Erfolges, des Kumpels königsblaues Blut, ein Lokalheiligtum mit der Ausstrahlung der Schwarzen Madonna von Tschenstochau. (...) Niemand hätte je vom Schalker Markt gesprochen, wäre dieses finstere Fleckchen Kohlenpott nicht durch Schalke 04 zum Jerusalem der Fußball-Gläubigen geworden."
Der Spiegel vom 24.4.1972

„Schalke: Das ist Liebe und Haß, Mythos und Schicksal; das füllt die Spannweite aus zwischen rauschhaftem Jubel und Selbstmord, selbstloser Hingabe und Meineid."
Jürgen Girgensohn, Kultusminister Nordrhein-Westfalens, in seiner Rede zum 75jährigen Vereinsjubiläum

„Wir kannten nur Arbeit und Fußball, sonst nichts."
Ernst Kuzorra

„Um Szepan und Kuzorra spielen zu sehen, bin ich sogar auf Bäume geklettert."
Fritz Walter

„Ihr fünf spielt jetzt vier gegen drei."
Schalke-Trainer Fritz Langner

„Das beste an Schalke war die Autobahnauffahrt Richtung München."
Trainer Max Merkel

„Wer keine Vergangenheit hat, wird nie eine Zukunft haben."
Günter Siebert

„Auf Schalke müssen wir nur einen Flutlichtmasten einweihen, und schon kommen zweitausend Fans."
Günter Siebert

„Wir stehen schon vor einem halben Leichnam, jetzt müssen wir uns nur noch für einen Arzt entscheiden."
Ein Mitglied auf einer Jahreshauptversammlung der achtziger Jahre

„Solange man noch über uns schreibt, leben wir noch."
Ein Mitglied auf der gleichen Versammlung

„Meine Lebensgefährtin hat mich gefragt, ob ich noch ganz normal im Kopf bin, mich hier hinzustellen und als Präsident zu kandidieren."
Der Drei-Tage-Präsident Zylka

„Wenn ich 'auf Schalke' bin, weiß ich, was es heißt: Ich bin weg – weggerissen aus meinen Sorgen und Nöten, Verpflichtungen und Terminen."
Ruhrbischof Franz Hengsbach

„Die Schwelle der Hoffnung überschreiten"
Buchtitel von Papst Johannes Paul II., Ehrenmitglied von Schalke 04

„Wir sind Schalker und ihr nicht!"
Schalker Fans zu den Spielern nach der beschämenden Niederlage in Kassel am Ende der Saison 1989/90

„Für mich liegt die Faszination Schalke darin, daß dieser Verein etwas geschafft hat, was ich in Deutschland nur noch in München bei den Fans von 1860 erlebt habe – nämlich, daß man als Schalke- oder 60er-Fan geboren wird. Und die sterben nicht aus."
Paul Breitner

„Entweder ich schaffe Schalke oder Schalke schafft mich."
Manager Rudi Assauer bei seinem ersten Amtsantritt

„Schalke ist sexi"
Graffito an der Fankneipe „Auf Schalke"

„Suche eine Fahne von Schalke 04, biete dafür Schal und Mütze von Borussia Dortmund."
E.R. aus Marburg (in Sport-Bild)

Mythos Schalke

Einleitung

Die Herrentoilette der Theologischen Abteilung an der Ruhr-Universität Bochum ist normalerweise wirklich ein stilles Örtchen. Nur wenige Studentinnen und Studenten bevölkern hier oben in der sechsten Etage die Flure. Und während unten bei der Cafeteria die Toiletten voll sind mit mehr oder weniger gelungenen Sprüchen und Zeichnungen, erstrahlen hier oben die Wände fast noch in makellosem Weiß. Nur ganz hinten in der Ecke hat irgendjemand die Tür von innen mit einem Spruch versehen. Man kann nicht erkennen, ob es ein fremder Eindringling war, der die Theologen zur wahren Religion bekehren wollte, oder ein Student, der sich nach einigen Semestern enttäuscht vom frommen Studium abgewandt hat. Jedenfalls steht dort, natürlich mit blauem Kuli auf weißem Resopal: *Schalke statt Gott.*

Doch hier oben hat man auch mit Glaubenskriegen Erfahrung. Irgendjemand hat bald darauf *Schalke* durchgestrichen und ersetzt durch: *BVB.*

Verwundert reibt sich der arglose Besucher die Augen: Was ist das für ein Verein, der sogar bis in die Klos der Theologen vordringt, dessen Anhänger einen anderen Verein bekämpfen wie seinerzeit Katholiken die Protestanten, und die ihren Vereinsnamen propagieren wie eine Religion?

Schon beim Namen des Vereins wird es schwierig: Der 1904 gegründete Verein, von dem die „04“ im Namen stammt, hieß „Westfalia“. Der 1924 gegründete „FC Schalke 04“ wurde 1928 auf Drängen der Stadtoberen in „FC Gelsenkirchen-Schalke“ umbenannt. Doch dieser Namenswechsel wurde nie so recht zur Kenntnis genommen. Auch das große „G“ im Vereinswappen steht so sehr im Schatten des Kürzels „S 04“, daß man es auf den ersten Blick kaum erkennt. Und schon Ernst Kuzorra soll in den dreißiger Jahren dem schwedischen König auf die Frage, wo Gelsenkirchen liege, geantwortet haben: „Bei Schalke...“ So blieb es also bis heute beim Namen „Schalke 04“. Allein dieser Name ist so ehrwürdig, daß der Versprecher von Carmen Thomas, die am 21. Juli 1973 im Aktuellen Sportstudio von „Schalke 05“ gesprochen hat, bis heute nicht vergessen ist. Allerdings hat dabei sicher eine Rolle gespielt, daß diese Majestätsbeleidigung ausgerechnet von einer Frau stammte, die es als erste gewagt hatte, in die Männerdomäne Fußballjournalismus vorzudringen. Alle hatten es schon immer gewußt: Frauen haben von Fußball keine Ahnung und von Schalke erst recht nicht.

Woher aber der besondere Klang dieses Namens, der unzählige Augen nicht erst nach dem siebten Bier zum Leuchten bringt und an den Theken des Reviers zahllose Anekdoten und Erinnerungen hervorlockt?

In den letzten Jahren ist viel geschrieben worden über das Milieu im Ruhrgebiet, über den Bergarbeiterstadtteil Schalke, wo das besondere Zusammengehörigkeitsgefühl der Knappen und ihrer Fans entstanden ist. Historiker und Sozialwissenschaftler haben sich Gedanken gemacht über Arbeitersport und Zuwanderer, über Bergarbeiterkolonien und Straßenfußball. Auch das Verhältnis der Schalker zum Nationalsozialismus ist untersucht worden – immerhin fallen die großen Erfolge von Kuzorra & Co. in den Jahren 1934-1942 ziemlich genau mit der braunen Ära zusammen. Vieles ist durch diese Untersuchungen klarer geworden. Nur eines nicht: Die Anziehungskraft des Vereins ist bis heute ungebrochen, obwohl kein Spieler mehr aus Schalke kommt oder gar unter Tage arbeitet. Auch die Fans sind nicht mehr die Bergarbeiter vergangener Tage. (Und schon in den frühen Jahren waren es nicht die Kumpel allein, die dem Verein durch dick und dünn folgten.) Mit reinem Soziologendeutsch ist dem Phänomen Schalke erst recht nicht beizukommen. Der Beitrag eines Soziologen von der Uni Dortmund im Buch zum 90jährigen Vereinsjubiläum ist ein nettes Beispiel: Er geht aus von einem „Forschungsdefizit in einer Überdeterminierung des Fanseins, das auch in einem angemessenen Verhältnis zum sonstigen Sein zu betrachten wäre“. Alles klar?

Was aber macht nun wirklich die Anziehungskraft von Schalke aus? Warum kommen noch zu einem Zweitligaspiel auf Schalke bis zu 60.000 Zuschauer ins Parkstadion? Warum gefährden angesehene Geschäftsleute ihren Ruf, um im Verein einen Posten zu übernehmen, von dem man fürchten muß, daß er bald im Zusammenhang mit irgendeinem Skandal oder Skandälchen genannt wird?

An dieser Stelle wird immer wieder gern das Wort von der „Legende“, vom „Mythos Schalke“ zitiert. Man meint damit: Das kann man nicht erklären. Aber vielleicht erklärt der Begriff ja mehr, als man denkt. Vielleicht hat der einsame Kritzler auf dem Klo der Theologen ja recht. Vielleicht funktioniert Schalke wirklich wie eine Religion mit ihrem Mythos. Vielleicht ist Schalke einer der wenigen Orte, wo es noch einen lebendigen Mythos gibt, wo der Verein zum mythischen Helden geworden ist, dessen Abenteuer man miterlebt, feiert und immer wieder erzählt, wie einst die Taten des Odysseus oder Herakles. Man leidet mit und jubelt mit – so sehr ist man mit dem Schicksal des Helden verbunden.

Deshalb sind, wenn man von den vergangenen Heldentaten erzählt, Dichtung und Wahrheit nicht immer zu unterscheiden. Denn bei solchen mythischen Geschichten geht es nicht so sehr um das, was wirklich geschehen ist, sondern um das, was es für den Erzählenden bedeutet. „Mythos" ist ja nicht gleichbedeutend mit „unerklärliche, unwahre Geschichte". Im Gegenteil: Der Mythos drückt eine Wahrheit aus – nur ist diese nicht „logisch" (so nannten die Griechen den Gegensatz zu „mythisch"), sondern bildhaft. Gestalten werden zum Bild einer ganzen Gemeinschaft oder Idee, Geschichten erzählen ewige Wahrheiten.

Bezogen auf den Fußball: Von Spielen und Spielern erzählt man so, daß deutlich wird, welches Urgeschehen hier auf neue, wunderbare Weise Gegenwart geworden ist. Vielleicht kommen sie deshalb Woche für Woche, Samstag für Samstag – um zu erleben, wie erneut David gegen Goliath gewinnt, der Held sich auf unnachahmliche Weise durchsetzt oder nach großem Kampf tragisch verliert.

Schaut man aus diesem Blickwinkel auf das „Phänomen Schalke", wird plötzlich manches verständlich: Eine Niederlage gegen Dortmund, ein Abstieg ist wirklich eine Katastrophe, weil dieses Spiel mehr ist als Theater. Mit dem Helden erlebt auch der Zuschauer eine Niederlage; es geht wirklich etwas unter. Wenn der Bergmannschor der Zeche Consolidation beim Schalkelied mit unnachahmlicher Inbrunst singt, der FC Schalke werde niemals untergehen, dann steht er an Frömmigkeit keinem Kirchenchor nach. Denn es geht auch hier um ein heiliges Geschehen. Deshalb sind in zahlreichen Veröffentlichungen, gerade über Schalke, plötzlich fromme Töne zu hören. Von „Messen für Schalke" ist da die Rede, wenn über den Abstiegskampf in der Saison 1965/66 berichtet wird...

Diesem merkwürdigen Mythos will dieses Buch nachspüren. Natürlich ist die folgende Geschichte des Traditionsklubs Schalke 04 zunächst eine Chronik. Denn unter all den Hochglanzbänden der vergangenen Jahre ist kaum einer, der dem Verein, seinen Spielern und Fans wirklich von Anfang an nachgeht. Ganz abgesehen davon, daß die oft undurchsichtigen „Schalker Verhältnisse" gern geschönt werden und man weder in der Ära Eichberg noch zu Zeiten von Günter Siebert ohne ein Loblied auf den jeweiligen Präsidenten auskam.

Dieses Buch will aber nicht nur zeigen, wie es wirklich gewesen ist, sondern auch, wie der Mythos Schalke entstand und wie er bis heute funktioniert. Will versuchen zu beschreiben, warum sich gerade mit „Schalke“ so viele Menschen identifizieren, was sie gerade mit diesem Verein erleben und erhoffen. Wie kaum bei einem anderen Verein überdauert die Treue der Fans die Generationen. Wenn sich auch alles ändert, die Spieler und Führungspersönlichkeiten nicht mehr die alten sind, der Mythos bleibt bestehen.

Selbst die schon sprichwörtlichen „Schalker Verhältnisse“ konnten daran nichts ändern. Ja, sie hängen vielleicht sogar mit dem Mythos Schalke zusammen. Denn nur in einem Verein, in dem Gefühle eine solche Rolle spielen, in dem man sich so mit dem Schicksal des Vereins identifiziert, kann noch 1994 einer Präsident werden, weil er das Vereinslied besser beherrscht als sein Konkurrent und an die glorreichen Zeiten erinnert, in denen sich die Mannschaft, zu der er selber noch gehörte, für ein Spiel gegen den Erzrivalen Dortmund nicht mal umgezogen habe. Genausogut kann aber auch einer Präsident werden, der vom Vereinslied nicht einmal den Titel kennt, aber mit seinem Geld die Rückkehr an die Spitze des deutschen Fußballs verspricht. Beide appellieren an Gefühle von Menschen, die im Aufstieg ihres Helden vom eigenen Aufstieg träumen.

Solche Politik ist nicht immer erfolgreich. Im Gegenteil. Skandale und Bauchlandungen sind vorprogrammiert. Aber gerade hier wird sichtbar, was Fußball eigentlich ist. Ein lebendiger Mythos, bei dem es für viele um ihr eigenes Leben, ihre Kämpfe, Niederlagen und Hoffnungen geht. Und hier wird sichtbar, was nicht verloren gehen darf, wenn der Fußball nach den Gesetzen der Wirtschaft organisiert werden muß.

So soll dieses Buch in einer Zeit seelenloser Vermarktung des Fußballs auch ein Plädoyer sein für den chaotischen, aber lebendigen Mythos Schalke. Geschrieben ist es mit „kritischer Sympathie“ von jemandem, der als Kind bei der ersten Zugfahrt durch Gelsenkirchen nicht glauben konnte, daß dieser Bahnhof zum berühmten Schalke gehören sollte und der nun glaubt, daß seine Faszination vom Phänomen Schalke mit dem Mythos Schalke zusammenhängt.

Zu danken habe ich zunächst den Verantwortlichen des Vereins für manche Unterstützung – namentlich Herbert Burdenski, der die Brücke zu der unvergessenen Meistermannschaft um Szepan und Kuzorra darstellt. Zu danken habe ich allen, die Fotos zur Verfügung gestellt haben –

insbesondere Herrn Alfred Winter, Herrn Klaus Wieschus und dem Stadtarchiv Gelsenkirchen. Bei Recherchen und Korrekturen halfen viele Ex-Spieler und Ex-Präsidenten, darüber hinaus Bodo Berg, Hartmut Hering, Paul Hoffmann, Michael Klaus, Christoph Gocke und Jean-Claude Hauser. Und nicht zuletzt danke ich meiner Familie für ihre immer wieder große Geduld.

Dem Fußball im allgemeinen und seiner mythischen Dimension ist das erste Kapitel des Buches gewidmet. Wem das zu theoretisch ist, der kann diesen Abschnitt überschlagen und gleich aufs Spielfeld wechseln. Denn das Schöne am Mythos ist: Er funktioniert auch, ohne daß man ihn versteht oder untersucht…

Szene aus dem Eton Field Game (1909).

Raufballspiele standen am Anfang des englischen Soccers.

Das Spiel

Von Heiligen und Helden

Jedes Kind weiß heute, daß der Fußball aus England kommt. An den englischen Schulen wurden im Laufe des 19. Jahrhunderts verschiedene Formen des „Football" entwickelt, wobei die in dem kleinen Ort Rugby entwickelte Form (rugger) und der Vorläufer des heutigen Fußball (soccer) die beiden bedeutendsten Richtungen wurden. Christoph Bausenwein hat die Entwicklung in seinem kürzlich erschienenen Buch „Geheimnis Fußball" ausführlich beschrieben: Rugger soll durch einen gewissen William Webb Ellis im Jahr 1823 „erfunden" worden sein, als dieser in dem damals üblichen Raufspiel einfach den Ball unter den Arm genommen habe und ihn nach einem gewaltigen Lauf hinter der gegnerischen Auslinie abgelegt habe. Mag die Erzählung auch Legende sein, sie zeigt den wesentlichen Unterschied zum echten Fuß-Ballspiel: Dort ist die Berührung des Balles mit der Hand gerade verboten.

Soccer entwickelt sich in anderen Städten. In Eton beispielsweise, noch heute Inbegriff der Eliteschule, gibt es das „Eton Wall Game". 1849 schreibt man erstmals die Regeln dieses echten Fußball-Spiels auf, das zwischen den „Collegers" und den „Oppiders", den Schülern aus dem Internat und aus der Stadt, ausgetragen wird. Das ebenfalls in Eton betriebene „Field Game" kann sogar als direkter Vorläufer unseres Fußballspiels gelten.

Bald darauf werden an den Universitäten die ersten Football-Vereine gegründet; die an der Universität von Cambridge von J.C. Thring entwikkelten „Cambridge Rules" werden dann zur Grundlage der Regeln, die von der 1863 in London gegründeten „Football Association" festgelegt werden. Wenige Jahre später findet auf Initiative von C.W. Alcock der erste Kampf um den Pokal der Association statt – noch heute in England bedeutender als die Meisterschaft. Im gleichen Jahr kommt es zum ersten Länderspiel gegen Schottland – Alcock ist auch der „Vater des internationalen Fußballs".

Nun ist die Ausbreitung des Football nicht mehr aufzuhalten: Der Rugby-Football wird nach Amerika exportiert und in Yale von Walter

Camp zum American Football weiterentwickelt; der Association-Football setzt sich auf dem europäischen Kontinent durch. Zuerst sind es englische Kaufleute und andere „Zugereiste", die den Sport auch in ihrer neuen Heimat betreiben wollen. Der legendäre Konrad Koch, der das Spiel 1874 in Braunschweig als Schulspiel einführt, hat es in England kennengelernt, und auch die Gründung der ersten deutschen Vereine erfolgt meist durch Gymnasiasten und Lehrer, die mit Engländern Kontakt gehabt haben. Und obwohl man den neuen Sport als „Fußlümmelei" beschimpft und den Spielern „Engländerei" vorwirft – immerhin ist es die Zeit der erbarmungslosen wirtschaftlichen und politisch-militärischen Konkurrenz zwischen Deutschen und Engländern – ist der Siegeszug des Fußballs nicht aufzuhalten. Im Jahr 1900 wird der Deutsche Fußballbund, das Gegenstück zur „Football Association", gegründet, und 1903 wird erstmals um die Deutsche Meisterschaft gekämpft. Fünf Jahre später stiftet der Sohn Wilhelms II. den Konprinzen-Pokal.

Der Widerstand hält sich dennoch lang – vor allem die inzwischen national-konservativen Jünger des Turnvaters Jahn halten allein das Turnen für eine den Deutschen angemessene Sportart. Fußball ist ihrer Meinung nach nicht nur undeutsch, undiszipliniert und wild, sondern zudem ungesund. Auch ein scheinbar „modernes" Argument findet sich bei den Turnern, das ganz ähnlich auch die sozialistischen Arbeitersportler vorbringen: Der Fußballsport sei vom Prinzip der Konkurrenz bestimmt und fördere auf diese Weise nicht die Solidarität und die Gemeinschaft, sondern Egoismus und Starrummel. Auch sie aber können der Fußballbegeisterung nichts entgegensetzen.

Aber damit ist die Frage noch nicht wirklich beantwortet: Woher kommt der Fußball? Wo sind die Wurzeln des Fußballspiels, das ja auch in England nicht vom Himmel gefallen ist?

Es gibt inzwischen zahlreiche Untersuchungen über die Vorläufer des Fußballspiels. In England beispielsweise wurden schon im Mittelalter Ballspiele zwischen ganzen Dörfern ausgetragen. Tatsächlich haben ja noch heute nicht nur die Lokalderbys in England etwas von diesem Charakter. Wenn Schalke gegen Dortmund spielt, spielen eben nicht nur zwei Mannschaften gegeneinander. Und ganz sicher waren die Schulspiele in Eton und anderswo die etwas verfeinerte und „geregelte" Form der Raufwettkämpfe zwischen verschiedenen Dörfern. Allerdings ging es dabei zunächst wohl mehr um den Besitz des Balles als um etwas anderes. Diese Wurzel des Fußballspiels hat denn auch den englischen Verhaltensforscher Desmond Morris dazu geführt, den Fußball mit der Jagd zu vergleichen – an die Stelle des Tieres sei der Ball getreten, und die Verbissenheit der Fußballer sei im Grunde nichts anders als der Jagdinstinkt unserer Vorfahren.

Außerdem verweist man auf ein italienisches Spiel namens „Calcio" (Fußtritt), das in Venedig, Padua und Florenz schon im 16. Jahrhundert nach festen Regeln mit Mannschaften von 20 bis 40 Spielern betrieben wurde. Zumindest das von Giovanni de Bardi 1580 beschriebene Florentiner Spiel, das mit je 27 Spielern ausgetragen wurde, scheint bereits einige Ähnlichkeiten mit unserem Fußballspiel zu haben.

Die Suche nach den Ursprüngen des Fußballspiels – die Historiker bis ins antike Griechenland und ins alte China ausdehnen – erklärt noch immer nicht die Herkunft dessen, was das heutige Spiel ausmacht. Jeder Knirps bei den Mini-Kickern weiß, daß es – bei aller Freude am Raufen, das bei ihnen noch an die Dorfwettkämpfe ihrer Vorfahren erinnert – vor allem darum geht, ein Tor zu erzielen, und zwar durch einen gezielten Fußtritt. Noch immer ist es nicht erklärt, warum eine „Attacke" auf das gegnerische Tor heute Millionen faszinieren kann.

Ein Erklärungsansatz rückt die Technik der Ballbehandlung in den Mittelpunkt. Die Beschränkung auf das Bewegen des Balles mit dem Fuß läßt sich zum einen aus einem allgemeinen Prinzip des Spielens und der Kunst, aus der „freiwilligen Selbsterschwerung", erklären: Je schwieriger das Ziel des Wettkampfs zu erreichen ist, desto größer der Lustgewinn für Spieler und Zuschauer. Erst durch den Zwang zum Fuß-Kick wird der Fußball zur Kunstform, bei der Versagen und Genie unendlich nahe beieinander liegen. Der Schalker Kreisel ist nur deshalb so berühmt, weil hier erstmals in Deutschland der Ball nicht mehr, wie zuvor, einfach hoch nach vorne getrieben, sondern mit kurzen, flachen Pässen zum Tanzen gebracht wurde. Das verlangte eine bis dahin unbekannte Kunstfertigkeit der Füße. Und Traumtore wie die Fallrückzieher eines Klaus Fischer sind bis heute unvergessen…

Es scheint jedoch noch etwas anderes hinter der Faszination am Kick mit den Füßen zu stehen: Noch heute gilt das Nachtreten als das übelste aller Foulspiele. Aber auf den Rängen ist es eine Mischung von Lust und Entsetzen, die aufkommt, wenn der bereits am Boden liegende Spieler noch einmal mit den Füßen traktiert wird. Das scheint gerade daran zu liegen, daß der Fußtritt wie sonst kaum etwas den Gefühlen von Verachtung, Haß und Aggression Ausdruck verschafft. In England erzählte man, der erste Fußball sei der Schädel eines getöteten Dänen gewesen, und in Frankreich hieß es sogar in einer frommen Schrift des 13. Jahrhunderts, der Teufel spiele in der Hölle mit dem Kopf des Judas Fußball. Wahrscheinlich hängt die Faszination des Fußballspiels nicht zuletzt damit zusammen, daß hier diese Gefühle in verfeinerter Form, aber immer hart am Rande der Ernsthaftigkeit, ausgelebt werden können. Jede Grenzüberschreitung in Form des „brutalen Fouls“ hat dabei den Charakter des gleichzeitig lustvollen und geächteten Tabubruchs.

Die Verfeinerung des Kampfes und der Aggression führt zur Wurzel einer weiteren, entscheidenden Eigenart des Fußballspiels – zum Kampf ums Tor. Darum geht es erstmals in französischen Ritterspielen des Mittelalters. Ein ritterliches Turnier war nicht nur der sportliche Kampf Mann gegen Mann, wie ihn zahlreiche Ritterfilme zeigen. Vielmehr konnte das Turnier auch im Kampf ganzer Mannschaften bestehen, die ihre „Spielidee“ aus vergangenen, mythischen Kämpfen übernahmen. Besonders gern ahmte man im Spätmittelalter den Kampf Rolands am Paß von Roncevalles gegen die anrückenden Sarazenen nach: Beim Rückzug Karls des Großen über die Pyrenäen, nach einem Krieg gegen die Sarazenen in Spanien, habe Roland die Nachhut befehligt und sei in einen Hinterhalt geraten. Er habe sich geweigert, mit seinem Horn Olifant Hilfe zu rufen und mit seinem Schwert Durendal das „Tor“ nach Frankreich verteidigt – so berichtete es das um 1100 in Nordfrankreich geschriebene Rolandslied, in dem aus der historischen Schlacht des Jahres 778 bereits ein mythisches Geschehen geworden ist, das nur noch äußerlich mit dem wirklichen Ereignis verbunden ist.

Bei den ritterlichen Spielen ging es nun entsprechend darum, das Tor gegen die heranrückenden Angreifer zu „halten“ und zu verteidigen. Möglicherweise sind solche Spiele später von den unteren Gesellschaftsschichten übernommen worden – sei es, um sie zu parodieren, sei es, weil man durch den Sport der Reichen und Vornehmen selbst im Ansehen zu steigen hoffte. (Auch der Wandel des Tennis zum Volkssport hat seine Vorläufer...)

Tatsächlich finden sich später auch in England Varianten des einstigen Ritterspiels, bei dem die „Holders“ die Stellung zu halten und die „Comers“ diese zu erobern versuchen. Hier ist dann auch jenes charakteristische Merkmal des Fußballs zu finden, daß zwar jeder einzelne ein guter Spieler sein muß, aber erst das Zusammenspiel der Mannschaft den Erfolg garantiert. Die Tugenden des einzelnen Ritters müssen in den Dienst der

Gemeinschaft gestellt werden, in der jeder seine gleichberechtigte Aufgabe hat. In England scheint man dieses Spiel dann auch mit dem bereits bekannten Ballspiel verbunden zu haben: Spätestens im Jahre 1793 ist ein Fußballspiel bezeugt, bei dem sechs Verteidiger aus Sheffield ihr „Tor“ (anscheinend einen Brückenbogen) gegen sechs Angreifer und ihren Ball verteidigen. Nicht mehr der Angreifer selbst, sondern der Ball muß nun das Tor symbolisch „erobern“.

Ob es nun tatsächlich so gewesen ist, daß eine durchgehende Linie von den französischen Ritterspielen über die englischen Raufballspiele führt – in jedem Fall wird sichtbar, wie sehr das Fußballspiel von seinen Wurzeln im Kampfspiel her zu verstehen ist. Es ist in gewisser Weise die Aufführung eines mythischen Geschehens, die symbolische Darstellung des Kampfes zwischen Guten und Bösen. Gerade von dort her bezieht es seine Faszination. Denn Menschen brauchen solche Mythen, und sie brauchen mythische Spiele.

Im Anfang war das Spiel, meinte der Niederländer Johann Huizinga schon vor über 50 Jahren in seinem Buch „Homo ludens“. Die gesamte menschliche Kultur sei im Spiel, beziehungsweise als Spiel entstanden. Dichtung und Tanz, aber auch Recht und Religion – alles sei ursprünglich in Form des Spiels entwickelt worden. Der Rechtsstreit sei ein Kampfspiel um das Recht nach festen Regeln, und der „Gottesdienst“ sei ursprünglich ein Nachspielen der göttlichen Geschichte gewesen. Nicht zuletzt die sportlichen Spiele seien ursprünglich der Ort gewesen, wo es im mythischen Kampf um den Sieg der guten Mächte über die bösen und um das Heil der „spielenden“ Gruppe gegangen sei. Selbst der Krieg sei vielfach in Form eines „Spiels“ nach festen Regeln auf einem begrenzten Spielfeld zwischen zwei „Mannschaften“ ausgefochten worden. Spuren dieser archaischen Gedankenwelt finden sich, Huizinga zufolge, noch in den Ritterromanen und Turnieren, die ja wiederum die Brücke zum Fußballspiel darstellen: Auch hier geht es zunächst um den Kampf zwischen Gut und Böse, oder – wenn im zivilisierten Rahmen des Turniers zwei gleichwertige Gegner einander gegenüberstehen – um einen „ehrenvollen“ Kampf, bei dem es vor allem um die „ritterliche“ Haltung der Kämpfer geht. Der „Bessere“ soll gewinnen. Es gibt aber auch das tragische Scheitern. Im Rolandslied ist der tapfere und treue, aber tragisch unterlegene Held der eigentliche Sympathieträger.

Der eher konservative Huizinga meinte nun, der moderne, in England entstandene Sport sei kein echtes Spiel mehr. Mit der zunehmenden

Systematisierung und Disziplinierung gehe auf Dauer etwas vom reinen Spielgehalt verloren. Die Abkoppelung des Sports vom sonstigen Leben der Gesellschaft habe ihn seiner kulturellen Funktion beraubt. Die Aufteilung der Spieler in Professionals und Amateure (wörtlich: Liebhaber), die die eigentlichen Spieler seien, nehme dem Sport seinen Spielcharakter. Damit hat er Gefahren des modernen Sportbetriebs erkannt. Das Fußballspiel ist für viele nicht mehr der Ort, wo die Gesellschaft sich findet und Werte produziert; es ist vielmehr für viele ein gesellschaftlicher Freiraum, wo man dem Alltag entfliehen kann.

Aber wenn Spieler heute nur noch effektiv, „auf Ergebnis", und nicht mehr um des Spieles willen spielen, ist auch der Zuschauer, sogar der Anhänger der siegreichen Mannschaft letztlich verärgert. Wenn Deutschland bei der Weltmeisterschaft 1982 gegen Österreich 1:0 gewinnt (womit beiden Teams gedient ist!), ist das dennoch ein Skandal, weil beide Mannschaften den Fußball „verraten" haben. Daran wird sichtbar, daß es ganz so schlecht, wie Huizinga meinte, um den Sport im allgemeinen und den Fußball im besonderen noch nicht bestellt ist. An anderer Stelle hat auch Huizinga zumindest andeutungsweise geahnt, daß im Fußballspiel viel von den Gefühlswerten eines mittelalterlichen Turniers steckt. (Und die Entscheidung des Schiedsrichters ist noch heute ebenso endgültig und manchmal rätselhaft wie ein mittelalterliches Gottesurteil.)

Tatsächlich „funktioniert" der Fußball bis heute nach den Gesetzen des mythischen Kampfes. Nur weil es letztlich um den Sieg des Guten über das Böse geht, ist der Ausgang des Kampfes für Spieler und Anhänger so wichtig, wobei die Tatsache, daß dieser Ausgang immer wieder ungewiß ist, den Reiz, aber auch den Ernst der Sache ausmacht. Natürlich kann es tragische, vorübergehende Niederlagen geben, aber letztlich hält sich die Gewißheit, daß die eigene Mannschaft in Wirklichkeit die Beste ist – ob sich das nun in der Tabelle ausdrückt oder nicht. Der echte Anhänger verläßt seine Mannschaft, den Helden, auch in dunklen Stunden nicht, kann sie nicht verlassen. Denn der Weg des Helden ist auch der eigene. Mannschaft und Fan gehören untrennbar zusammen. Die Redeweise vom Anhang als dem „zwölften Spieler" ist wahrer, als es auf den ersten Blick scheint.

Also nicht nur „Der Satz 'Der Ball ist rund' hat eine gewisse philosophische Tiefe", wie ein Buch von 1983 behauptet. Auch wenn ein Schalke-Mitglied bei einer der turbulenten Jahreshauptversammlungen der achtziger Jahre meint: „Dieser Verein ist wie das Leben, mal oben, mal unten", hat er unbewußt das Geheimnis des Mythos ausgedrückt. Im Fußball spiegelt sich das Leben. Auf dem Spielfeld werden die Gesetze des Lebens sichtbar – wie es ist und wie es sein soll. Eine Mannschaft, in der jeder seinen Platz hat, zu der man selbst gehört, symbolisiert die Mächte des Guten, die selbst, wenn sie zeitweise unten sind, doch niemals untergehen und am Ende ganz sicher über die feindlichen Mächte triumphieren werden. Jeder Sieg am Samstag ist ein Beweis dafür und ein Vorgeschmack.

Eine entscheidende Niederlage, ein Abstieg ist deshalb für den „echten Fan" wirklich wie ein Weltuntergang – die Ordnung der Welt ist zusammengebrochen, wenn die Feinde scheinbar endgültig gesiegt haben. Nur die Wiederauferstehung des Guten, der eigenen Mannschaft kann neue Hoffnung geben. Noch schlimmer aber ist es, wenn die Mannschaft zeigt, daß sie nicht mehr in diesem Sinne spielt – sei es, indem sie den Sieg verkauft, sei es, indem sie ihn lachend für gleichgültig erklärt…

Dabei wird der mythische Kampf im Fußball nicht mehr mit dem Ernst ausgetragen, der ihm „in Wirklichkeit" gebührt. Der Fußball ist ja „nur" seine symbolische Darstellung. Die „bösen" Feinde sind nur noch Gegner, und ihre „Bosheit" wird daran sichtbar, daß sie einfach schlechter spielen. Die Krieger der Vorzeit sind „höflich" geworden und haben sich festen Regeln unterworfen. Der Sieg wird mit Hilfe des Balles errungen, der das Tor erobert, und nicht mehr durch Vernichtung des Gegners. Erst auf diese Weise wird aus dem Kampf ein Kampfspiel, und erst in dieser Form ist Fußball zum allgemein akzeptierten Sport geworden.

In dieser zivilisierten Form ist das Spiel von vornehmen Aristokraten Englands, den Rittern der Neuzeit, entwickelt, und dann auch von den Arbeitern übernommen worden. Die brutalen, dörflichen Raufspiele waren in England immer wieder verboten worden. (Auch das Boxen beispielsweise schafft in dem Moment den Schritt vom Image der Brutalität zum akzeptierten Sport, da es von einem „Gentleman" betrieben wird…) Die Entstehung des modernen Fußball ist somit direkt mit der Idee des Fair play verbunden, d.h. mit der Entwicklung einer Spielweise, die aus dem Raufspiel ein Spiel von ritterlichen gentlemen macht. Selbst Schiedsrichter und Strafstöße wurden von den englischen Spielern anfangs abgelehnt – und zwar nicht, weil man weiter unfair spielen wollte, sondern weil man es als unehrenhaft ansah, nicht selbst dem Gegner nach einem unabsichtlichen Foul einen Vorteil zu verschaffen. Als dann dennoch der Strafstoß eingeführt wurde, ließ man lieber auf ein leeres Tor schießen, als daß man die gerechte Strafe verhinderte.

In gewisser Weise ist das Fair play aber nur ein scheinbarer Verzicht auf den Ernst des Spiels: Noch immer geht es um den Sieg des Guten. Nun aber wird der nicht mehr im bloßen „Punktsieg“, sondern im Sieg der guten Haltung gesehen. Und obwohl die Idee des Fair play zunächst gerade eine Idee der aristokratischen Spieler war, mit der sie sich von den raufenden Arbeitern unterscheiden wollten, so wurde der Gedanke doch von den späteren Arbeitervereinen übernommen – und bei Kämpfen zwischen „Bürgern“ und „Arbeitern“ konnte es dann auch um symbolische Siege einer Klasse über die andere gehen, bei denen sich dann zeigte, wer „wirklich“ die guten Mächte repräsentierte...

So geht es beim Fußball nie um ein bloßes „Nachspielen“ eines schon entschiedenen Kampfes – im Gegenteil: In jedem Spiel steht von neuem alles auf dem Spiel. Jedesmal ist alles möglich. Wenn im alten Babylon am Neujahrstag der Mythos von der Erschaffung der Welt erzählt und nachgespielt wurde, dann war die Welt für ein Jahr neu geschaffen. Wenn die Aufführung unterblieb, drohte der Welt der Untergang im Chaos. Und wenn Schalke am Wochenende gewinnt, ist nicht nur die kommende Woche gerettet – es hat sich wieder einmal gezeigt, daß die Welt noch in Ordnung ist. Der ehemalige Manager des FC Liverpool, Bill Shankly, hat es auf typisch englische Weise auf den Punkt gebracht: „Einige Leute halten den Fußball für einen Kampf auf Leben und Tod. Ich mag diese Einstellung nicht. Ich versichere Ihnen, daß es weit ernster ist.“

Wie ernst es trotz Fair play ist, ist an jedem Wochenende in den Fußballstadien zu beobachten. Immer wieder droht aus dem Spiel Ernst zu werden – auf dem Spielfeld und auf den Rängen. Das hängt zum einen damit zusammen, daß in so manchem Spiel die echten Konflikte zwischen Dorfmannschaften in verwandelter Form wiederaufleben. Sei es, daß Underdogs gegen die Großkopferten antreten, sei es, daß im Lokalderby Rivalen um die Vorherrschaft in ihrem „Revier“ aufeinandertreffen – oder beides zusammen, wie in Spielen von Schalke gegen Dortmund. Diese Konflikte sind nicht mehr der Grund für den Kampf, sie verbinden sich aber mit dem mythischen Muster und werden so in symbolischer Weise ausgetragen.

Wenn aus dem Spiel Ernst wird, muß das nicht gleich in Form des Fußballkriegs sein, wie er 1969 zwischen Honduras und Salvador nach den Qualifikationsspielen zur Weltmeisterschaft in Mexiko ausbrach. Es muß auch nicht in der Form geschehen, daß Fußballspieler nach einem verlorenen Spiel von enttäuschten Fans umgebracht werden, wie es in Kolum-

Das Revierderby schlechthin: Szene aus Schalke – BVB (Saison 1994/95)

bien 1994 nach einer Niederlage bei der Weltmeisterschaft in den USA mehrfach geschehen ist. In beiden Fällen konnte der Fußball die echten Konflikte nicht mehr symbolisch abarbeiten, so daß sie sich dann in realer Form austobten.

Meist leistet der Fußball gerade dies. Das Erstaunliche ist nicht, daß es beim Fußball zu Auseinandersetzungen kommt, sondern daß er sie meist verhindert. Norbert Elias schreibt dazu: „Was im Fußball ins Auge fällt, sind die vielfältigen Gewalttätigkeiten, sei es von Seiten des Publikums, sei es mitunter innerhalb der Mannschaften selbst. Die Aufmerksamkeit lenkt sich also, wie so oft, mehr auf die Ausnahmen und das Außergewöhnliche als auf die normalen Spiele, von denen ja sehr viele eben doch die Form eines Kampfes nach Regeln darstellen, die gewissermaßen die Nachahmung von Kämpfen sind. Denn das ist nun einmal ein Fußballspiel: Im Kern ist es eine Figuration von Menschen, die in einer kontrollierten Spannung zueinander stehen, und die Frage ist, wie diese Spannung eigentlich unter Kontrolle gehalten wird."

Elias sieht darin eine außerordentliche zivilisatorische Leistung, die an der zunehmenden Regulierung des Spiels abzulesen ist. Von ungeordneten Spielen führt der Weg über die Einführung des Platzverweises im Jahr

1909 bis zur gelben Karte im Jahr 1970. Bei diesem geregelten Kampfspiel geht es jedoch nicht nur – wie Elias meint – um (entspannende) Lust an der Spannung. Als Soziologe übersieht er die mythische Qualität des Spiels: Das menschliche Bedürfnis, am Weg des Helden, am Sieg des Guten Anteil zu haben, wird hier symbolisch befriedigt.

Die spielerischen Mittel beim Kampf um den Sieg mögen dabei einmal mehr und einmal weniger fair und friedlich sein – auch in dieser Hinsicht ist der Fußball nur ein Spiegel der Gesellschaft. Die Mischung von Streben nach Sicherheit, verdeckten Ellenbogen und geduldeten Regelverstößen in der Gesellschaft findet sich genauso im Stadion. Und sollte es tatsächlich eine Zunahme von Gewalt unter Fans geben, dann könnte das ja auch daran liegen, daß der Fan sich im Angestelltenfußball, bei dem eben nicht mehr spürbar ist, daß hier eine Mannschaft um Leben und Tod spielt, nicht mehr wiederfindet. Und das könnte dazu führen, daß dieser echte Kampf (wieder) woanders gesucht wird...

Für die große Masse der Fans wird man sogar sagen können, daß im Stadion nicht nur die Werte der Gesellschaft gespiegelt werden. Sie werden hier sogar zu einem guten Teil produziert, bzw. diskutiert. Die Diskussion um die Schwalbe von Andy Möller in der Saison 1995/96 ist ganz sicher auch eine Diskussion darüber, wieviel Betrug erlaubt ist und ob der Zweck die Mittel heiligt. Und die Idee des Fair play ist bei den Zuschauern lebendiger, als Möller dachte.

Ein Philosoph wie Albert Camus, lange Jahre Torwart in der ersten Mannschaft seiner algerischen Heimatstadt Oran, hat gemeint: „Alles was ich über Moral und Verpflichtung weiß, verdanke ich dem Fußball." Gerade die eingefleischten Fans scheinen in dieser Hinsicht sensibler zu sein als manche Spieler. Wo sonst kann man noch ernsthaft über ritterliche Begriffe wie „Ehre" und „Treue" sprechen, wenn nicht unter Fußballfans? Und selbst, wenn man diese Begriffe wegen ihrer bedenklichen Nähe zu rechtsradikalen Sprüchen ablehnt – die damit gemeinten Tugenden vertritt auch der linke Schalke-Fan, der hier ein Stück Arbeitersolidarität verwirklicht sieht. Wenn die Spieler nach dem verpaßten Wiederaufstieg in Kassel in der Saison 1989/90 nach einer blamablen 0:2-Niederlage noch lachen können, dann schallt ihnen auch aus dieser Ecke ein „Wir sind Schalker, und ihr nicht!" entgegen. Denn hier ist die mythische Einheit von Mannschaft und Fans aufgegeben, die sich im gemeinsamen, ernsthaften Kampf für den Sieg ausdrückt.

Schalke-Fans

Gleichzeitig aber sind es gerade die Fans, die noch wissen, daß der Sieg nicht alles ist. Gerade sie halten in der Zeit der absoluten Erfolgsorientierung die ritterliche Kategorie der guten Haltung und des „schönen Spiels" hoch. Wenn Schalke in der Saison 1993/94 in Leverkusen mit 5:1 verliert, dann können die gleichen Fans ihre Mannschaft mit Ovationen feiern, weil sie „glorreich" untergegangen ist. Und überhaupt: Mögen Trainer auch noch die ängstlichste Defensivstrategie schönreden – die Fans feiern die Offensive, die allein das Spiel schön macht. Mag die Defensive – getreu der Devise des englischen Erfolgstrainers Chapman „Wenn wir ein Tor verhindern, haben wir einen Punkt gewonnen, wenn wir noch ein Tor schießen, haben wir beide Punkte" – erfolgversprechender sein: Als echtes Fußballspiel und „ehrenhaft" gilt nur das Spiel nach vorn. Auch hier feiern alte Rittertugenden fröhliche Urstände. Es geht eben nicht um den reinen Erfolg, der – wie bei einigen Meisterschaften der Bayern oder bei den sowjetischen Eishockeyspielern in den achtziger Jahren – fast langweilig, weil seelenlos werden kann. Es geht um die Haltung, es geht um Schönheit, um Geist, um Harmonie...

Möglicherweise ist diese paradoxe Ansicht über den Erfolg auch einer der Gründe, warum der Fußball sich in Amerika nie durchgesetzt hat. Zu unsicher ist beim soccer, daß Leistung und Mühe sich auszahlen – der amerikanische Mythos behauptet das Gegenteil. Und außerdem: Es fallen zu wenige Tore – ein Argument, das inzwischen sogar in der FIFA hoffähig geworden ist und dazu führt, daß man über eine Vergrößerung der Tore und die Reduzierung der Spielerzahl nachdenkt. Dabei geht es gerade darum nicht. Das nicht Meßbare, jener Kampf um das Gute und Schöne, ist das Geheimnis des Fußballs.

So sind es heute, trotz gegenteiliger Meinung mancher Profis, gerade die Fans, die noch einen ungetrübten Blick für die mythische Kraft des Fußballs haben und ihn dadurch am Leben halten. Sie lieben die Bilder, in denen sich das Leben ausdrückt. Sie feiern die Rettung in letzter Minute, den tragischen Helden, die unglückliche Niederlage, in der sich alles Unglück und alle Ungerechtigkeit der Welt zeigen. Sie lassen sich rühren vom Versager im Elfmeterschießen und erfahren dort, was Trost unter Freunden ist. Fußball ist kein Beruf, sondern Symbol des Lebens.

Der Verein, die Mannschaft, der einzelne Spieler hat also wirklich die Rolle übernommen, die früher der mythische Held hatte. Sie verkörpern das gute Prinzip, und ihr Sieg geht auch auf die „Gemeinde" der Anhänger über, die mit ihm leidet und jubelt.

Und so scheint es auch kein Zufall zu sein, daß gerade im ausgehenden 19. Jahrhundert dieser „Kult" entstanden ist. Nicht nur, weil durch Verkürzung der Arbeitszeit die „Freizeit" entstand, die man mit Fußball füllte, wurde der Fußball zum Volkssport. Er ist der Sport des Industriezeitalters und der neuen Klassengesellschaft: Gerade die scheinbar Unterlegenen im gesellschaftlichen Kampf sehen im Fußball die Möglichkeit, gegen alle Hoffnung doch noch zu zeigen, wer sie sind. „Fußball beruht auf dem Prinzip Hoffnung. Gerade darin liegt seine Anziehungskraft für viele, die vom Leben sonst nicht viel zu hoffen haben. Dieses Erleben der unwahrscheinlichen, aber dennoch niemals ganz unmöglichen Rettung, beispielhaft verkörpert durch den genialen Torschuß in der letzten Minute, verbindet den Fußball mit der Religion", schreibt Dirk Schümer in seinem Buch „Gott ist rund".

Durch die Auflösung der bisherigen „Gemeinden" – sowohl in politischer wie in religiöser Hinsicht – bestand die Notwendigkeit eines neuen Mythos, einer neuen Religion, die die Kämpfe des Alltags in einen sinnvollen Zusammenhang stellte. Die Hoffnung vieler Spieler aus den unteren Schichten, durch den Fußball der Armut und Bedeutungslosigkeit zu entkommen, ist nur die Spitze jener Hoffnung aller Fußballanhänger, auf diese Weise die Überwindung aller Widerstände zu feiern und zu erleben. Die Siege, Bilder und Erzählungen vom Fußball sind an die Stelle der religiösen und weltlichen Bilder der Vergangenheit getreten. Nicht mehr im Heiligen erkennt sich der Mensch der Neuzeit, er eifert dem Fußballhelden nach, und Götter auf Erden gibt es nur noch in Form des „Flankengotts".

Die Kirche hat entsprechend zwiespältig auf den Fußball reagiert. Es hat ihn in seiner gewalttätigen Form immer wieder verdammt und für den quasi religiösen Zug des Fußballs kein Verständnis aufgebracht oder ihn gar nicht bemerkt. „Fußball" oder „Kirchgang" war nicht nur für Ernst Kuzorra, sondern auch für viele jugendliche Kicker bis in die sechziger Jahre hinein ein konfliktreiches Thema zu Hause und vor dem Pfarrer. Gleichzeitig hat die Kirche die bindende Kraft des Fußballs sehr wohl erkannt und versucht, die eigene Jugend, wenn man sie schon nicht vom Fußball fernhalten konnte, in Fußballmannschaften zu organisieren und damit den Fußball in den Dienst der eigenen Sache zu nehmen.

Daß das Bewußtsein von der mythischen Bedeutung des Fußballs auch bei manchen Fans im Schwinden ist und der Fußball im Medienzeitalter und in der Freizeitkultur zu einer bloßen „spannenden Unterhaltung" zu werden droht, ist unbestritten. Sicher ist, daß die mythische Dimension für die Seele des Fußballs unerläßlich ist.

Schalke 04 wäre ohne diese Seite des Fußballs nie das geworden, was es ist, auch wenn selbst der Mythos Schalke – auch darin ein Spiegel des gesamten Fußballs – an einem kritischen Punkt steht. Durch die Entstehung des Vereins als Arbeiterverein in dem ganz von Bergbau und Industrie geprägten Vorort Schalke und durch die Notwendigkeit, sich im bürgerlichen Sportbetrieb erst einmal durchzusetzen, erhält der Werdegang dieses Klubs noch einmal eine besondere Note. Die Stilisierung des Vereins zum Helden einer ganzen Schicht und Region erfolgte hier fast zwangsläufig, bot aber auch den Nationalsozialisten willkommene Anknüpfungspunkte für eine Verbindung mit dem „Mythus des 20. Jahrhunderts". Denn ein Mythos kann immer in verschiedene Richtung interpretiert, eine mythische Gestalt für sehr verschiedene Zwecke genutzt werden. Daß der Mythos Schalke aber in der Vereinnahmung durch die Nazis nicht aufgeht, zeigt die Tatsache, daß er älter ist und seine Lebendigkeit auch in der Zeit nach dem Krieg nicht verloren hat.

Noch immer ist er mit dem Namen und dem Ortsteil Schalke verbunden. Hier „spielt" der Mythos, hier hat er seinen „Sitz im Leben", hier wird er verständlich. Wir betreten das Spielfeld.

Das Spielfeld

Über den Stadtteil Schalke

Im Anfang war auch Schalke wüst und leer. Als Amerika und Europa noch eine zusammenhängende Landmasse bildeten, entstanden im Karbon, vor über 300 Millionen Jahren, die reichhaltigen Steinkohlevorkommen, die später zur „Blüte" von Schalke beitragen sollten. Doch bis ins 19. Jahrhundert blieben sie unbekannt.

Seit dem 7. Jahrhundert versuchen in jener Region östlich des Rheins christliche Missionare, den dortigen Stämmen den „wahren Glauben" und die Kultur zu bringen. Kurz nachdem Karl der Große die Sachsen, zu denen auch die Ost- und Westfalen gehören, besiegt hat, entsteht um 800 in Werden an der Ruhr das erste Kloster. Und als wenig später unter dem Sachsen Otto das ehemalige Grenzland zum Kern des neuen Reiches wird, wird das hundert Jahre zuvor entstandene Damenstift in Essen, wo Frauen aus dem Adel unter Leitung einer Äbtissin vorübergehend zusammenleben, in ein Reichsstift umgewandelt. Die Äbtissin wird zur Landesherrin der Umgebung. Wie die Mönche in Werden leben auch die Stiftsdamen in Essen von den Erträgen mehrerer Bauernhöfe. Schon Mitte des 9. Jahrhunderts hatte der Kölner Erzbischof Gero die Einkünfte aus der Zehnt-Abgabe einiger Höfe im Emscherbruch dem Stift Essen vermacht. In den erhaltenen Akten der Klöster werden wenig später auch Namen dieser Höfe und ihre Abgaben genannt – bald taucht dabei erstmals ein Hof „Scadeleke" oder „Scedelike" auf. Wahrscheinlich bedeutet der Name einfach „Siedlung in schädelförmiger Gegend". Damit tritt Schalke ins Licht der Geschichte.

Im übrigen machen die Stiftsdamen schon damals die Gegend an der Ruhr zu einem „starken Stück Deutschland": Mit dem Hellweg führt hier die wichtigste Ost-West-Handelsstraße des Reiches entlang, und in dem Grenzland zwischen den alten Herzogtümern Franken und Sachsen finden zahlreiche Reichstage statt. Der Schatz der Essener Münsterkirche zeugt noch heute vom Glanz der damaligen Zeit. Auch wenn die Stiftsdamen noch nichts vom Fußball wußten, so waren sie doch am ersten Strukturwandel des Ruhrgebiets beteiligt: Ab 1790 gehörte ihnen die älteste

Eisenhütte des Reviers! Nördlich von Oberhausen-Osterfeld, in Klosterhardt, hatte der Freiherr von der Wenge 1758 die Antony-Hütte gegründet, wo aus Raseneisenerz erstmals im Ruhrgebiet Roheisen gewonnen wurde. Durch Zusammenschluß mit anderen Werken entstand hier bald darauf die Gute-Hoffnungs-Hütte, die auch in der Geschichte Schalkes eine Rolle spielen wird.

Doch die Gegend nördlich der kleinen Siedlung „Geilistirikirkin", deren kleine Georgskapelle im 12. Jahrhundert vom Stift Essen zur Pfarrkirche der Umgebung erhoben worden war, bleibt noch bis zum Beginn des 19. Jahrhunderts unbedeutend. Noch in diesen Jahren weiden in den Niederungen der Emscher die letzten Wildpferde. Da das Gelände sehr flach ist, wird es bei Hochwasser häufig überflutet und ist deshalb sogar für den Ackerbau ungeeignet. Gelsenkirchen und Umgebung gehört nach der Aufhebung des Stiftes Essen zur Grafschaft Mark, die ihrerseits seit 1614 zu Brandenburg-Preußen gehört.

Zu dieser Zeit, Anfang des 19. Jahrhunderts, hat im Süden des späteren Ruhrgebiets bereits der planmäßige Abbau der Steinkohle begonnen, die für die Verhüttung von Eisenerz benötigt wird. Nach 1830 war es dann mit Hilfe der Dampfmaschine auch möglich, in tiefere Schichten vorzustoßen und das dort einströmende Grundwasser abzupumpen. So wandert der Bergbau nach Norden, wo die Kohle tiefer liegt. Nicht zuletzt dieser beginnenden Industrialisierung verdankt das „Ruhrgebiet" seinen baldigen Anschluß an das neu entstehende Eisenbahnnetz. Im Jahre 1847 verkehrt erstmals die „Köln-Mindener Eisenbahn" zwischen diesen beiden Städten. Auch in Gelsenkirchen gibt es einen Haltepunkt – ein erster, behelfsmäßiger Bahnhof entsteht erst acht Jahre später.

Noch heute ist der Bahnhof für viele Besucher Gelsenkirchens und der Heimspiele des FC Schalke 04 der erste Eindruck von der Stadt. Dabei unterscheidet sich der heutige Bahnhof ganz gewaltig von seinem Vorgänger, einem düsteren Bau aus dem Jahr 1904, der, gleichzeitig mit dem Verein entstanden, die großen Schalker Erfolge miterlebt hat und erst in den siebziger Jahren abgerissen und vollkommen erneuert wurde.

Nach dem Abriß des alten Gebäudes wurde hier Anfang der achtziger Jahre ein Komplex mit vier Ebenen errichtet – U-Bahn, Fußgänger, Fernzüge und Busse verkehren übereinander –, der durch seine Passagen und Geschäfte direkt an die Innenstadt angebunden werden sollte. Tatsächlich hat sich das Konzept nur teilweise bewährt. Im Rahmen der „Internationalen Bauausstellung Emscherpark" soll versucht werden, den Bahnhof und sein Umfeld aufzuwerten.

Der Weg vom Bahnhof zur Glückaufkampfbahn und zum Parkstadion – früher zu Fuß, heute meist mit der Straßenbahn zurückgelegt – ist noch immer ein Weg durch die Geschichte von Stadt und Verein, ein Panorama von Schalke 04 und dem Umfeld, in dem die Legende entstand und lebt.

Schon innerhalb des Bahnhofcenters ist Charly Neumann präsent – Unikum des Vereins und bei all seiner Volkstümlichkeit auf Schalke ein geschickter Geschäftsmann. Direkt neben dem „Reisecenter" steht eine der „Buden", die es nur im Ruhrgebiet gibt und die in den letzten Jahrzehnten die Tante-Emma-Läden abgelöst haben, wo der Plausch noch im Service inbegriffen war. Hier gibt es Eintrittskarten für Heim- und Auswärtsspiele. In „Charly's Bummelzug" gegenüber – in Gelsenkirchen an Stelle des Bahnhofscafés getreten – gibt's statt Kaffee lieber ein Bier. Noch immer ist der Tresen im Ruhrgebiet Treffpunkt für Einsame und Geschichtenerzähler. „Mach noch ma 'n Pils", heißt es, wenn einer sich dazugesellt und das Gespräch über das letzte Spiel der Schalker in eine neue Runde geht.

Wer etwas mehr auf sich hält, kann ins nahegelegene ehemalige Hotel „Zur Post" hinübergehen, wo ein Brauhaus den Spagat zwischen traditionellem Ruhrgebiet und Ausgeherlebnis versucht. In diesem Fall besteht die Anknüpfung ans Ruhrgebietsklischee nicht nur im Wiederbeleben der einst zahlreichen Hausbrauereien, sondern auch im Namen: Hibernia. Diesen lateinischen Namen für Irland hatte der irische Ingenieur William Thomas Mulvany am 7. März 1855, dem Nationalfeiertag seiner Heimat, beim ersten Spatenstich der neuen Zeche gegeben, die direkt neben dem gerade fertiggestellten Bahnhof entstehen sollte. Der Gelsenkirchener Ludwig von Oven hatte 1840 die erste Kohle dort gefunden. Mulvany, der das nötige Kapital besaß, hatte wenig später van Oven die Kohlefelder „Ludwigsglück" und „Christiansglück" abgekauft und erschloß sie nun mit der neuen Zeche, die über ein Jahrhundert das Bild der Gelsenkirchener Innenstadt mitbestimmen sollte.

Die Zeche bringt den Aufschwung für die noch immer bescheidene Siedlung Gelsenkirchen: Im Jahr 1875 erhält Gelsenkirchen Stadtrechte und in Wilhelm Vattmann einen ersten Bürgermeister. Zehn Jahre später wird die Stadt aus dem Landkreis Bochum ausgegliedert und Hauptort eines eigenen Landkreises. Die zunächst noch eigenständigen Orte Schalke, Bulmke, Hüllen und einige andere gehören dazu.

Die Bahnhofstraße, 1847 als einfacher Trampelpfad von der Bahnstation zur Stadt angelegt, wird nun zur Geschäftsstraße ausgebaut und zum Zentrum der Stadt. Auch die erste Straßenbahnlinie, die ab 1895 von Schalke nach Bochum führt, verkehrt zunächst durch diese Straße. Bei den Gelsenkirchenern ist sie wegen der „Klötzchen", einem hölzernen Straßenbelag, berühmt.

Heute ist die Gelsenkirchener Bahnhofstraße eine der ältesten, aber auch eine der mehr oder weniger gesichtslosen Fußgängerzonen des Reviers. Man kennt die Namen der Handelsketten, bevor man sie liest. Erst auf den zweiten Blick nimmt man am Anfang der Straße das große, verblaßte und nur zu Festzeiten leuchtende Glasfenster in der Fassade eines Kaufhauses wahr, das aus der Hauptfassade des alten Bahnhofs hierher übertragen worden ist. Aus den fünfziger Jahren stammen die Motive, die noch einmal die Wirtschaftszweige darstellen, denen Gelsenkirchen in diesen Jahren seine zweite Blüte verdankte: Kohle und Eisen, Chemie, Glas und Bekleidung... Als „Held der Arbeit" ist der Bergmann Mittelpunkt dieser Ikone des Wirtschaftswunders.

Doch der Stolz dieser Jahre scheint verflogen. Zwar besitzt Gelsenkirchen – im Gegensatz zum benachbarten Bochum – trotz zahlreicher Schließungen und Entlassungen auch in den neunziger Jahren noch Zechen und eisenverarbeitende Industrie, aber es ist nicht mehr die „Stadt der tausend Feuer". Sie will es auch nicht mehr sein, hat man den Eindruck, hat sich aber noch nicht entschieden, was sie statt dessen sein will. Im Gegensatz zu den Nachbarstädten Bochum oder Essen fehlt der Verwaltung anscheinend ein schlüssiges Konzept für den Wandel.

Die Leute in der Fußgängerzone wirken unscheinbar wie die Stadt. Aber auch: Keine Überheblichkeit im Blick oder im Gehabe. Keine geschönten Fassaden. Der Besucher mag es unattraktiv finden, der Gelsenkirchener findet es normal. Ehrlich. Für ihn muß das Ruhrgebiet keine Imagewerbung machen. Mag man auch innerhalb des Ruhrgebiets häufig umziehen – ein Fünftel des Ruhrgebietes befindet sich ständig im Möbelwagen – wirklich raus wollen die wenigsten. Sie hängen, wie es ein Reiseführer einmal formulierte, mit einer für Außenstehende kaum nachvollziehbaren Anhänglichkeit auch an ihren Scheußlichkeiten.

Jenseits der Kaufhäuser und der austauschbaren, wechselnden Boutiquen liegt der Neumarkt mit den Hauptkirchen, die im 19. Jahrhundert an Stelle der alten Georgskirche errichtet wurden, die bis 1845 von beiden Konfessionen gemeinsam genutzt worden war. Noch heute fragt sich der katholische Propst, warum die neugotische Hauptkirche der Stadt dem heiligen Augustinus und nicht etwa – wie damals im ganzen Revier häufig – der heiligen Barbara, der Schutzpatronin der Bergleute, geweiht ist.

In diesem Bereich entwickelte sich im 19. Jahrhundert das Zentrum der Stadt – in der Nähe wurde nach der Stadtwerdung auch das alte Rathaus errichtet, wo so manche Meistermannschaft empfangen wurde, und das in den Siebzigern einem gesichtslosen Versicherungsbau Platz machen mußte. Teile der Verwaltung sind in das nahegelegene Hans-Sachs-Haus umgezogen. Hier hat die Stadt in den zwanziger Jahren gestalterischen Mut bewiesen. Das neue Kultur- und Wirtschaftszentrum wurde in expressionistischen Formen aus Backstein errichtet, und vor allem das farbige Treppenhaus wirkt noch heute modern. Auch im Saal des Hans-Sachs-Hauses sind mehrere Meisterschaften gefeiert worden.

Nicht weit von dort das zweite mutige Experiment der Stadt – diesmal vom Ende der fünfziger Jahre. Das Musiktheater im Revier, erbaut von Werner Ruhnau, ist nicht nur architektonisch ein Meisterwerk; im Innern hat unter anderem ein Künstler von Weltrang wie Yves Klein den Bau gestaltet. Und die Glaswände rund um den Bühnenraum geben den Blick frei auf die Stadt. Doch in Gelsenkirchen liegen Welten zwischen Yves Klein und Yves Eigenrauch – Fußball und Kultur begegnen sich hier selten... Oder anders: Noch wird das Image des Theaters nicht, wie einst in Bremen oder neuerdings in Bochum, zur Imagepflege des Fußballs benutzt.

Die Fußgängerzone ist hier zu Ende – und man hat den Eindruck, auch die gestalterische Kraft ist in den siebziger Jahren an ihr Ende gekommen. Keine neuen Ideen seitdem – und kein Geld. Die Straßenbahn biegt in die Kurt-Schumacher-Straße ein – Richtung Schalke. Als baumbestandene Allee Anfang des Jahrhunderts angelegt, war dieser Weg einst eine Prachtstraße und ist nun zur unattraktiven „Autobahn" geworden. Ihre früheren Namen „Kaiserstraße" und „Adolf-Hitler-Straße" dokumentieren vergangene Mythen. Wie wenig sich mancher mit den unscheinbaren Namen der Demokratie anfreunden mag, davon zeugt das unbelehrbare „Trotzdem: Kaiserstraße" an einer Hauswand entlang der Straße.

Fast unbemerkt passiert die Bahn die „Grenzstraße" zwischen Altstadt und Schalke. Etwas weiter kreuzen sich Kurt-Schumacher-Straße und Grillostraße. Von hier aus sieht man schon die Gaststätte Görsmeier, wo nach jedem Sieg der Schalker die große blau-weiße Fahne vom Erfolg der Mannschaft kündet. An der Kreuzung steht die mit Hilfe der Zeche errichtete Kirche St. Joseph. Und hier ist der Name der Kirche aus dem Ende des 19. Jahrhunderts nicht zufällig gewählt: In „Joseph dem Arbeiter“ sah man ein Vorbild des modernen Arbeiters. Dieses für manchen frommen Zuwanderer tröstliche Vorbild konnte als moralisches Druckmittel gebraucht werden – manchmal waren es aber auch gerade „die roten Kapläne“ im Ruhrgebiet, die von hierher eine menschenwürdige Behandlung der Arbeiter forderten.

Denkmal für Friedrich Grillo (1825-1888)

Auf der anderen Straßenseite das Denkmal des Mannes, der nicht nur die Kirche bezahlt hat, sondern Schalke zur Industriestadt gemacht hat: Friedrich Grillo. Er war Nachkomme einer italienischen Familie, die schon im 14. Jahrhundert nach Deutschland zugewandert und in Essen reich geworden war. Als 30jähriger erwirbt er von dem Steeler Kaufmann Stoltenhoff einige „Mutungen“ (Zugriffsrechte) auf Steinkohle nördlich von Gelsenkirchen. Das neue preußische Bergrecht ermöglicht es Privatleuten, die technische und wirtschaftliche Leitung zu übernehmen. Eine neu gegründete „Gewerkschaft“ unter seiner Führung – so nennt sich in diesen Jahren der Zusammenschluß von Unternehmern – „consolidiert“ die verschiedenen Mutungen zu einem Grubenfeld, und 1863 wird der erste Schacht der neuen, etwas phantasielos „Consolidation“ genannten Zeche abgeteuft. Friedrich Grillo ist auch an der Ansiedlung der Industrie beteiligt – er gründet mit anderen Industriellen den „Schalker Verein“ – womit nicht der FC Schalke gemeint ist, sondern ein Stahlwerk. 1875 nimmt der erste Hochofen den Betrieb auf; in den nächsten Jahren entsteht der größte eisenverarbeitende Betrieb in Gelsenkirchen. 1904 werden Bergwerk und Verein in der ebenfalls von Grillo ins Leben gerufenen „Gelsenkirchener Bergwerks-AG“ zusammengeschlossen; unter Generaldirektor Kirdorf entsteht damit das größte Bergwerks- und Stahlunternehmen auf dem Kontinent. Mit dem Industriellen Funke errichtet Grillo ein Blechwalzwerk, und auch an der Gründung des Drahtwerks Boecker & Co., das schon vor dem ersten Weltkrieg von der Gute-Hoffnungs-Hütte übernommen wird, ist er beteiligt. Selbst die „Aktiengesellschaft für chemische Industrie“ und die „Glas- und Spiegel-Manufactur-Aktiengesellschaft“ werden von ihm aufgebaut. Friedrich Küppersbusch gründet in der gleichen Zeit die „Schalker Herdfabrik“, in der gußeiserne Kohleherde gefertigt werden. Es sind die „Gründerjahre“.

Die Zeche „Consol“ wird zur Keimzelle und zum Zentrum einer neuen Ortschaft. Anders als die kleinen Zechen im Ruhrtal prägen die neuen großen Anlagen ganze Ortschaften, die auch deshalb ein besonderes Zusammengehörigkeitsgefühl entwickeln. Wie an anderen Stellen wächst der Stadtteil zunächst planlos in den bisher landwirtschaftlich genutzten Freiräumen zwischen Bergwerks- und Industriegelände. Nur die Wirtschaft betreibt in den ersten Jahrzehnten der Industrialisierung Stadtentwicklung – ganz auf ihre Interessen hin orientiert. In Rasterform wird der Stadtteil Schalke schließlich angelegt – mit Schalker Straße und Grenzstraße als Hauptverkehrswegen und dem Schalker Markt im Schatten der Zeche als „Mittelpunkt“. Erst im Jahr 1903, nach einer Typhusepidemie, erhält der Stadtteil Kanalisation. Als die Kommunen im Ruhrgebiet versuchen, steuernd in den Städtebau einzugreifen, ist es an vielen Stellen schon zu spät; Krieg und Wirtschaftskrise machen viele Anstrengungen zunichte. Nach dem zweiten Weltkrieg fängt man erst an, als das Wirtschaftswunder für das Ruhrgebiet schon zu Ende geht. Und um die damaligen Fehler wiedergutzumachen, fehlt heute das Geld…

Das Zentrum des Stadtteils, das keines mehr ist, liegt noch heute westlich der nach Norden führenden Kurt-Schumacher-Straße. Ein alter Wiesenweg war hier 1870 von der Zeche zur „Friedrichstraße“ ausgebaut und später in „Schalker Straße“ umbenannt worden. Die Hauptgeschäftsstraße ist bis in die zwanziger Jahre eine echte Konkurrenz zur Bahnhofstraße, heute eine der zahlreichen kleinen Einkaufsstraßen in den Vororten, die nicht leben und nicht sterben dürfen. An der Kreuzung mit der Grillostraße liegt auch „Haus Eintracht“, das katholische Vereinsheim, wo – wegen der Größe des Saales – nicht nur in den dreißiger Jahren die Meisterschaft gefeiert wurde, sondern auch der letzte Titel im Jahr 1958.

Die Schalker Straße selbst führt noch immer zum „Schalker Markt“ – einst ein echter Marktplatz, heute als Parkplatz nur noch ein Schatten seiner selbst. Nicht zuletzt die „Berliner Brücke“, die moderne Straßenbrücke über die Bahnlinie, hat ihm das Leben ausgetrieben. Wenige Bauten vom Ende des Jahrhunderts lassen ahnen, daß man hier etwas repräsentativer bauen wollte. An der Nordseite stand einmal die „Kaiserhalle“,

Die Zeche Consolidation 1874

das Vereinslokal der Schalker, von den zwanziger Jahren bis zum Ende des 2. Weltkrieges. „Papa" Unkel und „Mutter" Thiemeyer, die hier als Vereinsvorsitzender und Wirtin residierten, sind bis heute Symbolfiguren der damaligen „Vereinsfamilie". Und mögen auch die wenigsten Schalker Anhänger von heute je hier gewesen sein – noch immer nennen sie sich und ihre Mannschaft auf den Schals „die Knappen vom Schalker Markt".

Die Gewerkenstraße führt vom Schalker Markt in den Westen des Stadtteils. Hier

Die Gastwirtschaft „Kaiserhalle" am Schalker Markt war für viele Jahre das Vereinslokal des FC Schalke 04.

haben auf einem Spielplatz in der Nähe des alten Herrenhauses „Haus Goor“, das den Krieg nicht überlebte, im Jahr 1904 die ersten Spiele der Mannschaft stattgefunden, aus der sich später der Verein Schalke 04 entwickeln sollte. Auch die ersten Vereinslokale Dittmar und Gehring haben hier an der Herzogstraße gelegen. Und etwas weiter südlich, zwischen der Industriestraße und der Grenzstraße liegt der Platz, wo die Schalker Fußballer bis zum Bau der Glückauf-Kampfbahn ihre Spiele austrugen – mitten im Viertel, vor der Haustür der Arbeiter, zu denen sie damals selbst noch gehörten.

Die Gemeinde Schalke, in der 1861 gerade einmal 400 Einwohner lebten, war bei der Eingemeindung nach Gelsenkirchen im Jahr 1903 ein Stadtteil mit 28.000 Bewohnern, meist Arbeitern und ihren Familien, geworden. So explosionsartig wie hier war nirgendwo im Ruhrgebiet die Bevölkerung gewachsen.

Nach der Eingemeindung ist Schalke für lange Zeit das eigentliche Zentrum der Stadt: Hier leben mehr Menschen als in allen anderen Stadtteilen. Schalke selbst wird zum Mythos, zum Inbegriff eines Arbeiterstadtteils. Mehr als die Hälfte der Einwohner kommt nicht aus Westfalen, die meisten stammen aus Ostpreußen. Dort treten Russen und Galizier an ihre Stelle, die später selbst nach Westen gehen – angelockt von den professionellen Werbern aus dem Revier. Nach einer Volkszählung von 1890 stammen 81,8 % der Bevölkerung Schalkes aus Polen und Masuren. Gelsenkirchen wird nicht nur zur größten Kohlestadt auf dem Kontinent, sondern auch „Klein-Ortelsburg“ genannt – nach einer Stadt in Masuren. Gleichzeitig wird sie zum „Taubenschlag“ des Reviers. Denn die Stadt ist für viele nur eine Durchgangsstation. Sobald sich ein besserer Arbeitsplatz findet, zieht man weiter. Rein statistisch wechselt alle fünf Jahre die gesamte Bevölkerung der Stadt!

Angelockt werden die masurischen Bauern nicht zuletzt mit dem Hinweis auf günstigen Wohnraum – tatsächlich ist 1872 im Zusammenhang mit dem Abteufen von Schacht II der Zeche Consolidation eine erste Bergarbeiterkolonie errichtet worden, und 1913 gibt es für die 7.100 Beschäftigten immerhin 1.100 werkseigene Wohnungen. Die vier Zimmer werden für den Lohn von drei Schichten vermietet. In Schalke kann man nur noch an wenigen Stellen typische Koloniehäuser sehen – in Ückendorf dagegen ist mit der Kolonie Ottilienau, bekannt als Siedlung Flöz Dickebank, eine ganze Siedlung nach Protesten der Bewohner in den siebziger Jahren nicht abgerissen, sondern komplett restauriert worden.

Zechenwohnungen an der Gewerkenstraße 1864 – von den Bergleuten spöttisch D-Zug genannt.

Im Westen von Schalke ist mit der Vittinghoff-Siedlung sogar eine Gruppe von überaus modernen Arbeiterwohnungen aus den zwanziger Jahren erhalten geblieben, deren Architektur vom Bauhaus in Weimar geprägt ist.

Allerdings geben gerade diese Musterbeispiele kaum eine Vorstellung von der Atmosphäre im Schalke der Jahrhundertwende, wo sich der Fußballverein Westfalia gründen sollte: Die Enge, die Armut, der Dreck, die Arbeitsbedingungen unter Tage und die Ausbeutung der Arbeiter durch Fabrikbesitzer und Zechenherren – all das ist heute kaum noch vorstellbar. Nur andeutungsweise kann ein Gang durch heruntergekommene Seitenstraßen von Schalke oder Bismarck, wo sich erneut die ungeliebten Zuwanderer und solche, die sich nichts anderes leisten können, niedergelassen haben, etwas von der Perspektivlosigkeit erahnen. Nur ist heute der Verursacher der Situation nicht so leicht faßbar. Damals war es die Zeche.

Nicht umsonst kam es auf Consolidation schon 1869 zu einem ersten Streik, der die Verbesserung der Arbeitsbedingungen und die Einführung der Achtstundenschicht bezweckte, aber erfolglos abgebrochen werden mußte. Auch die großen Streiks im gesamten Ruhrgebiet in den Jahren 1889 und 1912 endeten ohne großen Erfolg – nicht zuletzt weil die verschiedenen Gruppen in Schalke und anderswo, Katholiken und Sozialisten, Polen und Deutsche, keine einheitliche Linie fanden. Tatsächlich sollte der Fußball eines der Felder werden, wo diese Unterschiede nicht zählten...

Hinzu kam, daß im Lauf der Zeit in den engen Siedlungen ein ganz besonderes Zusammengehörigkeitsgefühl entstand. Wohnen, Arbeit und (soweit vorhanden) Freizeit bilden eine Einheit. Alle, die hier leben, sind einer doppelten Deklassierung ausgesetzt: Als Arbeiter und als Ausländer werden sie diskriminiert. Das Gefühl des Unrechts und der Ohnmacht wird zu einer der Triebfedern beim sportlichen Kampf um Anerkennung.

Ob es die Tugenden der Arbeiter und Bergleute, Zusammenarbeit, Kraft, Einsatz und Ausdauer waren, die mit dazu beigetragen haben, daß aus dem Fußball der Sport des Reviers geworden ist, hat man sich immer wieder gefragt. Genausogut hat man immer wieder darauf verwiesen, daß der Fußball mit seiner Möglichkeit zur Bewegung in der freien Luft gerade einen Gegensatz zur beengten Arbeit unter Tage und zur Monotonie der Fabrik dargestellt habe. Selbst Ernst Kuzorra, der zumindest anfangs noch unter Tage gearbeitet hat, meinte, Arbeit und Armut seien in Schalke Geschwister gewesen, der Fußball habe sich als Ausgleich hinzugesellt. Daß schon sehr bald die Schalker als „die Knappenelf" gefeiert wurden, legt jedoch die Vermutung nahe, daß zumindest für die meisten Anhänger des Vereins die Schalker eine Verkörperung der Bergarbeiter auf dem Spielfeld waren: Hier arbeitet jeder für jeden, man ist eine verschworene Gemeinschaft. Aber hier ist die „Arbeit" erfolgreich, hier ist sie nicht entfremdet. Der Erfolg ist sichtbar und fühlbar.

Von der Zeche Consolidation ist in Schalke nicht mehr allzuviel zu sehen. Noch steht ein Förderturm von Schacht VI hinter dem Schalker Markt, doch eingefahren wird da nicht mehr. Die Kurt-Schumacher-Straße wird hier, am stillgelegten Bahnhof Gelsenkirchen-Schalke, von der bereits erwähnten Berliner Brücke über die alte Bahnlinie Wanne – Karnap geführt. Die Brücke löste in den Sechzigern die „Glückauf-Schranke" ab – denn es war ein Glück, wenn sie sofort „auf" war – und sollte an die Verbundenheit Westdeutschlands mit Berlin erinnern. Heute sieht man in östlicher Richtung, in Bismarck die Schächte IV und IX von Consol. Schacht III, dessen Förderturm lange Zeit der höchste in Europa war, und wo noch lange Kohle gefördert wurde, ist 1996 abgerissen wor-

Schacht VI der Zeche Consolidation heute

Ernst Kuzorra in seinem Tabakladen an der Kurt-Schuhmacher-Straße

den. Auch der letzte Hochofen des Schalker Vereins ist 1982 nach einem Unfall stillgelegt worden. Gelsenkirchen ist keine Montanstadt mehr. Die großen Industriebrachen zeigen, daß der Strukturwandel noch aussteht.

Die Bahnlinie ist eine Grenze. Hier beginnt Schalke-Nord. Vorbei an der Thyssen Draht AG, bald zweigt links die Hubertusstraße ab. Und an dieser Ecke liegt der bekannteste Zigarettenladen von Gelsenkirchen. „E. KUZORRA" steht in weißen Lettern auf blauem Grund über dem Schaufenster. 1929 hat Kuzorra zusammen mit Fritz Szepan eine Tabakhandlung aufgemacht, bis 1974 hat er tatsächlich hier gearbeitet. Am Abend überstrahlen die Namen der heutigen Besitzer dank Leuchstoffröhre den Namen des Idols: „R. van Haaren – G. Nowak", heißt es da, „Tabakwaren, Zeitschriften, Lotto-Toto". Daß ursprünglich Reinhard Libuda, der tragische Schalker Held, den Laden übernommen hat, aber damit gescheitert ist, daran erinnert heute nichts mehr. Hinten im Laden an der Wand ein kleines Bild Kuzorras mit dem überdimensionalen Lorbeerkranz des „Kriegsmeisters 1940". Ein geradezu symbolisches Bild: Der alte Ruhm scheint fast zu groß für die glanzlose Gegenwart. Der Laden, obwohl in dieser Form lange nach dem Krieg eingerichtet, scheint aus einer anderen Zeit zu stammen.

Nicht viel anders die Glückauf-Kampfbahn wenige Schritte weiter. Der Platz vor dem 1928 errichteten Stadion heißt seit kurzem „Ernst-Kuzorra-Platz" – aber wer trifft sich hier noch? Die Eingänge mit den blau-weißen Kassenhäuschen unterhalb der Autobahn sind geschlossen; man betritt das Stadion durch den Hintereingang. Nur wenn die Schalker Amateure spielen, wird hier noch einmal geöffnet. Heute spielen einige Jugendmannschaften hier und der Verein DJK Teutonia Schalke-Nord – und dann denkt man doch einen Moment: So wie damals der Fußball aus den Tibulskis und Bergs eine Mannschaft machte, so heute aus Onur und Mike...

Aber weder die Tribüne des alten Stadions, noch die heute wieder rasenbedeckten Ränge verraten noch etwas davon, daß hier einmal bis zu 70.000 Zuschauer Verbundenheit mit „ihren" Spielern demonstrierten. Und man glaubt es kaum, daß noch der deutsche Vizemeister von 1972 hier gespielt hat. Seit das Stadion unter Denkmalschutz steht, sind wenigstens die schlimmsten Schäden behoben. Der Platzwart, Nachfolger des alten Ernst Kalwitzki, der hier bis 1970 vom Verein beschäftigt wurde, wohnt unter der Tribüne. Und sagt: „Wären sie damals mal hier geblieben… Das große Stadion, da sitzt man oben und sieht gar nix. Und dann nur zwei Umkleidekabinen…"

Das „Clubheim Schalke 04" liegt nebenan, am Ernst-Kuzorra-Platz Nr. 1, Inhaber Gerhard Bosch. Die alten Bilder an der Wand. Aber auch dies ist nicht mehr die Heimat des Vereins wie noch in den fünfziger Jahren, als Ötte Tibulski hier Pächter war. Nur wenige alte Spieler kommen noch hierher. Die Vollversammlungen des Vereins können hier schon lange nicht mehr stattfinden – für die Mitglieder, selbst die aktiven, ist es hier längst viel zu klein. Die oft turbulenten Versammlungen finden heute im „Sportparadies" statt – jenseits von Autobahn und Kanal, in der Nähe des neuen Stadions. Nicht weit von hier, Ecke Josefinen- und Uechtingstraße, hat Rolf Rojek, Vorsitzender des Schalke-Fanklub-Verbandes mit seinen 250 Vereinen, seine Kneipe. „Auf Schalke" heißt sie sinnigerweise. Aber auch hier: Vereinslokal und die Kneipen der Fans sind heute nicht mehr identisch. Stolz verkündet die Hauswand das Datum des Besuchs von echten Spielern.

Wie an vielen Stellen hat auch hier die Autobahn die Funktion einer Grenze übernommen. Die A 42 teilt Schalke-Nord noch einmal in zwei Teile. Im Norden, im Schatten einiger Zechenhäuser an der Boeckerstraße, liegt auch der evangelische Friedhof „Rosenhügel"; hier sind die legendären Schalker begraben. Fritz Szepan und Ernst Kuzorra, einen kurzen Paß weit voneinander entfernt. Neben Kuzorra seine Frau Elli, neben Szepan seine Frau Elise, geb. Kuzorra. Als Kuzorra 1990 begraben wurde, ging eine Epoche zu Ende. Charly Neumann schwenkte die Vereinsfahne über dem Grab, und auf unnachahmliche Weise mischten sich Vergangenheit und Gegenwart, Mythos und Wirklichkeit.

Der Rhein-Herne-Kanal markiert wieder eine wirkliche Grenze. Das nördliche gelegene Buer war erst 1815 zu Preußen gekommen und gehörte zum Regierungsbezirk Arnsberg. Von der Industrialisierung wurde es weit weniger betroffen und konnte seine kleinstädtische Struktur lange behaupten – entsprechend unterscheiden sich die „Altstadt" von Gelsenkirchen und Buer. Die Eingemeindung nach Gelsenkirchen im Jahr 1928 hat so mancher alte Bueraner noch heute nicht akzeptiert und läßt, in einem letzten Aufbegehren, noch unter seine Todesanzeige statt Gelsenkirchen schreiben: „Buer in Westfalen".

Schon von Mulvany Mitte des 19. Jahrhunders gefordert, aber erst im Jahr 1914 vollendet, ist der Rhein-Herne-Kanal mit seinen beiden Hafenbecken nicht nur der Anschluß des Emscherraumes an Rhein und Nordsee; der „Tote Arm“ des Kanals ersetzte in den zwanziger Jahren und darüber hinaus auch die Dusche für die Schalker Jugendspieler, die in der Nähe der Glückaufkampfbahn trainierten. Die eigentliche Grenze zu Buer bildet allerdings die wenige Meter nördlich vom Kanal fließende Emscher. Aus dem kleinen Fluß, der noch vor 200 Jahren die Niederungen überflutete, ist Anfang des 20. Jahrhunderts ein kanalisierter Abwasserkanal gemacht worden – nach den bereits erwähnten verheerenden Cholera- und Typhusepidemien. Im Ruhrgebiet ist „Emscher“ noch heute der Inbegriff für einen verschmutzten Fluß. Erst neuerdings wird eine Renaturierung des Flusses in Angriff genommen. Wie an vielen Stellen steht auch hier der Umbruch erst am Anfang.

An der Gelsenkirchener Emscherbrücke ist davon noch wenig zu spüren. Nur der Kanal ist dank der wenigen Schiffe inzwischen wieder so sauber, daß sich im Sommer die Menschen die nahegelegenen Wiesen zurückerobern: Hier entstehen an warmen Tagen Zeltlager und Grillplätze. Deutsche und Ausländer aus Schalke schaffen sich hier erneut ihr Naherholungsgebiet – mit Kotelett und Radiorecorder. Doch die vermeintliche Schalker Idylle ist, ähnlich wie in den fünfziger Jahren, als das Gelände zur „Kumpel-Riviera“ wurde, trügerisch. Gelsenkirchen erreicht bei den Arbeitslosenzahlen seit Jahren Ost-Quoten. Und nur wer nicht nach Mallorca fahren kann, sonnt sich am Kanal.

Von der Brücke sieht man erstmals die Flutlichtmasten des Parkstadions. Auf den weiten Freiflächen zwischen den ehemals selbständigen Städten, dem Berger Feld, wurde das Parkstadion 1974 aus Anlaß der Fußball-Weltmeisterschaft errichtet. Es spricht ganz die Sprache der Zeit. Ein Zweckbau ohne echte Rücksicht auf den Fußball ist es geworden. Die damals obligatorische Laufbahn – inzwischen durch Bergschäden längst unbrauchbar – trennt den Fan vom Spielfeld. Und nur die Schalker Fans vermögen aus dieser Betonschüssel einen Hexenkessel zu machen. Mit unvergleichlicher Atmosphäre: Wenn aus zigtausend Kehlen „ATTACKE“ schallt, dann hallt der Raum wider und wird lebendig...

Es sind die Fans, die Schalke lebendig erhalten – trotz des weitgehend trostlosen Zustands der Stadt. Hier ist der Strukturwandel nach den Zechenschließungen, insbesondere von Graf Bismarck, noch nicht geglückt. Fast 15 % Arbeitslose. Kein Geld in den Kassen. Aber von Anfang an war es unter anderem die trotzige Solidarität der Menschen in Schalke, die den Verein zu dem gemacht hat, was er ist – im Stadion zeigt man es dem Rest der Welt.

Haupteingang zum Parkstadion: Der kalte Charme der siebziger Jahre.

Allerdings ist das neue Schalke der Fans nicht mehr identisch mit dem Stadtteil. „Schalker" kommen heute von überall. Mancher, der weggezogen ist ins Grüne, kommt aus alter Verbundenheit, viele aber haben nie in Schalke gewohnt. Mancher genießt es sicher einfach, am Wochenende etwas Ruhrpott zu spielen. Aber selbst die echten Anhänger könnten es oft gar nicht sagen, warum sie ausgerechnet hierher kommen. Irgendwie scheint er anziehend zu sein, der Knappenmythos, dieses Bild vom Verein, der sich von unten nach oben arbeitet.

Für diese modernen Fans, die mit dem Wagen anreisen, ist das Stadion errichtet. Direkt am Stadion vorbei führt die nördliche Autobahn A 2, die das Ruhrgebiet wie der Emscherschnellweg in ost-westlicher Richtung durchquert, mit der Anschlußstelle Gelsenkirchen-Buer. Für Trainer Max Merkel war die Autobahnauffahrt in Richtung München einst das schönste an Schalke – eine Einstellung, die ihm hier heute noch niemand verziehen hat. Für Zehntausende von Fans dagegen ist die Autobahnabfahrt noch heute, Spieltag für Spieltag, das Schönste überhaupt. Sie ist einer der wenigen Wege, die ins Paradies zurückführen. Denn hier im Stadion ist manchmal, wenigstens für Augenblicke, alles wieder gut, so gut und schön wie am Anfang. Und nicht umsonst hat ein einziges Karnevalslied den Weg ins Stadion gefunden. „So ein Tag, so wunderschön wie heute, so ein Tag, der dürfte nie vergehn..." Denn alle Lust will Ewigkeit.

„Die beste Vereinsmannschaft aller Zeiten" – die Schalker Meisterelf Mitte der dreißiger Jahre.

Die Geschichte des FC Schalke 04

Die wilden Jahre

1904 bis 1924

Die Anfänge (1904-1909)

Niemand weiß es mehr so ganz genau, wie es war. Die Anfänge des Vereins liegen im Dunkeln. So muß es aber auch sein bei einem echten Mythos. Denn was einen Mythos ausmacht, ist nicht zu erklären mit Hilfe von historischen Daten. Sie sind nur das Zufällige. Das Eigentliche wird erst in der Erzählung deutlich. Über die Gründung Roms gibt es nur den mythischen Bericht von Romulus und Remus, die vom Gott Mars abstammen – und Rom wird selbst zu einem göttlichen Geschöpf, zu einer Idee, mit der sich Generationen identifizieren. Und auch Siegfried, der Held der Nibelungensage, hat ursprünglich keine Eltern, im Wald wächst er auf, unter der Obhut eines Schmieds. Darin liegt das Besondere des Helden, daß er, von ganz unten kommend, dennoch nach ganz oben gelangt.

Entsprechend wird auch die „Geburt" des Fußballvereins, der zum Helden geworden ist, in mythischer Form erzählt. „Legenden entstehen nicht aus der Wirklichkeit, sondern aus den Wünschen derer, die sie erzählen", sagt Klaus Schulte.

Was sich hinter den Legenden über Schalkes Gründung noch an historischen Fakten erkennen läßt, ist folgendes: Irgendwann im Jahr 1904 treffen sich ein paar Jugendliche aus dem westlichen Teil von Schalke zum Fußballspielen. Sie wohnen alle im Bereich Herzogstraße, Gewerkenstraße und Hammerstraße. Die Begeisterung für den Fußball ist bei ihnen dadurch geweckt worden, daß sie Sonntag für Sonntag von der Bismarcker Rampe aus – als nicht zahlende Zuschauer – die Spiele der Mannschaft von „Spiel und Sport Schalke 96" beobachtet haben.

Dieser Verein nimmt bereits an den Spielen um die Bezirksmeisterschaft teil, die der 1898 in Düsseldorf gegründete „Westdeutsche Spielverband" (WSV) seit 1902 austrägt. Einer von drei westdeutschen Bezirken entspricht in etwa dem Ruhrgebiet. In der Saison 1904/05 sind es allerdings gerade einmal 43 Mannschaften, die sich an den Spielen beteiligen.

Auch die Schalker Jungen – sie sind im Durchschnitt gerade einmal 14 Jahre alt – wollen nun dabeisein. Sie gründen einen Verein – was vor allem heißt: Sie geben sich einen Namen, legen die Vereinsfarben fest und wählen einen Vorsitzenden. Wer auf den Namen „Westfalia Schalke" gekommen ist, weiß niemand: Es gilt in diesen Jahren – klassenübergreifend – als fein, sich den lateinischen Namen einer Region oder eines Landes zu wählen und auf diese Weise Heimat- oder Nationalbewußtsein zu zeigen. Vereine, die sich Borussia oder Preußen, Teutonia oder Germania nennen, schießen wie Pilze aus dem Boden. Die Farben Gelb und Rot, die man als Vereinsfarben wählt, sind dagegen aus Holland importiert: Bei einem Gastspiel einer niederländischen Mannschaft hatte den Jungen die Farbkombination gut gefallen. An Trikots in diesen Farben ist allerdings nicht zu denken – gerade einmal für ein Fähnchen reicht der Stoff. Zum „Vorsitzenden" und „Mannschaftsführer" wird der Schlosserlehrling Wilhelm Gies gewählt – auch er gerade 14 Jahre alt. Auch die übrigen Namen der „Vereinsgründer" sind überliefert und werden über Jahrzehnte weitergetragen – sie bilden die Galerie der Ahnen, die in keiner Erzählung von den Anfängen fehlen darf. So seien sie auch hier genannt: Neben Wilhelm Gies spielten erstmals für Schalke Josef Ferse, Viktor Kroguhl, Johann Kessel, Heinrich Kullmann, Adolf Oetzelmann, Josef Seimetz, Willy van den Berg. Alle sind Schalker Schüler und Lehrlinge aus der Arbeiterschaft.

Die ersten Spiele finden auf der holprigen Wiese am Haus Goor statt; Torstangen und Eckfahnen werden selbst hergestellt und nach Spielende im Keller der Ruine verstaut. Eigene Geschichten ranken sich um den Ball der Schalker: Die erste Lederkugel soll ein ausrangierter Ball eines anderen Vereins gewesen sein, bis man dann im Früjahr 1905 die 11,– Reichsmark (RM) für einen eigenen Lederball zusammengespart hat. Um 1900 verdient ein Bergarbeiter gerade einmal 1,28 RM pro Schicht! Später wird der Monatsbeitrag eingeführt, der zunächst 5 Pfennig für Schüler und 10 Pfennig für Schulentlassene beträgt, dann für Ältere sogar auf 50 Pfennig erhöht wird. Angesichts dieser Finanzsituation ist das Turnier der Westfalia im Jahr 1907 ein großer Erfolg: Am Ende hat die Veranstaltung dem Verein 180,– RM Reinerlös eingebracht. Gespielt wird inzwischen, auch bei dem Turnier, auf einem städtischen Sportplatz an der Taubenstraße in Heßler, dem späteren Jahnplatz. Wie es der Verein geschafft hat, das Geld zu verdienen, obwohl auf den städtischen Plätzen das Erheben von Eintrittsgeldern untersagt ist, bleibt schon damals ein Geheimnis.

Haus Goor: Hier fanden die ersten Spiele von Westfalia Schalke statt.

Im gleichen Jahr soll auch ein Vereinslokal her – keine einfache Sache für Minderjährige in der Kaiserzeit. Auf der anderen Seite sind gerade die Wirte den Fußballern überall wohlgesonnen, denn Bier und Fußball bilden von Anfang an ein Paar. Das gemeinsame Essen und Trinken nach dem Spiel gehört dazu, und die Wirte erkennen sehr schnell, daß die Bindung der Sportler an die eigene Gaststätte den Umsatz kräftig steigern kann. So stellen sie mancherorts sogar die ersten Spielplätze zur Verfügung und werden damit zu den ersten Sponsoren der Vereine. Ganz ähnlich auch in Schalke: Als es auf dem Platz an der Taubenstraße zu Schwierigkeiten kommt, weil der Platz von zahlreichen anderen Vereinen mitgenutzt wird und es des öfteren zu Beschädigungen der nahegelegenen Grünanlagen kommt – eine Geldstrafe von 30,– RM bringt den Verein kurzzeitig an den Rand des Bankrotts – besorgt der Gastwirt Heiming von der Gewerkenstraße einen neuen Platz. Eine Wiese am Rande des Stadtteils wird notdürftig als Spielplatz hergerichtet.

Weil aber die Versammlung Minderjähriger in einem Lokal verboten ist, können die Westfalen sich nicht in Heimings Gaststätte treffen, die nur aus einem Schankraum besteht. Gastwirt Dittmar in der Herzogstraße dagegen besitzt auch einen Nebenraum, der vom öffentlichen Schankbetrieb abgeschlossen ist. Diesen Raum stellt er den Jugendlichen zur Verfügung. Doch bald kommt es zu Konflikten mit dem Wirt, dessen

Bevormundung sich die Fußballer nicht länger gefallen lassen. Sie wechseln, älter geworden und sicher zur Freude des Pächters, zum bereits genannten Gastwirt Heiming.

Doch obwohl auf diese Weise (fast) alles beisammen ist, was den deutschen Verein ausmacht, wird Westfalia Schalke von den Offiziellen des Fußballs nicht anerkannt. Zwar bemüht sich der Verein, in den WSV aufgenommen zu werden, doch das Gesuch wird mehrfach zurückgewiesen. So beginnt die Mannschaft als „wilder Verein". Damit ist sie jedoch in guter Gesellschaft. Zum einen finden sich in der Nachbarschaft genügend ähnliche Mannschaften, gegen die man spielt, zum anderen gibt es auch in der weiteren Umgebung zahlreiche Vereine, die „wild" spielen und Jahrzehnte später zu den Schalker Gegnern im offiziellen Fußball gehören werden. In Bochum kickt beispielsweise ebenso wild seit 1905 ein Verein namens Germania, aus dem einmal der VfL Bochum werden wird... Die Schalker aber bleiben bei der Suche nach Gegnern erst einmal in Gelsenkirchen: Urania Gelsenkirchen (später SC Gelsenkirchen 07), Westfalia Bismarck, Germania Ückendorf und Viktoria Neustadt heißen die ebenfalls jugendlichen Mannschaften, gegen die man spielt.

Und ebenso „wild" wie die Organisation ist in diesen Jahren wohl auch noch die Spielweise der Mannschaft. Denn man spielt hier bisher ohne System; noch beherrscht die Taktik des alten Raufspiels das Geschehen: Der Spieler, der den Ball erreicht, versucht, ihn entweder mit einem weiten, hohen Schuß nach vorne zu befördern, oder bemüht sich – ähnlich wie beim Rugby, nur ohne Gebrauch der Hände –, ihn allein im Tor unterzubringen. Daß es die Abseitsregel in der heutigen Form noch nicht gibt, begünstigt diese Spielweise. Dennoch ist das Spiel für viele Jugendliche so faszinierend, daß es bereits im Jahr 1905 zuviele Spieler bei der Westfalia gibt. Die „Reserve" – so nennt man die zweite Mannschaft – wird gegründet.

Soweit die Fakten. Sie sind der Grundstoff der Legende, die nicht nur erzählt, sondern auch in Büchern aufgeschrieben wird. Das „Buch vom Deutschen Fußballmeister" aus dem Jahr 1936 weiß mit dieser Vorgeschichte des Vereins noch wenig anzufangen. Möglicherweise liegen die Ereignisse noch nicht lange genug zurück. Wahrscheinlicher aber ist es, daß die „wilde" Vergangenheit des Vereins so gar nicht in das nationalsozialistische Konzept der Gleichschaltung und Einbindung aller Vereine in „die Bewegung" paßt. Unter dem harmlosen Titel „Aller Anfang ist schwer" wird die Gründung des Vereins in wenigen Zeilen abgehandelt.

Die Festschrift zum 50jährigen Bestehen des Vereins dagegen weiß schon um die legendäre Ausgestaltung der Berichte über die Schalker Anfänge: „Wenn das anspruchsvolle Wort vom Schalker Mythos gelten soll, dann mag es auch nicht verwunderlich sein, daß die Anfangsjahre des F.C. Gelsenkirchen-Schalke 04 in nachgerade mystischem Dunkel liegen. Keine Zeitung berichtet über die Gründung des Vereins. Kein Protokoll nennt die Namen der Gründer. Nur die mündliche Überlieferung berichtet von jenen Schalker Anfängen. Dabei mögen Dichtung und Wahrheit sich verweben und verflechten, wie zu einer sportlichen Legende des 20. Jahrhunderts." Aber gleichzeitig sind die Autoren noch ganz gefangen in der Sprache des dritten Reiches und verstehen nun – paradoxerweise – die Vereinsgründung im Sinne der nationalsozialistischen Parole vom neuen Lebensraum: „Es ist ganz unpolitisch gemeint (!), es wäre vielmehr durchaus moralisch und biologisch zu verstehen, wenn man heute feststellt, daß die Schalker Jugend von damals sich aufmachte, einen neuen Lebensraum für sich zu gewinnen, in freiem Gelände, in frischer Luft."

Auch das Verhältnis zu den Vereinswirten wird unter dem romantisierenden Stichwort „Bei einem Wirte wundermild..." abgehandelt. Und obwohl man sich noch erinnert, daß „das, was wir heute Verein nennen möchten, damals fraglos noch ein recht locker gefügtes Gebilde" war, wird selbst die Erinnerung an die „wilden" Anfänge nun romantisierend umgedeutet: „Diese Bezeichnung, die vielleicht einmal als entehrend verstanden wurde, gewinnt im Abstand der Jahre den Wert einer höchst ehrenvollen Charakterisierung. Denn wieviel Schwung und Kraft, wieviel Liebe und Begeisterung mußten die Jungen aufbringen, um ihren Verein ohne Hilfe von Erwachsenen zunächst auf die Beine und dann über alle Klippen zu bringen." Die Abstammung aus einfachsten Verhältnis wird zur „edlen Herkunft" stilisiert.

Tatsächlich ist es erstaunlich, was diese Jugendlichen – unter den Bedingungen des wilhelminischen Obrigkeitsstaates – geleistet haben. So möchte man sich der Hochschätzung dieser „wilden" Organisation von jugendlichen Arbeitern wohl anschließen. Nur darf die positive Umwertung nicht geschehen, ohne die realen Konflikte zu benennen, in denen diese Schalker Jugendlichen standen. Denn nur weil sie keine „ehrenvolle" Herkunft nachweisen konnten und sich gegen die etablierten Vereine und Organisation durchsetzen mußten, ist Schalke das geworden, was es ist. Ohne diese Grundlage gibt es auch keinen Mythos Schalke.

Die immer wieder geschilderten Auseinandersetzungen zwischen Eltern und Kindern um das Fußballspiel in diesen Jahren sind sicher zunächst eine Form des Generationskonfliktes. Noch Ernst Kuzorra erzählt später, wie er vor seinen Eltern verheimlichen mußte, daß er Mitglied der Schalker Jugendmannschaft war, und wie die Konfirmationsschuhe ein Opfer des Fußballs wurden. Augenzwinkernd blickt er später auf diese Zeit zurück. Aber am Rande wird deutlich: Es geht auch um Weltanschauungen – hier die bürgerliche Ordnung, da der wilde Fußball...

Der Kampf der wilden Westfalia geht, wie erwähnt, zunächst um die Aufnahme in den WSV, den bürgerlichen Verband, der den Spielbetrieb organisiert. Ob man in der Ablehnung des Gesuches bereits einen Affront des Verbandes gegen die Schalker sehen kann beziehungsweise eine grundsätzliche Ablehnung der Fußballer aus dem Arbeitermilieu, ist unsicher. Zwar gibt es später, in den zwanziger Jahren, eine solche Tendenz im WSV, aber zu dieser Zeit ist die ablehnende Haltung möglicherweise von einer anderen Überlegung geprägt: Unglaublich viele Vereine entstehen in dieser Zeit, und viele von ihnen lösen sich bereits nach wenigen Monaten wieder auf. Solche Vereine möchte man vom Spielbetrieb fernhalten. Und das jugendliche Alter der Schalker Mannschaft hat die Verbandsleitung möglicherweise dazu veranlaßt, in der Westfalia eine solche Eintagsfliege zu sehen.

Den Schalkern hilft das indes wenig. In diesen ersten Jahren sind sie vom offiziellen und öffentlich wahrgenommenen Turn- und Sportbetrieb ausgeschlossen. Der aber ist zu dieser Zeit bereits gut entwickelt. Mit ihm wird sich die Westfalia, will sie bestehen, in der Folgezeit auseinandersetzen müssen.

Sport in Gelsenkirchen um die Jahrhundertwende

Am Anfang stand nicht der Fußball. In den sechziger und siebziger Jahren des 19. Jahrhunderts, als sich in Gelsenkirchen langsam städtisches Leben entwickelt, sind hier, wie überall, die Turner die ersten, die sich zu Vereinen zusammenschließen. Die „Deutsche Turnerschaft" (DT), vom „Turnvater" Jahn ursprünglich als fortschrittliche Bewegung gegründet, die unter anderem die Einigung und Demokratisierung Deutschlands zum Ziel hatte und deswegen lange Zeit von den preußischen Behörden verboten war, ist inzwischen in großen Teilen deutsch-national geprägt. In Gelsenkirchen halten sich jedoch zunächst die demokratisch-sozialistischen Tendenzen. 1863 wird der „Gelsenkirchener Turnverein" gegründet, der vornehmlich aus Arbeitern besteht und sich nach dem ersten Weltkrieg dem „Arbeiter-Turn- und Sportbund" (ATSB) anschließt, der als Gegengewicht zur DT gegründet worden ist. 1874 spalten sich „gemäßigte Mitglieder", also eher unpolitische Arbeiter, ab und gründen den „Turner-Club". In Schalke entsteht im Jahr 1877 der Schalker Turnverein. Aber noch im Jahr 1880 hält Bürgermeister Vattmann das Turnen für ungesund und unmoralisch. Dabei wird zu seiner Zeit noch in keinem dieser Vereine der verpönte „Sport" getrieben.

Turner Joseph Krämer aus Gelsenkirchen-Ückendorf

Sport nämlich ist in diesen Jahren in manchen Kreisen noch weniger gesellschaftsfähig als Turnen. Die sportlichen Spiele wie Fußball gelten als „englischer Aftersport" – so Turnführer Karl Planck. Wegen ihrer Betonung von Spiel und Konkurrenzkampf halten viele sie zudem für undeutsch und nicht zu vereinbaren mit dem disziplinierten Turnen. Nur wenige Turnvereine nehmen anfangs die Sportler und insbesondere die Fußballer als eigene Abteilung auf – eine Ausnahme bildet neben dem Gelsenkirchener TC der Sport- und Turnverein Horst-Emscher.

So entstehen eigene Klubs für „Spiel und Sport". Englische Praktikanten der Duisburger Kabelwerke sind die ersten, die 1892 im Revier, an der Mündung der Ruhr in den Rhein, Fußball spielen. Im gleichen Jahr wird in Witten der erste Fußballverein gegründet.

„Zweck des Vereins soll die Pflege der Bewegungsspiele im Freien sein, insbesondere Fußball, Tennis etc.", heißt es dann bei der Gründung des ersten Gelsenkirchener Spielvereins. „Spiel und Sport Schalke 1896" nennt sich der in der Gaststätte Buschmann an der König-Wilhelm-Straße gegründete Klub. Anders als bei der Westfalia gibt es bei den kaufmännischen Angestellten und Zechenbeamten des SuS ein ordentliches Gründungsprotokoll, das selbst die Wahl des „captain" festhält. Aus Mangel an Gegnern kommt es aber erst ein Jahr später, am 16. Mai 1897, zum ersten Spiel in Schalke auf dem Platz am Haus Goor – gegen den Dortmunder SC 95. „Obgleich die Sonne unbarmherzig auf den der Gemeinde gehörenden Sportplatz herniederbrannte, war das Spiel dennoch ein scharfes", heißt es nach dem 2:0-Sieg des DSC in der Dortmunder Presse.

Auch diese von ihren englischen Vorbildern geprägten Sportvereine schwenken im Laufe der Zeit auf eine nationalistische Linie ein. Im Jahr 1900 beschließt SuS Schalke beispielsweise, keine englischen Sportartikel mehr, sondern nur noch deutsche zu benutzen.

Der erste Gelsenkirchener „Sportler", der international von sich reden macht, ist ein Turner. Joseph Krämer aus Ückendorf fährt 1906 zu den vierten Olympischen Spielen der Neuzeit nach Athen! Dem unermüdlichen Einsatz seines Schriftführers vom TV Ückendorf verdankte er es, daß er – wie damals üblich – von oben ausgewählt worden war. Außer „reichlich Wäsche" muß der Bergmann in Berlin bei der Abfahrt 100,– RM Reisegeld, immerhin ein halbes Monatsgehalt, vorweisen. Doch die Solidarität der Kumpel bewährt sich: Der Wirt des Turner-Vereinslokals legt eine Liste aus, und durch die Spenden der Turnbrüder kommt das Geld zusammen. Dennoch bleibt der Bergmann Krämer ein Sonderfall – bis auf die „schweren Männer" im Gewichtheben sind alle Mitglieder der deutschen Olympiamannschaft Akademiker. Der Bergarbeiter zeigt es allen: Mit seiner lockeren Einstellung („Die Herren werden ihren Doktor nicht am Reck gemacht haben") gewinnt er vier Medaillen: zwei Goldmedaillen im griechischen Fünfkampf und im Tauziehen sowie zwei Silbermedaillen im turnerischen Siebenkampf und im Kürturnen mit der Riege! Bei seiner Rückkehr lobt Krämer die gute Kameradschaft in der Mannschaft trotz der Standesunterschiede – und erst der begeisterte Empfang in Deutschland macht seinen Ückendorfer Vereinskameraden klar, was dieser Turner geleistet hat. Dennoch ist der Olympiasieg keine Eintrittskarte ins bürgerliche Leben. Der größte Wunsch Krämers, der auch 1908 in London dabei ist, das Bergwerk zu verlassen und Sportlehrer zu werden, wird nicht erfüllt: Die Ausbildung ist nur für Abiturienten zugänglich. So schuftet er weiter „vor Ort", bis er nach einem Unfall nur noch über Tage als Holzmeister arbeiten kann. Er stirbt 1945 in Gelsenkirchen.

Die ersten Fußballvereine beziehungsweise Fußballabteilungen aus Gelsenkirchen, die regionale Bedeutung erlangen, sind die des SuS Schalke 1896 und die des Gelsenkirchener Turn-Clubs. Aber nur der eher bürgerliche Verein SuS hat zunächst Erfolg.

Bereits im Jahr 1909 spielt SuS Schalke gegen den Ballspielverein Dortmund um die Westfalenmeisterschaft, verliert aber mit 1:6. In der Saison 1913/14 – inzwischen beteiligen sich immerhin 955 Mannschaften an den Meisterschaftsspielen des WSV – spielen die beiden Gelsenkirchener Mannschaften zusammen mit dem Essener Turnerbund Schwarz-Weiß, Viktoria Duisburg, dem Spielverein Preußen Duisburg, dem Verein für volkstümliche Bewegungsspiele Ruhrort und der Dortmunder Sportvereinigung 95 in der A-Klasse des Ruhrbezirks, der höchsten damaligen Spielklasse, um die Meisterschaft in einem der WSV-Bezirke.

Kurz vor dem ersten Weltkrieg ist die Zeit, in der sich auch bei der Westfalia in Schalke die Verhältnisse ändern. Bald wird man selbst um Meisterehren spielen. Daß ausgerechnet dieser Verein einmal 90.000 Zuschauer mobilisieren wird, das ahnt noch kaum jemand. Aber als vom englischen Pokalendspiel eine solche Zuschauerzahl gemeldet wird, soll Willy Gies, der Mannschaftsführer der Westfalia, genau das bei einem Sonntagmorgenspaziergang prophezeit haben, berichtet man 50 Jahre später.

Vorsichtige Anerkennung (1909-1917)

Aus dem Jahr 1909 ist das älteste Bild einer Schalker Mannschaft – wenn auch nur in Nachzeichnungen – überliefert. Die immer noch jugendlichen Spieler in knielangen Hosen posieren lässig-entschlossen vor dem Fotografen. Auch ihre Namen sind bekannt: Oetzelmann, Gwiasda, Seimetz, Küpper, Gies, Latza, Klopp, Gebauer, Kullmann, Grzella, Jansen, Koppmann. Neben ihnen steht, im Sonntagsstaat mit Anzug und Melone, Gerhard Klopp, Schlosser auf der Zeche Consolidation und inzwischen „Vorsitzender" des Vereins. Heinrich Kullmann übt gleichzeitig das Amt des Kassierers aus.

Um wenigstens von der Stadt als Verein anerkannt zu werden, muß der Vorsitzende volljährig sein. Unter den Spielern findet sich keiner, und so greifen die Lehrlinge erstmals auf die Beziehungen zur Zeche zurück: Heinrich Hilgert, Wiegemeister auf Consol, übernimmt im Jahr 1909 offiziell den Vorsitz. „Jau, ick dau dat", sagt er angeblich, als die Jugendlichen ihn fragen. Nachdem man ein Jahr lang Mitglied im „Rheinisch-Westfälischen Spielverband" gewesen war, einer Konkurrenzorganisation des WSV, die aus einigen Essener und Gelsenkirchener Vereinen bestand, ersucht man nun erneut um Aufnahme in den WSV. Doch der Verband lehnt erneut ab. Er empfiehlt den Schalkern, sich einem bereits bestehenden Verein anzuschließen, um auf diese Weise am Spielbetrieb des WSV teilnehmen zu können. Im Jahr 1912 erklärt sich der Schalker Turnverein 1877 zur Aufnahme der Westfalia als Fußballabteilung bereit. Gerhard Klopp wird nun wieder Vorsitzender dieser Abteilung, und im gleichen Jahr wird sie in den WSV aufgenommen. Vorsitzender des Gesamtvereins ist Fritz Unkel, ebenfalls Angestellter der Zeche Consolidation, der in der Geschichte des Vereins noch eine wichtige Rolle spielen soll.

Wie die Schalker sich in den Gruppenspielen der C-Klasse, in der sie nun zu beginnen haben, schlagen, ist nicht bekannt. Zwar finden sich im Jahr 1912 in der Gelsenkirchener Presse erste Mitteilungen über Fußballspiele, aber eine Sportberichterstattung gibt es noch nicht. Im benachbarten Wattenscheid dagegen wird anläßlich eines „Fußballwettkampfes" den verehrten Lesern der Sinn „dieses fesselnden Spieles" und das 2-3-5-System erklärt, das sich in Deutschland bereits um die Jahrhundertwende herausgebildet hatte:

„Jedes Fußballwettspiel dauert 1 1/2 Stunde; nach je 45 Minuten tritt Seitenwechsel ein. Das ganze Spielfeld ist nämlich in 2 Teile geteilt, oben und unten befindet sich ein Tor, welches von je einer Partei verteidigt werden muß. Jede Partei setzt sich aus 11 Spielern zusammen, und zwar aus dem Torwart, den beiden Verteidigern, den 3 Läufern und 5 Stürmern. Dem Torwart und den beiden Verteidigern liegt es ob, das Tor zu verteidigen, wenn es der feindlichen Stürmerreihe gelungen ist, die Läuferreihe zu durchbrechen und dadurch das eigene Tor in Gefahr kommt. Die Läuferreihe hat die Pflicht, den feindlichen Stürmern den Ball fortzunehmen, diesen vorzubringen und den eigenen Stürmern durch schönes Zuspielen zu übergeben. Endlich hat die Stürmerreihe die Aufgabe, durch technische Kombination, energisches Vorgehen und kaltblütige Berechnung den Lederball durch des Gegners Tor zu bringen. Jedes errungene Tor zählt 1 Punkt. Diejenige Mannschaft, welche die meisten Tore erzielt hat, ist Sieger." Bis 1912 darf der Torwart bei seiner Aufgabe, das Tor zu verteidigen, übrigens in der gesamten Spielhälfte der eigenen Mannschaft den Ball mit Händen und Armen „behandeln", wie es heißt. Erst in der neuen Saison 1912/13 ist das nur noch „im sogenannten Strafraum" erlaubt!

Die nächste sichere Nachricht über die Schalker besagt, daß die Fußballabteilung des TV 1877 nach der Spielzeit 1913/14 den Spielbetrieb einstellen muß: Auch die jugendlichen Fußballer sind inzwischen volljährig,

Die Mannschaft von Westfalia Schalke im Jahr 1909

werden bei Beginn des Krieges eingezogen und vertauschen das Fußballfeld mit einem Schlachtfeld. Es ist zu befürchten, daß viele der Schalker Arbeiter und Sportler mit der gleichen Begeisterung in den Krieg zogen wie viele ihrer Kameraden. Immerhin hatten selbst die Sozialdemokraten, um nicht als „vaterlandslose Gesellen" zu gelten, den Kriegskrediten schließlich zugestimmt.

Als man aber bald darauf feststellt, daß die Soldaten nicht, wie erhofft, „Weihnachten wieder zu Hause" sind und der Krieg immer länger dauert, versucht man in vielen Städten, die aufgelösten Fußballvereine zu neuem Leben zu erwecken. In Schalke sammelt der Bankangestellte Robert Schuermann 1915 die Fußballspieler, die wegen ihrer Jugend noch nicht einberufen sind. Es sind Spieler verschiedener Vereine, die ihren Spielbetrieb eingestellt haben, und einige Neu-Fußballer. Mit ihnen gründet er erneut den Verein „Westfalia Schalke". Unter den Spielern sind auch einige aus der Fußballabteilung des Turnvereins, doch hat der neue Verein mit dem TV 1877 anscheinend wenig zu tun – wie die Konflikte nach dem Krieg zeigen werden. Ob es an der Leitung durch einen seriösen „Banker" liegt – Schuermann wird später Bankdirektor –, jedenfalls wird diese Westfalia zusammen mit anderen „namenlosen" Vereinen noch 1915 in den WSV aufgenommen.

Später deutet man diese Neugründung als heldenhafte Tat. „Wie die erste, so könnte diese zweite Gründung verstanden werden als Absage an die Widrigkeiten des Lebens: Damals bedrückte die jungen Sportler die Monotonie des industrialisierten Daseins; ein Jahrzehnt später bedrohte sie der Tod an den Fronten des Weltkrieges", heißt es 40 Jahre später. Und auch die plötzliche Aufnahme in den WSV erklärt man damit, daß unter dem „Anhauch des Krieges" sich die Grenzen zwischen Rängen und Klassen aufgelöst hätten und ein „neuer, duldsamer Geist" in die Sportorganisationen eingezogen sei. Tatsächlich hatte ja der Kaiser die Parole ausgegeben, er kenne nun keine Parteien mehr, sondern nur noch Deutsche. Möglicherweise ist es also wirklich ein „neuer Geist", der die Wende zugunsten der einfachen Arbeitervereine einleitet – daß dieser Geist aber nur unter bestimmten Bedingungen „duldsam" ist, wird die Zukunft zeigen.

Christine Schuermann

Robert Schuermann sorgt dafür, daß auch Spiele stattfinden – und zwar auf dem Platz des Turnvereins an der Grenzstraße, den dieser in den Kriegsjahren nicht nutzt. Als Umkleideraum stellt er sogar sein Schlafzimmer zur Verfügung. Schuermanns Frau Christine ist Tochter des Gastwirts Wilke – bei ihm trifft man sich nach dem Spiel. 1916 wird auch Schuermann zum Militär einberufen. Das scheint zunächst das Ende zu sein. Doch seine Frau übernimmt den Vorsitz des Vereins – 80 Jahre vor Britta Steilmann ist Christine Schuermann die erste Frau im „Vorstand" eines deutschen Fußballvereins. Ein Jahr lang hält sie den Spielbetrieb aufrecht – als jedoch 1917 fast alle Spieler beim Militär sind, muß er endgültig eingestellt werden.

Auch die Schalker haben andere Sorgen: In den Jahren 1916 und 1917 kommt es zu zahlreichen Protesten und Streiks gegen die immer schlechter werdende Lebensmittelversorgung in Gelsenkirchen. Christine Schuermann stirbt im letzten Kriegsjahr, ohne die Rückkehr ihres Mannes und den Neuanfang des Vereins zu erleben.

Erste Erfolge (1919-1924)

Der erste Weltkrieg endet mit der Revolution vom November 1918. Auch wenn am Ende dieser ersten deutschen Revolution nicht die von vielen erträumte Räterepublik, sondern die Weimarer Republik steht, ist doch danach nichts mehr, wie es war. Nicht nur, daß endlich der Acht-Stunden-Tag eingeführt wird – man sucht überhaupt nach neuen Strukturen in Politik, Gesellschaft und Sport. Daß es jedoch in vielen Bereichen nicht gelingt, eine gemeinsame Grundlage zu finden, sondern sich sehr bald in unversöhnliche Lager spaltet, ist bereits der Keim des Untergangs. Auch im Sport ist diese Entwicklung zu verfolgen – selbst in Schalke.

Robert Schuermann kommt aus dem Krieg zurück – im Gegensatz zu manchen anderen Schalker Spielern. Man sammelt sich, und am 25. Mai 1919 kommt es zum ersten Nachkriegsspiel gegen die „Hacketäuer Mülheim". Noch kann die Westfalia keine komplette Mannschaft aufbieten...

Sehr schwierig gestaltet sich dann vor allem die Platzfrage. Der Platz des Turnvereins an der Grenzstraße, den der TV langfristig von der Zeche Consolidation gepachtet hatte, war in den letzten Kriegsjahren als Schuttabladeplatz benutzt worden; die Mitglieder der Westfalia richten ihn im Laufe des Frühjahrs 1919 wieder her. Bald darauf aber erscheinen zwei Vertreter des TV 1877 und fordern den Platz zurück – neben dem Vereinsvorsitzenden Unkel ist es der ehemalige Vorsitzende der Fußballabteilung im TV, Gerhard Klopp. Nur wenn die Westfalia sich (erneut) dem Turnverein anschließt, ist man bereit, ihr den Platz zur gemeinsamen Nutzung zu überlassen. Die Westfalia unter Schuermann ist dagegen; fieberhaft sucht man in den acht Tagen der Bedenkzeit, die man ausgehandelt hat, nach einer Alternative. Die Kirche scheint Rettung in letzter Not zu sein; sie hat einen Platz, will auch verpachten – aber nicht an einen Sportverein, der nicht kirchlich gebunden ist. Daß es nicht um eine grundsätzliche Ablehnung des Fußballs geht, sondern um die Ablehnung eines solchen Vereins, zeigt die Tatsache, daß kurz darauf der katholische Verein „Eintracht Schalke" entsteht, der sich dem neu gegründeten kirchlichen Verband „Deutsche Jugendkraft" (DJK) anschließt.

So kommt es unter dem sanften Druck des Turnvereins zu Fusionsverhandlungen. Eine Tendenz zum Zusammenschluß von Turnern und Sportlern ist in diesen Jahren jedoch weit verbreitet – nach den Erfahrungen des Weltkriegs will man alte Gegensätze überbrücken. Auch in der Nachbarschaft, in Wattenscheid und Bochum beispielsweise, entstehen „Turn- und Sportvereine" – die Vorläufer späterer Gegner.

Und die Gelsenkirchener Presse berichtet schließlich am 24. Juli 1919: „Dem Beispiele anderer großer Städte folgend hat sich auch in Gelsenkirchen die Erkenntnis Bahn gebrochen, daß heute in erster Linie große leistungsfähige Vereine die Stützen unseres Sportes sind. Diese Erscheinung ist freudig zu begrüßen. Von diesem Gedanken haben sich auch der Sportverein Westfalia Schalke und der Turnverein Schalke leiten lassen und sich, nachdem man in Versammlungen über die Grundlagen einig geworden, unter dem Namen 'Turn- und Sportverein Schalke' vereinigt. Der Verein gehört nun mit seinen mehreren hundert Mitgliedern zu den größten Vereinen des Westdeutschen Spielverbandes. Mit der Vereinigung erfährt auch das Projekt des Turn- und Sportvereins Schalke, Schaffung einer großzügigen und modernen Sportplatzanlage im Zentrum der Stadt, an der Grenzstraße, lebhafte Förderung, zumal der Aufbau dieser vorbildlichen Anlage schon rüstig im Fortschreiten begriffen ist."

Ganz so fair und harmonisch, wie es in späteren Chroniken geschildert wird, scheint dieser Zusammenschluß allerdings nicht gewesen zu sein. Zwar wird Robert Schuermann, der bis zuletzt gegen die Fusion war, zum 2. Vorsitzenden gewählt, aber kurz nachdem er 1921 berufsbedingt nach Elberfeld zieht, kommt es zum Austritt einiger alter „Westfalen", die unter Wilhelm Borggrewe erneut den „Sportverein Westfalia Schalke" gründen. Auch was den Vereinswirt angeht, kommt es erst nach Auseinandersetzungen zu einem Kompromiß – Sonntag für Sonntag abwechselnd trifft man sich einmal beim „Sportlerwirt" Wilke und beim „Turnerwirt" Wegener.

Was den Sportbetrieb angeht, bringt die Fusion aber tatsächlich einen gewaltigen Sprung nach vorn. In der Sportabteilung spielen ab 1920 fünf Seniorenmannschaften Fußball, eine Jugendabteilung wird gegründet, 1923 spielen erstmals die Alten Herren, und auch eine Taubstummenmannschaft entsteht, die 1927 das Endspiel um die deutscher Meisterschaft erreicht und dem 1. FC Nürnberg unterliegt. Daneben wird ab 1926 auch Handball gespielt; ein Jahr später gründet sich eine Damenhandballmannschaft.

Im Fußballbereich trägt auch die nach dem Krieg geänderte Ligaeinteilung der immer größeren Bedeutung des „Volkssports" Rechnung. Nachdem im Jahr 1920 erstmals nach 1914 wieder ein deutscher Meister ausgespielt worden ist – zum ersten Mal holt sich der 1. FC Nürnberg den Titel und die „Viktoria" – wird das Gebiet des WSV in fünf Gaue unterteilt: Rheingau, Bergisch-Märkischer Gau, Ruhrgau, Westfälischer Gau

Die Mannschaft der Westfalia nach dem Krieg. Hinten v.l.: Robert Schuermann (Vorsitzender), Grischik, Student, Wendt, J. Neumann, Hahn, Beste. Mitte: H. Neumann, Gorziza, Rodner. Vorn: Brackwehr, Sobottka, Olbrich.

und Hessischer Gau. Diese fünf Gaue umfassen insgesamt 15 Kreise mit je einer Kreisliga, die teilweise in mehreren Gruppen kickt. Die Kreise wiederum sind in 48 Bezirke unterteilt, wo weiterhin A-, B- und C-Klasse spielen, teilweise ebenfalls in mehreren parallelen Gruppen. Nach der Saison 1920/21 steigen die stärksten Mannschaften der Kreisligen in eine der fünf neuen Gauligen auf. Später kommen noch die Gauligen Südwestfalen und Niederrhein hinzu.

Die Schalker, 1919 in die B-Klasse eingruppiert (was dafür spricht, daß sie bereits vor dem Krieg den Sprung aus der C-Klasse geschafft haben), spielen in der ersten und zweiten Nachkriegssaison nicht um den Aufstieg in die Gauliga, sondern zunächst um den Aufstieg in die A-Klasse ihres Bezirkes. In ihrer Gruppe des Bezirks sind die Schalker Meister geworden; am 6. Juni 1920 kommt es auf dem Platz von Gelsenkirchen 07 zum entscheidenden Spiel gegen den Meister der anderen Gruppe, den Ballspielverein 12 Gelsenkirchen. Mit 4:0 erringen die Schalker einen eindrucksvollen Sieg; der Ersatzmittelstürmer Ernst Reckmann legt mit den beiden ersten Toren den Grundstein für den Aufstieg. In der kommenden Saison werden die Schalker auf Anhieb auch (ungeschlagen!) Meister der A-Klasse in ihrem Bezirk. In den Spielen um den Aufstieg in die Kreisliga muß man sich mit den Meistern benachbarter Bezirke messen – SuS Essen-West 81, BV Stoppenberg und Westfalia Herne heißen sie damals. Und die Mannschaft bewährt sich: Sie spielt in der kommenden Saison in der Liga des Emscherkreises.

August Sobottka, Adam Zurner, Franz Brackwehr, Otto Wendt, Hans Ballmann, Fred Ballmann, Thomas Student, August Ferkau, Gustav Kirstein, Karl Gottschewski und Ernst Reckmann heißen die Spieler, die diesen ersten größeren Erfolg für die Schalker erreichen. Fünf von ihnen sind Bergleute, Zurner und Sobottka arbeiten als Schlosser und Schweißer, die Ballmann-Brüder als Fabrikarbeiter, Reckmann und Gottschewski sind kaufmännische Angestellte. Ihre Herkunft aus dem Osten aber wollen einige bereits vergessen machen. „Polacken" werden die ungeliebten Einwanderer im Ruhrgebiet genannt. Und so wird aus Adam Zurawski Adam Zurner und aus Ernst Regelski wird Ernst Reckmann...

Sportlich die wichtigsten Spieler sind zweifellos Hans und Fred Ballmann. Auf abenteuerliche Weise sind sie zu den Schalkern gelangt – ein schönes Beispiel für gewagte Spielertransfers aus den Anfängen des Ligafußballs. Die beiden gebürtigen Dortmunder waren in England aufgewachsen, hatten dort als Bergleute gearbeitet und Fußball gespielt, waren dann aber als Deutsche während des ersten Weltkriegs interniert worden und wurden 1920 ausgewiesen. Der Schalker Fred Kühne hatte sie während seiner Kriegsgefangenschaft kennengelernt und – als ihre Ausweisung feststand – für seinen Verein verpflichtet. Als sie am Gelsenkirchener Bahnhof ankommen, werden sie von Fred Kühne persönlich in Empfang genommen – aber nicht, weil die beiden nur Englisch sprechen, sondern weil sich die Kunde von den zwei spielstarken „Engländern" bereits herumgesprochen hat: Am Bahnhof warten auch die Vertreter eines anderen Vereins, um die beiden zu verpflichten. In den folgenden Monaten begleitet Thomas Student, seit 1916 Mannschaftsführer zunächst der Westfalia und nun der neuen Mannschaft des TuS Schalke die beiden „aus Sicherheitsgründen" zum Arbeitsplatz. In der Zeit der Inflation könnten die beiden für materielle Vergünstigungen zu manchem bereit sein... Man selbst versucht, durch entsprechende Angebote mitzuhalten: Man verschafft ihnen einen Platz als Kostgänger beim Vereinsvorsitzenden Unkel – die beiden bleiben.

Rein sportlich hat sich die Investition gelohnt: Die beiden „Ballmänner" sind als Mittelläufer und Linksaußen nicht nur bei weitem die größten Spieler der Mannschaft; auch technisch revolutionieren sie das Schalker Spiel. Aus England bringen sie den „schottischen Flachpaß“ mit: Dort hat man bereits gelernt, den Ball nicht hoch nach vorne, sondern kurz und flach zum jeweils besser postierten Mitspieler weiterzuleiten und auf diese Weise den Gegner auszuspielen. Die Grundidee des späteren „Schalker Kreisels“ kommt durch die Ballmann-Brüder nach Gelsenkirchen. Der ebenfalls von ihnen praktizierte Doppelpass, der Fallrückzieher und der Drop-Kick wirken wie artistische Sensationen auf die Schalker. Am Erfolg der Mannschaft, die ab 1921 in der Kreisliga spielt, sind sie daher in großem Maße beteiligt. In Dortmund dagegen hatte man mit diesen Errungenschaften nichts anfangen können: Schon 1899 hatte ein Kaufmann namens Lüdecke beim Dortmunder SC die englische Spielweise vorgestellt – ohne dauerhaften Erfolg.

In der höchsten Spielklasse aber, der Liga des Ruhrgaus, wird Gelsenkirchen in dieser Zeit noch von anderen Mannschaften vertreten. Auf Anhieb qualifiziert sich Gelsenkirchen 07. Der 1907 gegründete Arbeiterverein hat auch nur auf dem Umweg über den Turnclub Bismarck die Aufnahme in den WSV geschafft – inzwischen wird er in Anspielung auf China „die gelbe Gefahr“ genannt. Vor Beginn der Ligaspiele wird am 7. März der Ruhrgaumeister der Saison 1920/21 ermittelt durch ein Spiel zwischen dem Ruhrgaumeister Gelsenkirchen 07 und dem Hellwegkreismeister Dortmunder SC 95. Gelsenkirchen unterliegt 3:4. In den Presseberichten über dieses Spiel wird das Tor als „Heiligtum“ bezeichnet – man ahnt die religiösen Qualitäten des Kampfes. Zu einem Freundschaftsspiel verpflichtet der bürgerliche Verein in diesen Jahren sogar schon einen schwedischen Erstligisten. Daß auch die Schalker Konkurrenz das neue englische System erprobt, zeigen Presseberichte über dieses Spiel, bei dem die Gelsenkirchener „durch planvolles, flaches Kombinationsspiel“ überraschen. In der kommenden Saison, als die Gauliga auf 16 Vereine erweitert wird, kann sich auch Union Gelsenkirchen qualifizieren. Der Verein ist 1910 aus dem Zusammenschluß von Germania Ückendorf und Viktoria Neustadt entstanden.

Vor den Schalkern liegt bis zum Erreichen dieses Zieles noch ein hartes Stück Arbeit. Zunächst muß der Sportplatz an der Grenzstraße „kreisligatauglich“ gemacht werden. Und das heißt in diesem Falle: Eine Umzäunung muß geschaffen werden, damit Eintritt kassiert werden kann; mit Asche muß der Platz begradigt und höhergelegt werden; Umkleidekabinen müssen errichtet werden. Mit Hilfe der Zeche gelingt das. Da Fritz

Die Mannschaft des TuS Schalke 1923. Von links: Reckmann, Mellentin, Unkel, A. Ferkau, Brackwehr, Kirstein, Jaczek, Seppelfricke, F. Ballmann, Sobottka, H. Ballmann, Student, J. Neumann, J. Ferkau, Zurner, Krause, Fuhse, Badorek.

Unkel Materialverwalter auf der Zeche ist, kann er vieles beschaffen – auch immer neue Wasserhähne aus Messing für die Umkleidekabinen, die regelmäßig geklaut werden. Wenn allerdings spätere Chroniken andeuten, die Lieferung der Bretter für den Zaun und von neun Waggons Asche sei unter der Hand erfolgt, so scheint das spätere Verklärung zu sein. Solche Mengen konnten, bei aller Fähigkeit zum „Organisieren", nicht unbemerkt abgezweigt werden. Die Zechen sind in dieser Zeit aber schon bereit, Sportvereine wie TuS Schalke zu unterstützen. Der Wunsch nach Verbesserung des eigenen Image und die Hoffnung auf Ruhigstellung der Arbeiter mögen sich dabei trefflich ergänzen.

In der Saison 1921/22 belegen die Schalker einen Mittelplatz in ihrer Gruppe der Kreisliga, tragen aber in der Sommerpause am 3. August das erste Freundschaftsspiel gegen eine ausländische Mannschaft aus. Es ist ausgerechnet eine Wiener Mannschaft, die bei den Schalkern antritt – später wird man den Schalker Spielstil mit dem Fußball der „Wiener Schule" in Verbindung bringen.

Drei Tage später kommt es in Leipzig zum kuriosesten Endspiel um die Deutsche Meisterschaft in der Geschichte des Deutschen Fußballs überhaupt: Bereits im zweiten Spiel stehen sich der Hamburger SV und der 1. FC Nürnberg gegenüber. Das erste Spiel, knapp zwei Monate früher, ist nach 189 Minuten (!) wegen Dunkelheit beim Stand von 2:2 und mit vie-

len Verletzten auf dem Platz abgebrochen worden. Und auch das zweite Spiel wird nicht ordnungsgemäß zu Ende geführt. Nach Ende der regulären Spielzeit steht es 1:1, Nürnberg hat aber nach zwei Platzverweisen nur noch neun Spieler auf dem Platz. Als sich in der Verlängerung ein weiterer Nürnberger verletzt, muß das Spiel abgebrochen werden. Bis heute gibt es keinen Meister des Jahres 1922. Zwölf Jahre später werden die Schalker gegen den „Club" im Endspiel stehen...

Schon im zweiten Jahr der Zugehörigkeit zur Kreisliga, in der Saison 1922/23, wird Schalke Gruppenmeister, ebenso in der folgenden Saison 1923/24. Das Entscheidungsspiel um die Emscherkreismeisterschaft gegen den BV Stoppenberg geht allerdings mit 0:2 verloren.

Seit dem Krieg erscheinen auch Berichte über Fußballspiele in der Gelsenkirchener Presse; man erwartet allerdings, daß die Vereine dafür mit bezahlten Anzeigen auf ihre Spiele hinweisen – Anzeigen, die sich dann meist irgendwo zwischen der Werbung für Haarwuchsmittel oder Schuhcreme finden, wie Zeitgenossen kritisieren.

Bemerkenswert erscheint, daß sich der langsame Aufstieg der Schalker mitten in der großen wirtschaftlichen Krise von 1923 vollzieht. In Gelsenkirchen sind 75 % der Bevölkerung nicht nur von der Inflation, sondern auch von der Massenarbeitslosigkeit betroffen. Der Fußball bewährt sich in Schalke gerade unter dem Druck der Verhältnisse – als Gegenbewegung gegen die trostlose Wirklichkeit. Straßenfußball ist eine willkommene Beschäftigung; hier lernen Jugendliche technische Perfektion – Zeit zum „Training“ ist genug vorhanden.

Mitten in der Inflationszeit und mitten in der Saison 1923/24 kommt es dann zum Bruch zwischen Turnern und Sportlern. Seit dem Krieg hatten die Deutsche Turnerschaft (DT) und die Sportverbände für Leichtathletik, Schwimmen und Fußball versucht, eine gemeinsame Organisationsform zu finden. Jetzt sind diese Versuche gescheitert, was seine tiefere Ursache in dem grundlegenden Mißtrauen der Turner gegen die Sportler hat: Das Turnen ist für sie die deutsche Leitsportart, den Sport mit seinem Leistungsprinzip lehnen sie ab. Es kommt zur „reinlichen Scheidung“ zwischen Turnern und Sportlern, nachdem sich zuvor schon die Arbeiterturner und Arbeitersportler von den bürgerlichen Verbänden getrennt haben.

Turnen, bürgerlicher Sport, Arbeitersport

Am Anfang ist Sport durchaus eine Frage der Klasse – im sozialen Sinne. Die ersten Sportler und Fußballer in England sind höhere Schüler und Gentlemen, die geradezu geschockt reagieren, als im Jahr 1883 mit „Blackburn Olympic“ erstmals ein Arbeiterverein das Pokalfinale gewinnt. Zahlreiche Universitätsmannschaften ziehen sich daraufhin vom Pokalwettbewerb zurück. Die Arbeiterschaft hatte, sobald die äußeren Bedingungen dies zuließen und genügend Freizeit zur Verfügung stand, den Fußball zu ihrem Sport gemacht, so daß er bald das Image eines „Proletensports“ besaß. Dennoch gab es weiterhin die aristokratisch-bürgerlichen Klubs, und der Fußball war einer der wenigen Orte, wo die Konflikte zwischen beiden Gruppen unter dem gemeinsamen Dach der Football-Association ausgetragen wurden.

In Deutschland war die Entwicklung im Grunde ähnlich verlaufen. Immer mehr Arbeitervereine betrieben den Sport, der ursprünglich ein Spiel der Gymnasiasten und Kaufleute gewesen war. Wie unterschiedlich die Situation insbesondere vor dem Krieg war, verdeutlicht der Hinweis von Siegfried Gehrmann, daß um 1900 ein bürgerlicher Verein wie der Duisburger SV etwa 20.000 RM an Barvermögen besaß, während für die Schalker die Anschaffung eines Lederballs ein echtes Problem darstellte. Erst nach dem Krieg, nach Einführung des Acht-Stunden-Tages, wurden die Arbeitervereine zahlreicher.

Titelblatt der Streitschrift des Turnlehrers Karl Planck gegen das Fußballspiel, die „englische Krankheit".

Die Frage war aber, ob man unter dem Dach der bürgerlichen Sportorganisation oder in einer eigenen Organisation Fußball spielen sollte, wo nur „Arbeitersport" getrieben wird. Die Führung der Arbeiterschaft hatte sich bereits im Zusammenhang mit dem Turnen für den zweiten Weg entschieden. Der 1893 in Gera gegründete „Arbeiter-Turnerbund" (ATB) war im bewußten Gegensatz zur „Deutschen Turnerschaft" (DT) geschaffen worden. Und auch der Fußball sollte ab 1919, als der ATB in „Arbeiter-Turn- und Sportbund" (ATSB) umbenannt wurde, unter dem Dach des Arbeitersports in eigenen Ligen betrieben werden.

Dabei gehört es zu den großen Paradoxien des Arbeitersports, daß man die Faszination des neuen Sports gerade für Arbeiter lange verkannt und falsch gedeutet hat. Wenige Jahre vor dem ersten Weltkrieg hatte der Vorsitzende des ATB, Karl Frey, den Fußball kategorisch abgelehnt, weil dort keine ideologisch-charakterliche Schulung stattfinde wie beim Turnen: „Zunächst heißt es, die Jugend vor den gefährlichsten Feinden zu schützen, es sind dies auf dem Gebiet des Vereinslebens die sportlichen Abarten der Leibesübungen. Die einseitige Betätigung der Körperübungen in den kleinen Fußballclubs ... wird der Jugend mit den schädlichen Folgerscheinungen stets vor Augen zu führen sein. Die Vereinsspielerei, mit dem Wirtshausbesuch verbunden, muß mit aller Schärfe bekämpft werden." Und noch nach dem ersten Weltkrieg heißt es in einer Ausgabe der Arbeiterzeitung *Volkssport:* „Während der Turner in stolzer Haltung mit gehobener Brust daherschreitet, kommt der 'Nurfußballer' mit gesenktem Kopf, die Brust tief eingedrückt, die Arme wie unnötige Anhängsel mit sich führend, daher geschlendert. Die Beine sind stets in Offensivstellung, und wehe der leerem Wichsdose oder anderen schußfähigen Gegenständen, die dreist genug sind, sich ihnen in den Weg zu stellen..."

Es sind die gleichen Argumente, die auch die bürgerlichen Turner von Anfang an vorbringen. Im Grunde spiegelt die Arbeiterturnbewegung nur die Vorstellungen der bürgerlichen Turner unter umgekehrtem gesellschaftlichem Vorzeichen. Und noch nach dem Krieg, als man, mehr oder weniger gezwungenermaßen, den Fußball akzeptiert, betrachten viele Arbeiterturner die „Nurfußballer" mit Mißtrauen. Der ATSB lehnt es ab, bei Wettkämpfen Preise zu verleihen, und die *Freie Sport-Woche* nennt in ihrer Berichterstattung, um keinen einzelnen „Star" hervorzuheben, bei Fußballmannschaften keine Spielernamen!

Wie die Arbeiterturnerschaft im Ganzen versuchen auch die Arbeiter-Fußballer, durch die Übernahme und Überbietung der bürgerlichen Tugenden ihre Überlegenheit zu beweisen. Im Bereich der Fairneß wollen sie besser sein als ihre Konkurrenten, gegen die sie jedoch nicht im direkten Vergleich antreten. Das geht bis hin zu einer schärferen Regelauslegung: Bei den Arbeitersportlern ist jede Berührung des Torhüters im Strafraum verboten.

So verständlich die ideologische Ablehnung des Konkurrenzprinzips einerseits erscheint, so tragisch ist es andererseits, daß man die Möglichkeiten des Fußballs nicht genutzt hat. Daß es hier einen notwendigen Ausgleich zur Arbeit gab, der aber darüber hinaus eine Möglichkeit bot, mit Hilfe von Arbeiter-Tugenden zu Erfolgen zu kommen, hat man nicht gesehen. Und solange man sich als bloßer Gegner des bürgerlichen Lagers versteht, kann natürlich auch die Möglichkeit einer Integration durch

Auseinandersetzung mit dem Gegner und durch sportliche Siege nicht in den Blick kommen. Wieviel ein sportlicher Erfolg in dieser Hinsicht bedeuten kann, zeigt – um ein Beispiel aus der jüngeren Vergangenheit zu nennen – noch der Sieg der DDR über die Bundesrepublik bei der Weltmeisterschaft 1974, der mindestens soviel für die „Anerkennung" der DDR im Bewußtsein der Bundesbürger getan hat wie die gesamte Ostpolitik.

Jedenfalls führt die Haltung der offiziellen Arbeitersportler zum Verlust vieler Arbeiter, die Fußball betreiben und dafür einerseits häufig ein politikfreies Umfeld suchen und andererseits auch im bürgerlichen Bereich anerkannt werden wollen. Selbst Spieler, die als Arbeitersportler begonnen haben, verlassen vielfach ihren angestammten Verein. So wechselt beispielsweise Erwin Seeler, Spieler der ATSB-Auswahl und Vater von Uwe Seeler, in den zwanziger Jahren vom Hamburger Arbeiterverein SC Lorbeer 06 zum bürgerlichen SC Viktoria.

Eine ähnliche Politik der Abgrenzung betreiben in diesen Jahren allerdings auch andere gesellschaftliche Gruppen. Weil es, so eine jüdische Zeitung in den zwanziger Jahren, „mit der Neutralität dieser allgemeinen Turn- und Sportvereine ... so seine eigene Bewandtnis" hat, gründen sich nach der Jahrhundertwende und in der Weimarer Republik zahlreiche jüdische Turn- und Sportvereine, die im Fußball eigene Meisterschaften ausspielen. Auch in Gelsenkirchen existiert seit Beginn der zwanziger Jahre der Verein „Hakoah" – hebräisch für: die Kraft – mit über 100 Mitgliedern. Und auch die katholische und evangelische Bevölkerung organisiert ihren Sport in eigenen Vereinen, die sich in den Bewegungen „Deutsche Jugenkraft" und „Eichenkreuz" zusammenschließen.

Diese Aufsplitterung in viele gesellschaftliche Lager – auch bei Parteien und Gewerkschaften – ist einer der Gründe für die Schwäche der Republik und den Erfolg der Nationalsozialisten, die all diese Organisationen nach 1933 zerschlagen.

Nach dem ersten Weltkrieg sind die Fußballer und Turner des bürgerlichen, angeblich weltanschaulich neutralen Lagers, organisiert in der DT und im „Deutschen Fußballbund" (DFB), die bei weitem stärkste und bedeutendste Gruppe. Beide wollen zunächst in den neuen Vereinen sowie im „Reichsbund für Leibesübungen" zusammenarbeiten und „jede Einseitigkeit in sportlicher und jede Parteipolitik in gesellschaftlicher Hinsicht" fallenlassen – so heißt es beispielsweise in der Bekanntgabe der Vereinigung von BV Wattenscheid 09 und TV Wattenscheid 01 zum Turn- und Ballspielverein im Jahr 1919.

Aber im Laufe der Zeit verschärfen sich die Gegensätze wieder. Vielen Turnern sind die undisziplinierten Fußballer nie geheuer gewesen. „Nurfußballer" wird auch bei ihnen zum Schimpfwort. Preise soll es nur für allseits ausgebildete Mehrkämpfer geben. Auf einem Bundestag in Dortmund formuliert die DT im April 1922 ihre sportfeindlichen und deutschnationalen Grundsätze: „Die turnerische Kultur sieht in den Übungsformen nicht den Übungszweck, sondern das Mittel, Körper und Geist harmonisch zu entwickeln. Zur turnerischen Kultur gehören Pflege der Vaterlandsliebe, des Gemütslebens und des Gemeinschaftsgedankens. Obwohl die volkstümlichen sportlichen Übungen und Spiele von jeher Bestandteil des deutschen Turnens gewesen sind, haben sie die turnerische Kultur gefährdet, als sich der sportliche Einschlag in der DT verbreitete."

So stehen die Fußballer mit ihrer eher unpolitischen Auffassung plötzlich „links" von den sich wieder national gebärdenden Turnern. Aber anstatt daraus entsprechende Konsequenzen zu ziehen und das eigene Profil zu erarbeiten, sucht man zunächst nach Kompromissen. 1923 verkündet der WSV beispielsweise eine allgemeine Aufstiegssperre für ihre Ligen, um übertriebene Konkurrenz und Härte durch Wettkampfdenken zu verhindern – und kommt so den Turnern und ihrer Einstellung entgegen.

Dennoch ist die Trennung unvermeidlich. Die DT fordert die „reinliche Scheidung", die Ende 1923 auch durchgeführt wird. Es entstehen wieder reine Turn- und reine Sportvereine. Auch für den TuS Schalke bedeutet die Scheidung das Ende. Sie wird gleichzeitig zur Geburtsstunde des FC Schalke 04.

Die Schalker Arbeiter gehörten zu den Sportlern, die sich von Anfang an um Aufnahme in den bürgerlichen WSV bemühten und nicht um Aufnahme in den ATB und seine Unterorganisationen. Die ideologisch stärker gebundenen Vereine, die katholische DJK Eintracht und der kommunistische Verein Rotsport, spielten in Schalke nie eine nennenswerte Rolle. Der Verein DJK Eintracht war 1921 gegründet worden, hatte ein Jahr später im Finale der verbandsinternen Reichsmeisterschaft gestanden, seine Fußballabteilung aber bald aufgeben müssen. Die kommunistische Rotsportbewegung war Ende der zwanziger Jahre aus dem sozialdemokratisch orientierten ATSB ausgeschlossen worden. In Schalke hatte der Verein nie mehr als 60 Mitglieder.

Daß es mit der Neutralität der bürgerlichen Verbände manchmal nicht weit her ist, müssen die Schalker Fußballer allerdings am eigenen Leib erfahren. Zunächst nicht in den WSV aufgenommen, sind sie es auch, die unter der erwähnten Aufstiegssperre des Verbandes zu leiden haben. Und nicht wenige haben den Eindruck, daß diese gegen die Arbeitersportvereine gerichtet ist, die in diesen Jahren dabei sind, die bürgerlichen Vereine abzulösen.

Auf Dauer aber ist die Entwicklung nicht aufzuhalten: In Duisburg erwächst dem Duisburger SV – immerhin Endspielteilnehmer von 1913 – im Duisburger FV 08 aus dem Arbeiterviertel Hochfeld ein echter Konkurrent. In Essen wird der BV Altenessen durch einen Sieg über den „Lackschuhverein" ETB Schwarz-Weiß 1926 erstmals Bezirksmeister. Der Altenessener Gesangsverein ist von diesem Geschehen so berührt, daß ihm nichts anderes einfällt, als spontan „Das ist der Tag des Herrn" anzustimmen. Und die überragenden Schalker werden bald sogar überregional für Furore sorgen.

Dabei haben die Schalker durch ihren Erfolg gerade im bürgerlichen Bereich für das Selbstbewußtsein und die Integration des Arbeiters vielleicht mehr getan als die organisierten Arbeitersportler, die auch im Sport die gesellschaftlichen Grenzen nicht überschritten. Andererseits werden sie später gerade wegen ihrer unpolitischen Vergangenheit für die Nationalsozialisten als Arbeiterverein interessant sein.

Die Entstehung des Kreisels

1924 bis 1933

Aufstiegsjahre (1924-1927)

Wie in vielen anderen Vereinen war die Trennung zwischen Turnern und Sportlern nicht ganz einfach. Zwar hatten die Fußballer 1919 nur widerwillig der Fusion zugestimmt, aber nach dem Austritt der alten Westfalen 1922 war doch eine Gemeinschaft entstanden, in der viele Mitglieder Turnen und Fußball gleichzeitig betrieben. Nun muß sie sich entscheiden; die DT duldete offiziell keine Doppelmitgliedschaft. Wie sehr die Fußballabteilung inzwischen in den Gesamtverein integriert war, zeigte vor allem, daß auch der Vorsitzende des Turnvereins nun zu den Fußballern wechselte.

Unter Führung von Fritz Unkel versammeln sich am 5. Januar 1924 die ausgeschlossenen Sportler beim neuen Vereinswirt Oeldemann an der Ecke Wilhelminen- und Grenzstraße. Der Tag wird zum eigentlichen Gründungsdatum des FC Schalke. Obwohl man nur sehr bedingt ein Nachfolger der alten Westfalia von 1904 ist, übernimmt man diese Jahreszahl in den Vereinsnamen, so daß es bei der offiziellen Bekanntmachung in der Zeitung heißt: „Fußballklub Schalke 04 e.V. heißt fortan die Spielabteilung des Turn- und Sportvereins 1877, vorbehaltlich der Genehmigung des Verbandes. Geschäftsstelle nach wie vor Hülsmannstraße 11."

Auch die Farben des neuen Vereins werden festgelegt – blau und weiß sind sie seit diesem Tag. Auch darin setzt man sich von der alten Westfalia ab. Ursprünglich hatte auch der Verein „Blau-Weiß Schalke" heißen sollen – die Versammlung entscheidet sich schließlich dagegen. Wie es zu dieser Farbwahl kam, ist unklar. In Gelsenkirchen war blau-weiß jedoch schon lange mit den Einwanderern aus Ostpreußen verbunden, von denen viele im Verein eine neue Heimat fanden. Ein Schlosser aus Ückendorf berichtet in den zwanziger Jahren: „Wir sagten immer: 'Da ist ein Kartoffelzug gekommen.' Die führten die Gans an der Leine mit. Ihre Habe war gebündelt in einem blau-weißen Bettzeug." Auch das Vereinslied entsteht in dieser Zeit – das legendäre „Blau und Weiß, wie lieb ich dich...":

Blau und Weiß, wie lieb ich dich,
Blau und Weiß, verlaß mich nicht.
Blau und Weiß ist ja der Himmel nur,
Blau und Weiß ist uns're Fußball-Garnitur.

Hätten wir ein Königreich,
machten wir's den Schalkern gleich.
Alle Mädchen, die so jung und schön,
müßten alle Blau und Weiß spazieren gehn.

Mohammed war ein Prophet,
der vom Fußballspielen nichts versteht.
Doch aus all der schönen Farbenpracht,
hat er sich das Blau und Weiß ausgedacht.

Tausend Feuer in der Nacht,
haben uns das große Glück gebracht.
Tausend Freunde, die zusammensteh'n,
dann wird der FC Schalke niemals untergehen.

Wie bei anderen Vereinsliedern dieser Zeit handelt es sich nicht gerade um einen sehr poetischen Text. Anders als sonst ist der Autor bekannt: Hans König hat ihn geschrieben und auch gleich die Musik zu diesem „Fußball-Marschlied" komponiert. Sicherlich ist es „triviale Gelegenheitsdichtung", wie Siegfried Gehrmann diese Lieder genannt hat. Als Möglichkeit der Selbstdarstellung, für die Selbstvergewisserung der Anhänger aber hat es in den zwanziger Jahren einen besonderen Wert für den Klub. Und unbewußt schleichen sich alte religiöse Bilder ein. Den Himmel auf die Erde zu holen und niemals unterzugehen, hatte früher die Kirche versprochen. Auch die Vereinnahmung Mohammeds mag unsinnig sein – sie ist nicht antimuslimisch, sondern reklamiert zu einem Zeitpunkt, als kein Schalker einen Moslem kennt, für den Verein überreligiöse Bedeutung.

Und da noch kein Rockpoet gesungen hat, daß er aus Schalke kommt und an Schalke hängt, ist es bis heute bei diesem Lied geblieben. Noch immer ist „Blau und Weiß" vor Spielbeginn durch nichts anderes zu ersetzen. Daß das Lied bis heute „wirkt", verdankt es wohl vor allem der Beschwörung des Ruhrgebietsmythos in der letzten Strophe. Jene

Mischung aus Appell und Gewißheit von den tausend Feuern, die zu Glücksbringern einer gebeutelten Region stilisiert werden, von der Solidarität der tausend Freunde und von der Ewigkeit des Vereins, verbunden mit einer eingängig triumphalen Musik, spricht eben doch tiefe Gefühle an.

Daß es ab 1924 eine eigene Vereinszeitung gibt, zeigt deutlich – auch wenn alle Unterlagen über diese Zeit im zweiten Weltkrieg vernichtet worden sind –, daß man seriös geworden ist. Mit Fritz Unkel übernimmt der neue Verein die „professionelleren" Strukturen des Turnvereins und schafft so die organisatorischen Voraussetzungen für eine sportliche Weiterentwicklung, die fast ausschließlich von Spielern aus Schalke getragen wird.

Denn sportlich geht es aufwärts. Nachdem die Emscher-Kreismeisterschaft in der Saison 1923/24 noch verpaßt wird, ist es 1924/25 soweit: Zuerst wird der neue FC Schalke 04 in seiner Gruppe Meister, dann erkämpft er durch ein 3:0 (n.V.) gegen die Sportfreunde Essen 07 den Titel. Das bedeutete eigentlich die Möglichkeit zum Aufstieg in die Liga des Ruhrgaus. 1923 aber hatte der WSV die erwähnte Aufstiegssperre für zwei Jahre beschlossen. Gleichgültig, ob sie wirklich gegen die Arbeitervereine gerichtet war: „Die wollten uns nicht in der Liga haben", ist Torwart August Sobottka noch 1977 überzeugt. Und dieses Empfinden sorgt für Gegendruck, für noch stärkere Identifizierung mit der Mannschaft. „Schalke", bisher Inbegriff des Arbeiterviertels, beginnt nun, in Form der Schalker Fußballmannschaft, zum Inbegriff der sportlich um Anerkennung kämpfenden Schicht zu werden.

Als Ersatz für die fehlenden Aufstiegsspiele findet in diesem Jahr eine Meisterschaft der Kreismeister statt. Innerhalb des Ruhrgaus besiegt Schalke dabei zunächst die anderen Kreismeister Preußen 07 Bochum und Borussia Dortmund. Der Ballspielverein Borussia, gleichfalls ein Arbeiterverein, der 1909 im Dortmunder Hoeschviertel aus der Fußballabteilung eines katholischen Jünglingsvereins hervorgegangen ist, versucht in diesen Jahren, ebenfalls die Dominanz der bürgerlichen Vereine in der Stadt, Dortmunder SC und VfB Alemannia, in der ersten Liga zu brechen. Im direkten Vergleich mit den Schalkern haben sie (noch) keine Chance. Am 3. Mai 1925 besiegt Schalke die Dortmunder im ersten Aufeinandertreffen mit 4:2. Die Spielweise der Schalker („kurz und flach wandert der Ball von Mann zu Mann") fällt dem Dortmunder *Generalanzeiger* bereits auf. Von der Rivalität eines Derbys ist in diesem Jahr aller-

Der Industrieort Schalke in den zwanziger Jahren

dings noch nichts zu spüren – die Konkurrenz um die Vorherrschaft im Ruhrgebiet beginnt erst nach dem Krieg.

Auch in den Spielen gegen die übrigen Kreisligameister in den Gauen behaupten sich die Schalker. Nach Siegen über Bielefeld 06, Eller 04 und Rasensport Hagen sind die Knappen westdeutscher Kreisligameister! In dieser Meistermannschaft spielt seit einiger Zeit auch schon der 20jährige, der zum Inbegriff von Schalke werden soll: Ernst Kuzorra. Als perfekter Dribbler mit gefährlichem Torschuß spielt der Mann, der ursprünglich lieber beim damals noch führenden Verein Gelsenkirchen 07 kicken wollte, in der Stürmerreihe bereits eine wichtige Rolle. Bald wird er für fast zwei Jahrzehnte zum Mannschaftskapitän der Schalker.

Im nächsten Jahr, nach Fall der Aufstiegssperre, gelingt ihm mit den Schalkern der Sprung in die damalige erste Liga. Wie planmäßig dieses Ziel angegangen wurde, zeigt die Tatsache, daß mit Heinz Ludewig ein erster Trainer verpflichtet wird. Der Versicherungsdirektor Ludewig kommt vom gutbürgerlichen Duisburger SV, dem Vizemeister des Jahres 1913. Ludewig, gelernter Mittelläufer, war vor dem Krieg Nationalspieler gewesen und hatte auch schon Erfahrung gegen englische Profis gesammelt. Doch ein neuer Trainer bedeutet nicht auf Anhieb Erfolg: Am Ende der Saison 1925/26 muß man sich den ersten Platz in der eigenen Gruppe unerwartet mit dem punktgleichen STV Horst-Emscher teilen! Erst ein Entscheidungsspiel auf dem neutralen Platz von Buer 07 bringt die Entscheidung: Schalke ist Gruppenmeister. Die Emscher-Kreismeisterschaft erkämpft man sich durch einen 2:1-Sieg gegen die Sportfreunde Essen 07. Schalke ist in nur sechs Jahren aus der 4. Klasse in die höchste Spielklasse aufgestiegen. Schalke wird sie bis 1981 nicht verlassen!

Die Eingliederung in die Ruhrgauliga bedeutet auch, daß Schalke nun nicht mehr nur gegen die Vereine der Emscherzone spielt, die das eigentliche Zentrum des proletarischen Ruhrgebiets bildet. Nun treten auch die bürgerlichen Vereine aus Dortmund und Essen in den Blick. Die Liga wird für die Saison 1926/27 in zwei Gruppen eingeteilt. In der östlichen Gruppe spielt Schalke gegen Gegner wie Union Gelsenkirchen, SC Gelsenkirchen 07, Buer 07, Buer-Erle 08, Langendreer 04, Dortmunder SC, Alemannia Dortmund, VfB Dortmund und den BVB, der im gleichen Jahr den Aufstieg geschafft hat und nun zahlreiche Spieler einkauft. Es nützt ihm nichts; am Ende steigt die Borussia nach nur einer Saison an der Sonne wieder ab.

Die Schalker dagegen werden in der Saison 1926/27 auf Anhieb ungeschlagen Gruppenerster und treffen im Entscheidungsspiel um die Ruhrgaumeisterschaft auf den anderen Gruppenersten, den bereits erwähnten Arbeiterverein BV Altenessen. Erstmals gibt es Hin- und Rückspiel. In Altenessen schießt Kuzorra vor 10.000 Zuschauern das spielentscheidende 1:0; beim Rückspiel wird es noch einmal knapp: Zwar bringt Kuzorra auf dem aufgeweichten Boden den FC Schalke mit 2:0 in Führung, dann aber kommt Altenessen auf. Der spätere Schalker Ernst Pörtgen verkürzt, 15 Minuten vor Schluß fällt der Ausgleichstreffer, und es folgen noch einmal bange Minuten... Dann aber hat Schalke, wie es in der Presse heißt, „seinem lebhaften Aufstieg die Krone aufgesetzt" und der bisherigen Metropole Essen den Titel entrissen.

Nun spielt auch Fritz Szepan in der Schalker Mannschaft. Er war, obwohl ein wenig langsam, wegen seiner perfekten Ballbehandlung von Ernst Kuzorra mit 20 Jahren in die Mannschaft geholt worden. Sein gutes Auge, der Blick für den entscheidenden Paß macht ihn im Laufe der Zeit zum genialen Spielgestalter. Auch er hatte ursprünglich lieber bei Gelsenkirchen 07 spielen wollen, der „gelben Gefahr", wo sein großes Vorbild, Michel Gogolla kickte.

Das „Heimspiel" der Schalker gegen Essen wird allerdings in Heßler auf dem 1926 fertiggestellten Jahnplatz ausgetragen – die Anlage an der

Ernst Kuzorra (ganz rechts) und Fritz Szepan (rechts)

Grenzstraße reicht hierfür nicht aus. Und das eigene Stadion wird erst gebaut. Die nun erreichte Gaumeisterschaft berechtigt zur Teilnahme an den Spielen um die Westdeutsche Meisterschaft. Die Gegner aus den anderen sechs Gauen sind der CfR Köln, Arminia Bielefeld, Rasensport Hagen, Kurhessen Kassel, Fortuna Düsseldorf und der Duisburger SV. Am 10. April 1927 kommt es im Wedaustadion, das nach 1919 mit Unterstützung der Firma Krupp errichtet worden ist, zum „Spiel des Jahres" – vor 40.000 Zuschauern! Obwohl Sobottka einen Elfmeter hält und Kuzorra wiederum zwei Tore schießt, reicht es nur zu einem 2:2. Die Schalker Student und Kirstein protestieren heftigst gegen einige Schiedsrichterentscheidungen – so heftig, daß sie eine Woche lang eine Sperre fürchten müssen.

Tatsächlich erscheint eine Beeinflussung zugunsten des „Altmeisters" und gegen den „Emporkömmling" nicht ganz unmöglich: Der Schiedsrichter war Dr. Peco (Paul-Josef) Bauwens gewesen, der nicht gerade durch seine Sympathien mit dem Arbeitersport bekannt wurde. Noch 1954 feiert er, inzwischen DFB-Präsident, die Weltmeisterschaft als Sieg im Geiste Bismarcks und des Alten Fritz...

Auch beim letzten Spiel in Düsseldorf – ein Sieg hätte ein Entscheidungsspiel gegen den Duisburger SV notwendig gemacht – bescheinigt die Presse den Schalkern, daß sie „inmitten einer brodelnden Masse" unverdient mit 3:4 verloren haben.

Aber alle drei Erstplazierten haben das Recht, an den Spielen um „die Deutsche" teilzunehmen. So spielt Schalke zum ersten Mal in der Vorrunde um die nationale Meisterschaft, und zwar gegen 1860 München. Doch im kurz zuvor fertiggestellten Stadion Rote Erde in Dortmund ist mit einer 1:3-Niederlage das Ende der Fahnenstange erreicht. Ein kleiner Trost, daß auch Düsseldorf und Duisburg in der ersten Runde ausscheiden… Meister wird zum fünften Mal der 1. FC Nürnberg – die Süddeutschen dominieren in diesen Jahren (noch) den deutschen Fußball.

Im kommenden Jahr wird Schalke erneut Meister des Ruhrgaus durch zwei Siege gegen den ETB Schwarz-Weiß, der somit auch in diesem Jahr seiner Rolle als „ewiger Zweiter" des Westens gerecht wird. Die Dominanz der bürgerlichen Vereine ist endgültig gebrochen. Nachdem die Schalker in den Spielen um die Westdeutsche Meisterschaft gegen SW Barmen, Hagen 72, Borussia Rheine, Kurhessen Kassel, Preußen Krefeld und Sülz 07 (ein Vorläufer des 1. FC Köln) den dritten Platz belegt haben, scheitern sie wiederum in den Vorrundenspielen zur Deutschen Meisterschaft – diesmal unterliegt man dem Hamburger SV mit 2:4. Dennoch spricht (zumindest die regionale) Presse erstmals davon, daß Gelsenkirchen „die Hochburg des deutschen Fußballsports" geworden sei. Und am 20. November 1927 spielt mit Ernst Kuzorra zum ersten Mal ein Schalker in der Nationalmannschaft.

Das liegt vor allem an der begeisternden Spielweise der Schalker. Das von den Brüdern Ballmann erlernte Flachpaßspiel haben sie zur Perfektion gebracht. Dribbeln, täuschen, schießen, freilaufen – immer wieder wird der Ball mit kurzen, flachen Pässen zum besser postierten Mitspieler gespielt, bis sich aus der Verwirrung des Gegners die Gelegenheit zum Torschuß ergibt. Die Schnelligkeit, die traumhafte Sicherheit, aber auch eine bestimmte Form von Witz zeichnen diesen Fußball der Schalker Arbeiterkinder aus. „Ball und Gegner laufen lassen" ist die damals neue Devise. Erstmals, so analysiert später Verteidiger Hans Bornemann, einziger Abiturient in der Schalker Meistermannschaft, bestimmte nicht mehr der ballführende Spieler allein das Spielgeschehen, sondern auch die Spieler, die sich freiliefen. Tore schießen sei wahrhaftig nicht der Zweck des Spiels gewesen – erst wenn es gar nicht mehr anders ging, habe man den Ball ins Tor geschossen. Der berühmte Schalker Kreisel ist geboren.

In gewisser Weise erinnert der an den österreichischen Fußball, der in diesen Jahren dem deutschen noch weit voraus ist. In Österreich hat man bereits 1924 den Profifußball eingeführt, und die Länderspiele gegen den nördlichen Nachbarn enden regelmäßig mit deutlichen Niederlagen der deutschen Auswahl. Wie weit die Qualität des österreichischen Fußballs auf die wirtschaftliche Strukturkrise zurückzuführen ist, in der der Fußball gerade für Arbeiter – ähnlich wie in Schalke – eine Möglichkeit zu echtem sozialen Aufstieg bot, kann nicht mit Sicherheit gesagt werden. Sicher ist, daß die „Wiener Schule“, deren herausragendste Gestalt Matthias Sindelar, ein Arbeiterkind aus Wien-Favoriten, war, in den zwanziger und dreißiger Jahren als schlampig, aber genial, ballverliebt und dribbelstark galt. Es sind genau die Eigenschaften, die auch die Schalker auszeichnen. So ist es durchaus passend, daß die Schalker 1927 einen Österreicher als neuen Trainer engagieren – Gustav Wieser, der bei den europäischen Spitzenklubs Rapid und Austria Wien gespielt hatte und Nationalspieler gewesen war. Er ist der Mann, der die Schalker Ansätze weiterführen kann.

Ebenso bezeichnend aber ist, daß diese Art Fußball zu spielen bei deutschen Fußballkennern, die mehr auf Effizienz und Sieg als auf Schönheit setzen, schon früh auf Kritik stößt. Bereits 1927 meint man in der Zeitschrift *FuL:* Die Schalker „haben ihre glänzenden Tricks, ihre Körperbeherrschung und ihr Ballgefühl nicht um zu brillieren, sondern um Tore zu schießen“. Man bescheinigt ihnen „Unproduktivität“, „hinderliche Ballverliebtheit“ und sogar einen „Zug zur Blasiertheit“. Und im Jahr 1936 wird die Periode des Trainers Wieser dahingehend abgetan, daß diese populäre Verpflichtung in jenen Jahren ja „das Höchste“ gewesen sein mag, auf Dauer aber die deutsche Spielweise den Schalkern doch mehr gelegen habe als die „weanerische“...

Erstmals westdeutscher Meister (1928-1930)

Die ersten großen Stadien waren bereits vor dem ersten Weltkrieg errichtet worden. Das „Deutsche Stadion im Grunewald“, 1913 in Berlin mit Schwimmbad und Radrennbahn errichtet, war das Vorbild vieler ähnlicher Anlagen in den zwanziger Jahren geworden. Auch einige Städte im Revier errichteten einen solchen „Sportpark“ – in Duisburg entsteht die Wedau, u.a. mit Stadion und Regattabahn, in Dortmund der Westfalenpark mit dem Stadion Rote Erde und der Westfalenhalle, in Wattenscheid das Stadion Beckmannshof mit Schwimmbad, Tennisplätzen und Parkanlage.

Als in Schalke erste Pläne für ein Schalke-Stadion gemacht werden, sind diese einerseits bescheidener und andererseits sehr viel gewagter. Denn nicht die Stadt will hier ein Stadion errichten, das von mehreren Vereinen genutzt wird, sondern der Verein selbst will eine Kampfbahn errichten und finanzieren. Ein ungewöhnlicher Entschluß. Der Verein kommt ins Gerede. Schon bald heißt es, er habe sich übernommen. Die Chroniken berichten, wie schwierig es für einen Arbeiterverein trotz der kassenfüllenden Erfolge war, das Geld aufzutreiben – und mit welch gewagten Transaktionen das bereits damals geschah. Zum einen erwerben die Mitglieder, sofern sie nicht selbst mit Hand anlegen bei den Bauarbeiten, „Bausteine" im Wert von 1,– bis 10,– RM. Das Geld soll später zurückgezahlt werden – was nie geschieht. Trotzdem belaufen sich die Schulden des Vereins zeitweise auf mehrere zehntausend Mark, die durch Wechsel gesichert werden, für die der Vereinskassierer persönlich haftet. Der Wechsel wird jeweils bis zum nächsten Spiel, das eine größere Einnahme verspricht, verlängert und dann auf die Restsumme neu ausgestellt.

Trotz allem ist der Bau der neuen Kampfbahn nicht ohne Unterstützung der Stadt und der Zeche Consolidation möglich. Die Zeche, inzwischen im Besitz der Mannesmann-Röhrenwerke, läßt in ihrer Bauabteilung die Pläne erstellen und stellt die für den Stadionbau notwendigen 20 Morgen Land zur Verfügung. Viele Zechen unterstützen inzwischen Sportvereine von Arbeitern in ihrer Umgebung – nicht zuletzt um die Beschäftigten auf diese Weise an die Zeche zu binden und ruhig zu halten. Diese Unterstützung ist einer der Gründe, warum sich in diesen Jahren zahlreiche Arbeitervereine neben den bürgerlichen Vereinen etablieren können.

Die Tiefbaufirma Jaeger unter ihrem Geschäftsführer Heinrich Pieneck, später selbst Vorsitzender des Vereins, wird mit der Durchführung des Baus beauftragt. Die Stadt Gelsenkirchen tritt als Gläubiger auf – Schalke wird im Zuge des Stadionbaus zum „städtischen Repräsentationsverein", mit dessen Erfolgen sich auch die Stadt schmücken will. Im Jahr 1925 ist die Mannschaft in einer Schrift des DFB über „30 Jahre Gelsenkirchener Fußball" noch totgeschwiegen worden. Nun ändert der Verein, zumindest offiziell, seinen Namen in „FC Gelsenkirchen-Schalke 04", und Oberbürgermeister Wedelstaedt erhält, als Dank für die städtische Unterstützung, die Ehrenmitgliedschaft.

Bei der Grundsteinlegung im August 1927 sind Vertreter von Mannesmann bzw. Consolidation, von Stadt und WSV anwesend, und in der Urkunde herrscht ein bürgerlich-nationaler Ton vor: „Das Stadion soll dazu dienen, unsere Jugend zu kräftigen und zu stärken, damit sie ein neues, starkes Vaterland bildet. Der Grundstein soll später eine weitere Aufgabe erfüllen, indem an dieser Stelle ein Denkmal für die im Weltkriege gefallenen Helden des Vereins errichtet werden soll."

Einweihung der Glückauf-Kampfbahn 1928

Die Einweihung der neuen „Kampfbahn“ erfolgt ein Jahr später im August 1928 mit einer Sportwoche und einem Spiel gegen Tennis-Borussia Berlin, das die Schalker mit 3:2 gewinnen. Erstmals wird dieses Ereignis auch von einer auswärtigen Firma für Werbung in größerem Stil genutzt: Ein Reklameflugzeug der Firma Dr. Hillers AG aus Solingen wirft vor dem Spiel nicht nur Blumenstrauß und Ball über dem Stadion ab, sondern auch mehrere tausend Pfefferminz-Kostproben! Als Namen für das Stadion hatten zahlreiche Vereinsmitglieder „Fritz-Unkel-Kampfbahn“ vorgeschlagen; am Ende entscheidet man sich jedoch für das neutralere „Glückauf-Kampfbahn“. Der Bergmannsgruß soll die Verbindung der Schalker zum Bergbau dokumentieren und trägt auf diese Weise zum „Knappen-Mythos“ bei.

Der zunächst vorgeschlagene Name verweist jedoch auf die Bedeutung, die Fritz Unkel bereits zu dieser Zeit für den Verein hat. Aus den Legenden, die sich um seine Person ranken, läßt sich zumindest folgendes sicher erkennen: Da Unkels Vater einer der ersten Betriebsführer auf Consolidation gewesen war, er selbst Materialverwalter der Zeche ist und sein Sohn Felix ebenfalls als Bergwerksangestellter dort arbeitet, stellt er die Verbindung des Vereins zur Zeche dar, die die Schalker großzügig, wenn auch nicht ganz uneigennützig unterstützt. Mehrere Spieler gehören anfangs als Kostgänger zum Haushalt Unkels. Ein weiterer Sohn, Josef Unkel, ist Bäckermeister und versorgt die Mannschaft regelmäßig mit Kuchen, so daß Schalke 04 lange Zeit als „Streußelkuchen-Verein“ bekannt ist, so ähnlich wie Borussia Dortmund wegen der nach dem Spiel gereichten Wurstwaren in dieser Zeit „Schlachtplatten-Klub“ genannt wird. Darüber hinaus ist Unkel wohl tatsächlich eine Vaterfigur für viele

Spieler und Anhänger. „Papa Unkel“ nennen sie ihn. Auf diese Weise verkörpert Unkel einerseits einen väterlichen Führungsstil und ein paternalistisches Sponsorentum, wie es bei vielen Vereinen des Reviers bis in die sechziger Jahre hinein üblich bleiben wird. Andererseits ist Unkel auch derjenige, unter dessen Führung der Grundstein für eine mehr und mehr professionelle Form von Vereinsführung gelegt wird. Nachdem schon im Rahmen des Stadionbaus eine Finanzkommission unter Finanzobmann Willi Nier eingerichtet worden war, wird 1928 auch eine eigene Geschäftsstelle eingerichtet – und zwar im zweiten Stock über dem neuen Vereinslokal „Kaiserhalle“ am Schalker Markt.

Die Wirtin des Lokals wird bald, als Gegenstück zu „Papa Unkel“, zur „Mutter Thiemeyer“. So ist mit dem Lokal auch der Mythos von der „Schalke-Familie“ verbunden. In zweierlei Hinsicht baut dieser Mythos auf Realitäten auf. Wie kaum irgendwo sonst sind in Schalke Stadtteil und Lebensraum des Vereins identisch; Stadion und Vereinslokal liegen nicht nur in unmittelbarer Nähe des Wohnortes, sondern bilden sozusagen den Katalysator für das Zusammengehörigkeits- und Solidaritätsgefühl der Einwohner und Vereinsmitglieder, die ja bereits durch eine ähnliche soziale Lage „verwandt“ sind. Gleichzeitig ist diese Einheit von Stadtteil und Verein – nun erweist sich die Wahl des Stadtteilnamens zum Vereinsnamen als Glücksfall – offen für andere Anhänger, die sich mit dieser Einheit identifizieren, weil sie sich in den aufstrebenden Arbeitern wiedererkennen.

Außerdem ist zumindest zu Anfang der dreißiger Jahre der innere Kreis des Vereins – und das umfaßt noch Vorstand und Spieler – auf vielfältige Weise verwandt, versippt und verschwägert: Ernst Kuzorra ist ab 1931 mit der Schwester des alten Vereinswirtes Gehring verheiratet, Fritz Thelen, Schalker Spieler und später sportlicher „Entwicklungshelfer“ bei Borussia Dortmund, ist mit einer Schwester von Kuzorra verheiratet, Fritz Szepan mit der anderen Schwester. Karl Ambriss wiederum ist mit der Schwester von Fritz Szepan verheiratet und der Kassierer Reinhold Lütterforst mit der Tochter von Fritz Unkel. Die Frauen von August Sobottka, dem langjährigen Torwart, und Ernst Reckmann sind Cousinen, und so weiter...

Diese „Familie“ erringt nach Fertigstellung der Glückauf-Kampfbahn weitere Erfolge – so daß die Investitionen in das Stadion sich auf Dauer auszahlen. Am Ende der Saison 1928/29 muß Schalke beim Kampf um die Ruhrgaumeisterschaft erneut gegen den ETB Schwarz-Weiß antreten.

Der Schalker Markt mit der „Kaiserhalle“ 1930

Die Spielführer Kuzorra und Muers vor dem Spiel Schalke gegen Hüsten 09 (7:1) im Wattenscheider Stadion Beckmannshof

Wegen des total aufgeweichten Platzes wird das erste Spiel nur als Freundschaftsspiel gewertet; das reguläre Spiel endet 0:0. Beim zweiten Spiel erkämpfen die Schalker, nachdem Torwart Sobottka gleich zu Beginn verletzt ausscheiden muß – Einwechslungen sind noch nicht erlaubt – selbst mit zehn Spielern einen 2:1-Erfolg.

Der Ruhrgaumeister trifft nun in den Spielen um die Westdeutsche Meisterschaft auf die SpVgg Herten, den Meidericher SV, Hüsten 09, Fortuna Düsseldorf und Borussia Mönchengladbach. Beim Spiel gegen die Düsseldorfer, das im vorigen Jahr am Rhein von chaotischen Zuständen auf den Zuschauerrängen begleitet war, gibt es erstmals einen Kartenvorverkauf. Am Ende stehen die Schalker punktgleich mit den Meiderichern vorn – es kommt zum Entscheidungsspiel am Essener Uhlenkrug, dem Platz des ETB, das die Schalker 2:1 gewinnen. Zum ersten Mal ist Schalke Westdeutscher Meister! Und zum ersten Mal hat ein Verein aus dem Ruhrrevier diesen Titel errungen! Die Vorherrschaft der bürgerlichen Klubs der Rheinschiene ist gebrochen. Auch in den Spielen um die Deutsche Meisterschaft kommt die Mannschaft eine Runde weiter: Nach einem Sieg über Wacker 04 Berlin in Leipzig kommt erst in der Zwischenrunde der letzten acht (Viertelfinale) mit einer 1:4-Niederlage gegen den „ewigen Finalisten" Hertha BSC Berlin das Aus.

In der regionalen Presse finden sich erstmals Interviews mit den Stars der Mannschaft. Ernst Kuzorra führt den Erfolg der Schalker vor allem auf die gemeinsame Herkunft zurück: „Die Spieler der 1. Mannschaft sind fast restlos aus Schalke, kein Spieler wohnt weiter als 30 Pfennig mit der Straßenbahn entfernt. Wir sind bis auf Dimmek, unseren Rechtsaußen, der aus Erle stammt, fast restlos aus der Jugendmannschaft hervorgegangen. Wir kennen uns alle von Jugend an, wir haben zusammen geknickert, wir waren zusammen auf der Schule..." Mag das auch im Detail nicht ganz stimmen, die Tatsache, daß alle vom gleichen Milieu geprägt sind, bleibt und bildet die reale Grundlage des Knappen-Mythos.

In der Sommerpause finden wieder Freundschaftsspiele gegen ausländische Vereine statt: Der FC Enschede und die Sportfreunde Kairo (!) sind zu Gast, aber auch eine südamerikanische Mannschaft. Gegen die Spielkunst der Rampea Juniores aus Uruguay, das 1930 als erstes Land Weltmeister wird, haben die Schalker (noch) keine Chance. Mit 1:5 fällt die Niederlage sogar recht deutlich aus.

Die Spieler dieser bis dahin erfolgreichsten Saison sind Sobottka, Neumann, Badorek, Zajons, Rodner, Kleinemeyer, Zorn, Kampmann,

Valentin (eigentlich Valentin Przytulla), Jaczek, Simon, Szepan (ursprünglich Czepan), Kuzorra, Ebert, Rothardt (eigentlich Czerwinski), Kirstein, Böcke und Dimmek. Sie alle feiern am 20. Mai 1929 – warum ausgerechnet an diesem Tag, weiß niemand – das 25jährige Bestehen des Vereins. Das Freundschaftsspiel, das man sich aus diesem Anlaß gönnt, gegen die SpVgg Fürth – eines der Teams, das in diesen Jahren den deutschen Fußball bestimmt – gewinnt Schalke mit 3:1. Und mit Fritz Szepan spielt im Oktober bei einem Spiel gegen Finnland erstmals der zweite Schalker in der Nationalmannschaft.

In der Saison 1929/30 kommt es erneut zu einer Umgruppierung der Ligen. Aus den beiden Gruppen der Ruhrgauliga werden die besten Mannschaften zur „Sonderklasse Ruhr" zusammengefaßt. Auch andere Gaue werden zusammengelegt, so daß Schalke nach erneutem, fast schon routinemäßigem Gewinn der Gaumeisterschaft nur noch gegen drei Gegner antreten muß, um die zweite Westdeutsche Meisterschaft zu erringen – gegen den VfL Benrath, Sülz 07 und den Homberger SV. Ungeschlagen wird Schalke Meister, und der Präsident des WSV, der Bochumer Rechtsanwalt Constans Jersch persönlich, überreicht den Schalkern im Hans-Sachs-Haus die Meisterplakette. Was immer er bei diesem Besuch für einen Eindruck bekommen haben mag – wenige Monate später ist er es, der den Verein fast in den Untergang treibt.

In der Deutschen Meisterschaft besiegen die Schalker in Bochum zwar Arminia Hannover mit 6:2, unterliegen aber zwei Wochen später in Fürth mit dem gleichen Ergebnis gegen den 1. FC Nürnberg. Die Mannschaft um Nationaltorhüter Stuhlfauth war bereits einige Male zu Freundschaftsspielen in Gelsenkirchen gewesen und ist als die deutsche Spitzenmannschaft der zwanziger Jahre Vorbild der Schalker. Aus dieser Zeit datieren die ersten freundschaftlichen Kontakte der beiden Vereine, die heute in der Freundschaft zwischen den Fans (!) der Klubs weiterbestehen.

Kurz vor dem Meisterschaftsspiel hatte Kuzorra beim Spiel gegen England in Berlin als Mittelstürmer erneut das Trikot der Nationalmannschaft getragen; alle drei Tore zum sensationellen 3:3 gegen die bis dahin fast unbesiegbaren Briten schoß allerdings der überragende Richard Hofmann vom Dresdner SC.

Die Sperre (1930-1931)

Auf die wirtschaftliche Scheinblüte Mitte der zwanziger Jahre war die Weltwirtschaftskrise gefolgt. Da diese Krise mit einer zunehmenden Rationalisierung im Bergbau und in der Industrie einherging, war Gelsenkirchen von dieser Krise besonders betroffen. Schon 1930 war etwa ein Viertel der Gelsenkirchener Arbeitnehmer ohne Beschäftigung. Die Stadt beklagte die hohen Sozialleistungen, die Industrie zu hohe Lohnkosten. Im Rahmen von „produktiver Erwerbslosenfürsorge" wurden zahlreiche Arbeitslose zu öffentlichen Notstandsarbeiten herangezogen.

Auch die Schalker Fußballer waren von dieser Entwicklung betroffen. Fünf der Schalker Spieler in der ersten Mannschaft waren 1930 arbeitslos. Auch Fritz Szepan war nach Beendigung seiner Lehre bei Küppersbusch nicht übernommen worden und von 1925 bis 1929 arbeitslos gewesen. Erst in diesem Jahr eröffnete er mit Ernst Kuzorra ein Tabakwarengeschäft – was nur dank eines Kredits von 2.000,– RM möglich war, den ein Schalker Vereinsmitglied den bekannten Fußballern gewährte. Kuzorra selbst hatte ab 1921 als Schlepper unter Tage gearbeitet und nach seiner Lehre als Bergmann zunächst noch „vor Ort" gearbeitet, dann einen Posten über Tage erhalten, sich aber dennoch 1926 an der Polizeischule in Münster angemeldet, um vom „Pütt" wegzukommen. Nur „Tullux" (von Przytulla) Valentin soll ihn damals durch Zerreißen der Zusage in Schalke gehalten haben. Und als 1927 der Dortmunder SC Kuzorra mit einer Anstellung bei einer Brauerei gelockt hatte, war ein Förderer des Vereins eingesprungen, hatte ihm den Führerschein bezahlt und ihn als Fahrer eingestellt.

Daran wird die grundsätzliche Situation der Arbeiterfußballer beispielhaft deutlich: Auf der einen Seite ist für die wirklich guten Spieler der Fußball eine echte Aufstiegsmöglichkeit, die nicht nur Popularität, sondern auch wirtschaftliche Vorteile mit sich bringen kann. Auf der anderen Seite sind es gerade die Arbeiter, die darauf angewiesen sind, für den Verdienstausfall durch Sport entschädigt zu werden oder – wenn sie arbeitslos sind – mit Hilfe des Fußballspiels ihr Geld zu verdienen. Diese Situation hatte in England schon 1885 zur Einführung des Berufsspielertums geführt. In Deutschland dagegen hält man offiziell am Amateurideal fest – unter der Hand werden schon sehr bald Handgelder gezahlt, insbesondere bei Spielerwechseln, und von Gönnern des Vereins werden Vergünstigungen bezüglich einer Arbeitsstelle gewährt. Spätestens seit

1929 berichtet auch die Presse von Gerüchten, daß vor allem bei süddeutschen Vereinen Tagegelder von 50,– RM pro Spiel gezahlt werden.

Ähnlich ist die Situation auch in Schalke. Nicht nur Kuzorra und Szepan hat man mit einem Kredit geholfen. Von den Spielern, offiziell alle reine Amateure, so erinnert sich Kuzorra später, habe ab etwa 1927 keiner mehr körperlich gearbeitet. Im Klartext: Die meisten haben inzwischen Posten, bei denen das Fußballspiel an erster Stelle steht. Für jeden Einsatz in der Mannschaft werden sie freigestellt. Und auch Handgelder erhalten sie vom Verein – der Klub beteiligt sie an den nicht unbeträchtlichen Einnahmen, die er den Spielern verdankt. Etwa 10,– RM pro Spiel- und Trainingstag sollen es gewesen sein.

Gegen die allgemein geübte Praxis der Handgelder gehen DFB und WSV nach Ablauf der Spielzeit 1929/30 vor. Gegen zahlreiche Vereine wird ein Ermittlungsverfahren eingeleitet. Schalke 04 wird, nachdem in der Woche zuvor noch Freundschaftsspiele gegen Bayern München und den Dresdner SC stattgefunden haben, als erster (und einziger) Verein am 25. August verurteilt. Die Spruchkammer des WSV stellt fest: „Es wird von den in Frage kommenden Vereinsführern zugegeben, daß mit kleineren Beträgen der Anfang gemacht wurde, die unter dem Druck der Forderungen der Spieler aber immer höher wurden, bis man zum Schluß selbst einsah, daß es zum Zusammenbruch kommen mußte. Die Vereinsführer sind leider zum Teil ein Opfer der Spieler geworden. Das Verfahren hat aufgrund der vorliegenden buchlichen Belege und der Geständnisse der beteiligten Vorstandsmitglieder und der Spieler ergeben, daß 1. die Spieler der ersten Mannschaft regelmäßig Spesenbeträge erhalten haben, die über das zulässige Maß (die Deckung der Reise- und Unterhaltskosten) weit hinausgehen; 2. neben diesen Spesen regelmäßig für ihre Mitwirkung eine regelrechte Entlohnung erhalten haben; 3. mehrere dieser Spieler außerdem weitere Zuwendungen in Gestalt von Geschenken, Darlehen und Vorteilen in ihrer beruflichen Stellung angenommen haben. ... Es werden zu Berufsspielern erklärt: Rothardt, Badorek, Sobottka, Zajons, Böke, Jazek, Valentin, H. Tibulski, Kuzorra, Czepan, Simon, W. Neumann, Kampmann und Rothardt.“ Damit ist die gesamte 1. Mannschaft vom Spielbetrieb der neuen Saison ausgeschlossen. Außerdem werden acht Vorstandsmitglieder aus dem WSV ausgeschlossen.

Warum es ausgerechnet zur Verurteilung von Schalke kam, ist bis heute nicht ganz geklärt. Einerseits wird behauptet, nur in Gelsenkirchen seien die Zahlungen aktenkundig geworden, und die Erklärung der Schalker zu Berufsspielern sei als erster Schritt zur Einführung des Profifußballs geplant gewesen. Tatsächlich hatte bereits 1929 DFB-Präsident Linnemann es für möglich gehalten, daß aus Fußballspielen ein Beruf wird. Auch WSV-Präsident Jersch, Vorsitzender des größten Verbandes innerhalb des DFB, galt als Befürworter des Berufsfußballs unter dem Dach des DFB. Andererseits ist es zumindest merkwürdig, daß es nur im Fall des Arbeitervereins Schalke 04 zu einer Verurteilung kam. Die Ermittlungen gegen andere Vereine, wie Sülz 07, werden schon 1931 endgültig eingestellt. Auch der Ton des Urteils, in dem die Hauptschuld den Arbeiter-Spielern angelastet und der eher bürgerliche Vorstand so weit als möglich entlastet wird, spricht für den Versuch, mit dem Urteil gerade den Verein zu treffen, der in den Augen vieler Funktionäre noch immer ein Emporkömmling, ein „Proleten- und Polackenverein" ist und dessen Aufstieg mancher bürgerliche Verein mit Argwohn betrachtet.

Zumindest eines der ausgeschlossenen Schalker Vorstandsmitglieder zerbricht an diesem Urteil. Der Bankbeamte Willi Nier, Finanzobmann des Vereins, hatte die verbotenen Zahlungen mit Hilfe von kassentechnischen Umwegen gedeckt. Wie sehr er an dem Widerspruch zwischen seinem Ethos als Beamter und den Zahlungen an die Spieler gelitten haben muß, wird nun sichtbar. Aus Angst vor Konsequenzen in seinem Beruf ertränkt er sich am Tag nach Bekanntwerden des Urteils im Rhein-Herne-Kanal.

Die Trauerfeier in der Glückauf-Kampfbahn am 31. August wird zur eindrucksvollen Sympathiekundgebung für den Verein. An den Straßen zum Stadion stehen Scharen von Menschen, Bergleute halten die Totenwache neben dem auf dem Spielfeld aufgebahrten Sarg. Jetzt zeigt sich, wieviele Menschen bereits nicht nur Anhänger des Vereins sind, sondern sich mit ihm identifizieren. Sie alle fühlen sich durch das Urteil persönlich getroffen und sehen darin einen Angriff auf die gesamte Bergarbeiterregion. Als „Dolchstoß gegen Schalke 04" bezeichnet die *Buersche Zeitung* schon am 27.8. das Urteil – und benutzt damit das in rechten Kreisen populäre Bild vom Ende des Krieges: „Im Felde unbesiegt" sei das deutsche Heer nur durch den Dolchstoß der Politiker besiegt worden. So fährt die Zeitung fort: „Mit einem Federstrich zerstört die Spruchkammer, ein Konsortium von Sportbürokraten, einen Verein, der als Muster an Organisation, Aufopferung und beispielloser Aufbauarbeit nicht nur im Westen, sondern im ganzen deutschen Fußballsport einzig dasteht."

Trauerfeier für Willi Nier, der nach dem Urteil gegen Schalke Selbstmord verübt hatte.

Die Geldzahlungen von 10,– RM (statt der erlaubten 5,– RM) pro Tag an die Spieler werden gerechtfertigt: „Die fünf erwerbslosen Spieler mögen von diesen Zuwendungen ihren Lebensunterhalt restlos bestritten haben. Sind sie schließlich schuld, daß sie ohne Arbeit standen? ... Kuzorra und Czepan werden die Zuwendungen, die sie vom Verein erhielten, restlos dafür verbraucht haben, daß sie ihr Geschäft während ihrer häufigen Abwesenheit von fremden Leuten beaufsichtigen lassen mußten. Das ist nur gesagt, um den Gerüchten die Spitze zu nehmen, die besagen, daß die Schalker Spieler ein Herrenleben von den Einkünften des Vereins geführt hätten...“ Die Stadt und der Verkehrsverein stellen sich hinter den Verein. Bei ihnen geht es allerdings – wie sie selbst zugeben – auch darum, daß Schalke inzwischen ein echter Wirtschaftsfaktor geworden ist.

Auch die Doppelmoral von DFB und WSV wird nun öffentlich gemacht: Der DFB zahlte nämlich selbst den Teilnehmern an Länderspielen 25,– RM pro Tag und hatte schon 1928 beim olympischen Fußballturnier neben Reise, Unterkunft und Verpflegung ein Taschengeld von 5 Gulden gezahlt. Und Constans Jersch hatte als Vorsitzender des TuS Bochum den Dortmunder Sprinter Arthur „Atze“ Jonath nach Bochum geholt, indem er ihm eine Stelle bei der Knappschaft besorgte. (1932 sollte Jonath dann bei der Olympiade in Los Angeles Weltrekord über 100 m laufen.)

Bei der Frage, wie auf das Urteil zu reagieren ist, kommt es allerdings zunächst zu Differenzen zwischen Vereinsführung und Mannschaft. Die Mannschaft setzt auf Professionalismus: Anfang Oktober unterschreiben Szepan und Kuzorra einen Profivertrag beim 1. FC Vienna Wien. Am 11. Oktober trägt die gesperrte Mannschaft als „Meister des Westens" ein Spiel gegen den 1. FC Wuppertal aus; am 18. Oktober kommt es zum Rückspiel auf dem Jahnplatz in Heßler. Beide Mannschaften sind dabei, als wenige Tage später in Köln der Professional-Fußballverband gegründet wird. Die Vereinsführung dagegen will versuchen, vom WSV wieder akzeptiert zu werden. Der am 7. September, wie gefordert, neu gewählte Vorstand drängt die Mannschaft, die Anmeldung zum Professional-Verband zurückzuziehen. Was auch geschieht. Es nützt dem Verein nichts. Da man nicht in der Lage ist, die Ordnungen des Verbandes bedingungslos anzuerkennen, wird am 16. November der gesamte Verein ausgeschlossen und zur Zahlung einer Geldstrafe von insgesamt 1.600,– RM verurteilt – ein Betrag, den der Verein mitten in der Krise nicht aufbringen kann.

Erst langsam kommt es zu einer Entspannung der Situation. Nach der Neufassung des Amateurstatuts durch den DFB, das die erlaubten Spesensätze neu festlegt, signalisiert der WSV, daß eine Amnestie kommen wird; Szepan und Kuzorra lösen ihre Profi-Verträge wieder auf. Doch nichts geschieht. Die Meisterschaftsspiele müssen von einer komplett neuen Mannschaft ausgetragen werden. Und da einige Reservespieler versuchen, aus der Notsituation des Vereins Kapital zu schlagen, werden eine Reihe von Alten Herren wieder aktiv. Weil Trainer Otto nach Ende der Saison 1929/30 zum Verband gewechselt war und kein neuer Trainer bezahlt werden kann, übernimmt der ehemalige Torwart August Sobottka für diese Zeit die Betreuung der Mannschaft. Immerhin erreicht die Mannschaft trotz Verzichts auf alle Stammspieler (!) einen 7. Platz in der Sonderklasse Ruhr.

Erst nachdem man einen Modus gefunden hat, wie der Verein seine Schulden bezahlen kann – 10 % der Einnahmen aus den nächsten Spielen gehen an den WSV – wird der Ausschluß des Vereins rückgängig gemacht. Zum 1. April und zum 1. Juni 1931 werden dann alle Spieler begnadigt. Aber noch Ende 1932 werden fünf Vorstandsmitglieder auf

Andrang „auf Schalke“

Beim ersten Spiel nach der Sperre

Lebenszeit aus dem WSV ausgeschlossen und erst in der Nazi-Zeit rehabilitiert. Das eigentliche Problem „Geld im Fußball“ ist damit natürlich nicht gelöst – im Gegenteil.

Das erste Spiel nach Ablauf der Sperre findet gleich am 1. Juni in Anwesenheit von Constans Jersch statt – man hat sofort fünf Freundschaftsspiele in zwei Wochen vereinbart, um möglichst schnell die Schulden bezahlen zu können. Als Gegner wurde Fortuna Düsseldorf verpflichtet – der Rivale um die Westdeutsche Meisterschaft der letzten Jahre. Das Ergebnis von 1:0 für Schalke – das Tor schießt Hans Tibulski – zeigt, daß die alte Elf sportlich den Anschluß nicht verloren hat, sondern gegen die besten Mannschaften bestehen kann. Aber das ist an diesem Abend fast unwichtig.

Das Spiel wird zur eindrucksvollsten Demonstration der Einheit von Mannschaft und Anhängerschaft: 70.000 Zuschauer strömen am frühen Abend dieses 1. Juni – immerhin ein Werktag – zur Glückauf-Kampfbahn. Soviele Zuschauer hat es in Deutschland bei einem Fußballspiel noch nicht gegeben. Zu Fuß, mit dem Fahrrad, mit dem Auto und mit Bussen, mit der Straßenbahn und mit dem Zug reisen sie an. Die Laufbahn des Stadions wird zur Tribüne, die berittene Polizei muß das Spielfeld freihalten, selbst auf dem Tor, mit Maschendraht bespannt, sitzen die Jugendlichen. Auch die Fenster der umliegenden Häuser, selbst der nahegelegene Gasometer werden als Aussichtspunkt benutzt.

Deutlicher ließ sich nicht dokumentieren, daß man die Rehabilitierung der Spieler als eigenen Sieg empfand – auch wenn sich die tatsächliche Arbeitssituation der Spieler von der der Anhänger schon lange unterscheidet. Ausgerechnet im Bereich des Fußballs bewährt sich die oft vergeblich beschworene Arbeitersolidarität: Mit den Spielern fühlen sich alle Schalker getroffen. Der Kampf um die Rehabilitierung der Mannschaft wird zum Kampf um die eigene Anerkennung. Und mag es auch historisch falsch sein – dies ist der Hintergrund für die spätere Legende, die Kumpel auf der Zeche Consol hätten mit Ernst Kuzorra einen Tauschhandel vereinbart. Da die Menge Kohle, die er pro Schicht herausgehauen habe, sowieso kaum ausgereicht habe, um einen Topf Erbsen zu kochen, habe man ihn unter Tage schlafen lassen und eine gegenseitige Stellvertretung vereinbart: „Wir holen für dich die Kohle raus, und du für uns die Deutsche Meisterschaft!“

Schalke ist zum Helden geworden, mit dessen Kämpfen man sich identifiziert. Und aus dem Fußballmythos wird der Schalke-Mythos: Schalke ist zum Inbegriff der kleinen Leute, aber auch des Reviers insgesamt geworden, zum Underdog, der sich gegen alle Widerstände behauptet hat. Den Schalkern hängt in diesen Jahren zwar noch der Geruch des Proletenvereins an, aber sie sind kein rein proletarischer Verein mehr. Nicht nur die Vorstandsposten sind komplett bürgerlich besetzt, auch die Förderer des Vereins kommen aus dem bürgerlichen Lager. Schalke ist nun das Symbol einer gebeutelten Region, die von einem kollektiven Minderwertigkeitsgefühl geplagt ist und gleichzeitig von der eigenen Größe überzeugt ist. Die Mannschaft erkämpft die Anerkennung, die ansonsten den Menschen hier versagt wird. In diesem Sinne ist der Fußball nicht nur Ablenkung von der gesellschaftlichen Situation, sondern auch eine Form ihrer Überwindung.

Einzug des WM-Systems (1931-1933)

Im Jahr 1931 will Hermann Mellage aus beruflichen Gründen nach Münster zurückkehren, wo er bei Münster 08 seine Karriere begonnen hat. Sein Arbeitgeber Küppersbusch fährt Kurzarbeit. Nach den Erfahrungen des vergangenen Jahres wird nirgendwo verzeichnet, womit man ihn doch zum Bleiben überredet.

Ein weniger bekannter Spieler wie Heinrich Simon wechselt 1932 dann wirklich aus beruflichen Gründen nach Lippstadt, bevor er 1944 als Geschäftsführer zurückkehrt. Und Hans Tibulski geht ebenso wie Hugo Scharmann zum SV Werder Bremen. Der gewichtige „Abbi" Drewes betreibt dort bereits eine moderne Vereinspolitik, bei der „Spieler gezogen" werden. Tibulski wird Röstmeister bei Schilling-Kaffee, und der Juniorchef der Tabakfabrik Martin Brinckmann, Wolfgang Ritter, verschafft anderen Erwerbslosen einen neuen Job. Die Mannschaft wird wegen der amerikanischen Herkunft des Tabaks „Texaself" genannt – und 1934 wegen unerlaubter Geldzahlungen gesperrt. Die Probleme des Profifußballs sind noch immer ungelöst.

Der sportliche Erfolg kehrt sofort nach Ablauf der Sperre nach Schalke zurück. Nachdem das erste Nachkriegsländerspiel gegen den „Erzfeind" Frankreich im Frühjahr 1931 noch ohne Schalker Beteiligung stattgefunden hat – die Arbeitersportbewegung hatte aufgrund ihrer internationalen Ausrichtung schon 1924 eine Begegnung durchgeführt –, ist im September bei der 0:5-Niederlage gegen Österreich Ernst Kuzorra wieder dabei. Und zwei Wochen später, beim 4:2-Erfolg gegen Dänemark, stehen zum ersten und einzigen Mal Kuzorra und Szepan gemeinsam in der Mannschaft.

Zu Beginn der Saison 1931/32 ist mit Hans Sauerwein ein neuer Trainer gekommen, der allerdings vor allem für die Kondition zuständig ist – die Taktik wird sowieso meist von Szepan und Kuzorra bestimmt. Schon Mitte 1932 wird Sauerwein den Verein auch wieder in Richtung Dresdner SC verlassen, wo er Helmut Schön & Co. trainiert.

Die Sonderklasse Ruhr ist wieder aufgelöst worden; man spielt erneut in Gruppen. Schalke 04 wird Gruppenmeister, besiegt den ETB Schwarz-Weiß beim Kampf um die Ruhrgaumeisterschaft und wird nach Siegen über Hüsten 09, Borussia Fulda und den Meidericher SV erneut Westdeutscher Meister. Bei den Spielen um die Deutsche Meisterschaft gibt bereits Kurt Otto, der zur neuen Saison zurückkehren wird, brieflich taktische Anweisungen. Nach Siegen über den SuBC Plauen (5:4 n.V.) und den Hamburger SV (4:2) trifft man in der Vorschlußrunde (Halbfinale) auf Eintracht Frankfurt. „Jaczek, bleib' beim Ehmer", hatte Otto geschrieben. Ein Moment der Unaufmerksamkeit von Jaczek kostet die Schalker den Einzug ins Finale. Mit 0:1 geht das Spiel verloren.

Kurt Otto hatte bei Arminia Bielefeld in der Mannschaft gespielt, gegen die Schalke 1927 um die Westdeutsche konkurriert hatte. Unter seiner Leitung entwickelt sich die Mannschaft auch spielerisch weiter. Otto ist ein Schüler des Reichstrainers Nerz, der eine Schwäche für den englischen Fußball hat. Und in England ist Ende der zwanziger Jahre von der „Trainer-Legende" Herbert Chapman das sogenannte „WM-System" entwickelt worden. Es ist deutlich defensiver eingestellt als das alte 2-3-5-System: Der Mittelläufer, im alten System die zentrale Figur, wird zurückgenommen. Er spielt nun zwischen den beiden Verteidigern und hat einerseits die Aufgabe, den Mittelstürmer abzudecken, andererseits spielt er beim Umschalten auf den Angriff eine wichtige Rolle. Auch die beiden Innenstürmer werden zurückgenommen und sind nun als Halbstürmer die zentralen, spielentscheidenden Figuren, die die Brücke von der Hintermannschaft zum Sturm darstellen. Zusammen mit den Stürmern bilden sie, von oben betrachtet, ein W, während die drei Verteidiger und Läufer in Form eines M postiert sind – daher der Name des neuen, von Arsenal London erstmals erfolgreich praktizierten Systems. (Arsenal, gegründet von den Arbeitern einer Waffenfabrik, gehörte in England mit Manchester United und West Ham United zu den Arbeitervereinen, die sich in der 1. Division durchsetzen konnten.)

In Schalke übernehmen meist Szepan und Kuzorra die Rolle der Halbstürmer und „Spielmacher" – sie scheint ihnen auf den Leib geschrieben, zumal man sich in Schalke im Zweifelsfall nicht an ein starres System, sondern an die spontane Idee hält. Später wird die Umstellung auf das neue System als ganz entscheidend angesehen: In dem bereits erwähnten „Buch vom Deutschen Fußballmeister" von 1936 wird den Schalkern bescheinigt, daß sie auch die neue Art des Sicherheitsspiels beherrschen, ohne es zu übertreiben und ohne die Schönheit des Schalker Spiels aufzugeben. Allerdings ist den Autoren deutlich anzumerken, daß sie sehr bestrebt sind, das „reine Zweckmäßigkeitsspiel" des Professor Nerz mit dem eigentlich als „undeutsch" und unsystematisch empfundenen Spiel der Schalker zu versöhnen.

Sicher ist jedenfalls, daß der Erfolg nicht auf sich warten läßt. In der Saison 1932/33 wird Schalke wieder Gruppenmeister; Konkurrent um die Ruhrgaumeisterschaft ist diesmal der SV Höntrop. Der Wattenscheider Vorortverein wird in den kommenden Jahren einer der wenigen echten Konkurrenten der Schalker in Westfalen sein. Nach dem Sieg gegen Höntrop wird die Mannschaft durch Siege gegen Hamborn 07, Hüsten 09 und Fortuna Düsseldorf (!) fast schon selbstverständlich Westdeutscher Meister. Und nach Siegen über Viktoria 89 Berlin, den FSV Frankfurt und 1860 München steht Schalke am 11. Juni 1933 in Köln zum ersten Mal im Endspiel! Sensationell ist vor allem die Paarung: Mit Schalke und Fortuna Düsseldorf stehen erstmals zwei westdeutsche Mannschaften im Finale! Viele sehen darin ein symbolisches Zusammentreffen: Der Westen hat den Süden als Vormacht im deutschen Fußball abgelöst. Aber anders als beim Kampf um die Westdeutsche Meisterschaft haben die Blau-Weißen diesmal keine Chance. Nach dem 1:0 im „Hinspiel" verliert die Mannschaft diesmal klar mit 0:3. Nach dem zweiten Tor der Düsseldorfer sind die Knappen im Eifer so weit aufgerückt, daß das dritte Tor der Düsseldorfer einfach fallen muß – und alles klar macht.

Bedeutsamer als diese Niederlage aber ist die Niederlage der Weimarer Republik, die mit dem Ermächtigungsgesetz vom 24. März 1933 praktisch nicht mehr besteht. Im Bereich des Sports bedeutet die „Machtergreifung" unter anderem ein Ende der Diskussion um den Profifußball.

Amateure und Profis in Deutschland

In England war die Einführung des Professionalismus von den nordenglischen Arbeitervereinen ausgegangen. Nur mit Hilfe von finanzieller Unterstützung konnten es sich die Spieler dieser Vereine leisten, ihre Zeit ganz dem Sport zu widmen und echten Leistungssport zu betreiben. In Deutschland beschloß der DFB bei seiner Gründung im Jahr 1900: „Mitglied kann jeder Verein werden, sofern er keine Berufsspieler zu seinen Mitgliedern zählt." Als Berufsspieler galt – und genau mit dieser Definition geriet Schalke später in Konflikt – wer „um einen Geldpreis oder eine Entschädigung in Geld, Geldeswert oder Gegenstände spielt oder aber zum Zwecke des Lebensunterhalts Unterricht in dem von ihm betriebenen Sportzweig erteilt oder aber als Spieler für Reisen eine Entschädigung ... erhalten hat, die seine Reise- und Unterhaltskosten ... erheblich überstiegen, oder der für die verlorene Zeit entschädigt worden ist."

Diese Einstellung entsprach der Sache nach in etwa dem ursprünglichen Amateurideal der Engländer. In Deutschland wird es allerdings nicht von der Idee des Gentleman her bestimmt, sondern von dem eigentlich turnerischen Ideal, demzufolge körperliche Betätigung nie einen Wert an sich darstellt, sondern nur der Ausbildung des Menschen dient, der seine eigentliche Aufgabe woanders hat. Gerade durch diese ideologische Festlegung und Mythisierung des Amateurs wird es schwierig, den andersartigen Charakter des Fußballspiels zu sehen.

Mit der Entwicklung zum Zuschauersport wird deutlich, daß es hier – anders als beim Turnen, wo zunächst Vorführungen nur zu Werbezwecken stattfinden – nicht nur, nicht einmal mehr in erster Linie, um die sportliche Betätigung der 22 Akteure geht. Die Spieler kämpfen auch stellvertretend für die Zuschauer, und diese sind bereit, für diese Leistung zu bezahlen. In einer arbeitsteiligen Gesellschaft wäre es nur gerecht und selbstverständlich, wenn die Fußballer für ihre Arbeit, die sie eben nicht nur für sich leisten, entlohnt werden. Noch heute sind ja – was Fußballverächter immer wieder verwundert – Fans auch in strukturschwachen Regionen wie dem Ruhrgebiet durchaus damit einverstanden, wenn Spielern enorme Gehälter gezahlt werden – solange die erbrachte Leistung „stimmt", d.h. mit dem durch sie erkauften emotionalen Gewinn für die Zuschauer übereinstimmt.

Mit dem starren Festhalten am Amateurideal gerät der Fußball leicht in eine verdeckte Abhängigkeit von „Geldleuten", die den Sport für ihre Zwecke nutzen. Die Arbeiterpresse stellt schon Anfang der zwanziger

Jahre fest: „Nicht zu unterschätzen sind die oft vorhandenen Geldleute, welche aus Liebhaberei ganze Vereine hochhalten. Insbesondere im Fußballsport trifft man diese Art Sportförderer sehr häufig. Da werden Spielplätze zur Verfügung gestellt, ganze Mannschaftsausrüstungen gestiftet. Häufig findet man auch, daß das Alkoholkapital in Gestalt eines Zapfwirtes an der Existenz von Vereinen interessiert ist. In neuester Zeit mehren sich auch die Fabrikvereine. Unternehmen beweisen ihre Sportfreundlichkeit durch Stiftung größerer Geldmittel. In Wirklichkeit kommt es ihnen mehr darauf an, über dauernde willige Arbeitskräfte und gute Reklame zu verfügen." Die bürgerliche Seite nutzt tatsächlich ganz bewußt die Möglichkeiten des angeblich ideologiefreien Sports. Das Deutsche Institut für Arbeitsschulung (DINTA), 1925 von Industriellen gegründet, versuchte mit Hilfe des Sports eine „Befreiung des Arbeiters aus der Einsamkeit seiner isolierten Teilfunktion im Herstellungsprozeß" und die „Befriedigung und Befriedung des Arbeiters im gegenwärtigen Wirtschaftssystem". Wie so oft gerät eine Bewegung durch Verzicht auf eine tragende Idee umso leichter in den Einfluß einer fremden Ideologie.

In anderen Ländern hat man weniger ideologische Scheu vor der Professionalisierung. Nachdem England eine Vorreiterrolle übernommen hat, wird in Österreich, in der Tschechoslowakei und in Ungarn bereits Anfang der zwanziger Jahre das Berufsspielertum eingeführt. Nicht nur der sportliche Erfolg stellt sich dort ein – wie in England haben damit auch Arbeitervereine die Möglichkeit, Spielern eine finanzielle Perspektive zu bieten.

In Deutschland dagegen meint man, mit allen Mitteln gegen den Professionalismus kämpfen zu müssen, den man für eine „materialistische Verirrung" hält. Es gibt aber auch gegenläufige Tendenzen: Gegen die schleichende Einführung des „verkappten Berufsspielertums" hatte sich der WSV schon Anfang der zwanziger Jahre ausgesprochen und grundsätzlich – unter dem Einfluß des Vorsitzenden Jersch – eine Trennung von Amateur- und Profifußball und damit eine Einführung des Berufsspielers ins Auge gefaßt. 1929 gibt es sogar schon ausgearbeitete Pläne für eine zweigeteilte Profiliga mit insgesamt 24 Mannschaften. Doch können sich die Befürworter einer solchen „Reichsliga" nicht durchsetzen. So bleibt es in Deutschland bei jenem „Zigarrenladen-Amateurismus", wie Rolf Lindner ihn nennt, für den Schalke ein gutes Beispiel ist.

Auch die Stadt Gelsenkirchen beteiligt sich an diesem verdeckten Halbprofi-System: Als Ernst Kuzorra und Fritz Szepan im Jahr 1931 nach der Hochzeit Kuzorras den Zigarrenladen nicht mehr gemeinsam betreiben, erhält Szepan nach einem kurzen Zwischenspiel als Gastwirt einen Posten im Sportamt der Stadt, der ihn nur sehr begrenzt fordert…

Nach dem Eklat um die Schalker Spieler beschließt der WSV, dem die Änderung des Amateurstatuts nicht weit genug gegangen war, noch im Januar 1933, die Trennung von Amateuren und Profis in seinem Bereich in eigener Regie vorzunehmen – dem DFB droht die Spaltung. Die Machtergreifung Hitlers verhindert dies – denn nun darf über diese Frage nicht mehr diskutiert werden. Verharmlosend und verfälschend heißt es noch in der Festschrift zum 75jährigen Jubiläum des DFB: „Der deutsche Fußball befaßte sich mit einer Reihe sehr ernster Probleme, unter denen die Berufsspielerfrage im Vordergrund stand, als der politische Umbruch völlig neue Verhältnisse schuf und die Probleme mit einem Schlag durch Anordnung löste."

Es ist Bestandteil der nationalsozialistischen Ideologie, daß es nun keinen Unterschied mehr zwischen bürgerlichem und Arbeiter-Sport geben darf und daß es keine Berufssportler in Deutschland gibt. Zwar wird der Sport wie nie zuvor gefördert und genutzt, aber gerade weil sportliche Erfolge nun als natürliche Frucht einer erneuerten Gesellschaft von arbeitenden Menschen dargestellt werden, müssen die Sportler zumindest offiziell berufstätig sein.

Erst nach der Befreiung vom Nationalsozialismus ist eine erneute Diskussion über den Berufsfußball möglich. Wieder fordert der Westdeutsche Fußballverband (WFV), der Nachfolger des WSV, die Einführung des Profis. Das schließlich verabschiedete Vertragsspielerstatut stellt einen Kompromiß dar. Der Spieler muß noch einen Beruf ausüben, darf aber auch für seine sportliche Tätigkeit entlohnt werden. Die Obergrenze seines Gehaltes wird mit 320,– DM, später 400,– DM, genau festgelegt, ebenso die Ablösesummen.

Noch das Lizenzspielerstatut, das mit Einführung der Bundesliga 1963 in Kraft tritt, ist vom Ideal des Amateurs gezeichnet: Die Spieler werden nun zu bezahlten Angestellten eines lizensierten Vereins, aber es wird auch festgelegt, daß die Spieler „einen guten Leumund" haben müssen und ihren Namen nicht für Reklamezwecke zur Verfügung stellen dürfen. Noch immer darf das Gehalt offiziell 1.200,– DM nicht überschreiten; die Ablösesumme darf höchstens 50.000,– DM betragen. In der ersten Bundesligasaison sind es denn auch nur 34 Spieler, die den Sport zu ihrem alleinigen Beruf machen; die anderen haben daneben noch einen

Fritz Szepan und Ernst Kuzorra: Der Inbegriff von Schalke.

„ordentlichen“ Beruf. Grund für die Einführung von Bundesliga und Lizenzspieler war nicht zuletzt die Tatsache gewesen, daß immer mehr Spieler lukrative Angebote aus dem Ausland erhielten. Während Fritz Walter und Uwe Seeler mit Angeboten zur Gründung einer bürgerlichen Existenz in Deutschland gehalten werden konnten und damit zum Inbegriff des guten, biederen deutschen Fußballers wurden, folgten andere dem Ruf des Geldes. Horst Szymaniak beispielsweise, Nationalspieler aus dem Revier, war zwar seinem Wuppertaler SV zunächst noch in die zweite Liga gefolgt, dann aber doch zum sizilianischen CC Catania 5 und später sogar zu Inter Mailand gewechselt.

Mit der Einführung des Profifußballs stellen sich auch die erhofften Erfolge im europäischen Vergleich ein – Ende der fünfziger Jahre hatte man international den Anschluß verloren. Nur Teams aus Ländern mit Profifußball wie Portugal, Italien, Spanien und England können in den internationalen Wettbewerben bestehen. 1966 gewinnt dann erstmals eine deutsche Mannschaft einen europäischen Pokalwettbewerb, die Nationalmannschaft steht im Endspiel.

Erst der Bundesligaskandal bewirkte nach 1971 eine vollkommene Reinigung des Bundesligastatuts vom Amateurgedanken. Seitdem können Gehälter, Prämien und Ablösesummen frei ausgehandelt werden – mit den bekannten Folgen. Das sogenannte Bosman-Urteil des Europäischen Gerichtshofs von 1995 zum Wechsel von Spielern nach Ablauf eines Vertrages versucht, trotz aller Kritik daran, einen weiteren konsequenten Schritt in Richtung des Vollprofi-Fußballers zu gehen, der auch das Recht der freien Arbeitsplatzwahl hat. Im Schalke der dreißiger Jahre kann davon noch keine Rede sein.

Die Zeit der Triumphe

1933 bis 1945

Die erste Meisterschaft (1933-1934)

Gelsenkirchen ist an der Machtergreifung der Nationalsozialisten nicht ganz unbeteiligt. Zwar wählen hier die Menschen bis 1933 nicht in dem Maße braun wie andernorts im Reich – bestimmend sind Zentrum und Kommunisten –, dafür kommt einer der wichtigsten Förderer Hitlers aus der Stadt. Der Generaldirektor der Gelsenkirchener Bergwerks-AG, Emil Kirdorf, war bereits 1927 in die NSDAP eingetreten, hatte sie allerdings wegen „sozialistischer" Tendenzen in der Partei wieder verlassen. Dennoch förderte er zusammen mit Fritz Thyssen die Bewegung, und als sich 1933 herausstellt, daß deren Kampf sich nur gegen die organisierte Arbeiterschaft, aber nicht, wie ursprünglich angekündigt, gegen die Großindustrie richtet, tritt er der Partei wieder bei.

Tatsächlich beginnt die neue Regierung sofort mit der Zerschlagung der Arbeiterbewegung – im politischen wie im sportlichen Bereich. Der organisierte Arbeitersport wird verboten, wenig später auch der konfessionelle Sport. Das Schicksal der Vereine und Sportler ist allerdings sehr unterschiedlich. Zahlreiche Funktionäre werden ins KZ gebracht, viele Arbeitersportler treten auch geschlossen zu anderen Vereinen über, in denen sie teilweise sogar entsprechend ihren Überzeugungen arbeiten können. Insbesondere die Betriebssportgruppen, vor 1933 wegen ihrer Versuche, die Unterschiede zwischen den Schichten im Unternehmen zu nivellieren, vom Arbeitersport abgelehnt, werden nun an vielen Orten zur neuen Heimat der Arbeitersportler. Allerdings versuchen auch die Nationalsozialisten, eigene, von ihnen geführte Betriebssportgruppen zu gründen und die bestehenden Gruppen unter ihre Kontrolle zu bringen, indem sie diese der „Kraft durch Freude"-Bewegung unterstellen oder zur Fusion mit anderen Vereinen drängen.

Die Politik der Vereinsfusion dient dazu, große städtische Repräsentationsvereine zu schaffen und zugleich die Kontrolle über bisher dem Nationalsozialismus fernstehende Vereine zu erhalten. Das geschieht auch in Westfalen. In Bochum beispielsweise werden drei so unterschiedliche Vereine wie der traditionelle Turnverein 1848, der Sport- und Leichtathletikverein des gehobenen Bürgertums, TuS Bochum, und der ehemals wilde Fußballverein Germania 06 zum neuen VfL Bochum 1848 zusammengeschlossen. In Dortmund fusionieren der Traditionsverein DSC 95 und der BC Sportfreunde 06; auch der BVB soll sich zunächst mit einer Hoesch-Betriebssportgruppe zusammenschließen. In Wattenscheid wird der Ballspielverein 09 mit einem Verein zur Sportgemeinschaft Wattenscheid 09 zusammengeschlossen, der aus einer von Parteigenossen geführten Betriebssportgemeinschaft einer Zeche hervorgegangen war. Intern kommt es zu heftigen, auch politisch motivierten Auseinandersetzungen.

Diese Zusammenschlüsse erfolgen teilweise im Zuge der „Gleichschaltung" aller gesellschaftlichen Gruppen, in der auch die Sportvereine in die nationalsozialistische Führungsstruktur eingegliedert werden. Es soll keine Gruppe mehr außerhalb der „Bewegung" geben. Die einst so feindlichen Verbandsspitzen der Fußballer und Turner vollziehen je für sich sofort und freiwillig diesen Schritt: DFB-Präsident (und SS-Obersturmbannführer) Linnemann verkündet stolz, daß der DFB sich selbst auflöse, um sich mit allem lebenden und toten Inventar in die Bewegung einzugliedern. Kurz darauf wird er zum „Fachamt Fußball" im Nationalsozialistischen Reichsbund für Leibesübungen (NSRL). Die ursprünglich von den bürgerlichen Sportlern erstrebte „Neutralität" und Überbrückung aller Gegensätze durch den Sport wird nun endgültig zur Ideologie der Volksgemeinschaft, in der die realen Konflikte nicht mehr existieren dürfen.

Innerhalb der Vereine vollzieht sich die Gleichschaltung meist ohne Probleme. Es gibt nur wenige aufrechte Klubs, die sich weigern, einen neuen „Vereinsführer" zu wählen, der den Machthabern genehm ist und nach dem „Führerprinzip" alle weiteren Posten besetzt. Der SV Höntrop beispielsweise bleibt über ein Jahr ohne Vorsitzenden.

Auch in Gelsenkirchen verschwinden zahlreiche Fußballvereine durch Auflösung und Zusammenschluß. Von den 58 Klubs des Jahres 1932 bestehen 1942 nur noch 24. Schalke 04 ist bereits der städtische Repräsentationsverein – ein Zusammenschluß mit anderen Vereinen ist deshalb nicht nötig. Zunächst wird Fritz Unkel zum Vereinsführer bestellt. Im Laufe der dreißiger Jahre wird er allerdings mehrmals kurzfristig von den Herren Münstermann und Pieneck abgelöst. Ob dafür politische oder gesundheitliche Gründe ausschlaggebend waren, ist nicht sicher auszumachen. Der Lehrer Münstermann war jedenfalls, im Gegensatz zu Unkel, ein überzeugter Nationalsozialist.

Da der Verein sich eher unpolitisch verhalten hat, ist er von den Maßnahmen gegen die Arbeitervereine nicht betroffen. Im Gegenteil – Schalke wird aufgrund seines unpolitischen Charakters zum Vorzeigeverein des nationalsozialistischen Deutschland, an dem die Führung meint, die Überlegenheit jener Arbeiterschaft, die sich in die Bewegung eingefügt hat, demonstrieren zu können.

Die wenigsten Mitglieder scheinen überzeugte Nationalsozialisten zu sein – wie viele andere ziehen sie sich ins Private zurück. Aber gerade die scheinbare Entpolitisierung des Sports macht ihn politisch nutzbar. Die Identifizierung mit den erfolgreichen Sportlern wird unter der Hand zur Identifizierung mit dem „neuen Deutschland". Endgültig wird nun der proletarische Charakter des Vereins abgelegt: Waren die Mitglieder des Vereins vor 1933 noch zum größten Teil Arbeiter, verringert sich deren Anteil bis 1944 auf 50%. Auch das Image des „Polackenvereins" wird bereinigt: Der *Kicker* versucht schon im August 1934 für alle Spieler der ersten Mannschaft nachzuweisen, daß sie keine Polen, sondern Deutsche sind – indem man auf masurische Geburtsorte der Vorfahren verweist.

Auch rein sportlich bedeutet das Jahr 1933 eine Umorganisation. Schon vor der Machtergreifung hatte der DFB eine weitere Konzentrierung der besten Mannschaften beschlossen. Das gesamte Reichsgebiet wird in 16 Gaue eingeteilt. Die jeweiligen Gaumeister ermitteln dann in vier Gruppen die Teilnehmer am Halbfinale zur Deutschen Meisterschaft, die Sieger bestreiten das Endspiel.

Als Ruhrgaumeister wird Schalke natürlich in die neue Gauliga Westfalen aufgenommen; dort spielt man nun gegen den SV Höntrop, SuS Hüsten 09, Germania Bochum, SpVgg. Herten, DSC Hagen, Viktoria Recklinghausen, Preußen Münster, Spfr. 95 Dortmund und Arminia Bielefeld. Bis der Spielbetrieb 1944 eingestellt wird, belegen die Schalker ununterbrochen den ersten Platz.

Auch ein neuer „Sportlehrer" wird eingestellt. Vom alten Rivalen ETB Schwarz-Weiß kommt Hans „Bumbes" Schmidt, langjähriger Nationalspieler des 1. FC Nürnberg. Schmidt – außerhalb seiner fränkischen Heimat meist fälschlich „Bumbas" genannt – erhielt seinen Spitznamen bereits als Schüler, als ihn seine größeren Mitspieler halb spöttisch, halb bewundernd „kleiner Bumbes" riefen. Und Bumbes ist auf gut fränkisch nichts anders als jenes kleine Lüftchen, das ab und zu dem Darm entfleucht. Daß der etablierte Schmidt vom vornehmen ETB nach Schalke geholt werden kann, zeigt deutlich die gewandelten Verhältnisse. Auch gute Spieler von auswärts wechseln nun nach Schalke. Schon Ende der zwanziger Jahre waren die ersten vom einst führenden Verein Union nach Schalke gekommen – Badorek zum Beispiel. Nun werden auch gezielt Spieler nach Schalke geholt. Adolf „Ala" Urban kehrt vom Arbeiterverein Schalke 30 zu den Blau-Weißen zurück. Walter Berg kommt von Kray 04. Ernst Pörtgen, der seine Karriere beim BV Altenessen begonnen hat, kommt von Nürnberg, nachdem er zwischenzeitlich beim ETB Schwarz-Weiß gespielt hat. Ernst Kalwitzki, der zuerst bei SuS Schalke gespielt hat, kommt als neuer Stürmer von Rasensport 08. Die Häufung des Vornamens „Ernst" ist denn auch der Anlaß, daß aus Ernst Kuzorra der „Clemens" wird, aus Ernst Kalwitzki der „Kalli" und aus Ernst Pörtgen der „Pöttinger" – nach dem berühmten Josef Pöttinger von Bayern München, der in den Zwanzigern mehrfach in der Nationalelf gespielt hatte.

Der ehrgeizige Bumbes Schmidt („rauh aber herzlich") paßt zu den Schalkern. Mit ihm kommt endgültig der ganz große Erfolg. Mit 10 Punkten Vorsprung wird Schalke erster Gaumeister. In der Gruppe Nordwest muß die Mannschaft dann gegen den VfL Benrath, Werder Bremen und den Eimsbütteler TV antreten. Ernst Kuzorra ist in diesen Spielen zunächst nicht dabei. Nach den Meisterschaftsspielen muß dringend ein Leistenbruch operiert werden. Aber nach vier Spielen hat Schalke zweimal verloren – in Bochum gegen Benrath und in Altona gegen Eimsbüttel. Jetzt kommt es auf die letzten beiden Spiele an. Kuzorra verschiebt die Operation, schießt gegen Werder Bremen, wo mit Tibulski und Scharmann zwei Ex-Schalker spielen, eines der drei Tore zum 3:0-Erfolg und ist eine Stütze auch beim entscheidenden 2:0 gegen Benrath. Hinten hat Szepan die Rolle des defensiven Mittelläufers übernommen und zeigt, welch entscheidende Rolle ein Akteur auf dieser Position auch jetzt noch spielen kann. Im Halbfinale trifft die Mannschaft dann in Düsseldorf bei tropischen Temperaturen auf den SV Waldhof Mannheim. Dank ihrer Kondition, auf die Trainer Schmidt größten Wert legt, gewinnen sie mit 5:2. Alle fünf Stürmer, Urban, Rothardt, Kuzorra, Nattkämper und Kalwitzki schießen je ein Tor.

Das Finale findet in der Hauptstadt, im Berliner Poststadion statt – noch gibt es das Olympiastadion nicht. Deshalb sehen nur 45.000 Zuschauer am 24. Juni 1934 das Endspiel gegen den Rekordmeister, den

Jubel im Berliner Poststadion: Die Knappen sind erstmals Meister!

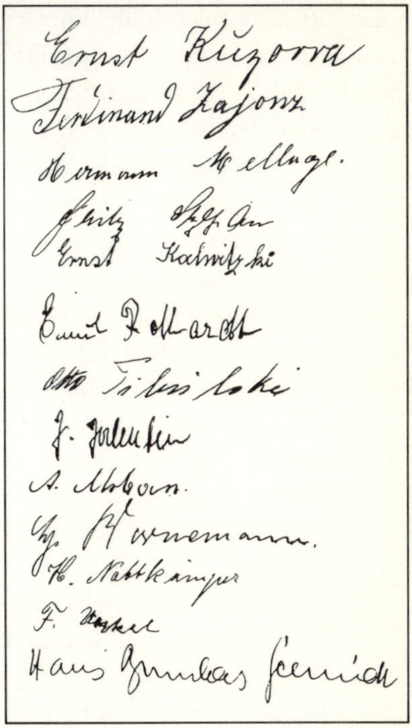

Die Unterschriften der Meistermannschaft im Goldenen Buch der Stadt Dortmund.

1. FC Nürnberg. Viele sind eigens aus dem Ruhrgebiet angereist – teilweise sogar mit dem Fahrrad. In Schalke wirbt man tagelang vorher für den Rundfunk: „In folgenden Lokalen können sie die Übertragung verfolgen...", heißt es in den Zeitungen. Tausende versammeln sich tatsächlich vor den neuen „Volksempfängern". Zitternd hören sie, solange das heftige Sommergewitter die Übertragung nicht stört, was in Berlin passiert.

Schalke tritt an mit Mellage, Bornemann, Zajons, O. Tibulski, Szepan, Valentin, Kalwitzki, Urban, Nattkämper, Kuzorra und Rothardt.

Nach einer torlosen ersten Halbzeit geht Nürnberg fast erwartungsgemäß durch Friedel 1:0 in Führung. So bleibt es bis kurz vor Schluß. Was dann passiert, kann keiner der atemlosen Zuhörer glauben; heute ist es bereits Legende. Schalke ist in der letzten halben Stunde stärker geworden. Mittelläufer Szepan schießt acht – im Zuge der Legendenbildung werden es später immer weniger – Minuten vor dem Ende den Ausgleich! Und dann erläuft sich Kuzorra, trotz Schmerzen, in der letzten Minute eine Steilvorlage, schießt mit letzter Kraft und bricht ohnmächtig zusammen. Es steht 2:1, Schalke ist zum ersten Mal Deutscher Meister!

Ein einziges Tor hat für viele Leute die Welt verändert. In Schalke, im ganzen Revier ist der Teufel los. Gefeiert wird die ganze Nacht. Als die Mannschaft am nächsten Tag per Eisenbahn zurückkehrt, macht sie einen Zwischenhalt in Dortmund. Schon dort ein begeisterter Empfang. Noch gibt es keine Rivalität zwischen Schalke und Dortmund; die Spieler tragen sich ins Goldene Buch der Stadt ein. Das ganze Revier feiert die Meisterschaft als Erfolg der Region. Glückwünsche und Geschenke von überall: Rasiermesser aus Solingen, ein kostenloser Ferienaufenthalt in Freienohl im Sauerland...

In Gelsenkirchen folgt ein Triumphzug vom Bahnhof nach Schalke mit dem Oberbürgermeister und Parteivertretern an der Spitze. Auf dem Schalker Markt findet der offizielle Festakt mit Grußworten und dem Verlesen von Glückwunschtelegrammen aus vielen Vereinen statt. Die Partei versucht, der Feier eine nationalsozialistische Note zu geben: Am Ende steht das „Siegheil auf den Volkskanzler", das Horst-Wessel-Lied und das Deutschland-Lied. Am nächsten Abend gibt es einen Fackelzug, der allerdings seit dem Tag der Ernennung Hitlers zum Reichskanzler einen unangenehmen Beigeschmack hat...

Die Identifizierung mit Schalke hat ihren Höhepunkt erreicht. Das Revier hat gezeigt, wo die wahre Größe zu Hause ist. Ein Traum wird wahr. Das Aschenputtel des Fußballs ist zur Prinzessin geworden...

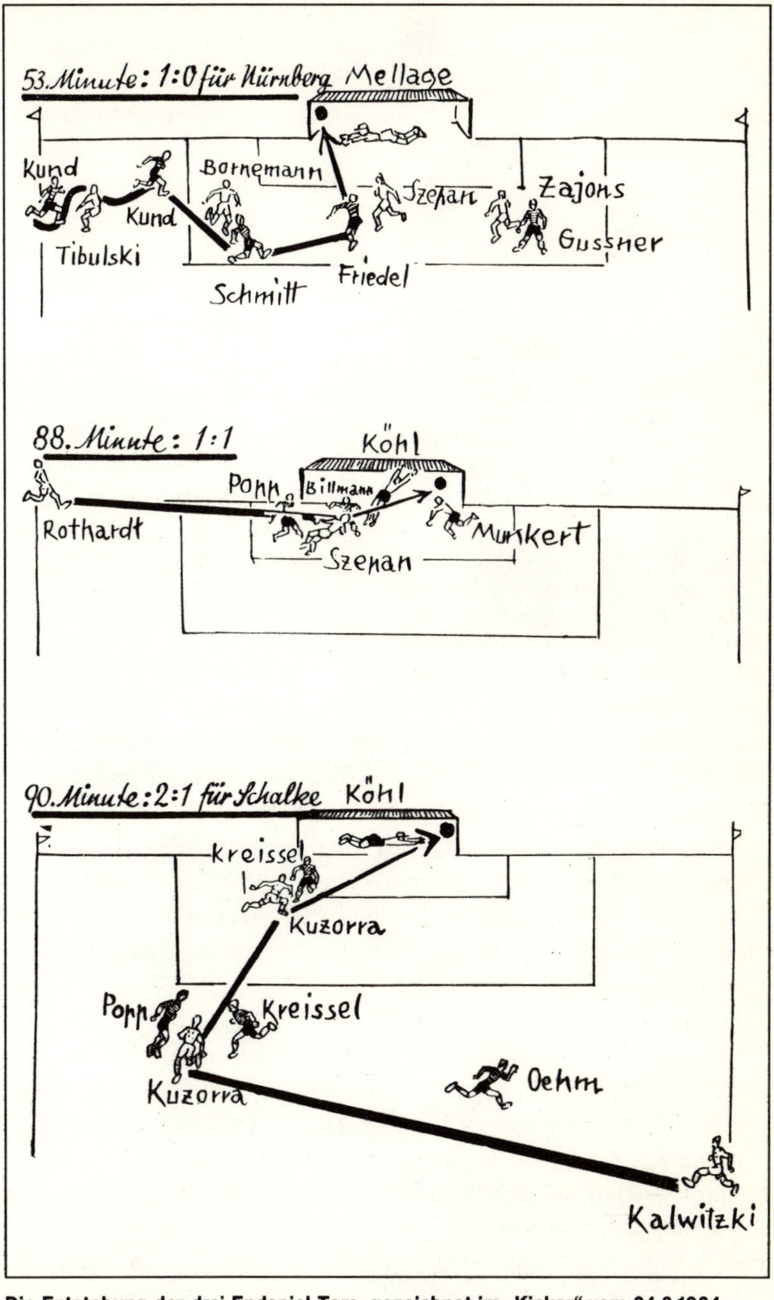

Die Entstehung der drei Endspiel-Tore, gezeichnet im „Kicker" vom 24.6.1934.

Reichstrainer Sepp Herberger und sein Kapitän Szepan.

Kurz vor dem Triumph in Berlin hatte in Italien die Weltmeisterschaft stattgefunden. Einziger Schalker Teilnehmer war Fritz Szepan gewesen. Ernst Kuzorra war nicht dabei. Schuld daran war jedoch nicht seine Verletzung, sondern ein Konflikt mit Reichstrainer Nerz. Später erzählte man, beim Spiel gegen Belgien am 22. Oktober 1933 seien ursprünglich Kuzorra und Szepan aufgestellt worden. Als Nerz beschlossen habe, ohne Szepan zu spielen, habe Kuzorra sich verletzt gemeldet, aber durchblicken lassen, daß die Verletzung heilen könne, wenn Szepan wieder aufgestellt würde. Den ablehnenden Bescheid des Reichstrainers habe Kuzorra mit dem Götz-Zitat zur Kenntnis genommen. Kuzorra spielte unter Nerz nie wieder in der Nationalmannschaft. Ob die Anekdote historisch ist, läßt sich nicht mehr feststellen. Sicher ist, daß sie zu der geradlinigen Art Kuzorras paßt und es tatsächlich einen Bruch zwischen Trainer und Kuzorra gab. Dafür spricht schon die fast peinliche Art, wie ein solcher Konflikt im „Buch vom Deutschen Fußballmeister" bestritten wird. Der eher stromlinienförmige Szepan soll sich später nie in gleicher Weise für seinen Schwager eingesetzt haben.

Bei der WM wird Szepan als Kapitän der Nationalelf auch über Schalke hinaus zum Idol. Er spielt zunächst Mittelläufer, in der Vorrunde gegen Belgien (5:2), in der Zwischenrunde gegen Schweden (2:1) und auch im Halbfinale gegen die Tschechoslowakei (1:3). Im prestigeträchtigen Duell gegen das hochfavorisierte österreichische Wunderteam mit Sindelar spielt er dann in Neapel erstmals auf Halblinks und wird zum herausragenden Spieler. Mit 3:2 siegt das deutsche Team im Kampf um Platz 3, Szepan gilt in der Presse als Nachfolger von Hofmann und Hochgesang.

Später soll Szepan – laut „Buch vom Deutschen Fußballmeister" – erzählt haben: „Für uns, ganz besonders für mich, kam nun ein unvergeßlicher Anblick: Ich stand vor Mussolini. Auge in Auge mit dem Duce, oben wehen die Fahnen des Reiches. Das Deutschland- und Horst-Wessel-Lied schwingt über den Platz. In dieser Stunde...! Versteht ihr, daß das ans Herz geht? ... Da stand ich 'kleiner' Schalker, der Mann aus dem 'Kohlenpott' auf einmal vor Italiens Regierungschef, um eine Ehrung für Deutschland zu empfangen, eine Ehrung, die schließlich Adolf Hitler zukam, aus dessen Geist wir gespielt haben und immer besser spielen werden." Auch wenn Szepan besser reden konnte als Kuzorra – so sprach er nicht. Schalke wird vereinnahmt.

„Die beste Vereinsmannschaft aller Zeiten" (1934-1939)

Schalke ist nun endgültig ein Begriff. Die kommenden Jahre festigen den Schalke-Mythos – wenn auch unter bedenklichen Vorzeichen. Erstmals geht die Mannschaft in der Saison 1934/35 als Favorit in die Meisterschaftskämpfe. Vor Beginn der Spiele wird in einem Freundschaftsspiel der 1. FC Nürnberg noch einmal besiegt – auch ohne Szepan und Kuzorra gewinnt man 3:1.

Schalke wird wieder Gaumeister vor dem SV Höntrop; im Dezember bilden zehn Schalker (!) und „Jupp" Timpert aus Höntrop die Vertretung Westfalens bei einem Spiel gegen eine Niederrhein-Auswahl. Mit nur einer Niederlage übersteht Schalke auch die Gruppenspiele gegen Hannover 96, den Stettiner SC und den Eimsbütteler TV, spielt im Halbfinale gegen Polizei Chemnitz und gewinnt 3:2.

Das Endspiel in Köln gegen den VfB Stuttgart bestreitet fast die gleiche Mannschaft wie im Jahr zuvor. Nur Rothardt und Zajons sind durch die Neuerwebungen Gellesch und Pörtgen ersetzt worden. Beide sind am 6:4 (3:0)-Erfolg nicht unbeteiligt; allein Pörtgen schießt drei Tore. In Gelsenkirchen wird die Mannschaft erneut mit einem Triumphzug empfangen. Wieder findet die „Viktoria" ihren Platz bei Thiemeyer.

In der folgenden Saison 1935/36 versucht die Mannschaft, noch immer trainiert vom „Mann mit der Zigarre", Bumbes Schmidt, was noch keinem Verein gelungen ist – zum drittenmal hintereinander die Meisterschaft zu gewinnen. Es gelingt fast.

In der Gauliga spielt mit Erle 08 erstmals eine zweite Gelsenkirchener Mannschaft. Nach überlegenem Gewinn der Gaumeisterschaft – zwei-

Kuzorra im Zweikampf gegen „Billi“ Billmann. Sein Einsatz nützte nichts – Schalke verlor das Pokalfinale 1935 gegen den Erzrivalen aus Nürnberg mit 0:2.

Die (frierende) Meistermannschaft von 1935: Von links: Mellage, Schweißfurth, Kuzorra, Tibulski, Urban, Gellesch, Szepan, Kalwitzki, Pörtgen, Bornemann, Valentin.

stellige Siege sind keine Seltenheit – setzt Schalke sich in den Gruppenspielen gegen den Berliner SV, Hindenburg Allenstein und Polizei Chemnitz durch. Im Halbfinale aber scheitert man diesmal am 1. FC Nürnberg, dem späteren Meister. Der Torschütze von 1934, Friedel, schießt beide Tore zum 2:0-Erfolg. Der 8:1-Sieg über Rasensport Gleiwitz und der dritte Platz sind nur ein schwacher Trost…

Ein Debakel für die deutschen Fußballer werden die Olympischen Spiele in Berlin. Von den Nazis zunächst wegen ihrer internationalen Ausrichtung abgelehnt, werden die Spiele, die schon lange vor 1933 nach Berlin vergeben worden waren, mit großem Propagandaaufwand inszeniert und sollen vor allem deutsche Überlegenheit demonstrieren. Auf dem Gelände, wo schon 1916 die Spiele hatten stattfinden sollen, entsteht das Olympiastadion. Dort findet auch das erste – und einzige – Spiel der deutschen Mannschaft statt. Der Gegner heißt Norwegen, und die Stars werden noch geschont. Nur Urban ist von den Schalker Spielern dabei, als die Mannschaft kläglich mit 0:2 verliert. Hitler soll wutentbrannt das Stadion verlassen haben. Das neue Olympiastadion wird auch zum Schauplatz des nächsten Endspiels um die Deutsche Meisterschaft.

In der Gauliga hat Schalke erstmals gegen Borussia Dortmund gespielt. Dank der „Entwicklungshilfe“ durch den Ex-Schalker Fritz Thelen als Trainer hatte der BVB den Aufstieg geschafft. Doch ist die Mannschaft in diesen Jahren noch kein ernsthafter Konkurrent: Schalke gewinnt 4:1 und 7:0. Der Abonnements-Gaumeister besiegt dann in den Gruppenspielen Werder Bremen, Hertha BSC Berlin und Viktoria Stolp aus Pommern und erreicht im Halbfinale gegen den VfB Stuttgart einen 4:2-Erfolg. Über 100.000 Zuschauer – solch eine Kulisse hat es noch nicht gegeben – werden dann Zeuge des Finales. Durch Tore von Pörtgen und Kalwitzki besiegt Schalke erneut den 1. FC Nürnberg mit 2:0! Die „Knappen" sind zum dritten Mal Deutscher Meister!

Und erstmals gelingt einer Mannschaft das „Double": 1935 hatte der Leiter des Reichsausschusses für Leibesübungen, Reichssportführer Hans von Tschammer und Osten einen Vereinspokal gestiftet, der an die Stelle des früheren Kronprinzenpokals treten sollte, allerdings noch nicht die Popularität des englischen Cups erreicht hat. Schalke war 1935 im Endspiel an Nürnberg gescheitert und hatte damit schon beim ersten Versuch nur knapp das Double verfehlt. 1936 scheitert Schalke, ebenfalls im Endspiel, am VfB Leipzig. Nun aber ist es so weit. Nach Siegen über Kickers Frankenthal, Rot-Weiß Oberhausen (wo der legendäre Gentleman-Fußballer Willi Jürissen mit weißen Handschuhen im Tor steht und auch jeden Elfmeter schießt), Eintracht Braunschweig, den Berliner SV 92 und Waldhof Mannheim steht man am 9. Januar 1938 im Finale – wieder einmal – Fortuna Düsseldorf gegenüber. Mit 2:1 wird Schalke erstmals Pokalsieger – Paul Janes, überragender Spieler bei Düsseldorf, hatte per Elfmeter erst kurz vor Schluß den Anschlußtreffer gegen eine überlegene Schalker Mannschaft geschossen.

Der Pokalwettbewerb ist in diesen Jahren für viele Klubs eine Gelegenheit, sich mit dem Meister zu messen – schon damals hat der Pokal seine eigenen Gesetze. Kleine Vereine laufen zur Höchstform auf. Braunschweig hat Schalke an den Rand einer Niederlage gebracht. Erst ein Handelfmeter in der 120. Minute hat das Spiel entschieden. Und ein Jahr nach dem Pokalsieg wirft die vermeintlich schwache Mannschaft von Viktoria Hamburg die Schalker schon in der ersten Runde mit 4:3 (nach 2:3-Rückstand) aus dem Rennen...

Aus einem anderen Grund sind solche Spiele aber auch für Schalke interessant. Die Einnahmen eines Spiels werden geteilt. Und während bei den Gauligaspielen in der Glückauf-Kampfbahn oft nur 2.000-3.000 Zuschauer kommen, weil die Spiele dank der Schalker Überlegenheit eher uninteressant sind, strömen bei Pokal- und Freundschaftsspielen die Mas-

Empfang am Hauptbahnhof: Schalker Jugendspieler mit der Viktoria.

sen ins (auswärtige) Stadion – natürlich auch immer in der Hoffnung auf eine Sensation.

Das legendärste aller Freundschaftsspiele findet am 19. Mai 1937 in der Glückauf-Kampfbahn in Anwesenheit von Prof. Nerz statt. Die Profis vom FC Brentford London, dem amtierenden englischen Meister, sind zu Gast. Die Auseinandersetzungen mit Mannschaften aus dem Mutterland des Fußballs hatten seit jeher einen besonderen Stellenwert. Walter Bensemann, einer der ganz großen Fußballpioniere Südwestdeutschlands und Gründer des *Kicker,* hatte schon 1895 versucht, eine Reise auf die Insel zu organisieren, und ein Jahr später hatten Spieler des Duisburger TV tatsächlich eine Gastspielreise durch England unternommen. Aber man war den Engländern nicht gewachsen. Auch die ersten beiden Länderspiele 1908 und 1909 gingen 1:5 und 0:9 verloren. Das 3:3 im Mai 1931 im ersten Spiel nach dem Krieg war eine Sensation gewesen.

Und nun Brentford in Deutschland. In Hamburg haben sie 3:0 gewonnen, gegen Hertha BSC Berlin sogar 4:0. Vor allem der schottische Nationalspieler, Mittelstürmer Cullach, ist gefürchtet. So ist es wirklich ein

Ereignis, als Schalke bereits zur Halbzeit mit 4:1 gegen die hohen Favoriten in Rotweiß führt. Am Ende heißt es 6:2, und Schalke hat sich im europäischen Fußball einen Namen gemacht. Als erste Vereinsmannschaft werden die Schalker für würdig befunden, in Brentfords Heimat Highbury eingeladen zu werden.

Drei Tage zuvor hatten drei Schalker noch in einem anderen Dreamteam gespielt – in der Breslau-Elf. Der neue Reichstrainer Sepp Herberger – Nachfolger von Nerz, der für das Olympia-Debakel verantwortlich gemacht worden war – hatte in Breslau mit der Nationalmannschaft Dänemark mit sage und schreibe 8:0 besiegt. Das „magische Viereck" hatte er mit den Läufern des FC Schweinfurth 05 Ander Kupfer und Albin Kitzinger und den Halbstürmern Fritz Szepan und Rudi Gellesch aus Schalke besetzt. Hinzu war Ala Urban als Linksaußen gekommen. Fünf Tore hatte allein Otto Siffling geschossen. Der Mittelstürmer von Waldhof Mannheim – auch ein Verein aus einem Arbeitervorort – ist ein überragender, gleichzeitig eleganter Techniker. (Der unter Nerz in Ungnade geratene Kuzorra wurde von Herberger noch zweimal berufen – doch seine Zeit in der Nationalmannschaft war vorbei.)

Daß diese fast perfekte Mannschaft nicht zur WM 1938 nach Frankreich reist, hängt mit der nationalsozialistischen Eroberungspolitik zusammen, die sich (auch) in dieser Hinsicht als ein Eigentor erweist. Am 13. März 1938 erfolgt der „Anschluß" Österreichs. In einem letzten Spiel „Altreich" gegen „Deutschösterreich" siegen die Österreicher unplanmäßig mit 2:0. Anschließend soll Herberger aus beiden Mannnschaften ein unschlagbares Team bilden. Doch ein Mann wie Sindelar, der im Anschlußspiel – offenbar gegen anderslautende Anordnung – das erste Tor geschossen hatte, nachdem er in der ersten Halbzeit mehrere „Hundertprozentige" ausgelassen hatte, ist für ein Spiel im „gesamtdeutschen" Team nicht zu gewinnen. 1939 scheidet er freiwillig aus dem Leben. Und aus den anderen Spielern aus zwei grundverschiedenen Schulen wird keine Einheit. Mit Gellesch und Szepan geht in Frankreich schon die notwendige Wiederholung des ersten Spiels gegen die Schweiz mit 4:2 verloren.

Auch in der Meisterschaft hatten die Schalker 1938 kein Glück gehabt. Nach dem Gewinn der Westfalenmeisterschaft mußten der Berliner SV, Dessau 05 und der VfR Mannheim in den Gruppenspielen besiegt werden. Im Halbfinale reichte es zu einem knappen 1:0-Sieg über Fortuna Düsseldorf. Im Finale von Berlin, wieder vor 100.000 Zuschauern, ging es

Deutscher Meister 1939: Der Reichssportführer demonstriert Volksverbundenheit.

gegen Hannover 96. Doch nach einer 2:0-Führung stand es nach 90 und nach 120 Minuten 3:3. Zwei Wochen später kam es zur Wiederholung. Wieder stand es nach zwei Halbzeiten 3:3. In der Verlängerung gelang den Hannoveranern das vierte Tor. So unglaublich erschien vielen Schalkern die Niederlage, daß man noch viele Jahre später behauptete, der Reichssportführer habe bestimmt, daß einmal eine andere Mannschaft Meister werden mußte, um die Spiele nicht uninteressant zu machen...

Trainer Schmidt verläßt nach der Saison den FC Schalke in Richtung Mannheim; für ihn kommt aus Gütersloh der ehemalige Langstreckenläufer Otto Faist. Mit ihm soll es dann ein Jahr später das erste Endspiel gegen eine österreichische Mannschaft geben. In den Gruppenspielen muß Schalke sich mit CSC 03 Kassel, Wormatia Worms und Vorwärts Rasensport Gleiwitz auseinandersetzen. Noch weiß niemand, daß Gleiwitz vier Monate später zum Ort einer ganz anderen Auseinandersetzung werden soll. Das Halbfinale muß erneut wiederholt werden. Das Hinspiel gegen den Dresdner SC ist 3:3 ausgegangen. Das Rückspiel endet 2:0 für Schalke. Der österreichische Finalgegner kommt – natürlich – aus Wien. Gegen die Austria mit Sindelar hat Schalke im November 1938 mit 0:2

verloren. In diesem Jahr behauptet sich Admira Wien, auch ursprünglich ein Arbeiterverein aus der Vorstadt, und gelangt ins Endspiel. Das Spiel wird zur eindrucksvollsten Vorstellung der Schalker Spielkunst überhaupt.

Mit 9:0, so hoch wie nie zuvor eine Meisterelf gewonnen hat und nie wieder gewinnen wird, werden die Wiener geschlagen. Die Schalker kreiseln wie noch nie, sind im Spielrausch. Fünf Tore schießt allein Kalwitzki, Urban, Tibulski, Szepan und Kuzorra je eins. Am Ende wollen sie, sagt Tibulski später, nicht einmal mehr Tore schießen. Es ist genug. Noch Jahrzehnte später wird in einer Ausstellung über Ruhrgebietsfußball die Rundfunkreportage dieses Spiels den Besuchern vorgespielt.

Als „beste Vereinsmannschaft, die je gespielt hat", gilt vielen Schalkern diese Mannschaft noch heute. Objektiv ist solch ein Satz natürlich nie. Kann er auch nicht sein – kein Mythos ist „objektiv". Weil aber auch Mythen ihre Wahrheit haben, seien die Helden hier noch einmal genannt. Im Tor Hans Klodt, der zunächst bei DJK Eintracht Schalke gespielt hat, nach der Auflösung des Vereins über den BV 12 Gelsenkirchen nach Schalke gekommen ist und Mellage abgelöst hat, der mit 31 Jahren zum SSV Wuppertal gewechselt ist. In der Abwehr Hans Bornemann und Otto Schweißfurth, zwei Schalker Eigengewächse. Mittelläufer spielt seit 1936 Otto Tibulski, der trotz seiner geringen Größe ein Kopfballspezialist ist. Als Läufer spielen Rudi „Gazelle" Gellesch und Walter Berg, als Halbstürmer Szepan und Kuzorra. Mittelstürmer spielt Ernst Kalwitzki, Linksaußen „Ala" Urban, eigentlich Rechtsfüßler, der die Nachfolge von Rothardt angetreten hat, und Rechtsaußen der junge Hermann Eppenhoff, den Kuzorra bei der SpVgg Röhlinghausen entdeckt hat.

Fast die gleiche Mannschaft deklassiert am 20. August 1939 auch den VfB Alsum in der ersten Runde des Pokalwettbewerbes mit 13:0. Am 19. November scheidet Schalke in der zweiten Runde mit einem 2:3 beim VfL Osnabrück aus. Zahlreiche Spieler fehlen jedoch bereits. Sie sollen auf einem anderen Feld kämpfen.

Fußball im Krieg (1939-1945)

Am 1. September hatte mit einem vorgetäuschten Anschlag auf den Sender Gleiwitz der zweite Weltkrieg begonnen. Hitler überfällt Polen, teilt sich das Land mit Stalin. Die deutsche Armee erobert nun „neuen Lebensraum". Schon lange vorher hat die Aufrüstung begonnen; auch mit ihrer

„Ihr seid unser!"
Presseberichte nach Schalker Triumphen

Natürlich wurden die Schalker Erfolge in der regionalen und überregionalen Presse ausführlich gewürdigt. Einige Auszüge aus der *Gelsenkirchener Allgemeinen Zeitung* spiegeln zwar einerseits den herrschenden, nationalsozialistisch inspirierten Hang zum Pathos. Zugleich vermitteln sie aber auch ein interessantes Bild von der begeisterten Stimmungslage im Gelsenkirchen jener Tage.

„So empfängt Gelsenkirchen seinen und Deutschlands Meister: Beispiellos!"

(nach der ersten Deutschen Meisterschaft, GAZ 26.6.1934)

„Tausende von Menschen stehen auf dem Bahnhofsvorplatz, schon eine Stunde bevor die Schalker überhaupt in Gelsenkirchen sein können. ... Die SS erhält Befehl, das Publikum, das sich in beängstigender Anzahl auf Bahnsteig 2 eingefunden hat, zurückzudrängen. Es werden Verhaltungsmaßregeln herausgegeben, aber Frauen fallen in Ohnmacht und werden die Treppe heruntergetragen. Es kommt einem zum Bewußtsein, daß so etwas Gelsenkirchen noch nicht erlebt hat, man erinnert sich, daß man den Empfang Fritz Zepans, als er aus Italien zurückkehrte, mitmachte, aber das war kein Vergleich zu dem Enthusiasmus, mit dem hier nicht nur Gelsenkirchen, sondern auch die weiteste Umgebung zugegen war, um den deutschen Meister zu bewillkommnen. Wir in Gelsenkirchen sind weiß Gott nicht verwöhnt in solchen Sachen. ...

Plötzlich fährt der Zug ein. Als erster steigt Mellage aus. Ein Hochrufen, ein Rufen, ein Schreien, Drängen und Wehren ist auf dem Bahnsteig, daß man gar nicht weiß, was man tun soll. Sie sind da, sind wieder in der Heimat, und die Minute steht ihnen bevor, da die Stadt, diese vielen tausend Menschen ihnen den Dank abstatten wollen dafür, daß sie dem Namen der vielverrufenen Stadt solche Ehre heimbrachten. ... In der Stadt stehen schon die Menschen, fest und starr wie Mauern, und nach dem ersten kurzen Empfang kommt der Augenblick, da die Spieler hinaustreten müssen in die Helle der linden Abendstunde. Da bricht es los! Aus allen Kehlen, aus allen Herzen brennt es ihnen entgegen: du bist unser, ihr seid unser!" ▷

„Das war Schalke! Die Londoner Berufsspieler geschlagen"
(nach dem 6:2-Sieg über den FC Brentford, GAZ 20.5.1937)
„Die Königsblauen haben diesmal über 90 Minuten ein Spiel geliefert, wie man es nur einmal für eine kurze Zeit gesehen hatte, beim Endspiel gegen Nürnberg im Berliner Poststadion. Die Mannschaft war trotz der zwei verletzten Spieler in Hochform, zeigte den Gästen aus dem Inselreich, daß auch in Deutschland Fußball gespielt wird, daß der deutsche Fußball von seinen Lehrmeistern jenseits des Kanals viel gelernt hat und in der Auswertung der erhaltenen Lehren einen eigenen Stil geschaffen hat, der nicht nur schön anzusehen ist, sondern auch zu Erfolgen verhilft. Die Schalker haben dem deutschen Fußball einen großen Dienst erwiesen."

„So spielte Schalke noch nie"
(nach der vierten Deutschen Meisterschaft durch 9:0-Sieg über Admira Wien, GAZ 19.6.1939)
„Zweifelsohne: Man wird das erste großdeutsche Endspiel in der Geschichte des Fußballsports mit besonderen Lettern schreiben. Es übertraf alles, was man von diesem Großkampf zweier Meister erwarten konnte, und stand eindeutig unter einem einzigen Leitwort: Schalke. Die Knappen nahmen zwar als leichter Favorit die große Auseinandersetzung auf – daß sie aber eine derart herrliche Fußballdemonstration schottischer Kombinationskunst bieten würden, konnte niemand erwarten. Die ganze Elf war auf die Minute fertig und zeigte im restlos ausverkauften Olympiastadion ein Spiel, für das es einfach keine Worte gibt und wie man es in dieser Vollendung von einer deutschen Vereinsmannschaft noch nie gesehen hat."

„Die Heimkehr des Meisters" *(GAZ 20.6.1939)*
„Näher und näher geht es Gelsenkirchen, und immer begeisternder und überwältigender wird das Bild. Der Zug rollt durch lange Arbeitersiedlungen. Da stehen die Menschen – alte Hütter, Männer, Kinder – in den Gärten und an den Fenstern – eine endlose Kette – und jubeln den Schalkern zu, winken mit allem, womit man winken kann: mit Gardinen, Tischtüchern, Fahnen, mit Taschentüchern, Zeitungen usw. usw. Immer wieder müssen die Schalker Jungs sich hinauslehnen und danken..."

Hilfe hat Hitler die Arbeitslosigkeit bekämpft; in Gelsenkirchen herrscht wieder Vollbeschäftigung. In vieler Hinsicht war das Leben in Deutschland militarisiert worden. Gelsenkirchen war zur „Waffenschmiede der Nation" geworden, und auch der Sport wurde nicht verschont. Abgesehen von der allgemeinen Nutzung das Sports als vormilitärische Ausbildung zur Stärkung militärischer Tugenden wurden – sozusagen als Einstimmung auf das Kommende – zur Meisterfeier 1939 Offiziere des „Hausregiments" der Schalker geladen.

Der Spielbetrieb wird jedoch trotz Krieg so weit als möglich aufrecht erhalten – er soll Normalität vortäuschen und das Volk „bei Laune" halten. Aufgrund der Einberufungen tauchen bei den Schalkern neue Namen auf. Die Nachwuchsspieler Gabriel, Hinz, Dargaschewski, Schuh und Füller treten an die Stelle der Alten. Vor allem Bernhard „Natz" Füller gilt als Riesentalent. Zwei Gegenspieler soll er häufig umspielt haben, ohne daß der Ball auch nur den Boden berührte. Bald wird auch er eingezogen und kommt im Völkermorden um.

Selbst mit der Rumpfmannschaft wird Schalke im Jahr 1940 überlegen Gaumeister – die anderen Vereine sind mindestens ebenso geschwächt. Gegen den Mülheimer SV 06, CSC 03 Kassel und Fortuna Düsseldorf setzt man sich in den Gruppenspielen durch. Auch gegen den SV Waldhof Mannheim gelingt im Halbfinale ein Sieg und nach dem 1:0 gegen den Dresdner SC ist Schalke zum fünften Mal Deutscher Meister – und erstmals „Kriegsmeister".

Im nächsten Jahr wird das Ausscheidungssystem kriegsbedingt geändert. Nach Gewinn der Meisterschaft in der Gauliga, wo mit Union Gelsenkirchen und der Betriebssportgemeinschaft Gelsenguß inzwischen zwei weitere Mannschaften aus Schalkes Heimatstadt spielen, tritt man in den Gruppenspielen nur gegen Hannover 96 und Borussia Fulda an. Als Gruppensieger spielt man gegen den Hamburger SV um den Einzug ins Halbfinale, wo Schalke auf den VfL Köln 99 trifft. Nach einem 4:1-Sieg reist die Mannschaft erneut nach Berlin, um am 21. Juli 1941 – am Tag des deutschen Überfalls auf die Sowjetunion – gegen Rapid Wien um die Meisterschaft zu spielen.

Die deutsch-österreichischen Begegnungen sind aber spätestens seit dem Anschlußspiel Teil einer anderen „innerdeutschen" Auseinandersetzung. Schon beim Endspiel gegen Admira Wien im Juni 1939 war der Faustschlag eines Wieners gegen Fritz Szepan, der kurz vom Platz getragen werden mußte, nicht nur Ausdruck der Frustration über das Spiel-

„Kriegsmeister“ 1940. Von links: Kuzorra, Hinz, Tibulski, Bornemann, Szepan,

Burdenski, H. Klodt, Schuh, Eppenhoff, Kalwitzki, Füller.

ergebnis gewesen. Und beim Revanchespiel am 17. November 1940 in Wien, das 1:1 ausging, war die Demolierung des Schalker Mannschaftsbusses und das Zerstechen der Reifen am Wagen von Reichsjugendführer Baldur von Schirach keine einfache Fußball-Randale. Hier fanden die antideutschen uns antipreußischen Ressentiments der Österreicher ein Ventil.

Das Endspiel 1941 ist ein Match zwischen zwei traditionellen Arbeitervereinen. Auch Rapid Wien war in einem „roten Milieu“ groß geworden, wurde aber als Volksverein – im Gegensatz zur Austria – von den Nazis gefördert. Von antiösterreichischen Ressentiments beeinflußt, erwartet man aber im Finale einen Sieg der Schalker gegen die Mannschaft, die den zweiten nationalsozialistischen Vorzeigeklub, den Dresdner SC, im Halbfinale besiegt hatte. (Selbst die Plakette mit der Gravierung „Kriegsmeister 1941 FC Schalke 04“ soll bereits fertig gewesen sein.)

Im Spiel gegen die Wiener, die mit Torwart Raftl, Pesser und „Bimbo“ Binder (der kurz zuvor in München ein Tornetz durchschossen hat) drei Nationalspieler in ihren Reihen haben, kommt es dann anders: Nach einer 2:0-Führung zur Halbzeit durch Gellesch und Eppenhoff, die Hinz zum 3:0 ausbaut, verliert die Mannschaft nach drei Binder-Toren noch mit 4:3! Drei Elfmeter spricht Schiedsrichter Reinhardt aus Stuttgart den Wienern zu. Der gebürtige Österreicher Hitler, auch er „Schalke-Anhänger“, verläßt wieder einmal wutentbrannt das Stadion und äußert, er wolle nie wieder ein Fußballspiel sehen.

Die Schalker fühlen sich verschaukelt, wittern Schiebung und glauben, daß irgendjemand unbedingt eine Mannschaft aus der „Ostmark“ als Meister sehen will. Mitspieler Herbert Burdenski berichtet, daß Mannschaftskapitän Ernst Kuzorra sich beim anschließenden Empfang geweigert habe, die Ehrennadeln für den Vizemeister anzunehmen. „Mit Politik haben wir nichts zu tun“, raunzt er Reichssportführer von Tschammer und Osten an. Ein Verhalten, das sich nur ein Mann von der Berühmtheit Kuzorras leisten kann. Fritz Szepan aber nimmt die Nadeln dann doch, und zwar mit artigem „Diener“.

Auch im Pokal hat Schalke wieder Pech: Im Endspiel unterliegt die Mannschaft, nach einem 4:1-Sieg gegen Austria Wien im Viertelfinale, den Dresdnern mit 2:1. Inzwischen hat die Saison 1941/42 begonnen, Schalke wird vor Dortmund Westfalenmeister – im direkten Vergleich verliert der BVB zweimal mit 1:6, obwohl mit August Lenz inzwischen auch ein Nationalspieler in den Reihen der Borussen spielt. In den erneut vereinfachten Ausscheidungsspielen für die Meisterschaft trifft Schalke diesmal auf zwei Mannschaften aus den „heim ins Reich" gebombten Gebieten Elsaß und Lothringen: TV Stade Düdelingen (Dudelange) und SS Straßburg werden ebenso besiegt wie der 1. FC Kaiserslautern mit den Walter-Brüdern und Kickers Offenbach. Im Endspiel besiegen die Schalker erneut einen österreichischen Verein, Vienna Wien, mit 2:0. Schalke ist zum sechsten Mal Deutscher Meister!

Im Tor steht bei diesem Spiel nicht der verletzte Hans Klodt, sondern Heinz Flotho, „der schwarze Panther", der 1939 als Torwart des VfL Osnabrück noch Gegner der Schalker gewesen war. Später hat man in der „Abordnung" Flothos nach Schalke eine Maßnahme der Nazis gesehen, die ein Debakel wie im Vorjahr verhindern sollte. Dazu paßt schlecht, daß Klodt im Jahr 1941 sogar Nationaltorhüter war und auch später wieder bei wichtigen Schalker Spielen im Tor steht. Herbert Burdenski bringt den Wechsel Flothos denn auch mit einer allgemein üblichen Praxis in den Kriegsjahren in Verbindung: Nachdem viele Mannschaften den Spielbetrieb einstellen mußten, wechselten die verbliebenen Spieler gastweise zu anderen Vereinen – so wurde Flotho nach Schalke geholt. Neben ihm spielen in der vorerst letzten Meisterelf Hinz, Schweißfurth, Bornemann, O. Tibulski, Burdenski, Kalwitzki, Szepan, Eppenhoff, Kuzorra und Urban.

In Gelsenkirchen, wo trotz Krieg der „traditionelle" Triumphzug stattfindet, bringt Oberbürgermeister Böhmer den Erfolg mit dem „Endsieg" in Verbindung: „Es ist das größte Erlebnis, das deutsche Volk in seinem schweren Existenzkampf, seinen einmaligen gewaltigen Erfolgen an allen Fronten mit seiner übermenschlichen Arbeit, mit seinen sportlichen und kulturellen Leistungen in der Heimat zu sehen. Es zeigt der ganzen Welt, welch ungeheure Gesundheit und Kraft in seinem Innern liegt und wie es über den Sieg denkt." Für die meisten Zuschauer, die als Bergleute nicht eingezogen worden sind, ist der Fußball (wie von der Führung geplant) eher Ablenkung vom trostlosen Alltag – immerhin ist zu Beginn des Krieges die Arbeitszeit verlängert worden, Lebensmittel sind rationiert, die nächtlichen Bombenangriffe haben begonnen. Und selbst an der Front denken Fußballfans anders über Sieg und Disziplin als ihre Vorgesetzten. Paul Hain aus Dillenburg (Jahrgang 1924) berichtet, er sei 1942 mit dem Arbeitsdienst auf einem Feldflugplatz in Rußland eingesetzt worden. Am Tag des Endspiels Schalke – Vienna Wien verläßt er seinen Posten, um bei der 20 km entfernten Radiostation die Rundfunkreportage zu hören – wegen Überschreiten des Ortsberings wird er von der Militärpolizei angehalten und erhält fünf Tage verschärften Arrest.

Daß bei den wichtigen Spielen fast alle „alten" Spieler anwesend sind, hängt damit zusammen, daß zu diesen Spielen die Soldaten beurlaubt werden. Daß Schalke nicht grundsätzlich geschont wird, zeigt die Tatsache, daß nach dem „Führerbefehl" von 1942, der allen Spitzenspielern Fronterfahrung verordnet, auch Schalker einrücken müssen. Urban ist schon bei den Ausscheidungsspielen des nächsten Jahres nicht mehr dabei: Im Mai 1943 kommt er in Rußland ums Leben. Für die BBC, die das Ereignis in ihren deutschen Sendungen meldet, ist damit sichtbar geworden, daß nun in Deutschland niemand mehr geschont wird. Auch Trainer Faist wird nach der Saison 1941/42 eingezogen und kommt in russischer Kriegsgefangenschaft ums Leben.

Andererseits gelingt es doch noch, mehrere Spieler kurzfristig auf kriegswichtigen Posten unterzubringen. Manche arbeiten bei Seppelfricke – der Chef des Unternehmens hatte in den zwanziger Jahren selbst bei Schalke gespielt –, andere werden zumindest heimatnah eingesetzt. Szepan und Kuzorra beispielsweise „dienen" am Flughafen Essen-Kray – und trainieren munter weiter. So wird es in Schalke nie notwendig, sich mit anderen Vereinen zu einer „Kriegsspielgemeinschaft" zusammenzuschließen, wie es beispielsweise die BSG Gelsenguß und Alemannia Gelsenkirchen im Jahr 1942 tun.

Es ist kaum zu glauben, aber im Rahmen der Durchhaltestrategie finden auch noch 1942/43 und 1943/44 Ligaspiele statt. Manchmal sorgt ein Fliegeralarm für Spielabbruch. Schalke wird 1943 erneut Westfalenmeister, scheidet aber nach Siegen gegen den SV 06 Kassel und die SpVgg Wilhelmshaven 05 gegen Holstein Kiel im Viertelfinale aus – trotz Flotho, der diesmal als rechter Außenstürmer aufläuft. Deutscher Meister wird der Dresdner SC. Und auch in diesem Jahr hat Schalke kein Glück im Pokal: Im Halbfinale kommt es zur Revanche gegen Vienna Wien. Diesmal siegen die Wiener mit 6:2, nachdem die Schalker im Vorjahr im Finale gegen 1860 München verloren haben.

Schalke wird 1944 noch einmal Westfalenmeister – trotz der ersten Niederlage gegen Dortmund im Oktober 1943. Zweiter werden die „Roten Husaren" des VfL Altenbögge – auch ein Bergarbeiterverein aus dem Norden Hamms, der in diesen Jahren seine größten Erfolge feiert.

Im März 1944 werden die Ligaspiele eingestellt, aber noch im Oktober wird um die Meisterschaft gespielt. Schalke scheidet in der 2. Runde

Ala Urban: 1937 waren alle Schalker Meisterspieler „in Öl" gemalt worden.

Fritz „Papa" Unkel

gegen die KSG Duisburg (gebildet vom Duisburger SV und dem TSV 48/99) aus.

Die „Viktoria", die deshalb nicht am Schalker Markt bei Thiemeyer untergebracht wird, verbrennt beim Luftangriff auf Dresden im Februar 1945. Da ist auch Gelsenkirchen bereits ein Trümmerfeld – beim Angriff vom 6. November 1944 ist fast die ganze Stadt zerstört worden. Zwei Tage zuvor war Fritz Unkel gestorben, der 1939 von Heinrich Tschenscher, Leiter der „Deutschen Eisenwerke AG", und ein Jahr später von Heinrich Pieneck als Präsident abgelöst worden war. Im allgemeinen Chaos kann keine normale Beerdigung stattfinden. Russische Zwangsarbeiter bringen den Sarg auf einer Kohlenkarre zum Friedhof, nur Unkels Enkelin begleitet ihn. Da es keinen Totengräber gibt, bleibt der Sarg acht Tage auf dem Friedhof stehen, bis ihn Angehörige begraben. Am 9. April 1945 kommt für Gelsenkirchen endlich der Tag der Befreiung.

Schalke und die Nazis

Obwohl der Nationalsozialismus zunächst eine politische Bewegung war und auf politischem Weg an die Macht kam, meinen doch nicht wenige Forscher, daß viele Züge (und auch der „Erfolg") des „Dritten Reiches" nur zu verstehen seien, wenn man sieht, daß hier „Erlösung" versprochen und versucht wurde, ein überzeugendes „Gesamtkunstwerk" zu errichten. Die Wirklichkeit wird nach einem bestimmten Modell geformt, und Verhältnisse, die diesem Modell entsprechen, werden gefördert.

Die Filme von Leni Riefenstahl sind ein gutes Beispiel für die „ästhetische Seite" des Faschismus. Im Film über den Reichstag der NSDAP in Nürnberg „Triumph des Willens" wird der „Mythos" des Nationalsozialismus geradezu sichtbar gemacht: Der Sieg der geeinten Masse über alle Widerstände... Ähnliches findet sich auch im Bereich des Sports. Riefenstahls Olympiafilm ist bei aller Genialität ein Nazi-Machwerk und stilisiert den Sportler zu dem Helden, den man in ihm sehen will. Dort wird der „neue Mensch" sichtbar, den die Nazis propagieren.

Dieser neue Mensch muß sich bewähren im Krieg. Denn der nationalsozialistische Mythos ist ein Mythos von Feind, Kampf und Tod. Von daher bot sich eine Vereinnahmung des Kampfspiels Fußball besonders an – wobei die spielerische Seite mehr und mehr in den Hintergrund gedrängt wird. Es ist bezeichnend, daß die vollendete Form des Wiener Fußballs den Nazis zuwider ist und ebenso wie der Schalker Kreisel kritisiert wird. Der „soldatische Spieler" wird im „Buch vom Deutschen Fußballmeister" propagiert. Und Carl Diem, Organisator der Olympiade, der später als Rektor der deutschen Sporthochschule behauptet, Sport sei nur solange Sport, wie er um seiner selbst willen, ohne jeden politischen oder wirtschaftlichen Zweck betrieben werde, verkündet nach dem Frankreichfeldzug: „Die fröhliche Begeisterung, die wir in friedlichen Zeiten bei einem kühnen kämpferischen Wettstreit empfanden, ist in die Höhenlage des kriegerischen Ernstes hinaufgestiegen, und in Ehrfurcht und mit einem inneren Herzbeben ... stehen wir staunend vor den Taten des Heeres."

Ein weiterer Bestandteil der Nazi-Ideologie ist der Mythos vom Triumph des Arbeiters. Alfons Rosenberg, Fachmann für den „Mythus des 20. Jahrhunderts" äußerte sich dazu bereits zu Beginn der faschistischen Herrschaft: „Das Verhängnis für Deutschland war, daß die Führer des Marxismus in einem Minderwertigkeitsgefühl immer nach oben schauten – nicht in einer bewußten Gleichberechtigung, sondern in dem inneren Bewußtsein, daß die da droben wirklich mehr waren..." Wie berechtigt diese Einschätzung zumindest teilweise war, ist an der Tragödie der Arbeiterkultur, die oft von aufblickender Nachahmung der bürgerlichen Kultur geprägt war, bereits deutlich geworden. Dann aber fährt Rosenberg fort: „Was wir heute wollen, ist, daß der deutsche Arbeiter genau die gleiche innere Achtung genießt wie alle anderen deutschen Volksgenossen, daß die Ehre der Arbeit wiederhergestellt wird und daß in Deutschland wieder große Sinnbilder dieser Anschauung entstehen." Hier wird allerdings ein falscher Mythos geschaffen – denn diese Wertschätzung des Arbeiters geschah eben nicht real. Im Gegenteil – in der Realität wird die Arbeiterschaft endgültig entmachtet.

Als mythisches Sinnbild für einen solchen (angeblichen) Sieg der Arbeiterschaft soll auch Schalke dienen. Kurz vor 1939 soll an der GlückaufKampfbahn eine „Siegessäule" errichtet werden, die an den Triumph der Helden erinnert. Der Krieg verhindert das.

Die Nationalsozialisten sehen bzw. schaffen Parallelen zwischen dem Mythos Schalke und dem eigenen Mythos. Hitler selbst soll eine Vorliebe für Schalke gehabt haben. Im Aufstieg dieser Mannschaft wollte er womöglich seinen eigenen Aufstieg erkennen. Die nationalsozialistischen Autoren stilisieren Hitler zum mythischen Arbeiter-Helden. Alfons Rosenberg: „Wir erleben heute, daß ein deutscher Arbeiter mehr gefeiert und mehr geliebt wird als jemals ein König in der deutschen Geschichte. Das ist die Wiederherstellung der Ehre der gesamten deutschen Arbeiterschaft." Genauso werden die Schalker, obwohl in Wirklichkeit längst Profis, zum Arbeiterhelden stilisiert: „Man möchte überhaupt feststellen, daß der Vollendung des Schalker Siegeszuges im dritten Reich geradezu symbolische Bedeutung zukommt. Denn hier, mit Schalke errang eine Mannschaft, die aus der Tiefe des Volkstums emporsteigt und von einer Gemeinde und einer großen Gemeinschaft getragen wird, den goldenen Kranz des Sieges.... Hier wird einfach Fußball getrieben im Geiste der Bewegung. Aus der kleinen Schalker Fußball-Elf ist der Deutsche Fußballmeister geworden. Aus den jungen Dorfspielern Kuzorra und Szepan sind – das darf man heute sagen – deutsche Fußballspieler geworden. Dem Geheimnis dieses Heldentums, und der Bahn, die es nahm, seelisch und geschichtlich, wollen wir im folgenden nachspüren. Schalke wurde Deutschland. Irgendwie Deutschland!" So im Vorwort zum „Buch vom Deutschen Fußballmeister". Später heißt es: „Die Entwicklung von unten herauf, das Leben mit dem Volk und in dem Volke, die zähe Aufbauarbeit durch viele Jahre, das Sich-nicht-entmutigen-Lassen durch Niederlagen und Rückschläge, der fanatische Wille zum Ziel und zum Sieg, das haben die Schalker mit Adolf Hitler gemeinsam, das verbindet sie ohne viel Worte einfach praktisch mit dem Nationalsozialismus."

So wird denn der Verein zum nationalsozialistischen Musterknaben stilisiert. Dazu gehört die vorbildliche Einfachheit der Schalker Arbeiterkinder. Immer wieder wird hervorgehoben, daß die Spieler „dritter Klasse“ per Eisenbahn zu jedem Auswärtsspiel reisen – ohne zu erwähnen, daß sie bei Spielen innerhalb Westfalens bereits einen Mannschaftsbus benutzen, zu jener Zeit wahrlich nicht selbstverständlich. Der Bus wird von Hans Koriath, 1931 noch selbst Spieler bei Schalke, gestellt. Die politische Führung der Stadt Gelsenkirchen nennt die Haltung der Schalker 1939 „echt nationalsozialistisch in ihrer Einsatzfreude, in dem unerschütterlichen Kampfgeist und in der Hingabe an die Sache“. Zu diesem Zeitpunkt gehören alle Spieler bereits der SA an.

Die Nazi-Größen nutzen aber auch umgekehrt die Populariät Schalkes für ihre Eigenwerbung. Die Meisterfeiern mit Politprominenz dienen auch der Selbstdarstellung – und die zahlreichen Ehrengäste „auf Schalke“ hoffen, daß der Glanz der Helden auch auf sie abfärbt.

Wie weit die Schalker Erfolge direkt mit dem Nationalsozialismus zusammenhängen und wie weit die Schalker selbst von der Nazi-Ideologie geprägt waren, ist oft gefragt und untersucht worden. Sicher ist: Die scheinbare ideologische Neutralität des Klubs macht ihn um so leichter benutzbar für eine Ideologie, die vorgibt, die gleichen Ideen zu verkörpern wie Schalke. Vordergründig gibt es tatsächlich Ähnlichkeiten zwischen beiden „Bewegungen“: Beide sehen sich als Vertreter der kleinen Leute, ihr Sieg nach vielen Mühen ist eine „Revolution“. In Wirklichkeit bedeutet die Machtübernahme der nationalsozialistischen Arbeiterpartei natürlich die endgültige Entmachtung der Arbeiter. Aber das wird nun verdrängt und anders dargestellt. Die Gegensätze, aus denen Schalke einst seine Kraft bezogen hatte, werden verschleiert und mit dem Brei der Volksgemeinschafts-Ideologie übertüncht. Damit zeigt der Mythos nicht mehr eine verborgene Wirklichkeit, sondern verschleiert sie.

Die Spieler können sich gegen die Vereinnahmung nicht wehren – ob sie es gewollt hätten, ist heute kaum noch festzustellen. Von Otto Tibulski wird zwar behauptet, er habe den Hitlergruß verweigert – aber zumindest bei großen Spielen war das unmöglich. Immerhin muß selbst das vereinnahmende Buch von 1936 feststellen, daß die Nähe von Schalke und Nationalsozialismus „ohne viel Worte“ auskommt. Anscheinend haben sich die meisten Spieler in Wirklichkeit nie groß politisch geäußert.

Dennoch behauptet man in dem Buch, Ernst Kuzorra habe einmal gesagt: „Man hat manchmal gefragt, warum gerade eine Arbeitermann-

Ernst Kuzorra als Schiedsrichter bei einem Jugendturnier.

schaft in dem Industrieort Schalke den höchsten Ruhmestitel, den der deutsche Fußballsport zu vergeben hat, errang. ... Der studierende Mensch ist noch zu sehr der fragende, um die antwortfrohe Entschlossenheit aufzubringen, auf die es im Sport, wie nebenbei auch auf anderen Gebieten, zum Beispiel in der Politik – welchen Beweis liefert hier schon allein Adolf Hitler! – vielleicht zuallererst ankommt!" So reflektiert und gleichzeitig primitiv hat Kuzorra sicherlich nicht argumentiert und gesprochen! Der Autor des Buches gibt denn auch zu, daß er sich als Ghostwriter betätigt hat und daß es sich um ein „putatives" Zitat handelt – man glaubt, „ihn nicht falsch zu deuten". Kuzorras Äußerung: „Religion und Politik haben bei uns im Verein nie eine Rolle gespielt. Wir wollten Fußballspielen und sonst nichts", scheint schon eher seine Einstellung wiederzugeben. Daß er sie auch kämpferisch vertreten konnte, zeigt der Vorfall beim Endspiel gegen Rapid Wien.

Szepan und Kuzorra, schon vor 1933 das Herz der Knappenelf und die Repräsentanten des Revierfußballs, werden durch leichte Umdeutungen zu einem „Mythos im Kleinen" stilisiert: Von ganz unten sind sie gekommen, haben sich mit Hilfe ihres Könnens durchgesetzt, ehrliche Kerle sind sie durch und durch, verleugnen ihre Herkunft nicht und sind auch gute Nationalsozialisten auf ihre Art... So wie der „Arbeiter" Hitler „mehr geliebt wird als jemals ein König in der deutschen Geschichte", so werden die Bergmannssöhne Szepan und Kuzorra zu „Königen des Rasens". Vor allem Fritz Szepan als Kapitän der Nationalmannschaft wird zum blonden Vorzeigeathleten. Auch hier gibt es tatsächlich Ähnlichkeiten zwischen dem mythischen Ideal und der Wirklichkeit. Aber auch hier wird diese Lebensgeschichte benutzt für ein Ziel, das sie letztlich bedeutungslos macht. Denn die Anhänger, deren Aufstieg von ganz unten sie verkörpern, werden von den Nazis gerade nicht geschätzt, sondern als „Menschenmaterial" verheizt.

Außerdem stimmt der Mythos in vielem mit der Wirklichkeit eben nicht überein. Kuzorra war kein Nazi und Fritz Szepan nicht der Tugendbold, zu dem man ihn gemacht hat. Seine Hans Albers-Ausstrahlung hat er nicht nur zum Fußballspielen benutzt... Und gegen Vorteile, die sich aus der Nazi-Politik für ihn ergaben, hat er zumindest nichts einzuwenden gehabt.

Die Anhänger werden von der Stilisierung und Veränderung des Vereins durch die Nazis wenig gemerkt haben. Erfolg macht blind, und viele Schalker genossen den Erfolg tatsächlich unabhängig von dessen Vereinnahmung – für sie ging es nur um den Verein und die Region. Leider ist das so einfach nicht: Schon die Bekämpfung der Arbeitslosigkeit war nicht ohne die Aufrüstung zum Weltkrieg zu haben.

So wird man insgesamt sagen können: Rein zufällig war die Parallelität von Nationalsozialismus und Schalker Erfolgen nicht. Direkte Beeinflussung des Schalker Siegeszuges ist den Nazis nicht nachzuweisen. Die Schalker selbst haben „mitgemacht", wie so viele andere im Ruhrgebiet auch – in einer Mischung aus Rückzug ins Unpolitische und mehr oder weniger zustimmender Beteiligung an dem, was von ihnen verlangt wurde. Der Mythos Schalke zehrt bis heute von dieser Zeit, denn nie war die Idee vom Sieg des Helden, der von unten kommt, so wirklich wie damals. So zeigt sich gleichzeitig, wie gefährlich mythische Bilder sein können, wenn sie in die Hände von Leuten fallen, die sie für ihre eigenen Interessen nutzen.

Ein besonders tragisches Beispiel für das „Mitmachen" und Geschehenlassen im dritten Reich ist das Verhältnis zu den Juden. Auch dafür bietet der Fußball in Schalke ein Beispiel.

Wie in vielen gesellschaftlichen Bereichen hatten Bürger jüdischer Herkunft auch im Fußball erheblichen Einfluß auf die Entwicklung genommen. Manche Fußballvereine, gerade im bürgerlichen Lager, galten als ausgesprochen „jüdisch". Zu ihnen gehörte Eintracht Frankfurt, aber auch der ETB Schwarz-Weiß Essen, der aus einem Turnverein hervorgegangen war, in dem Juden nicht geduldet waren. In Österreich war der rein jüdische Verein „Hakoah Wien" im Jahr 1925 sogar Österreichischer Meister geworden.

Gleich nach der Machtergreifung wurde der Grundsatz „Juden raus" in fast allen Vereinen des ehemaligen DFB in die Tat umgesetzt. Der Chefredakteur des *Kicker,* Walter Bensemann, auch er Jude, mußte fliehen und starb wenige Wochen später mit ein paar Mark in der Tasche in Zürich.

Schalke als Arbeiterstadtteil war nicht jüdisch geprägt, und so finden sich unter den ersten Spielern auch keine Juden. In dem Maße aber, wie der Verein zum Repräsentanten des Stadtteils wird, wird er auch von ortsansässigen Geschäftsleuten unterstützt. Zahnarzt Dr. Eichengrün saß bis etwa 1933 im Vorstand, ein gewisser Nathan leitete den Presseausschuß. Beim jüdischen Metzgermeister Kahn auf der Schalker Straße stärkten sich die Spieler regelmäßig nach dem Training in der Wurstküche. Bis 1938 hing in seinem Schaufenster ein Plakat „Ich bin Frontkämpfer des Weltkrieges und Träger des EK I" – wie so viele andere Juden, die sich als Deutsche sahen, konnte sich der Mann nicht vorstellen, was passieren würde...

Der „billigste Metzger der Stadt", Leo Sauer, war ebenfalls fanatischer Förderer des Vereins. Bei einer Meisterfeier wurde sogar ein Schwein blauweiß angestrichen und im Triumphzug mitgeführt. Und in den zwanziger Jahren versammelte sich der komplette Vorstand nach der Kneipentour, die jeder Sitzung folgte, beim jüdischen Metzger Sauer. Er war es auch, der um 1927 Ernst Kuzorra den Führerschein bezahlte und ihn als Fahrer anstellte. Genützt hat es ihm nichts.

Als die jüdischen Geschäfte in der Bahnhofstraße, aber auch in Schalke 1938 enteignet werden, ist auch ein Schalker Meisterspieler unter den Nutznießern. In der Gelsenkirchener Stadtchronik heißt es unter dem Datum 5. November 1938: „Das bisherige jüdische Kaufhaus Julius Rode & Co. am Schalker Markt ist in arische Hände übergegangen. Es wird geführt von Fritz Szepan, dem Schalker Mittelstürmer (!), der ein Spezialgeschäft für Textilwaren in den Verkaufsräumen eingerichtet hat."

Neuaufbau und Krise

1945 bis 1963

Auferstanden in Ruinen (1945-1947)

Der Krieg endete, wie es die von den Nazis bemühte germanische Mythologie angedeutet hatte – mit der Götterdämmerung. Die angeblichen Helden reißen fast die ganze Welt mit in den Untergang. Aber das ist nicht einmal das Erstaunlichste. Erstaunlich ist, daß von einem Moment zum anderen über diese Zeit nicht mehr geredet wird. Als wolle man die Dinge ungeschehen machen wie einen bösen Spuk.

Im Schalke-Buch zum 50jährigen Bestehen, gerade einmal neun Jahre später, steht nicht ein einziger Satz über den Nationalsozialismus – nur die sportlichen Erfolge werden erzählt. Der Krieg gilt als Verhängnis, das aus einer anderen Welt stammt.

Zu dieser Sprachlosigkeit gehört, daß man sich an den Wiederaufbau macht und tut, als sei nichts geschehen. Schon am 7. Mai, einen Tag vor der offiziellen Kapitulation, wird auf Consol III/IV/IX wieder Kohle gefördert, und die Gelsenkirchener sind froh, daß das Leben weitergeht. Auch der Fußball macht keine Ausnahme. Schon am 22. Juli findet, mit Genehmigung der englischen Besatzungsmacht und auf private Initiative hin, das erste Spiel der Schalker Mannschaft nach dem Krieg statt. In Wanne wird eine Stadtelf mit 7:1 besiegt. Noch ist die Glückauf-Kampfbahn ein einziges Trümmerfeld.

Für die Bevölkerung sind die Spiele jetzt Möglichkeit zur Ablenkung vom trostlosen Alltag. Immerhin hat Gelsenkirchen die größten Schäden im Revier zu verkraften. Zeichen der Normalisierung ist ein Spiel gegen eine englische Militärmannschaft. Schon im November 1945 muß sich eine Elf der 53. Division den Schalkern mit 1:2 beugen. Es geht also noch. Und im Februar 1946 kommt es in Essen zur ersten Nachkriegsbegegnung mit dem 1. FC Nürnberg. Das Spiel endet 1:1. Daß es aber auch bei diesem Derby nicht immer friedlich zuging und Rowdytum nicht eine Erfindung der angeblich bösen Fans von heute ist, belegt ein Vorkommnis bei diesem Spiel: Der Nürnberger Torwart Lindner hat Tuberkulose. Sein

Vordermann Billmann warnt den Schalker Dargaschewski, ihn nicht zu hart zu attackieren. Als Dargaschewski sich nicht daran hält, geht auch Billmann zur Sache. Auf dem Weg zu den Umkleidekabinen fällt dann wie zufällig ein Stein auf Billmanns Kopf, der blutend den Platz verläßt.

Was aus dem Mythos Schalke wird, interessiert in diesen Monaten niemanden. Nur daß der Name noch klangvoll genug ist, um zu zahlreichen Auswärtsspielen eingeladen zu werden, ist wichtig. Denn diese Auftritte kann man sich mit Lebensmitteln bezahlen lassen – in den kommenden Wintermonaten notwendiger als alles andere. Als „Kartoffelspiele" gehen die Spiele gegen so prominente Gegner wie TBV Lemgo, Teutonia Uelzen, SuS Menden 09, VfL Geseke, Union Herford und SG Bünde in die Vereinsgeschichte ein. Drei Begegnungen in einer Woche sind bei diesen Gastspielreisen keine Seltenheit. Die finanziellen Einnahmen größerer Spiele gegen den VfB Stuttgart und den Hamburger SV werden allerdings auch schon einmal gespendet: 5.000,– RM gehen an die Opfer des Grubenunglücks in Kamen, 18.000,– RM an die Hochwassergeschädigten in Horst und an ehemalige „politische Häftlinge". Mancher vermutet, daß Schalke da etwas wiedergutmachen will.

Ein neuer Vorstand wird gewählt; ehemalige Parteimitglieder dürfen (vorerst) keine Ämter innehaben. So übernimmt Josef Wietfeld den Vorsitz, nachdem ein Dr. Lenig in den ersten Monaten die Amtsgeschäfte kommissarisch geführt hat. Spieler dieser ersten Monate sind größtenteils Heimkehrer der Mannschaft, die sich im Laufe des Krieges aus Alten und Nachwuchs gebildet hatte: Hans Klodt, Pliska, Willi Berg (der Bruder von Walter Berg), Kanthak, Tibulski, Sontow, Dargaschewski, Szepan, Hinz, Kuzorra, Winkler, Kalwitzki, Schweißfurth. Nicht wenige Spieler kicken in diesen Monaten für mehrere Vereine, andere stoßen nur kurzzeitig zu den Schalkern – so Winkler aus Essen und Gawliczek aus Meiderich.

Anfang 1946 bilden sich auch die ersten Sportorganisationen neu. Allerdings werden zunächst nur Vereinigungen auf niedriger Ebene geduldet. In Essen bildet sich der Westdeutsche Fußball-Verband (WFV), der Nachfolger des WSV. Die Organisationen des Arbeitersports werden nicht wiederbelebt – die SPD unter Kurt Schumacher setzt nicht auf gesellschaftliche Polarisierung, sondern auf weltanschaulich neutrale Einheitsverbände.

Ab März werden dann in einer „Miniliga" wieder Meisterschaftsspiele im Westen ausgetragen. Grundsätzlich, so hatte man sich im Spätsommer

1945 in Altenbögge geeinigt, sind alle Vereine teilnahmeberechtigt, die zwischen 1939 und 1944 in der Gauliga gespielt haben. Auch die kriegsbedingten Abstiege sollen ungeschehen gemacht werden. In zwei Gruppen wird gespielt; Schalke tritt erstmals am 9. März 1946 wieder an. Gegner ist die wieder selbständige Alemannia Gelsenkirchen. Am Ende des Spiels steht es 4:1; und am Ende der „Saison" steht Schalke erneut an der Spitze der Gruppe 2 der 1. Division West. Damit hat es sich aber auch – weitere Spiele um Westfalen- oder Deutsche Meisterschaft gibt es noch nicht. Dafür ist seit Juli die Glückauf-Kamfbahn notdürftig wiederhergerichtet. Die Spieler selbst, angetrieben von Ernst Kuzorra, haben mit Hand angelegt. Seitdem gibt es wieder echte Heimspiele der Schalker.

Höhepunkt der neuen Saison 1946/47 ist der Rekordsieg gegen die SpVgg Herten am Katzenbusch mit 20:0 – allein Burdenski schießt elf Tore. Am Ende kommt es nach dem erneuten Gewinn der Gruppenmeisterschaft in der 1. Division West zu einem Entscheidungsspiel um die Westfalenmeisterschaft gegen den anderen Gruppenmeister – Borussia Dortmund. Im Januar 1946 haben die Schalker die Borussia in einem Freundschaftsspiel noch mit 3:1 besiegt. Das Duell am 18. Mai 1948 in Herne, am Schloß Strünkede, wird zu einem jener Spiele, wo in 90 Minuten Weichen für die Zukunft gestellt werden. Dortmund, wieder trainiert von Fritz Thelen, tritt unter anderem mit Kronsbein, Lenz, Schanko, Michallek und „Adi" Preißler an, der die Fußballphilosophie des Ruhrgebiets so unnachahmlich auf den Punkt gebracht hat: „Grau ist alle Theorie, maßgebend is auffem Platz".

„Auffem Platz" stehen die Dortmunder den Schalkern Hans Klodt, Berg, Schweißfurth, Sontow, Tibulski, Dargaschewski, Berni Klodt, Gawliczek, Winkler, Kuzorra und Hinz gegenüber. Die Schalker überzeugen zwar noch durch wunderschönes Spiel, aber der Erfolg bleibt aus. Es wird ein schwarzer Tag für Schalke und vor allem für die Gebrüder Klodt. Berni Klodt ist in der zweiten Hälfte verletzt und humpelt mehr oder weniger als Statist übers Feld, und Hans Klodt leistet sich beim Stand von 2:1 für Schalke in den letzten 15 Minuten zwei verhängnisvolle Fehler. Am Ende steht es 3:2 für Dortmund. Es ist das Ende einer Ära. Entsprechend titeln die Zeitungen nicht „Borussia Westfalenmeister!", sondern „Schalke nicht mehr Westfalenmeister!" Die Schalker selbst sind so entsetzt, daß sie nicht zur anschließenden Siegerehrung erscheinen.

Beide Mannschaften nehmen dennoch an der erstmals ausgetragenen Meisterschaft der britischen Zone teil, die ganz Nordwestdeutschland umfaßt. Schalke scheitert am Hamburger SV, Dortmund dringt bis ins Finale vor. Erstmals hat sich gezeigt, daß die neue Schalker Mannschaft nicht mehr die alte ist – weil sie in vieler Hinsicht noch die alte (will sagen: überaltert) ist. Es gelingt den ersten Trainern Theo Langl und Ferdl Swatosch (einem gebürtigen Wiener!) nicht, auf Anhieb eine Mannschaft zusammenzustellen, in der die alten Spieler rechtzeitig durch neue Talente (und nicht nur durch Notlösungen) ersetzt werden. Das war eines der Erfolgsprinzipien der Vorkriegszeit gewesen. Die Tatsache, daß Szepan und Kuzorra über viele Jahre die Köpfe des Teams blieben, hat verdeckt, daß es auf einigen Positionen durchaus immer wieder Umbesetzungen gegeben hatte. So war Mellage durch Klodt ersetzt worden, Eppenhoff hatte Pörtgens Position übernommen, Urban den Posten von Rothardt, Walter Berg den von Valentin und so weiter...

Und so schwer es den Schalkern auch fällt, das zuzugeben – selbst Szepan und Kuzorra sind, bei aller Virtuosität am Ball, nicht mehr die alten. Wie sehr die Schalker zum Denkmal geworden sind, zeigt sich daran, daß sie als erster Verein in Deutschland Ende der vierziger Jahre eine „Traditionself" bilden, die übers Land zieht.

Unten in der Oberliga (1947-1950)

Was in England seit Jahrzehnten selbstverständlich ist, wird in Deutschland auch bei der Neuorganisation des Fußballs im Jahr 1947 nicht geschaffen – eine eingleisige erste Liga. Immerhin gibt es im Bereich des WFV jetzt nur noch eine einzige „Oberliga", die in etwa die ehemaligen Gaue Niederrhein, Mittelrhein und Westfalen umfaßt. Vier dieser Eliteklassen gibt es jetzt in Deutschland. Jeweils die ersten, später die beiden ersten kämpfen in zwei Gruppen um die Teilnahme am Endspiel, das 1948 erstmals wieder ausgetragen werden soll.

Insgesamt hatten sich 13 Mannschaften in der vergangenen Saison für die höchste Spielklasse qualifiziert: VfR Köln, Alemannia Aachen und Preußen Delbrück aus dem Rheinland, Fortuna Düsseldorf, Rot-Weiß Oberhausen, TSG Vohwinkel 80, Hamborn 07 und SpFr Katernberg aus dem Bereich Niederrhein und SpVgg Erkenschwick, Borussia Dortmund, VfL Witten, STV Horst-Emscher und Schalke 04 aus Westfalen.

Schalke hat für die neue Saison wieder einen neuen Trainer eingestellt: Willi Schäfer aus Hof soll aus den Spielern eine neue Mannschaft formen. Das erste Spiel der Schalker am 14. September 1947 ist zumindest, was das

Publikumsinteresse angeht, Spitze: 40.000 sehen die Begegnung in Hamborn, die 2:2 endet. Anderswo sind es gerade einmal 10-15.000 Fans. Das folgende Spiel gegen Dortmund endet noch 1:1, aber schon das nächste Heimspiel gegen Erkenschwick geht mit 1:2 verloren. Die erste Heimniederlage nach dem Krieg! „Schüler besiegen Lehrmeister", kommentieren die Zeitungen – denn Ernst Kuzorra hat die Mannschaft vom Stimberg, die fast komplett auf der Zeche Ewald-Fortsetzung arbeitete, in den Jahren 1943-46 nebenbei trainiert! Im letzten Jahr der Gauliga waren sie unter seiner Führung in die höchste Klasse aufgestiegen; „Jule" Ludorf und „Siggi" Rachuba sind nun ihre herausragenden Spieler.

Am Ende erreichen die Schalker den 6. Platz – riesige Enttäuschung um den Schalker Markt herum. Selbst der Lokalrivale Horst Emscher erreicht den 3. Platz. Die Spiele um die erste Nachkriegsmeisterschaft finden ganz ohne Schalke statt. Zwar scheitert auch der Meister Dortmund in den Gruppenspielen – erster Nachkriegsmeister wird Nürnberg –, aber der Schock sitzt tief, daß der Verein nur noch „guter Durchschnitt" ist.

In der folgenden Saison 1948/49 kommt es noch schlimmer: Selbst gegen Aufsteiger Rhenania Würselen gibt es zwei Niederlagen, und am Ende steht Dortmund wieder auf Platz 1, Schalke dagegen auf Platz 12 – das bedeutet Abstieg! Aber jetzt zeigt sich, daß der Mythos Schalke nicht tot ist – im Gegenteil. So sehr verkörpert Schalke den Revier-Fußball, daß sich auch der WFV eine Oberliga ohne Schalke nicht vorstellen kann. So haben sich die Zeiten geändert. Also beschließt der Verbandstag zum ersten Mal eine Aufstockung der Liga auf 16 Vereine! Die drei Abstiegskandidaten müssen in drei Gruppen gegen die Zweit- und Drittplazierten in den drei Bezirksligen antreten und um die drei neuen Plätze spielen. Schalke besiegt sowohl Bayer Leverkusen mit 1:0, als auch den VfL Benrath mit 9:0. Die Geretteten werden nach dem entscheidenden Spiel in Wuppertal in Gelsenkirchen empfangen wie eine Meisterelf. Wichtigen Anteil an diesen Siegen haben zwei alte Schalker, die kurz zuvor aus russischer Kriegsgefangenschaft heimgekehrt sind: Einer von ihnen ist Hermann Eppenhoff, ab 1942 Nationalspieler, der andere der ehemalige Jugendspieler Walter Zwickhofer. Sie werden den Grundstock für einen Neubeginn bei Schalke bilden.

Ausgerechnet in diesem Jahr, wo Schalke den absoluten Tiefpunkt erreicht, dringt der BVB Dortmund, wieder Oberliga-Meister, erstmals ins Endspiel um die Deutsche Meisterschaft vor. Erst in der Verlängerung müssen sich die Borussen dem VfR Mannheim mit 2:3 geschlagen geben.

Die Erfolgskurven von Schalke und Dortmund werden noch häufiger gegensätzlich verlaufen: Wenn der eine oben ist, ist der andere unten. Nun entsteht die Rivalität zwischen den beiden großen Vereinen, die immer auch die Rivalität um die Vorherrschaft im Ruhrgebietsfußball ist...

Weitaus folgenreicher aber ist im Jahr 1949 neben der Währungsreform die Einführung des Vertragsspielers. Viel mehr noch als zuvor spielen nun die beruflichen und finanziellen Perspektiven eine Rolle, die ein Verein bzw. dessen Mäzen bieten kann. Deputate allein bringen es nicht mehr, „Kohle" tritt an die Stelle von Kohle. Das berühmteste Beispiel ist Preußen Münster: Dort wird wenig später der sogenannte Hunderttausend-Mark-Sturm zusammengekauft, mit dem man 1951 sogar ins Endspiel gelangt. Gerritzen, Preißler, Schulz, Rachuba und Lammers – alle werden mit Existenzgründungsangeboten aus dem Revier nach Münster gelockt.

Auch in Schalke tut sich einiges. Herbert Burdenski will noch die Krönung seiner Laufbahn erleben – der Kaffeeröster Jakobs verwöhnt ihn mit einer Stelle in Bremen. (Tatsächlich wird er als Schütze des ersten Länderspieltores nach dem Krieg, 1950 gegen die Schweiz, eine nationale Berühmtheit.) Hans Klodt geht nach Beckum – allerdings soll dabei auch ein Streit mit Kuzorra nicht unschuldig gewesen sein, der den um Jahre jüngeren Klodt als Oma beschimpft haben soll. Sein Bruder Berni ist schon 1948 zum STV Horst gegangen, in diesen Jahren sportlich die bessere Adresse in Gelsenkirchen. Kalwitzki, Bornemann und Schweißfurth sind seit 1947/48 aus Altersgründen nicht mehr dabei; auch Tibulski, Kuzorra, Szepan sind nun endgültig zu alt. Da sie noch keine Angestellten des Vereins sind, sondern sozusagen zum Inventar gehören, werden sie auch weiterhin in der Umgebung des Klubs untergebracht: Ötte Tibulski wird Vereinswirt, Ernst Kalwitzki Platzwart und Fritz Szepan Trainer.

Zu der neuen Mannschaft von Vertragsspielern – der Kader wird von über 25 Spielern auf 17 reduziert – gehören, neben Eppenhoff und Zwickhofer, die zusammen mit Paul Matzkowski die Achse der Mannschaft bilden, Hein Kwiatkowski als Nachfolger von Hans Klodt im Tor, Kretschmann, Matzek, Jahnel, Dargaschewski, Sandmann, Malinowski, Ebert und Behring. Herbert Sandmann kommt vom BVB und kehrt später auch dorthin zurück, um zweimal Meister zu werden. In Gelsenkirchen soll er in den nächsten beiden Jahren zum Publikumsliebling aufrükken und viel lernen: „In Schalke habe ich erst richtig Fußballspielen gelernt, dank des guten Abspiels der Alten", sagt er später. Das Amt des

In der Glückauf-Kampfbahn 1950: Hermann Eppenhoff führt die neuen Schalker an.

Vorsitzenden übernimmt im gleichen Jahr Albert Wildfang mit der vielsagenden Devise „Schalke muß wieder Schalke werden!"

Hein Kwiatkowski wird ein Jahr später durch Heinz Kersting ersetzt, der von Union Günnigfeld nach Schalke kommt. Der Wattenscheider Vorortverein wird wenige Jahre später durch die Berufung seines Spielers Willi Schulz in die Nationalmannschaft berühmt. Wie sehr gerade die kleinen Vereine die übermächtige Konkurrenz aus dem mächtigen (und verehrten) Schalke fürchten, wird an Kerstings Wechsel beispielhaft

deutlich. Als bekannt wird, daß er auch nur ein Probetraining bei Fritz Szepan absolviert hat, wird er sofort in Günnigfeld gesperrt. („Das war wie ein Verrat damals.") Nach einem 6. Platz in der Saison 1949/50 wird diese Mannschaft in der Spielzeit 1950/51 erstmals wieder nach den Sternen greifen.

Vorher aber werden Ernst Kuzorra und Fritz Szepan, 27 bzw. 25 Jahre nach ihrem Debüt in der ersten Mannschaft, am 12. November 1950 bei einem Freundschaftsspiel gegen den brasilianischen Meister Athletico

Brasilien auf Schalke: Die Mannschaft von Mineiros Belo Horizonte vor dem Abschiedsspiel für Szepan und Kuzorra.

Mineiros Belo Horizonte verabschiedet. Auch dieser Verein aus der neuen Fußballweltmacht Brasilien ist ursprünglich ein Bergarbeiterverein gewesen. Bei der 1:3-Niederlage werden die beiden „alten Herren" aber bereits nach 25 Minuten ausgewechselt. Anschließend erhalten beide Spieler den neuen Ehrenring des Vereins – angeblich ist in beiden die Nummer „1" eingraviert.

Die blau-weißen fünfziger Jahre (1950-1958)

Die fünfziger Jahre sind noch einmal die große Zeit des Ruhrgebiets. Das Revier und nicht zuletzt Gelsenkirchen werden nach dem Krieg zum Inbegriff des Wiederaufbaus. Wie im 19. Jahrhundert wird die Stadt zum Mythos. Nach Demontage und Entflechtung der Großindustrie wird nun wieder fürs Wirtschaftswunder produziert. Neubergleute und die ersten „Gastarbeiter" kommen ins Revier. Die ehemalige Gelsenberg Benzin AG wird zur größten Raffinerie des Reviers, 40 % des deutschen Bedarfs an Fensterglas werden bei der DELOG produziert. „Weiter aufwärts wie bisher" – der CDU-Wahlslogan wird zum Motto auch im sozialdemokratischen Gelsenkirchen. Und eine Diskussion der Vergangenheit soll beim Konsum nicht stören.

Die Spielerfrauen bei einem Spiel in Erkenschwick.

Die „goldenen“ fünfziger Jahre sind auch noch einmal die große Zeit des Revierfußballs. Vier Jahre hintereinander stellen in der Zeit von 1955-1958 Vereine von der Ruhr den Deutschen Meister. Noch einmal machen Zechenvereine aus Vororten in ganz Deutschland auf sich aufmerksam. Der SV Sodingen beispielsweise dringt 1955 in die Meisterschaftsrunde vor. Bei dem Klub, der im Schatten der Zeche Mont-Cenis großgeworden ist und nicht selten mit Solingen verwechselt wird, spielen mit Gerd Harpers und Günter Sawitzki sogar zwei Nationalspieler. Und Westfalia Herne, mit Hans Tilkowski im Tor, spielt zweimal, 1959 und 1960, um die Meisterschaft mit.

Bei den Schalkern ist die Bergarbeiter-Wirklichkeit inzwischen für die meisten Spieler nur noch Kulisse. Nach dem Training werden sie von Hermann Eppenhoffs Taxis („Buckel-Taunus“) nach Hause gefahren... Manche finden denn auch die Schalker der fünfziger Jahre arrogant, ihre Spielweise „pomadig“. Die Sodinger, die den Schalker Aufstieg „kopieren“, sind für manchen die wahren Knappen.

Dennoch sind die Schalker beinahe die ersten, die nach 1949 wieder in ein Endspiel vordringen. In der Saison 1950/51 werden sie zum ersten Mal nach dem Krieg Westfalen- bzw. Westmeister. Durch einen Sieg beim Nachbarn Katernberg sichert sich die Mannschaft den wichtigen

Der Westmeister 1951 beim gemeinsamen Urlaub in Oberstdorf.

Die Schalker bei einer Gastspielreise in der Nähe von Nizza. Vorn 2. v. l. Trainer Szepan, 4. v. l. Ernst Kuzorra, 6. v. l. Präsident Wildfang.

Punkt Vorsprung vor dem größten Konkurrenten Preußen Münster. Für Dortmund reicht es nur zum dritten Platz. In den Gruppenspielen muß Schalke gegen den FC St. Pauli, die SpVgg Fürth und den 1. FC Kaiserslautern antreten. Durch eine Niederlage gegen St. Pauli gleich im ersten Spiel und ein Unentschieden gegen Fürth nützt auch die anschließende Steigerung nichts mehr – Gruppensieger wird Kaiserslautern. Daß Preußen Münster die leichtere Gruppe erwischt hat und Endspielpartner der Lauterer um die Walter-Brüder, Eckel, Liebrich und Kohlmeyer wird, macht die Sache ebenso ärgerlich wie die Tatsache, daß die Schalker im letzten Gruppenspiel bewiesen hatten, daß die Pfälzer nicht unbesiegbar sind: Mit 3:2 hatten die Schalker nach einem 0:2-Rückstand die Lauterer bezwungen...

In der Sommerpause unternehmen die Schalker eine Gastspielreise nach Wien. Als erste deutsche Mannschaft nach dem Krieg spielen sie gegen ein österreichisches Team – diesmal ist es Wacker Wien. Natürlich werden sie an den alten Schalker Könnern gemessen. Die Kritik in der Wiener Presse zeigt Vergangenheit und Gegenwart des Schalker Spiels, das eben nicht mehr das gleiche ist, wie vor dem Krieg: „Wenn uns auch die Leistung in der ersten Spielhälfte imponierte, müssen wir dennoch sagen, daß Ansätze zu einem Kreiselspiel zwar vorhanden sind – aber auch nicht mehr. Früher ja – da lief der Ball wie am Schnürchen gezogen von Mann zu Mann, da gab es kein Stoppen, kein Schauen, sondern ein blindes und trotzdem sicheres Weitergeben. Der Ball war immer in Bewegung und damit auch der Gegner. Heute geht alles etwas schlacksiger, etwas umständlicher. Der Ball wird aufgenommen, bleibt um Sekundenbruchteile zu lang am Mann und gestattet es so den Gegenspielern, sich doch noch in Position zu bringen." Außerdem berichtet man von Kritik der Schalker am „alten Mann des deutschen Fußballs", Bundestrainer Sepp Herberger, der angeblich nur Spieler berufe, die sich „in strammer Form dem Mannschaftsganzen unterordnen" – aber nicht die besten Individualisten. (In der Adenauer-Bundesrepublik ist eine solche öffentliche Kritik am Bundestrainer unmöglich.) Die Schalker, deren Stil in Deutschland auch in diesen Jahren noch häufig als zu verspielt kritisiert wird, sehen sich (noch) als Vertreter der individuellen Könner.

In der darauffolgenden Saison 1951/52 müssen die Schalker den ersten Platz erstmals Rot-Weiß Essen überlassen – trotz eines 4:3-Erfolges im direkten Vergleich gegen die Mannschaft von der Hafenstraße, wo inzwischen Kwiatkowski das Tor hütet. In den Gruppenspielen ist diesmal für die Schalker gegen den HSV, den 1. FC Nürnberg und den 1. FC Saarbrükken nichts zu holen. Das letzte Spiel gegen die Hamburger wird fast zum Debakel – mit 2:8 verlieren die Königsblauen.

Für die nächsten Jahre sind die Schalker zwar immer nahe dran an der Spitze, aber zum großen Wurf reicht es nicht. Andere sind an der Reihe.

1952/53 landen die Knappen auf dem 6. Platz – wegen des Entschlusses, auf Meisterehren zu verzichten und mitten in der Meisterschaft den Neuaufbau mit jungen Spielern in Angriff zu nehmen, wird Szepan von vielen ausgebuht und verlacht. Geduld gehörte in Schalke noch nie zu den besonders gepflegten Tugenden.

In der folgenden Saison 1953/54 kommt es im Westen zu einem „Herzschlagfinale“: Erst am letzten Spieltag entscheidet sich, ob Köln, Essen oder Schalke das Rennen machen. Bis zur 87. Minute steht es in Essen 2:2 – das würde reichen. Das 3:2 für Rot-Weiß ist das Ende der Meisterschaftsträume in Blau-Weiß. Nur was die Zuschauerzahlen angeht, bleibt Schalke absolute Spitze: 880.000 Anhänger wollen die Heim- und Auswärtsspiele in der Saison 1954/55 sehen.

Die Weltmeisterschaft findet nicht ganz ohne Schalker Beteiligung statt. Der Ex-Schalker Kwiatkowski hat das zweifelhafte Vergnügen, beim absichtlichen 3:8-Debakel gegen Ungarn in der Vorrunde an Stelle des späteren „Fußballgottes“ Toni Turek das Tor zu hüten. Und Rechtsaußen Berni Klodt spielt in der Vorrunde gegen die Schweiz und die Türkei. Dann wird er von einem gewissen Helmut Rahn abgelöst...

Die Schalker Mannschaft ist inzwischen weiter verändert worden – der Grundstock für die Meisterschaft, von der man nach Feierabend im ganzen blau-weißen Revier träumt. Von Eintracht Gelsenkirchen ist Torwart Manfred Orzessek gekommen, von Hamborn 07 als neuer Mittelstürmer „Catcher“ Helmut Sadlowski, und Berni Klodt ist aus Horst zurückgeholt worden. Aus Duisburg kommen Hansi Krämer und Günter Brocker. Aus der eigenen Jugend sind, wie gesagt, Laszig, Piontek und Jagielski in „die Erste“ übernommen worden. Otto Laszig gilt, wie einst Szepan, als etwas langsam, aber als perfekter Ball-Künstler und Spielmacher.

Neuer Vorsitzender wird mit Albert Möritz ein Mann, der früher Präsident von SuS Schalke 96 war. Und wieder wird, im Jahr des 50jährigen Bestehens, ein Österreicher als Trainer verpflichtet – der Nationaltrainer der Alpenrepublik Edi Frühwirth. Gerade ist er bei der WM mit seinem Team Dritter geworden, nun löst der „Preuße aus Wien“ Fritz Szepan ab,

Günter Siebert bei einem seiner ersten Spiele für Schalke. Von links: Klimmek, Siebert, Kersting, Zwickhofer, Matzkowski.

der ärgerlicherweise gleich im darauffolgenden Jahr mit Rot-Weiß Essen deutscher Meister wird.

Die Schalker schaffen es immerhin bis ins Pokalfinale. Nach Siegen über Jahn Regensburg, Schweinfurt 05, Bremerhaven 93 und Kickers Offenbach stehen die Blau-Weißen erstmals seit 13 Jahren wieder in einem Endspiel. Und der Karlsruher SC sieht noch 15 Minuten vor Schluß wie der sichere Verlierer aus. Beim Stand von 2:1 wird Sadlowski in die Abwehr zurückbeordert, kann aber nicht verhindern, daß die verzweifelt kämpfenden Karlsruher noch den Ausgleich und das Siegtor erzielen. Schalke bleibt der Pokal-Pechvogel: In sechs Endspielen nur ein Sieg...

Die Mannschaft verändert sich weiter: Hermann Eppenhoff, der letzte aus der alten Meistermannschaft, hört auf; bei einem Freundschaftsspiel gegen UDA Prag wird er im Dezember 1956 verabschiedet. Ausgerechnet als Trainer von Borussia Dortmund wird „Pokal-Hermann" noch große Erfolge feiern: DFB-Pokalsieg im Jahr 1964 und anschließend Vordringen ins Halbfinale des Europapokals. Aus der Jugend rücken Borutta, Soya und Koslowski in die erste Mannschaft auf. Vor allem Willi Koslowski, „der Schwatte", ist ein echter Ruhrpott-Spieler mit seinen „Ungezogenheiten", wie es heißt. Lange vor Gerd Müller und Bruno Labbadia weiß er auch sein Hinterteil einzusetzen, wenn es darum geht, eine gegnerische Abwehr zu überwinden. Von Hessen Kassel kommt Günter Siebert zurück, der schon 1951-1953 für Schalke am Ball gewesen war. Als „Forelle" windet er sich durch manche Abwehr, später wird ihm diese Eigenschaft auch als Präsident zustatten kommen. Ein Jahr später, 1956, stößt dann auch Manfred Kreuz aus Buer-Hassel zum Kader.

In diesem Jahr hätte die Elf fast in einem rein westdeutschen Endspiel Schalke gegen Dortmund gestanden: Nachdem die Mannschaft den zweiten Platz hinter Dortmund erreicht hat, nimmt sie nach Sieg im Qualifikationsspiel gegen Hannover 96 wieder an den Ausscheidungsspielen um die Meisterschaft teil. Gegner sind der Karlsruher SC, Hannover 96 und der 1. FC Kaiserslautern. Und wie in der Oberliga fällt die Entscheidung am letzten Spieltag der Gruppenspiele: Nach zwei Siegen über Hannover und einen über Lautern würde ein Unentschieden beim KSC zum Einzug ins Endspiel reichen. Bis kurz vor Schluß steht es auch durch zwei Sadlowski-Tore 2:2, da greift Beck Torwart Orzessek an, der den Ball schon in der Hand hat, der läßt ihn ins Tor rollen – 3:2! Dank des besseren Torquotienten – noch teilt man erzielte Tore durch eingefangene – erreichen die Karlsruher das Finale. Hätte man schon die Tordifferenz gewertet, wären es die Schalker gewesen. Dortmund besiegt anschließend den KSC und wird zum ersten Mal Deutscher Meister – mit Kwiatkowski im Tor!

Dortmund wiederholt den Sieg im kommenden Jahr – mit genau der gleichen Mannschaft wie 1956! Zwar haben auch die Schalker ihr Team nicht verändert, doch diesmal reicht es nur zu einem 4. Platz. Erst die kommende Saison wird die Blau-Weißen an Stelle der Gelb-Schwarzen sehen...

Gegen den aufstrebenden 1. FC Köln und Alemannia Aachen setzt Schalke sich in der Oberliga durch. Durch drei eindrucksvolle Siege (es gibt kein Hin- und Rückspiel in der Gruppe) gegen Eintracht Braunschweig (4:1), Tennis Borussia Berlin (9:0) und den Karlsruher SC (3:0) erreicht die Mannschaft das Endspiel. Dort heißt der Gegner Hamburger SV. Trotz Uwe Seeler aber haben die Hamburger am Nachmittag des 18. Mai im Niedersachsenstadion zu Hannover keine Chance gegen eine meisterliche Schalker Elf, in der folgender Spiele auflaufen: Orzessek (Tor), Sadlowski, Brocker (Verteidiger), O. Laszig (Stopper), Karnhof, Borutta (Läufer) Kördel, Kreuz (Halbstürmer) Koslowski, Siebert, B. Klodt (Stürmer).

Wieder fiebern in Gelsenkirchen Zehntausende mit. Als es bereits zur Halbzeit durch zwei Treffer von „Berni" Klodt 2:0 heißt, wird in St. Joseph, Schalke, von Pfarrer Kohle sogar die nachmittägliche Andacht, die dort im Rahmen der Volksmission stattfindet, unterbrochen, um das Ergebnis durchzugeben! Und am Ende steht es durch einen Treffer von „Manni" Kreuz sogar 3:0! Zum siebten Mal ist Schalke Deutscher Meister und zieht mit dem damaligen Rekordmeister Nürnberg gleich.

Der Empfang in Gelsenkirchen ist triumphal, der Autokorso führt durch ein Jubelspalier ohnegleichen, und alle, Spieler und Anhänger, sprechen nur von den vergangenen Zeiten, die nun wiederkehren. „Kaum einer, dem nicht beim Sprechen die Stimme bricht", heißt es noch Jahre später. Was Bern für den deutschen Fußball gewesen war, scheint dieser Sieg für Schalke zu sein. Der Held feiert seine Auferstehung. Und wie sie in Bern zum Entsetzen der Welt spontan wieder das Deutschlandlied angestimmt haben, so singen sie nun am Schalker Markt „Schalke, Schalke über alles..."

Dabei ist es eigentlich eine junge Schalker Mannschaft, die diesen Erfolg erkämpft hat – Durchschnittsalter 22,5 Jahre! Nur Berni Klodt hat noch mit Kuzorra und Szepan in einer Mannschaft gespielt, die die ersten drei „Schalke-Generationen“, die Mannschaft der zwanziger Jahre, die Meistermannschaft der dreißiger und die Nachkriegself, zusammengehalten haben. Die Freude in Schalke ist riesig, nicht zu vergleichen mit den Feiern in Essen und Dortmund. Doch keiner merkt, daß nicht der Beginn einer neuen Ära gefeiert wird, sondern das endgültige Ende des alten Schalke. Die kluge Politik des langsamen Aufbaus hat sich ein letztes Mal bewährt. Noch einmal hat eine Mannschaft gewonnen, die zum großen Teil aus dem Schalker Nachwuchs hervorgegangen ist oder aus der Umgebung stammt und in der mit dem „Schwatten“, Willi Koslowski, immerhin noch ein gelernter Bergmann spielt. Das wird es so nicht wieder geben. Die Zeiten ändern sich.

Dank der Meisterschaft spielt Schalke erstmals international. Seit 1955 wird – im Zuge der europäischen Einigungsbemühungen – der Europapokal der Landesmeister ausgespielt. Nach einem Sieg über Boldklubben Kopenhagen trifft man auf die Wolverhampton Wanderers mit Billy Wright. Ein sensationelles 2:2 auf der Insel und ein 2:1 in der Glückauf-Kampfbahn öffnen das Tor zum Viertelfinale, wo allerdings bei Atletico Madrid mit dem Brasilianer Vava die Höhenflüge enden. Das 1:1 in Schalke reicht nicht, um das 0:3 in Madrid wettzumachen. International ist der deutsche Fußball in diesen Jahren nicht in der Weltspitze zu finden.

Das hat sich auch bei der Weltmeisterschaft kurz zuvor gezeigt: Im Halbfinale scheidet die Mannschaft im Spiel gegen Schweden aus. Weltmeister wird Brasilien mit Pélé, Garrincha und Vava – nicht zuletzt wegen des modernen 4-2-4-Systems, das sie praktizieren. Berni Klodt, wieder einziger Schalker Teilnehmer, war nur in der Vorrunde, bei den Spielen gegen Spanien und die Tschechoslowakei zweimal zum Einsatz gekommen.

Der zweite Skandal (1958-1963)

Die Jahreszahl 1958 bezeichnet nicht nur die (vorerst) letzte Schalker Meisterschaft, sondern auch den Beginn der Kohlenkrise. Durch das Vordringen billiger Kohle aus Nordamerika und die Umstellung auf das billige Erdöl kommt es zur Absatzkrise; riesige Mengen Kohle (40 Mio. Tonnen) liegen bereits 1959 auf Halde. Erste Zechen werden stillgelegt, das gesamte Revier spürt die Auswirkungen. In den kommenden 30 Jahren werden von den 128 Zechen des Reviers 22 übrigbleiben.

Deutscher Meister 1958: Mit der Meisterschale jubeln (v. l.): Koslowski, Laszig, B. Klodt und Trainer Frühwirth.

In Gelsenkirchen wird 1959 die erste Feierschicht gefahren, und nicht nur in Schalke sind die Zechen immer weniger in der Lage, als Sponsor des Vereins aufzutreten. Relativ gut haben es die Vereine, bei denen die Stadt die Rolle der Zechen übernimmt. Auch Schalke gehört dazu. Seit 1958 ist mit Dr. Georg König der Stadtkämmerer – auf Wunsch der Stadtverwaltung unter Oberbürgermeister Scharley – Vereinsvorsitzender. In Abwesenheit wurde er gewählt, auch wenn manch einem Schalker weh ums Herz wurde, als er einsehen mußte, daß niemand im Verein selbst mehr das Zeug hat, den Klub in die Zukunft zu führen.

Dennoch kann Schalke sportlich das Niveau der Meistersaison nicht halten. Hansi Krämer, zeitweise als Nationalspieler im Gespräch, geht zurück zum Duisburger SV, der Überraschungsmannschaft der Saison

1957/58, die noch einmal um die Deutsche Meisterschaft mitspielen konnte. Zwar kommt mit Hans Nowak (ursprünglich Nowaschebski) von Eintracht Gelsenkirchen auch ein späterer Nationalspieler dazu, aber am Ende steht Schalke auf einem überaus enttäuschenden 11. Platz. Edi Frühwirth, der erste Schalker Trainer, bei dem die Psychologie eine Rolle spielt, wird „wegen Erfolglosigkeit" gefeuert. „Wir haben lange genug Wiener Schnitzel gefressen", soll Ernst Kuzorra gesagt haben. Nachfolger wird der Ungar Nandor Lengyl. Der ehemalige Lokalrivale STV Horst, der noch einmal eine Saison in der Oberliga verbringen durfte, steigt endgültig ab.

1959/60 wird zum ersten Mal der 1. FC Köln Westmeister. Der Verein vom Rhein hat in Präsident Kremer den professionellsten aller Oberliga-Manager und erobert sich langsam eine Spitzenstellung im deutschen Fußball. Schalke erreicht zwar den 4. Platz, liegt aber mit zehn Punkten abgeschlagen hinter den Kölnern. Ganz ähnlich ergeht es der Mannschaft in der Saison 1960/61. Nach gutem Start reicht es am Ende nur zum 3. Platz hinter Köln und Dortmund.

Weitere Verstärkungen werden verpflichtet. Vom Zweitligisten Union Günnigfeld ist schon 1960 Jungnationalspieler Willi Schulz geholt worden. 1961 folgt mit der Verpflichtung von Horst Assmy ein durchaus umstrittener Transfer von auswärts: Oberleutnant Assmy war Auswahlspieler „in der Zone" gewesen, war dann in den Westen gewechselt und hatte zunächst bei Tennis Borussia Berlin unterschrieben. Nun geht er nach Schalke. Wie sich später zeigen sollte, war dabei nicht nur der altehrwürdige Name „Schalke" ausschlaggebend gewesen.

Zunächst sind die Verpflichtungen durchaus erfolgreich. Hinter dem 1. FC Köln belegt Schalke noch einmal den 2. Platz in der Oberliga und kann im Qualifikationsspiel Werder Bremen mit 4:1 (n.V.) besiegen. Nach einer dramatischen Aufholjagd im Spiel gegen Borussia Neunkirchen (aus einem 0:2-Rückstand machen die Schalker in den letzten 30 Minuten noch ein 3:2) und einem 1:1-Unentschieden gegen Tasmania Berlin muß das Spiel gegen Nürnberg die Entscheidung bringen. Trotz Führung durch Koslowski kommen die Schalker aber über ein 1:3 nicht hinaus.

Zu diesem Zeitpunkt ist Schalke jedoch auch schon durch den zweiten großen Skandal seiner Geschichte in die Schlagzeilen geraten. Seit Dezember 1961 ermittelt die Steuerfahndung bei Schalke. Und im Laufe der Zeit stellt sich heraus, daß der Vorsitzende König und Kassierer Asbeck spätestens seit 1959 aus einer schwarzen Kasse 42.900 DM Prämien, 71.500 DM Handgelder und Möbelrechnungen in Höhe von 36.300 DM gezahlt hatten. Das Geld war unter anderem durch nicht abgerechnete Eintrittskarten und mit Hilfe von „Stundung" der Vergnügungssteuer durch die Stadt „zusammengespart" worden. Weil die Stadt diese Manipulation an der Vergnügungssteuer gedeckt hat, werden Stadtkämmerer König und der zuständige Finanzbeamte, der noch nie ein Fußballspiel gesehen hat, vom Dienst suspendiert. Die Verpflichtungen von Schulz und Assmy wären ohne diese (unerlaubten und unversteuerten) Handgelder nicht möglich gewesen. Und auch Handgelder mußten sein. „Sonst hätten wir keine Spieler mehr auf den Sportplatz locken können", gesteht Asbeck.

Aber nicht das ist der eigentliche „Skandal". Jeder im deutschen Fußball weiß Anfang der sechziger Jahre, daß das Vertragsspielerstatut von allen Vereinen umgangen wird. Das geschieht sogar mit indirekter Genehmigung des DFB: Der hat allen Vereinen den geheimen Rat erteilt, bezüglich der Handgelder und Prämien dem Finanzamt gegenüber mit offenen Karten zu spielen. Die Behörde hat, zum Schweigen verpflichtet,

Willi Schulz als Spieler von Union Günnigfeld.

weder die Möglichkeit noch die Aufgabe, Verstöße gegen das Statut an die DFB-Zentrale zu melden. Schalke aber muß, nicht zuletzt wegen des teuren Stadions, Gelder in weit größerem Maße auftreiben als andere Vereine. Dazu dienen die unlauteren Methoden bei Abrechnung und Versteuerung. Wäre es das allein, was 1961 und vollends beim Prozeß vor dem Essener Landgericht im Frühjahr 1964 ans Licht kommt – in Schalke würde sich kaum jemand aufregen. Allenfalls der Ärger über „die da oben", die wieder einmal ausgerechnet an Schalke ein Exempel statuieren wollen, könnte neue Nahrung erhalten.

Aber vieles an dem Skandal ist hausgemacht. Die Verstöße wären nie ans Licht gekommen, wenn nicht ein ehemaliges Vorstandsmitglied die Vereinsführung angezeigt hätte. Wilhelm Nittka, der angeblich „die Last der Lüge nicht länger tragen" kann, hat im September 1961 mit der Abrechnung eines Spiels gegen Hamborn 07 Anzeige beim Oberstadtdirektor erstattet. Später behauptet er, von seinen ehemaligen Vorstandskollegen und Schlachterbedarf-Großhändler Karl Stutte, Vereinsarzt Dr. Weiler und einem Parteigenossen Königs, MdL Rübenstrunk, dazu gezwungen worden zu sein. Im Laufe des Prozesses wird dann nachgewiesen, daß es sich um ein Komplott der alten Garde gegen die neue Führung handelt. Schon lange hatte man sich im Vorstand als Verbrecher beschimpft und – zu Ehren des Vereins – die Niederlage des Gegners gewünscht und betrieben. Stutte, Weiler, Nittka „und viele andere 'gebürtige' Schalker wollten nicht zulassen, daß ihr 'Nationalheiligtum' unter der Fuchtel von Männern stand, die nicht schon bei der Geburt in blau-weiße Windeln gewickelt worden waren", schreibt nach dem Prozeß die *Zeit*. Und sie resümiert: „Niemand hätte auch nach dem Prozeß an der Ausstrahlung des Goodwill gezweifelt, wären nur Steuerhinterziehung und Kartenabschöpfung zur Sprache gekommen. Selbst die Untreue im Amt, die das Gericht den Beamten Wischerhoff und König vorgeworfen hat, wäre an Theken und Tresen als Kavaliersdelikt abgetan worden. Die schmutzige königsblaue Wäsche jedoch, die vor dem Tribunal ausgebreitet worden war, erschütterte die Stadt. Die Jungfrau Schalke ist geschändet."

So kratzt der Skandal erstmals am Image des Vereins. Die sportliche Mittelmäßigkeit hatte man bisher als „Tragik" ansehen können, unter der man leidet, die aber nicht der „eigentlichen" Größe des Vereins entspricht. Nun ist der mythische Held gestrauchelt.

Aber die Stadt steht zu ihrem „Nationalheiligtum" – das Wort geistert durch den ganzen Prozeß. Selbst der Richter bescheinigt der Vereinsführung, aus Liebe zum Verein gehandelt zu haben, und den Verantwortlichen bei Stadt und Finanzamt nur guten Willen. „Alle haben aus falsch verstandener Sportbegeisterung gehandelt", heißt es in der Urteilsbegründung. Entsprechend mild fallen die Strafen aus: Dr. König wird zu 4.000 DM, Asbeck zu 3.500 DM und der Finanzbeamte Wischerhoff zu 800 DM Geldstrafe verurteilt. Nach dem Urteilsspruch erhalten die Angeklagten Blumen vom Oberbürgermeister. Der zunächst suspendierte König wird bereits im Sommer wieder ins Amt eingesetzt und 1968 sogar zum Oberstadtdirektor gewählt. Auch die christdemokratische Opposition hält zum Märtyrer. Fraktionschef Volmer: „Dr. König gehört doch zum Orden der Schalke-Geschädigten." Als Ex-Schatzmeister Asbeck kurz darauf Selbstmord begeht, glaubt man erneut an ein Schalke-Opfer. Erst im Laufe der Zeit stellt sich heraus, daß private Schwierigkeiten im Hintergrund stehen.

Trotz aller Kritik, trotz aller Erschütterung stehen auch die Schalker Anhänger zu ihrer Mannschaft – zwar werden sie ab jetzt unterscheiden zwischen Spielern und Vorstand, aber „ihr Schalke" ist schon so sehr zum Symbol, zur Verkörperung von ganz etwas anderem geworden, daß es von den realen Verhältnissen nicht mehr wirklich berührt werden kann. Als kurz nach dem Prozeß Schalke in argen Abstiegsnöten ist, stehen sie wie ein Mann hinter „ihren" Schalkern. Aber noch ist es nicht so weit.

Zur Weltmeisterschaft 1962 nach Chile fahren mit Koslowski, Schulz und Nowak immerhin drei Schalker, auch wenn das Ausscheiden im Viertelfinale gegen Jugoslawien nicht gerade eine glänzende Bilanz ist. In der letzten Oberligasaison wird Schalke noch einmal Sechster, und Deutscher Meister wird noch einmal Borussia Dortmund unter Trainer Eppenhoff – obwohl die Mannschaft im Westen nur Zweiter hinter dem 1. FC Köln geworden war. Das letzte Endspiel ist das erste rein westdeutsche Endspiel seit 1933, als Schalke gegen Düsseldorf antrat. Diesmal gewinnt der Reviervertreter 3:1. Ein letzter Triumph des Revierfußballs über den Rest der Welt – für lange Zeit.

Schalke, mit Dortmund und Aachen die einzige Mannschaft, die der Oberliga von Anfang bis Ende angehört, hat gegen den Meister in der Saison immerhin ein 1:1 erreicht, aber insgesamt ist die Bilanz der gemeinsamen Oberligazeit ziemlich niederschmetternd: 15 Siegen der Borussen stehen bei immerhin zehn Unentschieden nur sieben Erfolge der Königsblauen gegenüber. Am spannendsten war es noch in den Jahren 1958-1960 gewesen – beide hatten 1958/59 auf Gegners Platz gewonnen, und 1959/60 stand einem Schalker 5:0-Erfolg ein Dortmunder 6:3-Sieg gegenüber. Auch in der Zuschauergunst haben die Borussen die Schalker überflügelt – Ausnahme war die Meistersaison 1957/58, wo 389.000 Zuschauer die Heimspiele der Schalker sehen wollten und nur 250.000 die Partien in der „Roten Erde". Doch auch die Dortmunder Meisterschaft 1963 wird für die nächsten 32 Jahre der letzte Titel einer Reviermannschaft sein.

Wirtschaftswunder, Zechensterben und der Fußball

Daß es einen Zusammenhang zwischen Fußball und der Entwicklung von Wirtschaft und Gesellschaft gibt, ist bekannt. Der Aufstieg und Niedergang des Revierfußballs in den fünfziger Jahren, auch in Gelsenkirchen, ist dafür eines der sprechendsten Beispiele.

Noch einmal sind es zu Anfang der fünfziger Jahre die Zechenmannschaften, die Furore machen. In Katernberg, Sodingen, Herne und Erkenschwick sind es die örtlichen Bergwerke, die auch den Fußball wieder hochholen. Noch einmal sind die „Zechenbarone" weitgehend selbständig, noch einmal kann im Schatten des Förderturms jene Gemeinschaft, jenes geschlossene Milieu entstehen, in dem der Aufstieg einer Elf, die die Verkörperung eines ganzen Stadtteils ist, möglich ist. Wie Dietrich Schulze-Marmeling gezeigt hat, sind in diesen Jahren die Bergarbeitervereine wirtschaftlich vielfach besser gestellt als die vermeintlich reichen bürgerlichen Vereine: Die Zechen haben die Bedeutung des Fußballs für sich selbst erkannt und fördern neben Kohle auch „ihren" Verein. Noch einmal sind „die Knappen" die deutschen Helden. Sie sind die Verkörperung des Wiederaufbaus. Daß Sodingen den Aufstieg Schalkes nachahmt und wiederholt, liegt auch an der Ähnlichkeit zwischen dem Ruhrgebiet der dreißiger und der fünfziger Jahre. Nicht nur die Architektur hat sich in diesem Zeitraum kaum geändert.

In Gelsenkirchen ist die Zeche Consolidation wieder selbständig geworden; im Rahmen der Entflechtung der Großindustrie ist die Consolidation Bergbau AG aus den Mannesmann-Röhrenwerken ausgegliedert und mit der Zeche „Unser Fritz" in Wanne-Eickel zusammengelegt worden. Noch einmal sind auch in Gelsenkirchen Spieler des Vereins zumindest offiziell auf der Zeche beschäftigt. Und noch einmal gelingt 1958 das

Neuheiten im Revier: „Blau und Weiß, wie lieb ich dich..." in der Musikbox.

Kunststück, mit einer Mannschaft, deren Spieler fast alle aus der Umgebung und dem eigenen Nachwuchs kommen, die Meisterschaft zu holen.

Vier Jahre nach dem „Wunder von Bern" feiert man auch in Gelsenkirchen das Gefühl „Wir sind wieder wer". Es ist der vollkommene Ausdruck jener Wirtschaftswundermentalität im Ruhrgebiet der fünfziger Jahre, wenn Bernhard Worms, langjähriger Vorsitzender der CDU in Nordrhein-Westfalen sagt: „Schalke ist der Wirklichkeit gewordene Mythos vom Aufstieg des Tüchtigen." Leistung lohnt sich wieder, und so wird denn auch Schalke zum Bild des arbeitsamen Erfolgstypen. Um so härter wird es Mannschaft und Region treffen, wenn die Gleichung nicht mehr stimmt.

Mit der Verschiebung der Schalke-Identität vom Inbegriff des „Underdog" zu dem des „Tüchtigen" ist der Verein, der das Ruhrgebiet verkörpert, bis zu einem gewissen Maß austauschbar geworden. Tüchtig sind auch die Dortmunder – sie sind sogar, was ihre Spielweise angeht, tüchtiger in diesen Jahren. „Man sollte dem Schalker Anhang ein Denkmal setzen. Wer Sonntag für Sonntag jahraus, jahrein nicht enden wollende Kombinationen seiner Akteure, die meistens in die Breite, selten nach vorn und oftmals zurückgehen, mitansehen muß, der darf keine Nerven besitzen", spöttelt die (allerdings nicht unparteiische) *Westfälische Rundschau* 1956. Anders die Dortmunder: „Ihr Typus von Fußball war praktischer, effektiver; hier wurden typische Eigenschaften wie Kampfgeist, Körpereinsatz, Kondition offensiv eingesetzt. Damit verkörperten die Dortmunder den neuen Geist des Ärmelaufkrempelns, des Wiederaufbaus, der Schnörkellosigkeit. Der typische Dortmunder 'Konterfußball', die harte Attacke, die die Flanken des Gegners wie mit einem scharfen Messer aufschnitt – das war eine neue Zeit, die in Schalke erst einmal eine Götterdämmerung anberaumte. In den fünfziger Jahren galt es als das höchste Lob, wenn man jemanden 'Hammer' nannte, sozusagen die Umsetzung der Ideale der Schwerindustrie auf dem Fußballplatz", beschreibt Helmut Böttiger rückblickend den Generationswechsel.

In dem Jahr, wo noch einmal der Kreisel über den Hammer triumphiert, 1958, beginnt die Kohlenkrise und damit auch – obwohl noch unsichtbar – die Krise des Revierfußballs. Anzeichen hatte es freilich schon gegeben. Seit Einführung des bezahlten Fußballs hatten die kleinen Vereine darunter zu leiden gehabt, daß die Einnahmen eines Spiels nicht mehr zwischen Heim- und Gastmannschaft aufgeteilt wurden. Und nach Katernberg kommen nun mal nicht so viele Zuschauer wie nach Köln, wo der 1. FC der Verein der Stadt ist. Nach und nach werden den kleinen Vereinen die Spieler weggekauft. 1951/52 beispielsweise hatte Dortmund gleich fünf Spieler vom STV Horst geholt. Und 1956/57 war die erfolgreiche Sodinger Mannschaft auseinandergerissen worden. Ganz folgerichtig waren die Vorortvereine nach und nach aus der Oberliga verschwunden. Katernberg und Erkenschwick hatten den Anfang gemacht; Hamborn, Sodingen und Horst folgten. Auch die Tatsache, daß immer mehr Zechen zusammengelegt werden und die „Barone" nicht mehr die gleiche freie Verfügungsgewalt haben wie früher, spielt eine Rolle. Und als die Kohlenkrise die „Kohle" immer spärlicher fließen läßt, geht es weiter bergab. Die Gründung der Ruhrkohle AG im Jahr 1968, die ab dann alle Zechen zentral verwaltet, ist der endgültige Schlußstrich unter das Bündnis von Fußball und Bergbau. Nicht mehr die Zechen locken Spieler mit Arbeitsplätzen, sondern endgültig sind es die Sponsoren mit ihren Handgeldern.

So setzt sich auch im Ruhrgebiet die Erkenntnis durch, daß mit den Strukturen der fünfziger Jahre die Zukunft verschlossen bleibt. Die Abhängigkeit von der Zeche ist nicht mehr der Weg zum Erfolg, der Professionalismus muß endlich offiziell eingeführt werden, Fachleute müs-

SpVgg Erkenschwick – Schalke 04: Duell von zwei „typischen" Reviermannschaften in der Oberliga West.

sen die Führung des Vereins übernehmen. Konkret: Die Bundesliga und der Lizenzspieler werden auch von Schalke und anderen Reviervereinen gefordert – wobei man in Kauf nimmt, daß die kleinen Vereine als „Bauernopfer“ auf der Strecke bleiben. Selbst ein so renommierter Verein wie Schwarz-Weiß Essen, der „ewige Zweite“ des Westens, bleibt außen vor. Rot-Weiß Oberhausen unter Präsident Maaßen – später im Bundesligaskandal einer der Beschuldigten – ist von Anfang an gegen die Liga. Maaßen sagt voraus, daß jedes Jahr einige Vereine pleite gehen werden. Daß sein Verein 1969 mit einer der letzten echten Ruhrpott-Mannschaften in die Bundesliga aufsteigen wird, Jahre später aber in der Viertklassigkeit versinken wird, ahnt er freilich noch nicht...

Borussia Dortmund, der Meidericher SV und Schalke 04 sind die Reviervereine, die auf Anhieb den Sprung in die Liga schaffen – aber nur, weil sie schon seit einiger Zeit städtische Repräsentationsvereine sind. Zur Erinnerung: Schon 1958 hatte der Stadtkämmerer in Schalke die Vereinsführung übernommen, der Meidericher SV wird zum MSV Duisburg, und in Dortmund war schon 1952 ein Jurist zum Vorsitzenden gewählt worden, der nicht in der Umgebung des Borsigplatzes groß geworden war.

Trotzdem reicht es in den ersten Jahren bei keiner Mannschaft zum ganz großen Erfolg. Zwar wird der MSV in der ersten Saison noch überraschend Vizemeister, aber das war es dann auch erst einmal. Erster Meister wird der 1. FC Köln – bei keinem der Bundesligavereine ist der Wandel zum Professionalismus so weit fortgeschritten wie dort. Das Revier ist für den einsetzenden Strukturwandel auch im Sport nicht gerüstet, vollzieht die notwendige Reform nur halbherzig und sucht die Rettung im filzigen Durchwursteln. So bringt das Revier immer wieder begnadete Einzelkönner hervor, Techniker, die noch aus der Tradition des Straßenfußballs kommen und sogar Nationalspieler werden, aber der meisterliche Mannschaftsfußball wird in den nächsten Jahren woanders gespielt. Reinhard Libuda wird keine Meisterschaft miterleben. Und auch den Abstieg des Reviers verkörpert er auf geradezu tragische Weise.

Der tüchtige, „ärmelaufkrempende“ Fußballertyp des Nachkriegsdeutschlands hat international längst an Renommee verloren. Die Halbfinal-Niederlage bei der Weltmeisterschaft 1958 buchte man in einer Welle nationaler Hysterie noch als deutschfeindliche Intrige der gastgebenden Schweden. Der (durchaus berechtigte) Platzverweis gegen den Düsseldorfer (und ehemaligen Oberhausener) Juskowiak war für viele ein Skandal. Doch nach den folgenden Pleiten im Europapokal und bei der Weltmeisterschaft 1962 in Chile wird auch dem deutschen Fußball klar, daß Tüchtigkeit allein noch kein erfolgreiches Spiel macht. Es muß sich etwas ändern. Ein Jahr später startet die Bundesliga, im Jahr darauf löst Helmut Schön als Bundestrainer Sepp Herberger ab.

Eine neue Ära der Sachlichkeit beginnt. „Der Ball hat keine Seele“, sagt Schön. Gleichzeitig werden unter seiner Regie Spieler wie Beckenbauer und Netzer das Bild des deutschen Fußballs nachhaltig verändern: Der geniale, abgeklärte Star tritt an die Stelle des nimmermüden Fußballarbeiters.

Erinnerung an glorreiche Tage: Ein Wimpel, eigens angefertigt für die Europapokalbegegnung zwischen Atletico Madrid und Schalke 04, die am 4.3.1959 im Stadion von Real Madrid ausgetragen wurde.

Die ersten zehn Jahre Bundesliga

1963 bis 1973

Ein schwerer Start (1904-1909)

„Der Vater der Bundesliga war der Mißerfolg", stellt Gelsenkirchens Stadtdirektor Meya 15 Jahre nach Gründung der Bundesliga fest und meint damit die fehlende internationale Konkurrenzfähigkeit des deutschen Fußballs Anfang der sechziger Jahre. 103:26 lautet das Ergebnis, als am 28. Juli 1962 der DFB-Bundestag über die Einführung einer Bundesliga abstimmt. Schalke gehört zu den acht „Gesetzten", bei denen von Anfang an feststeht, daß sie in der neuen Eliteliga kicken werden. Hinter den Kulissen beginnt man nun überall fieberhaft, sich auf die neue Zeit vorzubereiten. Offiziell dürfen nun Spieler gekauft werden, 50.000 DM Ablösesumme sind erlaubt, bis zu 10.000 DM davon darf der Spieler als Handgeld erhalten. Aber gleich zeigt sich, daß diese halbherzige Einführung des Profispielers die Probleme nicht gelöst hat. Und wieder einmal ist Schalke der Ort, wo eines der halbseidenen Geschäfte, die nun überall getätigt werden, ans Licht kommt.

Der Oberligakader muß verstärkt werden, will man in der Bundesliga bestehen. So holt man von Viktoria Köln Klaus Matischak als neuen Torjäger. Und vom Karlsruher SC möchte man den Mittelfeldakteur und Nationalspieler Günter Herrmann verpflichten. Der will aber nicht für die erlaubten 50.000 DM wechseln – etwas mehr muß für Verein und Spieler schon drin sein. Also kommt Herrmann im Doppelpack mit Hans-Georg Lambert, von dem noch kein Fußballfreund je etwas gehört hat. Aber auch er kostet 50.000 DM... Das ist dem DFB nicht geheuer, Schalke wird wegen Verstoßes gegen das Lizenzspielerstatut angeklagt und zum Abzug von vier Punkten am Ende der Saison verurteilt. Da ist die Bundesliga noch nicht einmal angepfiffen. In zweiter Instanz wird das Urteil aufgehoben, und Hans-Georg Lambert macht am 26. Oktober

Günter Herrmann (rechts) in einem Spiel gegen den Hamburger SV

1963 tatsächlich ein Spiel für den FC Schalke 04. Die 2:3-Niederlage gegen Bremen ist gleichzeitig sein letzter Auftritt auf der Schalker Bühne.

In der Mannschaft und unter den Anhängern werden diese Verpflichtungen nicht begeistert aufgenommen. Schon der Assmy-Transfer hatte böses Blut gegeben – im Ruhrgebiet hält man noch nicht viel von „Zugereisten", die nicht im Kohlenstaub groß geworden sind. Man gewöhnt sich nur sehr langsam daran, daß die Mannschaften in Zukunft vor allem aus Zuwanderern bestehen werden, die nicht wegen des Bergbaus, sondern des Geldes wegen nach Schalke kommen. Die an sich moderne (und notwendige) Einkaufspolitik des Vorstands stößt auf Grenzen. Viele träumen von den alten Zeiten. Eine echte Integration verschiedener Spieler kann so nicht gelingen. Auch die Trainer, die sich noch vor allem als „Sportlehrer" verstehen, sind überfordert.

Neben den Neuverpflichteten gehören zur ersten Mannschaft seit 1962 Friedel Rausch und Reinhard Libuda. Der gebürtige Duisburger Rausch war 1962 vom Meidericher SV gekommen und erkämpft sich bald einen Stammplatz als zweikampfstarker Verteidiger. Libuda, Bergmannskind und schon als Junge in der Werkself von „Unser Fritz" aktiv, ist mit 17 Jahren nach Schalke gekommen, bricht die Lehre als Maschinenschlosser ab und entwickelt sich dort zum vielleicht besten, trickreichsten Rechtsaußen, den es in Deutschland je gegeben hat. Schon 1963 ist er Nationalspieler. Die Routiniers Nowak, Schulz, Koslowski, Kreuz und Gerhardt bilden daneben das Gerüst der Mannschaft, die in die erste Bundesliga-Saison geht. Mancher hält die Elf für einen ernsthaften Titelkandidaten.

Nun ist jeden Samstag Spitzenspiel. Und es beginnt für Schalke ganz nach Wunsch. Beim Auftaktspiel in der Glückauf-Kampfbahn gegen den VfB Stuttgart vor knapp 30.000 Zuschauern schießt Gerhardt das erste Schalker Bundesligator. Koslowski erhöht später auf 2:0. Schalke ist der erste Tabellenführer der Liga! Mühlmann, Nowak, Becher, Schulz, Horst, Kreuz, Koslowski, Herrmann, Gerhardt, Bechmann und Libuda sind die Spieler bei dieser Premiere. (Rausch ist noch verletzt, Matischak ist erst ab dem 7. Spieltag spielberechtigt.)

Die Hinrunde verläuft auch weiter erfreulich. Bis Dezember verliert die Mannschaft nur gegen Bremen und Frankfurt, gegen den Tabellenführer und späteren Meister Köln gibt es ein 2:2. Der 2. Platz ist der Lohn. Aber dann kommt der Einbruch. Während in Essen beim Prozeß die schmutzige Schalker Vorstandswäsche gewaschen wird, geht es auch mit der Mannschaft bergab. Nur noch vier Siege gibt es in der Rückrunde, und ein Unentschieden. Höhepunkt ist die 1:7-Packung bei 1860 München kurz vor Schluß der Saison – da reicht es am Ende gerade mal zum 8. Platz. Schuld ist natürlich der Trainer. „Schorsch" Gawliczek, Schalker Spieler in der Nachkriegszeit, 1961 geholt, wirft man nun seine häufigen Besuche auf der Rennbahn und zu lasche Trainingsmethoden vor. Gawliczek geht nach Hamburg, und auf Schalke ruft man nach einem „harten Hund". Fritz Langer wird wegen seiner Kriegsvergangenheit überall nur „der Feldwebel" genannt und soll wieder für Disziplin sorgen. Mit seiner Anweisung im Training, „Ihr fünf spielt jetzt vier gegen drei", wird er zumindest im Schalker Anekdotenschatz unsterblich.

Matischak war mit 18 Treffern (in nur 22 Spielen) Torschützenkönig der Knappen geworden. Aber in der nächsten Saison ist das „Zick-Zack, Matischak" in der Glückauf-Kampfbahn nicht mehr zu hören. Schon während der Saison hatte es, als es in der Tabelle immer weiter nach unten ging, Abwanderungsgerüchte gegeben. Und nachdem es in Matischaks Schuhladen, den er mit seinem Mitspieler Manfred Berz betreibt, bereits „Totalausverkauf" gegeben hat, verkauft Matischak am Ende der Saison auch sich selbst nach Bremen. Wie beim Weggang von Assmy, der ebenfalls nach einer Saison gegangen war, beweist das für viele, daß auf die fremden Neueinkäufe kein Verlaß ist: „Die fügen sich nicht ein, die kämpfen nicht“, heißt es.

Im Sommer heißt es noch einmal Zittern in Schalke: Um die Lizenz für die erste Bundesligasaison zu erhalten, hatte jeder Verein ein Stadion für 35.000 Zuschauer, eine Flutlichtanlage, ein Stammkapital von 200.000 DM und einen Umsatz von 300.000 DM nachweisen müssen. Nun heißt es, der FC Schalke habe bei der Präsentation der Unterlagen nicht die ganze Wahrheit auf den Tisch gelegt. Erst im Juni 1964 wird das Verfahren vom Kontrollausschuß des DFB eingestellt, weil „keine arglistige Täuschung“ vorlag. Schalke darf weiter in der Bundesliga spielen.

Aber es gibt auch noch Nachwehen des Skandals: Die teure Glückauf-Kampfbahn war einer der Gründe gewesen, warum der Verein auf gewisse „Zusatzeinnahmen“ nicht verzichten konnte. Nun bietet die Stadt an, das Stadion zu kaufen und die Unterhaltskosten zu übernehmen. Für 850.000 DM wechselt das Stadion nach der ersten Bundesligasaison den Besitzer – für die alten Schalker nur „'n Appel und en Ei“, für realistische Betrachter ein mehr als angemessener Preis.

Auch ein neuer Vorsitzender muß gewählt werden; Georg König ist nicht länger tragbar – auch wenn die Mitglieder trotzig an ihm festhalten wollen. Auf der Suche nach einem Mann, der den Neuanfang symbolisiert, erinnert man sich an Fritz Szepan. Es spricht für ihn, daß es einige Überredung kostet, bis er widerwillig zustimmt, das Amt zu übernehmen. Denn der erste und einzige Schalker, der Spieler, Trainer und Präsident war, ist für dieses Amt nicht vorbereitet. Im Grunde ist seine Amtszeit ein Rückfall in unprofessionelle Zeiten. Denn so viele Verdienste Szepan haben mag – der wenig erfolgreiche Geschäftsmann zählt nicht zu den Fachleuten, die die Vereine nun brauchen. Aber das Ruhrgebiet erkennt die Zeichen der Zeit nicht. Schriftführer wird übrigens Günter Siebert, der 1967 Szepan ablösen soll...

Durchaus guter Hoffnung geht die Mannschaft – gespickt mit fünf Nationalspielern – in die neue Saison 1964/65. Aber schon nach wenigen Spieltagen findet Schalke sich am Tabellenende wieder. Zwei Unentschieden, vier Niederlagen zum Auftakt. Und dann gegen Dortmund ein 2:6! Schon zur Halbzeit hatten die Dortmunder 6:0 geführt, und später gibt der Dortmunder Trainer Eppenhoff zu, daß nur dank seines Schalker Herzens die Niederlage nicht noch höher ausgefallen ist. Die Presse rät, Schalke solle sich nicht darauf verlassen, daß am Ende auch die Bundesliga aufgestockt werde... (*WAZ* vom 28.9.1964) Gerade siebenmal kann Schalke in der gesamten Saison gewinnen. Auch am letzten Spieltag stehen die Schalker auf dem letzten Platz. Abstieg. Daß Schalke erst im Pokalhalbfinale (nach Verlängerung) gegen Alemannia Aachen ausscheidet, kann niemanden trösten.

Der drohende Abstieg hatte schon während der Rückrunde dafür gesorgt, daß die hochkarätigen Spieler den Angeboten anderer Vereine gerne Gehör schenken. Klubs in ganz Deutschland locken nun. Und am Ende zeigt sich, daß viele schon den Vertrag eines neuen Vereins in der Tasche haben. Es scheint sich zu bestätigen, daß der Profifußball die Identifikation mit dem Verein verhindert: Mit ganzem Herzen sind diese „Schalker" am Ende nicht mehr bei der Sache. Der geschäftstüchtige Willi Schulz (Manfred Kreuz: „Der erste Profi bei Schalke") geht zum Hamburger SV, Hansi Nowak zum Aufsteiger Bayern München, der auf Anhieb den 3. Platz erreichen wird. Gerhardt geht zu Fortuna Düsseldorf, Willi Koslowski zu Rot-Weiß Essen, Reinhard Libuda sogar zum BVB.

Es geht also nicht mehr um eine Mannschaft, sondern um eine Institution, als kurz darauf der Bundestag des DFB über einen Verbleib des FC Schalke in der Bundesliga berät. Auslöser ist der Zwangsabstieg der Berliner Hertha – auch da hatte der DFB in den Büchern Deckungslücken und verbotene Handgelder entdeckt. (Wie zwiespältig wieder einmal das Verhalten des DFB war, bewies die Tatsache, daß den Enthüllungen der Berliner, die Verstöße bei allen anderen Bundesligisten öffentlich machten, nicht einmal nachgegangen wurde.) Der Tabellenfünfzehnte, der Karlsruher SC ist natürlich gern bereit, den Platz der Berliner zu übernehmen – was der DFB erlaubt. Nun protestiert Schalke: Wenn der sportliche Abstieg der Karlsruher nicht zähle, so müsse auch Schalke in der Liga bleiben. Zu Hilfe kommt den Schalkern dabei Ministerialrat Dr. Klein vom WSV. Zwar ist der Mann kein Schalke-Fan, aber im DFB-Gerangel der Länderinteressen vertritt er den Standpunkt des Westens: Eine Bevorzugung der Badener findet er ungerecht. Und weil eine Bundesliga ohne Schalke eben doch nur die Hälfte wert ist, überzeugt er den Bundestag in Barsinghausen, der sich nach der eigenen Entscheidung minutenlang beklatscht: Die Liga wird auf 18 Vereine aufgestockt. In Schalke feiert man die „Rückkehr" wie die achte Deutsche Meisterschaft.

Als Gegner der Schalker hatte sich vor allem Hermann Neuberger erwiesen, der den 18. Platz seinem 1. FC Saarbrücken zuschanzen wollte. Doch wiederum wird das Lizenzspielerstatut – Anlaß der ganzen Ausein-

Fritz Szepan als Präsident mit Uwe Seeler

andersetzungen nur geringfügig geändert. Der DFB verschließt weiter die Augen vor der Wirklichkeit.

In der Liga selbst nimmt Tasmania Berlin den Platz der Hertha neben den beiden regulären Neulingen Bayern München und Borussia Mönchengladbach ein. Im Zeitalter der Berlin-Sondermarken, kurz nach dem Mauerbau, muß ein Berliner Vertreter dabei sein. Die Tasmania-Spieler werden sechs Wochen vor Beginn der neuen Saison aus dem Urlaub zurückgeholt. Selbst das Radio beteiligt sich an der Rückrufaktion.

Viel besser als die Tasmanen, die mit ihrem Negativrekord von 8:60 Punkten Bundesligageschichte schreiben werden, sind allerdings auch die Schalker nicht gerüstet. Manfred Kreuz und Günter Herrmann sind die einzigen Routiniers, die geblieben sind. Rausch und Becher bilden in der Verteidigung noch etwas Rückhalt. Alle anderen sind neu, gerade noch Amateure gewesen. Fichtel, Neuser, Pyka, Pliska heißen die Unbekannten. Niemand weiß, wie dieser zusammengewürfelte Haufen, immer noch trainiert von Fritz Langner (!), den Klassenerhalt schaffen soll. Nur Ernst Kuzorra glaubt an den Erfolg: „Ich bin froh, daß die Stars aus unserer Mannschaft heraus sind. Während früher nur aufs Geld geschaut wurde, kommt es unseren jungen Leuten in der Hauptsache auf das Fußballspielen an. Ich halte unsere jetzige Mannschaft kämpferisch und moralisch sogar für stärker" (*WAZ* vom 2.8.1965). Er soll recht behalten.

Die Mannschaft kämpft und kämpft. Erst im achten Spiel gibt es den ersten Sieg gegen den HSV. In der Rückrunde gibt es in Dortmund eine 0:7-Niederlage – die höchste in der Geschichte des Derbys. Als „Vertreibung aus dem Fußballparadies" beschreibt die Presse das Debakel und bescheinigt allein Torwart Elting eine bundesligareife Leistung. Bis zum 32. Spieltag ist die Abstiegsgefahr nicht gebannt. Aber die Fans verlassen ihre Schalker nicht. Wieder einmal bewährt sich das trotzige „Trotzdem" der Anhänger, die sich mit dem Mythos identifizieren. „Die Atmosphäre in der Glückauf-Kampfbahn war mit der heutigen Plastikbundesliga nicht zu vergleichen. Es gab keine bösen Sprechchöre gegen den Gegner, keine Pfiffe, wenn Fehlpässe der eigenen Mannschaft nervten. Vielleicht waren es Messen – 40.000 beteten um ihren FC Schalke. Die Gesänge – 'Aber eins, aber eins, das bleibt bestehn, der FC Schalke wird nie untergehn' – verursachten nicht einfach nur Gänsehäute, die Leute, die da sangen, waren keine Schlachtenbummler, ausgewiesen durch Fahne, Hut und Tröte. Es war auch kein bierseliges Gröhlen aus Freude und Ärger. Mir fällt kein anderer Vergleich ein: Die Leute sangen wie in der Kirche. Ernsthaft, bemüht, den richtigen Ton zu treffen, ergriffen", berichtet Uli Homann über diese „Arbeit am Mythos". Mit 508.000 Zuschauern, über 30.000 im Schnitt ist die Zuschauerzahl die höchste in der Bundesliga bis zur Errichtung des Parkstadions. Nicht einmal in der Saison 1971/72 werden es mehr sein! Und das obwohl (oder weil?) die Menschen in Gelsenkirchen eigentlich andere Sorgen haben: Die größte Zeche der Stadt, „Graf Bismarck", wird geschlossen. Auch der Gang zur Glückauf-Kampfbahn ist eine Form von Protest.

Das Entscheidungsspiel findet am drittletzten Spieltag gegen den direkten Konkurrenten Borussia Neunkirchen statt. Erstmals fährt die Mannschaft ins Trainingslager, in die Sportschule Kaiserau. Und am 15. Mai 1966 ist es geschafft: Mit 2:0 besiegt Schalke Borussia Neunkirchen. Bechmann und Kreuz sind die Torschützen. Minutenlang singen die Fans am Ende: „...dann wird der FC Schalke niemals untergehn." Auch wenn die tausend Feuer in Gelsenkirchen langsam verlöschen...

Vizemeister hinter 1860 München wird in diesem Jahr Borussia Dortmund, das auch den Pokalwettbewerb gewinnt. Mit dem Sieg über den FC Liverpool im Hampden-Park zu Glasgow – dank eines Treffers von Libuda, der in der Verlängerung einen 35-Meter-Heber im Netz versenkt

Tor gegen Elting

Diese Mannschaft schaffte 1965/66 den Klassenerhalt (von links): Kreuz, Mühlmann, Becher, Pliska, Klose, Pyka, Fichtel, Rausch, Herrmann, Bechmann, Neuser.

– schreiben die Dortmunder zudem Pokalgeschichte: Erstmals gewinnt eine deutsche Mannschaft einen europäischen Wettbewerb. Erst jetzt fühlt man sich in Dortmund den Schalkern wirklich gleichwertig und nicht nur sportlich überlegen. Der Borussia-Mythos entsteht – was den Verein vor Krisen nicht bewahren wird.

Mühsamer Neuaufbau (1966-1971)

Der Neubeginn in der Bundesliga ist auch spieltechnisch nicht ohne Folgen geblieben. Das alte WM-System wird zunehmend variabel gehandhabt. In Duisburg hat Trainer Gutendorf als „Riegel-Rudi" mit einem vollkommen neuen System den MSV in der ersten Bundesligasaison zum Vizemeister gemacht: Nur eine Spitze, und der Abwehrriegel mit sechs Spielern schaltet sich variabel in den Angriff ein. Bei der Weltmeisterschaft in England übernehmen die Deutschen ein System, das sich aus dem brasilianischen 4-2-4-System von 1958 entwickelt hat. Hinten steht ein Abwehrblock mit zwei Verteidigern, Vorstopper und Libero. Aus dem „magischen Viereck" von Läufern und Halbstürmern aber wird das „Mittelfeld", von wo aus die Spielgestalter mit langen Pässen die drei Stürmer bedienen. Gekreiselt wird nicht mehr. So sind denn auch keine Schalker bei der WM dabei. Nur der Ex-Schalker Schulz wird als „Worldcup-Willi" berühmt.

In Schalke müht man sich zunächst noch mit eher traditionellen Mitteln, die Klasse auch im kommenden Jahr zu erhalten. Die Mannschaft wird für die Saison 1966/67 kaum verändert, nur im Tor tritt der gerade mal 18jährige Norbert Nigbur an die Stelle von Elting. Sein Vater, so behauptet Nigbur später, hätte den Vertrag bei Schalke auch unterschrieben, wenn der Sohn überhaupt kein Geld bekommen hätte. Wie wenig ein Fritz Szepan den Veränderungen des Fußballgeschäfts gewachsen ist, zeigt die Episode um den jugoslawischen Nationalspieler Nikolic. Der wird den Schalkern 1966 angeboten, Szepan greift zu, die Ablösesumme wird bezahlt – und dann stellt sich heraus, daß der echte Nikolic in Holland spielt. Der in Schalke angekommene Zarko Nicolic hat mit dem Nationalspieler nur den Namen gemeinsam. Gerade einmal in acht Spielen wird er in der Saison eingesetzt.

Eng wird es auch in diesem Jahr. Zu Beginn der Rückrunde gibt es mit dem 0:11 gegen Mönchengladbach die höchste Niederlage in der Geschichte des FC Schalke 04. Die Fohlenelf mit Netzer und Rupp läßt manchmal schon etwas von ihrer Genialität aufblitzen. Wieder findet das entscheidende Spiel am drittletzten Spieltag statt – nach einer 1:4-Niederlage gegen Dortmund und einer 0:5-Niederlage gegen Bayern München. Und erst ein knapper 2:1-Sieg macht klar, daß die Düsseldorfer absteigen müssen, und nicht die Schalker. Dabei waren die Rheinländer sogar in Führung gegangen, bevor Kreuz (der nach dieser Saison seine Karriere beenden muß) und Kraus den Klassenerhalt sichern konnten. Trotzdem steht im März 1967 mit Klaus Fichtel wieder ein Schalker in der Nationalmannschaft – gerade einmal ein Jahr nach seiner Erstligapremiere!

Auch im folgenden Jahr 1967/68 wird es nicht besser. Mit Karl-Heinz Marotzke kommt ein neuer Trainer – niemand weiß heute mehr genau, was für diesen unerfahrenen Mann sprach. Auch er kann einen miserablen Saisonstart nicht verhindern. Erst am 10. Spieltag gibt es den ersten Sieg. Am Ende der Hinserie steht man wieder mal auf einem Abstiegsplatz. Der Ex-Schalker Günter Broker, kurz zuvor in Bremen gefeuert, kommt als Trainer, und zu Beginn der Rückrunde gibt es mit 6:1 eine Revanche in Mönchengladbach. Auch gegen Dortmund schafft man am 20. April 1968 zum ersten Mal seit Jahren wieder einen Sieg. Inzwischen ist in Dortmund von der Europapokal-Herrlichkeit nicht mehr viel übriggeblieben. Da Neunkirchen und Karlsruhe weit abgeschlagen sind, hat man trotz Platz 15 wenigstens mit dem Abstieg nichts zu tun. Aber das reicht dem neuen Präsidenten nicht. Seit September 1967 heißt der Günter Siebert. Der ehemalige Mittelstürmer der Meisterelf von 1958 und Getränkehändler will Schalke – zusammen mit dem neuen Schatzmeister Aldenhoven – wieder nach oben bringen. Er verspricht, „innerhalb der nächsten fünf Jahre eine Spitzenmannschaft auf die Beine zu stellen".

Erstmals wird konsequente Einkaufspolitik betrieben. Siebert, der sich selbst ein „Diamantenauge" bescheinigt, holt begabte junge Leute. Jugendspieler werden in einer Art Internat untergebracht. Wenn sie Erfolg haben, winkt ihnen die große Karrierre. Das unbestreitbare Charisma des Mannes sorgt dafür, daß in Schalke wieder Hoffnung aufkeimt. Beim Spiel sitzt der Präsident mit auf der Trainerbank.

Schon wenige Tage nach Sieberts Amtsantritt macht Hans-Jürgen Wittkamp aus Gelsenkirchen-Resse sein erstes Spiel für Schalke und wird am Ende mit zwölf Treffern noch bester Torschütze der Königsblauen. Auch Pohlschmidt entwickelt sich zu einer Verstärkung. Nach Ende der Saison 1967/68 wird Libuda zurückgeholt. Aus Marl-Hüls kommt Mittelfeldspieler Herbert Lütkebohmert, vom MSV Duisburg Heinz van Haaren, der seine Karriere ebenfalls in Marl begonnen hat. Von einem gewissen Waldemar Slomiany trennt man sich nach wenigen Spielen wieder.

Als sich in der Hinrunde 1968/69 der erhoffte Erfolg nicht einstellt, wird Trainer Brocker gefeuert. Im Bundesligaskandal wird er als Trainer von Rot-Weiß Oberhausen noch eine unrühmliche Rolle spielen. Mit Rudi Gutendorf kommt ein Mann von ganz anderem Format. Erstmals wird nun in Schalke profimäßig trainiert. Das moderne Spielsystem wird eingeführt. Und Gutendorf gibt der jungen Mannschaft neues Selbstvertrauen. Norbert Nigbur: „Mit dem Mann kam Farbe in den Verein. Schon damals hatte Gutendorf viel von der Welt gesehen, war im Ausland erfolgreich, er hatte ein gewisses Flair. Das tat Schalke gut, denn solange ich bis dahin dort war, spielte sich gedanklich alles rund um den Schalker Markt ab. ... Gutendorf brachte ein neues Denken. ... Es ging nicht mehr um die Frage, ob und wie wir den rettenden 16. Platz packen, sondern darum, wie wir ins obere Tabellendrittel kommen. Sowas zu vermitteln, ist bei einer Profimannschaft immer auch eine Frage der Glaubwürdigkeit. Inwieweit kann man den Mann ernstnehmen? Dem Gutendorf traute man es zu, daß er den Mumm dazu hat. All das riß die Spieler mit. Es hatte auch damit zu tun, daß der Gutendorf ein perfekter Showmann war. So gesehen war er der Vorgänger vom Udo Lattek."

Für einen Spitzenplatz ist es bereits zu spät. Aber Schalke wird zur besten Mannschaft der Rückrunde. Die 25 Punkte, die Gutendorf mit den Schalkern in den verbleibenden Spielen erreicht, reichen noch für einen hervorragenden 7. Platz. Dabei hat er nur auf einer Position einen Spieler ausgetauscht. Im Mittelfeld war der Österreicher Hasil zwar ein perfekter Techniker gewesen, hatte im Spiel für die Mannschaft jedoch kaum Impulse setzen können. Aber im Pokal ist noch alles drin. Nach Siegen über RW Oberhausen, den SV Alsenborn und Alemannia Aachen treffen die Schalker im Halbfinale auf den 1. FC Kaiserslautern. Im ersten Spiel heißt es auch nach 120 Minuten 1:1, das Wiederholungsspiel gewinnen die Schalker 3:1. Und eine Woche nach Ende der Saison ist der Finalgegner im Frankfurter Waldstadion der neue Meister Bayern München. Die Bayern haben die Nachfolge des „Übergangsmeisters" Nürnberg angetreten, der – nicht zuletzt dank Meistertrainer Merkel – ein Jahr nach dem Titel absteigt.

Obwohl laut Presse „Schalke im Feld durchweg die dominierende Mannschaft" war, heißt der Pokalsieger Bayern München – dank Gerd Müller. Das erste Tor ist ein typisches Abstaubertor des Bayern-Torjägers.

Erstes Training unter Rudi Gutendorf. Von rechts: Slomiany, Wittkamp, Pohlschmidt, Gutendorf, Becher, Erlhoff, Diedrich.

Nach dem Ausgleich durch Pohlschmidt ist es wieder Müller, der den 2:1-Endstand herstellt. Damit sind die Münchener die erste Mannschaft, der nach dem Schalker Erfolg von 1937 das Double gelingt.

Gegen diese Münchener haben die Schalker noch keine Chance. In der kalten Abgeklärtheit und in den Starallüren eines Beckenbauer, von denen die Presse berichtet, deutet sich bereits die hochnäsige Erfolgsmaschinerie der kommenden Bayern-Jahre an. In Schalke aber werden die unerwarteten Vorboten eines neuen Frühlings begeistert gefeiert. Es gibt wieder einen Triumphzug, einen Empfang durch den Oberbürgermeister. Wer weiß, wann es wieder was zu feiern gibt...

Da München wegen des Doubles auf einen europäischen Wettbewerb verzichten muß, kämpft Schalke als Vize nun erstmals um den Europapokal der Pokalsieger. Nach Siegen über den irischen Vertreter Shamrock Rovers, den dänischen Verein IFK Norrköpping geht es im Halbfinale gegen den Spitzenklub Dynamo Zagreb. Der 3:1-Sieg der Schalker in Jugoslawien ist eine Sensation. Als auch das Rückspiel gewonnen wird, stehen die Schalker im Halbfinale – und treffen auf Manchester City. Das Hinspiel in der Glückauf-Kampfbahn muß gewonnen werden, wenn man eine Chance haben will. Und ein Tor von Libuda in der 75. Minute läßt die Schalker hoffen. Aber auf der Insel haben die Knappen gegen den späteren Finalsieger keine Chance. Mit 1:5 kommen sie unter die Räder. Dennoch hatten die Schalker sich eindrucksvoll auf der europäischen Bühne zurückgemeldet. Folgende Mannschaft stand beim Sieg über Manchester auf dem Platz: Nigbur, Slomiany, Erlhoff, Fichtel, Becher (70. Wüst), van Haaren, Neuser, Wittkamp (46. Scheer), Libuda, Pohlschmidt, Pirkner.

Siebert setzt seine Verjüngungspolitik fort. In der Saison 1969/70 kommen weitere Verstärkungen. Jürgen Sobiray aus der Schalker Jugend hat bereits bei Weisweiler in Gladbach unterschrieben, wird aber von Siebert überredet zu bleiben. Rolf Rüssmann, ebenfalls Jugendnationalspieler, kommt aus Schwelm. Schon in den Spielen um den Europapokal der Pokalsieger sorgt er für Aufsehen.

Gleich zum Auftakt der neuen Saison gibt es – in Anwesenheit von Bundespräsident Heinemann, der aus dem Ruhrgebiet stammt – einen 2:0-Erfolg gegen den späteren Meister Mönchengladbach. Und schon weisen viele den Schalkern eine Favoritenrolle zu. In Erinnerung an alte Zeiten werden alle ungeduldig. Aber die Mannschaft ist noch zu unbeständig. Am 12. Spieltag gibt es – diesmal unter den Augen von Willy Brandt – in Köln eine 0:8-Niederlage. Am Ende reicht es gerade einmal zum 9. Platz. Auch Siebert geht es nicht schnell genug. Schon während der Saison kommt es mehrfach zum Streit mit Trainer Gutendorf.

Aber vor der neuen Saison findet die Weltmeisterschaft in Mexiko statt, an der die Deutschen dank Libuda teilnehmen. Beim entscheidenden Qualifikationsspiel gegen Schottland am 22. Oktober 1969 in Hamburg schießt Libuda auf unnachahmliche Weise das entscheidende Tor zum 3:2, nachdem zuvor bereits Fichtel getroffen hat. Libuda, bei Schalke inzwischen Kapitän, ist „Weltklasse“ in diesen Jahren. Seine Tricks, die die Massen immer wieder zu Begeisterungsstürmen hinreißen, erinnern an den legendären Stan Matthews und den Brasilianer Garrincha. In Mexiko wird er mit seiner südamerikanischen, ballverliebten Spielweise zum Publikumsliebling. In Erinnerung an Matthews, den ersten Fußballer, der in England in den Ritterstand erhoben worden war und damit die Rückkehr des Fußballs zu seinen ritterlichen Ursprüngen verkörperte, erhält Libuda den Beinamen „Stan“. Und als im Ruhrgebiet für Predigten des Amerikaners Billy Graham mit dem Slogan „An Gott kommt keiner vorbei“ geworben wird, wissen es die Schalker besser. „Außer Libuda“, kommentieren sie einem Witz zufolge. (Wenig später ist aus dem Witz eine

Bundespräsident Gustav Heinemann begrüßt die Schalker Rausch, van Haaren und Pohlschmidt. Links Günter Siebert.

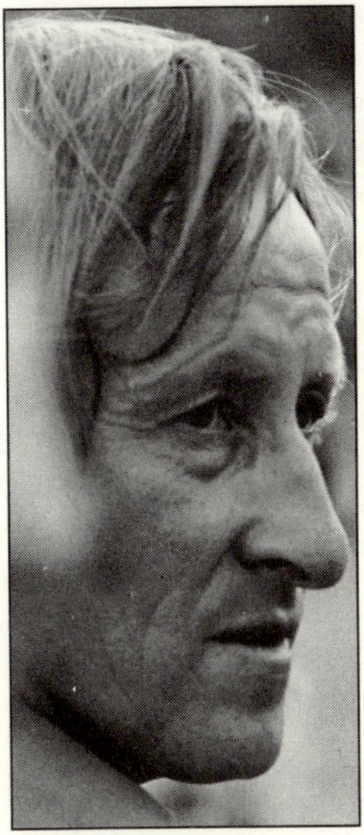

Trainer Gutendorf

wahre Geschichte geworden.) Libuda, bei dem auf dem Platz immer wieder Spielwitz und Spielfreude gleichsam explodieren, verkörpert noch einmal den Aufstieg des kleinen Mannes zum genialen Künstler, die Erhebung in den Adelsstand durch Fußball, aber auch nur im Fußball.

In Mexiko ist neben Libuda auch Fichtel, der zuverlässige Westfale, dabei. In fast allen Spielen werden die beiden eingesetzt. Gegen Bulgarien erzielt Libuda ein Tor, und in dem unvergeßlichen „Jahrhundertspiel“ gegen Italien kommt er für Löhr in die Mannschaft, als aus der Begegnung das vielleicht beste deutsche WM-Spiel aller Zeiten wird. Das 3:3 schießt Müller nach Flanke Libuda. Auch der alternde, leicht eifersüchtige Willi Schulz findet neben Beckenbauer noch einmal einen Platz. Als Dritter des Turniers fahren die Deutschen nach Hause.

Als es in der neuen Saison 1970/71 in Schalke nicht so beginnt wie erhofft, wird der beste Bundesliga-Trainer, den Schalke bis dahin gehabt hat, vom ehrgeizigen Siebert gefeuert. Der Jugoslawe Slobodan Cendic, bisher Assistent und Jugendtrainer, wird Gutendorfs Nachfolger; da er noch keinen für die Liga gültigen Trainerschein hat, muß Ernst Kuzorra als Strohmann mit auf die Bank. Als Verstärkung für den Sturm ist Klaus Fischer gekommen. Sein Verein 1860 München, 1966 noch Meister, ist abgestiegen. Die halbe Bundesliga pokert um den Stürmer. Schecks mit Handgeld werden ausgestellt, zurückgeschickt, erhöht. Siebert zieht alle Register. Nach Schalke geht Fischer schließlich nach eigenen Worten, weil sich hier auch „eine Perspektive im sportlichen Bereich" bietet. So ändern sich die Zeiten. „Da wuchs etwas zusammen, man merkte es irgendwie. ... Auch wenn wir am Ende Sechster wurden – Gladbach und München dominierten die Liga total – es sah so aus, als ob mal was aus diesem Team werden könnte", sagt er später.

Zunächst scheinen nach dem Trainerwechsel Sieberts Träume wahr zu werden. Gleich im ersten Spiel unter Cendic gibt es einen 2:1-Sieg in Dortmund. Schon am 11. Spieltag stehen die Schalker auf dem zweiten Platz. Aber der Anschluß an die Spitze geht immer mehr verloren. Siebert verliert erneut die Geduld. Cendic wird gekündigt. Schon bei den letzten Spielen der Saison sitzt sein Nachfolger Ivica Horvat mit auf der Bank. Es wird nur noch lustlos trainiert und lustlos gespielt. Für die Schalker gibt es in dieser Saison nichts mehr zu gewinnen. Deswegen kommt es auch auf eine Niederlage mehr oder weniger nicht mehr an...

Eine der sechs Niederlagen der Schalker in den letzten acht Spielen aber wird ein Nachspiel haben. Am 17. April 1971 tritt die Mannschaft gegen die vom Abstieg bedrohte Arminia aus Bielefeld an. Schon vor dem Spiel gibt es Gerüchte, daß der Backmillionär Oetker sich bei einem Sieg der Bielefelder durchaus erkenntlich zeigen würde.

Das Spiel ist vor allem eins – schlecht. Ernst Kuzorra meint, es sei die 18,– DM für die Tribünenkarte nicht wert gewesen. Zwar gibt es in der ersten Halbzeit noch einen Pfosten- und einen Lattenschuß von Lütkebohmert, das war es dann aber auch. Die Bielefelder werden stärker. Dieter Burdenski, Sohn von Herbert, ist im Tor ganz kurzfristig für Nigbur eingesprungen und kann sich über Mangel an Bewährungsproben nicht beklagen. Bis zur 83. Minute hält er einfach alles. Doch dann ist es passiert. Gerd Roggensack trifft zum 1:0 – für Bielefeld ein wichtiger Schritt auf dem Weg zum Klassenerhalt. Und hinterher spricht man rund um die

Verkörpert den Aufstieg des Underdogs zum genialen Künstler: „Stan" Libuda

Die Tragik des Helden: Norbert Nigbur, der seine Mannschaft so oft vor Niederlagen bewahrte, mußte gegen Mönchengladbach sieben Tore kassieren.

Glückauf-Kampfbahn, wo sich gerade einmal 13.000 Zuschauer eingefunden hatten, nicht nur am Tresen von Schiebung, Schiebung... Da auch diese Mannschaft für Schalke nicht unbedeutend ist, sei sie hier genannt: Burdenski, Galbierz (46. Pohlschmidt), Rüssmann, Sobieray, Lütkebohmert, van Haaren, Libuda, Fischer, Wittkamp, Pirkner (56. Wüst).

Erst nach dem letzten Spieltag, als Gladbach Meister ist, aber der Präsident von Kickers Offenbach den Abstieg seiner Mannschaft nicht verwinden kann, kommen die Gerüchte wieder. Bei seiner Geburtstagsfeier spielt Canellas am 7. Juni 1971 den erstaunten Gästen ein paar Tonbandaufnahmen vor, in denen es um Geld und Fußball geht: Offenbach, Oberhausen und Bielefeld versuchen in den aufgezeichneten Telefongesprächen, den Ball, der normalerweise bekanntlich rund ist, mit Hilfe von einigen hunderttausend Mark etwas berechenbarer zu machen. Spieler ihrer Gegner aus Köln und Berlin haben offensichtlich nichts dagegen einzuwenden.

Was auf den ersten Blick wie der Racheakt eines enttäuschten Präsidenten aussieht, entpuppt sich im Lauf der Zeit als „der Skandal". Der DFB muß aktiv werden. Immer mehr Spieler, Vereine und Präsidenten werden beschuldigt. Manches unerwartete Ergebnis der letzten Wochen kommt wieder ins Gedächtnis. Hatte nicht Oberhausen durch ein merkwürdiges 4:2 beim 1. FC Köln, wo Torwart Manglitz sehr schlecht ausgesehen hatte, den Abstieg verhindert? Und war nicht auch das 7:0 der Münchener Bayern in Köln, das den Kampf um den Titel noch mal spannend machte, etwas zu hoch gewesen? Auch die Schalker Negativserie kommt ins Gerede. Canellas behauptet zunächst, der 2:1-Sieg der Offenbacher in Schalke (der ihnen nichts mehr nützte) am viertletzten Spieltag sei für 100.000 DM erkauft worden. Und in der nächsten Saison, die von der „Aufdeckung" des Skandals durch DFB-Chefankläger Kindermann geprägt ist, kommt auch das bewußte Bielefeld-Spiel wieder in die Schlagzeilen...

Erfolg und Skandal (1971-1973)

Zum neuen Trainer Ivica Horvat hatte Siebert im Zusammenhang mit dem Europapokalspiel in Zagreb Kontakt aufgenommen. Die Verpflichtung des Mannes, der selbst ein erfolgreicher Spieler gewesen war, an der WM 1954 teilgenommen und bis 1965 Eintracht Frankfurt trainiert hat, erweist sich tatsächlich als Glücksgriff. Der Mann hat Autorität, bleibt für die Spieler immer „Herr Horvat“, ist für die jungen Schalker aber auch eine Art Vaterfigur.

Hinzu kommen weitere Veränderungen in der Mannschaft. Ältere Spieler werden abgegeben, junge kommen. Friedel Rausch beendet seine Karriere, Wittkamp geht nach Mönchengladbach, wo er im Zusammenspiel mit Netzer noch ungeahnte Triumphe feiert. Dafür kommen von den abgestiegenen Offenbacher Kickers die Zwillinge Erwin und Helmut Kremers. In Schalke sollen sie ganz groß herauskommen. Erwin ersetzt Hans Pirkner, der nach Österreich zurückkehrt. Huhse und Holt kommen vom SV Brackwede.

Der von vielen belächelte „Kindergarten“ des Oskar Siebert spielt 1971/72 die bis heute beste Schalker Bundesligasaison. Gleich zum Auftakt gibt es einen 5:1-Erfolg in Hannover. Klaus Fischer ist mit einem Hattrick beteiligt. Damit ist der FC Schalke von Anfang an Tabellenführer. Auch der MSV und der HSV werden geschlagen, gegen den 1. FC Köln gelingt sogar ein 6:2-Sieg. Die Schalker spielen wie im Rausch, Scheer schießt fünf Tore. Auch Dortmund wird durch ein Tor von Lütkebohmert 1:0 geschlagen. Und erst beim amtierenden Meister Mönchengladbach endet die eindrucksvolle Serie. Am Mittwoch vor dem Spiel gegen Schalke haben die Gladbacher mit einem genialen Günter Netzer Inter Mailand mit 7:2 geschlagen. Wegen des Büchsenwurfes gegen Boninsegna wird es zwar annuliert, aber als eines der größten Fußballspiele überhaupt geht es dennoch in die Geschichte ein. Und im Rausch dieses Spieles werden auch die Schalker mit 7:0 vom Platz gewirbelt. Der 40-Meter-Paß von Netzer, der zum 4:0 führt, bleibt unvergessen.

Der Schalker Anhang läßt sich diesmal jedoch nicht entmutigen. Und am letzten Spieltag der Hinrunde gegen Verfolger München wird dank eines Tores von van Haaren und einem Torwart namens Nigbur der Abstand auf drei Punkte ausgebaut. Schalke ist – zum ersten Mal in der Geschichte der Bundesliga – Herbstmeister!

Auch die Rückrunde läuft für Schalke gut. In Dortmund gibt es einen 3:0-Sieg, und Scheer schießt mit dem 1:0 nach 17 Sekunden eines der schnellsten Tore in der Bundesligageschichte. Dortmund muß am Ende der Saison absteigen. Der Niedergang des Europapokalsiegers hat den tiefsten Punkt erreicht. Aber es gibt auch bedauerliche Niederlagen für Schalke. In Duisburg, Bremen und Berlin gehen wertvolle Punkte verloren. Und gegen Gladbach und Kaiserslautern reicht es nur zu einem Unentschieden. So stehen die Schalker vor dem letzten Spieltag einen

Der Pokalsieger 1972 (von links): Libuda, Nigbur, Rüssmann, Scheer, Fischer, Huhse, Lütkebohmert, Fichtel, van Haaren, H. Kremers, E. Kremers.

Punkt hinter Bayern München unter Trainer Udo Lattek – der damals erst auf dem Weg ist, „weltbester Vereinstrainer" zu werden.

Ein Sieg im neuen Olympiastadion würde immer noch die Meisterschaft bedeuten. Die beiden überragenden Mannschaften der Saison stehen sich gegenüber. Neun bzw. zehn Punkte trennen sie von der Konkurrenz. Schalke besitzt die beste Abwehr, Bayern den besten Sturm der Liga. Eine halbe Stunde können die Schalker mithalten, dann fällt das 1:0, zehn Minuten später das 2:0. Der Anschlußtreffer durch Fischer schenkt dem Anhang noch einmal Hoffnung, aber in Wirklichkeit schonen die Schalker ihre Kräfte bereits für das Pokalfinale vier Tage später. Beim 3:1 verletzt sich Norbert Nigbur, für ihn muß Pabst zwischen die Pfosten. Am Ende heißt es 5:1 für München. Aber Gerd Müller, der in diesem Jahr mit 40 Treffern einen unerreichten Torjägerrekord aufstellt, hat keinen Treffer erzielt – Rüssmann hat ihn kaltgestellt. Die Kommentatoren sind sich einig: Nur dank ihrer Routine haben die erfahrenen Bayern die „jungen Wilden" aus Schalke in diesem Jahr noch besiegen können.

Noch dramatischer als das Meisterschaftsfinale mit einem echten Endspiel war der Weg ins Pokalfinale gewesen. In der ersten Runde besiegt

Schalke im Hinspiel Hertha BSC Berlin 3:1, das Rückspiel geht zwar mit 0:3 verloren, wird aber, weil Berlin den gesperrten Skandalsünder Varga eingesetzt hat, als verloren gewertet. Nach Fortuna Düsseldorf wird im Viertelfinale auch Borussia Mönchengladbach ausgeschaltet. Im Halbfinale ist wieder der 1. FC Köln der Gegner, gegen den man im Vorjahr ausgeschieden ist. Im Hinspiel haben die Knappen gegen Overath, Löhr, Kapellmann und Cullmann trotz 1:0-Führung zur Halbzeit keine Chance; 4:1 heißt es am Ende.

Das Rückspiel in der Glückauf-Kampfbahn, die wieder mal ausverkauft und viel zu klein ist, wird zu einem der größten Schalker Spiele. Schiedsrichter Heckeroth und Norbert Nigbur werden zu den spielentscheidenden Figuren. Kurz vor der Halbzeit steht es durch Tore von Rüssmann, Fischer und Scheer 3:0 – Ausgleich! Dann der Anschlußtreffer durch Löhr, kurz darauf sogar das 3:2 durch einen umstrittenen Elfmeter. Alles scheint vorbei, als Beverungen in der 80. Minute einen Elfmeter verschießt. Aber die Schalker stürmen. Fünf Minuten vor Schluß verwandelt Helmut Kremers den nächsten Elfmeter für Schalke. In der Nachspielzeit dann noch einmal ein Strafstoß für Schalke. Helmut Kremers hat die Nerven und schafft den „Ausgleich". Verlängerung! Und dann scheint erneut ein Elfmeter die Entscheidung zu bringen: Zehn Minuten vor Schluß läuft Biskup gegen Nigbur an – und Nigbur hält! Das Elfmeterschießen muß entscheiden. Fischer schießt den ersten Elfer – und trifft. Ebenso Löhr. Dann Libuda – daneben. Entsetzen auf den Rängen. Overath läuft an, die Vorentscheidung droht – doch Nigbur hält erneut! Und den nächsten Elfmeter – schießt er selbst! Und trifft. Dann treffen Thielen, Helmut Kremers, Biskup, Erwin Kremers, Kapellmann. 4:4. Jetzt zählt jeder Treffer. Fichtel schießt – 5:4. Auch Simmet trifft – 5:5. Beverungen läuft an – und verschießt an diesem Nachmittag zum zweiten Mal. Alles vorbei? Glowacz schießt – und Nigbur hält. Zum dritten Mal an diesem Tag! Immer noch 5:5. Heinz van Haaren ist an der Reihe – 6:5. Auch Cullmann trifft – aber nur den Pfosten! Nach 21 Elfmetern steht Schalke als Gewinner des dramatischsten Pokalspiels aller Zeiten fest!

Und dieser Gewinner läßt sich nun auch den Pokalsieg nicht mehr nehmen. Vier Tage nach dem Spiel in München besiegen die Schalker in Hannover vor 61.000 Zuschauern den 1. FC Kaiserslautern (mit dem Ex-Schalker Elting im Tor) souverän mit 5:0. Helmut Kremers, Scheer, Lütkebohmert, Fischer und noch einmal Helmut Kremers heißen die Torschützen. Die Pechsträhne der Schalker im Pokal hat endlich ein Ende.

Jubel mit dem „Pott“: Stan Libuda und Heinz van Haaren.

Nach acht Endspiel-Teilnahmen verlassen sie zum zweiten Mal nach 1937 als Sieger den Platz. In Gelsenkirchen gibt es wieder einen Triumphzug – und vor allem den Stan Libuda, der den Verein verlassen wird, feiern die Schalker. Er, der in Hannover noch einmal großartig gespielt hat, verkörpert das „alte Schalke“ – seine Lebensgeschichte, sein Alter und sein Stil sprechen für sich. Den Sieg aber hat das „neue Schalke“ errungen.

Es ist die Stammformation der Schalker, die diesen Sieg errungen hat – die beste Elf seit den Zeiten von Szepan und Kuzorra. Im Tor der überragende Norbert Nigbur, in der Abwehr mit „Tanne“ Fichtel als Libero, Rüssmann, Helmut Kremers und Huhse (für den gesperrten Sobiray) ein sicherer Rückhalt. Im Mittelfeld schlägt „Senior“ van Haaren die Pässe, an seiner Seite Scheer und Lütkebohmert. Im Sturm auf der rechten Seite „Stan“ Libuda, der immer wieder (wenn auch zunehmend seltener) sein Können aufblitzen läßt, auf der linken Seite Erwin Kremers und in der Mitte der etwas bullige Fischer – als Vollstrecker mit Kopf und Fuß gefährlich.

Was Gutendorf begonnen hatte, hat Ivica Horvat fortgesetzt. In Schalke wird moderner Fußball gespielt. Vom ersten Tag an hat er gefordert, das „fruchtlose Kurzpaßspiel“, mit dem Schalke groß geworden ist, aufzugeben. Mit Steilpässen wird nun der Raum geöffnet und nicht mehr auf kleinstem Raum gekreiselt – es ist ein anderes Spiel. Keine Mannschaft beherrscht – dank Libuda und Kremers – das Flügelspiel so wie die Schalker. Und mag man auch in Schalke bei jedem Erfolg an die große Zeit zurückdenken, so ist es doch diesmal anders. Es sind nicht die Kumpel aus dem Revier, die sich hier hochgearbeitet haben, es sind junge Leute, die ein neues Schalke-Bild schaffen und nicht vom Blick zurück leben. Ganz ähnlich hat die deutsche Nationalmannschaft kurz zuvor bei der Europameisterschaft den modernsten Fußball der Welt gespielt – vor allem dank Günter Netzer, der „aus der Tiefe des Raumes“ kam. Das 3:1 im Londoner Wembleystadion gegen England – erst Halbfinale und Finale werden in Belgien ausgetragen – ist nicht nur eine Revanche für das verlorene Finale von 1966, sondern auch ein Triumph des phantasievollen Spiels, das Schönheit und Erfolg in einmaliger Harmonie vereinte. Mit Erwin Kremers als Linksaußen steht allerdings nur ein Schalker in der Europameisterschaftself – obwohl Nigbur, Fichtel und Rüssmann den Münchenern Maier und Schwarzenbeck sicher ebenbürtig sind. Aber Helmut Schön setzt auf den Bayernblock, und Nigbur hat sich 1971 durch ein Interview, in dem er sich über seine Berufung ins Juniorenteam beklagte, beim Bundestrainer viele Sympathien verscherzt. Bravheit ist noch immer erste Spielerpflicht.

Überschattet aber wird die gesamte, so erfolgreiche Saison 1971/72 vom Skandal. Nach und nach kommen immer neue Details ans Licht – oder auch nicht. Nach der Verurteilung des Kölner Torwarts Manglitz und der Berliner Spieler Patzke und Wild, die beim Spiel Hertha gegen Bielefeld manipuliert haben sollen, kommt auch Schalke wieder ins Gerede. Canellas behauptet, Schalkes Schatzmeister Aldenhoven habe für eine Niederlage gegen Offenbach 100.000 DM gefordert. Aldenhoven beschuldigt dagegen Canellas: Der habe einen der Kremers-Zwillinge für zwei Punkte geboten.

Aber nicht das Offenbach-Spiel sorgt dafür, daß Schalke in den Skandal hineingezogen wird, es ist das ominöse Bielefeld- Spiel. Die Bielefelder treten Ende Oktober 1971 die Flucht nach vorn an und gestehen Manipulationen. Der Zwangsabstieg am Ende der Saison ist die Folge. Aber stimmt alles, was die Bielefelder behaupten? Erst das Geständnis eines Ex-Schalkers bringt die Sache richtig ins Rollen. Der inzwischen nach Bielefeld (!) gewechselte Torwart des Skandalspiels, Dieter Burdenski, beichtet als „Kronzeuge“, daß am Abend nach dem Spiel Geld übergeben worden ist – und erhält deshalb nur eine geringfügige Strafe. Jürgen Galbierz (inzwischen Wuppertaler SV), Hans Pirkner (nach Österreich zurückgekehrt), Manfred Pohlschmidt (inzwischen Teutonia Münster) und Jürgen Sobiray werden als erste mit der Geldübergabe in Verbindung gebracht. Sie werden sofort gesperrt, Sobiray ist bereits bei den letzten Spielen der Saison nicht mehr dabei. Hans Kindermann, „Chef-Ankläger“ des DFB, bringt aber auch Nigbur, Fischer, Fichtel, Libuda und Lütkebohmert mit der Schiebung in Verbindung. Waldemar Slomiany, Ex-Schalker bei Bielefeld und Spieler nicht nur auf dem Fußballfeld, soll die Kontakte geknüpft und das Geld überbracht haben. Inzwischen ist Slomiany spurlos verschwunden. Der Bielefelder Neumann behauptet sogar, daß alle Schalker Geld erhalten haben. Aber alle Spieler bestreiten vor einem ordentlichen Gericht – unter Eid –, etwas genommen zu haben.

In der Sommerpause verlassen die zwei Vertreter des „alten Schalke“ den Verein – Heinz van Haaren (32) und Reinhard Libuda (29) gehen zum französischen Aufsteiger Racing Straßburg. Die Angst vor einer Sperre und der Wunsch Sieberts, mit den beiden Alten wenigstens noch einmal ordentlich Geld zu verdienen, halten sich dabei die Waage. Aus Schalke wird eine „Rumpfmannschaft“.

Abschied von einer alten Größe: Heinz van Haaren.

Geschwächt geht sie in die neue Saison 1972/73. Zum Auftakt gegen Hannover gibt es noch ein 3:1, aber Ende September, am 4. Spieltag, gibt es nicht nur eine Niederlage gegen den aufstrebenden VfL Bochum, sondern auch die Nachricht, daß Fischer und Libuda vom DFB gesperrt sind. Die Bielefelder Spieler Stockhausen und Klein haben behauptet, die beiden hätten sich während des Spiels eindeutig geäußert: „Solange der (Lütkebohmert) nur den Pfosten trifft, ist das nicht so schlimm..." Die Verteidigung durch den Essener Rechtsanwalt Dr. Hütsch, der durch die Vertretung der KPD beim Verbotsprozeß vor dem Verfassungsgericht bekannt geworden ist, hilft den beiden nicht. Trotz haarsträubender Prozeßführung (Hütsch zu Kindermann: „Ich begreife nicht, wie Sie es zum Vorsitzenden eines Oberlandesgerichts gebracht haben!") kommt es zur Sperre. Im März 1973 werden dann auch Lütkebohmert, Rüssmann und Fichtel (sowie Wittkamp und van Haaren) gesperrt. Grund: Sie haben ihre Klage gegen den Bielefelder Neumann zurückgezogen, der behauptet hatte, alle Schalker hätten Geld erhalten. Das reicht als Schuldeingeständnis. Schalke steckt da schon mitten im Kampf um den Klassenerhalt und wird nun als „Abstiegskandidat Nr. 1" gehandelt.

Was wirklich im Umfeld des Spiels gegen Bielefeld geschehen ist, kommt auch bei den „Meineidprozessen" im Dezember 1975 vor dem Landgericht Essen nicht ans Licht. Sicher ist aber danach: Alle Schalker Spieler haben Geld erhalten, und zwar 2.300 DM pro Spieler. Das ist alles, was von den an Slomiany übergebenen 40.000 DM in Schalke angekommen ist.

Ein Mann wie Heinz van Haaren behauptet noch heute, das Spiel sei nicht im vorhinein verkauft worden. Im nachhinein aber habe sich niemand geweigert, die „Dankesprämie" anzunehmen. Daß niemand gewagt hat zu sagen, wie es wirklich war, führt er auf die ersten Urteile des DFB zurück. Nach den lebenslänglichen Sperren habe jeder Angst um seine Existenz gehabt und lieber einen Meineid geschworen als die Karriere gefährdet. Er jedenfalls hat nie ein Gnadengesuch beim DFB eingereicht: „Ich habe vorher nichts genommen, da werde ich doch nicht um Gnade betteln."

Schalke jedenfalls versucht mit seiner Rumpfmannschaft nicht nur den Klassenerhalt zu schaffen, sondern auch im Europapokal zu bestehen. Nur noch Nigbur und Scheer (die gegen Bielefeld pausierten) sowie die Kremers-Zwillinge (die noch in Offenbach spielten) sind am Ende der Saison von den Leistungsträgern noch dabei. Jugendspieler müssen die Abgänger und die Gesperrten nach und nach ersetzen, die allerdings in den internationalen Spielen zum Teil noch eingesetzt werden dürfen.

Gegen Slavia Sofia und die Cork Hibernians setzt Schalke sich durch, aber gegen Sparta Prag reicht es nur noch zu einem knappen 2:1-Sieg im Hinspiel. In Prag, wo Fichtel, Rüssmann und Lütkebohmert am 20. März ihr letztes Spiel machen, kommt mit einer 3:0-Niederlage im Viertelfinale das Aus – vor allem weil ein Vollstrecker fehlt.

Zu Hause wartet der Abstiegskampf. Mit Spielern, von denen vorher niemand etwas gehört hat, geht Horvat in die entscheidenden Spiele. Klein und Holz, Ehmke, Braun und van den Berg heißen sie. Aber sie kämpfen. Mindestens so sehr wie die Erfolgsmannschaft des Vorjahrs verkörpern sie Schalke – verkörpern das Gefühl: „Wir lassen uns nicht unterkriegen!" Sobiray und Fischer trainieren unterdessen weiter, hoffen auf Gnade des DFB oder auf die ordentlichen Gerichte, vor denen sie ihre Spielberechtigung erstreiten wollen. Tatsächlich hält das Oberlandesgericht die Indizien des DFB nicht für ausreichend. Auch dem Antrag auf „Einstweilige Verfügung" von Fichtel, Rüssmann und Lütkebohmert wird stattgegeben. Nach der 1:4-Niederlage in Wuppertal ist „Holland in Not", alle fordern den Einsatz der Spieler. Aber 20 Stunden vor Beginn des Punktspiels gegen den 1. FC Köln wird die Begegnung vom DFB „ohne Angaben von Gründen" abgesagt. Und vor dem folgenden Spiel gegen Eintracht Frankfurt droht der DFB mit lebenslangen Sperren, Lizenzentzug für den Verein, Amtsenthebung des Vorstandes, wenn die Spieler eingesetzt werden. Der DFB ist nicht bereit, die ordentliche Rechtssprechung zu akzeptieren. Dennoch verzichten Fischer und Sobiray auf ihre Teilnahme – ein Diktator hat immer recht und sitzt am längeren Hebel. Auch ohne sie kommt es zu einem 3:2-Sieg. Und so kann der Verein auch beim vorletzten Spiel in Duisburg behaupten, daß er aus rein sportlichen Gründen auf den Einsatz der Spieler verzichtet – für den anderen Fall hatte am Tag zuvor das Arbeitsgericht Gelsenkirchen dem Vorstand Geld- oder Haftstrafen angedroht. Die von Trainer Horvat nach rein sportlichen Gesichtspunkten aufgestellte Mannschaft erreicht durch eine taktische Meisterleistung ein 1:0 – Torschütze Erwin Kremers nach Vorarbeit von Holz. Der Klassenerhalt ist geschafft, Horvat hat noch einmal ein Wunder vollbracht. In der Wedau spielen sich unbeschreibliche Szenen ab. Selbst Horvat soll gelacht haben.

Und am Ende sind auch die Zuschauer wieder da. Sind zum ersten Spiel gegen Hannover gerade einmal 10.000 gekommen, so ist das Stadion am Ende wieder ausverkauft. 37.000 sehen den 2:0-Sieg am letzten Spieltag gegen den Hamburger SV. Die rettende Mannschaft spielte mit Nigbur, Klein, Holz, H. Kremers, Huhse, Beverungen, Budde, Scheer, Ehmke, Braun und E. Kremers. Der Meister FC Bayern München steht schon lange fest – mit elf Punkten Vorsprung vor dem Zweiten und 26 Punkten vor Schalke. Pokalsieger wird Borussia Mönchengladbach durch jenes legendäre Tor des Günter Netzer, der sich in der Verlängerung selbst einwechselt...

Der deutsche Fußball, Schalke und der Skandal

Das Jahr 1972 markiert zweifellos einen Höhepunkt in der Geschichte des deutschen Fußballs. Der Gewinn der Europameisterschaft mit dem deutschen „Dreamteam“ ist äußerer Ausdruck dafür. Es ist auch die Zeit des letzten ganz großen Erfolgs in Schalke. Sportlich gesehen mag die Mannschaft der Saison 1976/77, die noch einmal die Vizemeisterschaft holt, vielleicht sogar besser gewesen sein, aber 1972 ist Schalke auch die vielleicht beliebteste Mannschaft der Liga. Sie verkörpert Jugendlichkeit und Aufbruch – die Tugenden dieser Jahre!

Es ist verlockend, den Schalker Neubeginn der „jungen Wilden“ mit dem politischen Aufbruch der 68er, dem Machtwechsel in Bonn und dem Wahlerfolg der SPD im Jahr 1972 in Beziehung zu setzen – wie es Helmut Böttiger im Gefolge von Norbert Seitz mit der deutschen Nationalmannschaft von 1972 tut. Erstmals wird die Bundesrepublik (wie Gelsenkirchen und fast alle Revierstädte) von Sozialdemokraten regiert. Und im Ruhrgebiet beginnt man, auf die anhaltende Bergbaukrise kreativ zu reagieren. Die Gründung der Ruhrkohle-AG im Jahr 1968 bedeutet das Ende der selbständigen Zechen, ermöglicht aber auch erstmals gemeinsame Planung. In Gelsenkirchen entsteht das größte Kohlekraftwerk Europas, in dem aber auch Erdöl eingesetzt wird – man stellt sich um.

Günter Siebert: Die Personifikation von Schalke in den siebziger Jahren.

Die neuen Spieler bei Schalke mit den länger werdenden Haaren strahlen jene Frische aus, mit der wenige Jahre zuvor die Mönchengladbacher Fohlen durch die Liga gestürmt waren. Aus den Handwerkern der fünfziger Jahre werden „begnadete" Könner. Ihre Spielweise ist modern – vielen ist sie sympathischer als die seelenlose Meisterschaftsmaschine aus München. Die neue Politikergeneration, Kanzler Brandt und Bundespräsident Heinemann, besuchen Schalke-Spiele.

Schalke ist in diesen Jahren zusammen mit Gladbach die überragende Mannschaft. Dennoch wird man die Parallelen nicht überbewerten dürfen. Schalke ist nicht Motor, sondern Nutznießer einer Bewegung. Schalke wird mitgerissen von der Aufbruchstimmung dieser Jahre. Und hat das Glück, neben einem hervorragenden Trainer ein fußballbegeistertes Umfeld zu haben und in Siebert eine – wenn auch nicht unproblematische – Persönlichkeit, die den jungen Leuten die Möglichkeit zur Entfaltung gibt. Auch sind die Spieler nicht mehr die gleichen wie zuvor. Was Willi Schulz in Ansätzen vorgemacht hat, setzen die neuen Spieler fort. Sie werden (Klein-)Unternehmer: Als Anfang der siebziger in Gelsenkirchen-Bulmke, auf dem Gebiet der ehemaligen Zeche Pluto, ein „Prominentenviertel" mit Mehrfamilienhäusern entsteht, heißen die Bauherren Nigbur, van Haaren und Libuda. Die Schalker werben für Versicherungen, die Kremers-Zwillinge werden mit dem „Mädchen meiner Träume" zum Plattenstar.

Erstmals wird im Revierfußball versucht, die Tradition mit einer modernen Politik zu verbinden. Und der Spagat gelingt. Die Schalker Mannschaft verkörpert noch immer das Revier – auch wenn ein Großteil der Spieler von ganz woanders stammt. Aber die Merkmale, mit denen man sich identifiziert, werden diffuser. Jugendlichkeit ist kein Privileg des Reviers. Es ist eine Ironie der Geschichte: Erst der Kampf der Rumpfmannschaft von 1972/73, die „eigentlich viel zu jung" war und dennoch den Klassenerhalt schaffte, vollendete das neue Kapitel des Mythos Schalke – vom Helden, der trotz allem niemals untergeht. Auch der (unbewußte) Versuch einer antizyklischen Politik durch Siebert, d.h. der Versuch, mit Hilfe des Fußballs ein Gegengewicht zur allgemeinen wirtschaftlichen Entwicklung zu schaffen, ist kaum hoch genug einzuschätzen.

Aber natürlich wird für eine solche Entwicklung ein Preis bezahlt. Schalke 04 ist nicht mehr automatisch identisch mit dem Arbeitervorort Schalke und dem Revier. Es ist kein Zufall, daß gerade in diesen Jahren der Umzug von der Glückauf-Kampfbahn ins Bergerfeld geplant wird. Die „Heimat" wird austauschbar wie die Spieler. Symptomatisch ist die Anweisung von Trainer Gutendorf, das morgendliche Lauftraining vor der Zeche Consol zu veranstalten – damit man dort sieht, daß auch auf Schalke gearbeitet wird: Der Versuch eines erneuten Brückenschlags von Spielern zu Kumpeln ist lobenswert. Daß er notwendig ist, spricht für sich. Und es ist auch symptomatisch und tragisch zugleich, daß die Symbolfigur des alten Schalke, der, dem sie alle zujubeln, an diesen Veränderungen scheitert. Reinhard Libuda hat noch „auf Zeche" angefangen. 1975 übernimmt er – als „Erbe" der alten Schalker – das Geschäft von Kuzorra. Aber die Zeit des Zigarrenladen-Fußballs ist vorbei. In wenigen Jahren ist das Geschäft heruntergewirtschaftet. Seine Häuser muß Libuda verkaufen. Vollkommen verarmt zieht er nach der Scheidung von seiner Frau wieder zu seiner Mutter. Vor Leuten, die ihn in der Kneipe auf die alten Zeiten ansprechen, läuft er davon. Reinhard Libuda ist der tragische Held, der in seinem Leben noch einmal Schalkes Glanz, aber auch das Ende einer Ära verkörpert. Daß auch in Schalke kein Platz mehr für Libuda ist und „der Stan" 1972 verkauft wird, weil er nicht mehr erfolgreich und effektiv genug ist, gehört mit zu dem Preis, den Schalke bezahlt – ohne zu merken, daß man dabei die Substanz angreift.

Aber nicht deshalb bezeichnet das Jahr 1972 auch den Tiefpunkt in der Geschichte des deutschen Fußballs. Der Skandal zerstört nicht nur das Aufbauwerk in Schalke, sondern auch endgültig die Legende von der „Unschuld" des Fußballs. Selbst dem letzten ist nun deutlich geworden, welche Rolle das Geld im Fußball spielt. Und wer genauer hinschaut, sieht auch, daß es nicht nur um die charakterliche Schwäche einzelner Spieler oder Präsidenten geht, sondern um Schwächen im System. Die

Angst vor dem Abstieg ist auch deshalb so groß, weil unterhalb der Bundesliga noch immer nach dem Vertragsspielerstatut gekickt wird. Der Abstieg bedeutet Absturz ins Amateurlager, ins wirtschaftliche Nichts. So ist eine der Konsequenzen aus dem Skandal die Einführung der 2. (Profi-) Bundesliga im Jahr 1974. Pläne dafür hatte Kölns Präsident Kremer schon 1964 vorgelegt. Der DFB war ihm nicht gefolgt.

Dieser Deutsche Fußball-Bund wird denn auch im Laufe der Zeit mehr und mehr zur Hauptfigur des Skandals. Von Anfang an verkünden Präsidium und Chefankläger Kindermann, die „Sauberkeit" des Fußballs wiederherstellen zu wollen. Dem sollen die drakonischen Strafen für die ersten Sünder dienen. Daß dadurch die Geständnisbereitschaft nicht gerade gesteigert wird, sondern im Gegenteil Verschleierung betrieben wird, ist eine überaus ärgerliche Begleiterscheinung. Hinzu kommt, daß im Laufe der Zeit zunehmend der Eindruck entsteht, als sei der DFB entgegen seinen Äußerungen nur sehr begrenzt oder halbherzig an der Aufklärung interessiert. Dem Verdacht, daß der 7:0-Sieg der Bayern über die starken Kölner nicht ganz rechtens war, wird überhaupt nicht nachgegangen. Mancher argwöhnt, daß der amtierende Meister geschont wird. Die Erfolgsbilanz des deutschen Fußballs auf der internationalen Ebene soll anscheinend nicht geschädigt werden.

Unverständlicherweise werden auch die Schalker Spieler zunächst weder für die Europapokalspiele noch für die Nationalmannschaft gesperrt. Als dann der DFB sich weigert, die Urteile ordentlicher Gerichte anzuerkennen, hat man endgültig den Eindruck, daß hier eine ganz eigene Politik betrieben wird. Auch die zahlreichen Begnadigungen scheinen von sehr unterschiedlichem Maß zu zeugen, mit dem gemessen wird. Oberschieber Manglitz wird bereits bald nach seiner Verurteilung begnadigt – die Presse vermutet, daß er zuviel wußte über Manipulationen am Bayern-Spiel oder über die Rolle von Nationalspieler Overath. Die Spieler von Eintracht Braunschweig werden nur zu geringfügigen Geldstrafen wegen Annahme einer Siegprämie verurteilt. Und vor der Weltmeisterschaft im eigenen Land werden dann Ende 1973 sogar alle Strafen wieder aufgehoben...

Insbesondere das Verhältnis des DFB zu Schalke 04 scheint zwiespältig zu sein. Kein Verein ist von den Offiziellen im Laufe seiner Geschichte so vorgeführt worden wie Schalke – obwohl 1930, 1961 und 1971 viele andere Vereine ebenfalls manipuliert haben. Kein Verein aber hat auch solche Vergünstigungen erfahren wie Schalke – für keinen anderen Verein ist zweimal eine Liga erweitert worden, um den Abstieg zu verhindern. Haßliebe scheint die einzige Erklärung zu sein – Haßliebe zu einem Verein, der wie kaum ein anderer die ersten Jahrzehnte des deutschen Fußballs geprägt und symbolisiert hat, der mit seinen proletarischen Wurzeln und seinem prinzipiell „antiautoritären" Charakter aber so gar nicht ins Bild des DFB vom deutschen Fußball paßt.

Die Leute im Revier sind angesichts des Skandals schockiert und trotzig zugleich. Keiner begreift, daß die Spieler für einen lächerlichen Betrag alles riskiert haben sollen. Man vergleicht den Vorgang mit der biblischen Geschichte, in der Esau sein Erstgeburtsrecht für ein Linsenmus verkauft. Ob berechtigt oder nicht, bei vielen siegt das Gefühl, daß mal wieder auf „ihrem" Schalke herumgehackt wird und man den Verein von außen kaputtmachen will. Selbst als im Dezember 1975 vor Gericht festgestellt wird, daß die Schalker Spieler die Unwahrheit gesagt haben und der Verein als „FC Meineid" traurige Berühmtheit erlangt, bejubeln sie den Freispruch von Günter Siebert als Sieg über „die da oben".

Dennoch: Der Fußball ist nach 1972 nicht mehr derselbe. Die Helden sind entzaubert. Nie mehr werden sie strahlen wie zuvor. Die Bezeichnung „Skandalsünder" deutet an, daß die eigentliche Katastrophe nur mit religiösen Begriffen zu erfassen ist. Die Heiligen sind zu Sündern geworden. Nicht nur einzelne Fußballer oder ein Verein – der Fußball selbst droht, seine mythische Dimension zu verlieren. Wenn auch hier das Geld entscheidet und nicht mehr der Gute sich durchsetzt, wenn es um Finanzen und nicht um Schönheit geht, dann ist auch der Fußball „entmythologisiert", dann gibt es nichts mehr, was der materialistischen Logik widersteht, was dem Gesetz von Preis, Angebot und Nachfrage entzogen ist...

Für Jahre bleibt Schalke der „FC Meineid". Niemand weiß, wie es weitergehen wird.

Höhenflug mit Absturz

1973 bis 1981

Noch einmal Vizemeister (1973-1977)

Der Bestechungsskandal hat für den Verein erhebliche finanzielle Folgen. Die Einnahmen durch Zuschauer gehen enorm zurück. 485.000 Zuschauern in der Saison 1971/72 haben 361.000 in der Saison 1972/73 gegenübergestanden. Der Vorstand hat dennoch die gesperrten Spieler nicht verkauft – auch nicht, als im Abstiegskampf immer lauter nach Verstärkung gerufen worden war. Das hatte den Gerüchten neue Nahrung gegeben, daß der Vorstand mit den Spielern unter einer Decke steckt.

In der neuen Saison 1973/74 will man, auch dank des neuen Stadions, finanziell wieder Fuß fassen. Das von der Stadt im Hinblick auf die WM errichtete Parkstadion faßt endlich auch bei Spitzenspielen alle Fans. Mit einem Spiel gegen Feyenoord Rotterdam wird das Stadion am 4. August eröffnet. Obwohl die Mannschaft anfangs bestenfalls durchschnittliche Leistung bringt, haben am Ende der Saison 713.000 Zuschauer die Schalker Spiele gesehen.

Große Neueinkäufe gibt es nicht. Horvat hatte mit Understatement schon nach dem Duisburg-Spiel erklärt: „Ich glaube, daß man auch mit dieser Mannschaft Fußball spielen kann." Im neuen Stadion will er ins „gesicherte Mittelfeld" vorrücken. Und Günter Siebert: „So großartig werden wir für die neue Saison gar nicht einkaufen müssen." Aus der Jugend rückt ein gewisser Rüdiger Abramczik aus Gelsenkirchen-Erle als Außenstürmer mit 17 Jahren in den Kader auf – der jüngste Spieler in der Bundesligageschichte. Als „Flankengott" auf Rechtsaußen wird er noch für Furore sorgen. Als Fehleinkauf erweist sich jedoch der von Bayern München geholte Franz Krauthausen, der zuvor in Oberhausen gespielt hatte. (Daß nicht jeder Spieler, der von Bayern kommt, zur Spitzenklasse gehört, werden die Schalker noch häufiger feststellen.) Außerdem hoffen alle bereits auf die Rückkehr der gesperrten Sünder.

Doch die Energie des Abstiegskampfes läßt sich nicht konservieren. Gleich zu Beginn gibt es eine 3:1-Niederlage in Stuttgart – inzwischen wird der VfB von Hermann Eppenhoff trainiert. Wenigstens die Bundesligapremiere des Parkstadions glückt: Nachbar Bochum wird mit 3:1 besiegt. Aber am 9. Spieltag steht Schalke wieder einmal auf dem letzten Platz. Gegen Gladbach hat es eine 0:6-Niederlage gegeben, gegen Bayern ein dramatisches 5:5 nach 5:2-Führung. Dann ist am 6. Oktober erstmals Klaus Fischer wieder spielberechtigt. Nach Gnadengesuch ist die Sperre aufgehoben worden. Und beim Spiel gegen den Wuppertaler SV schießt er gleich drei Tore. (Obwohl am 10. Spieltag erstmals eingesetzt, wird er am Ende mit 21 Treffern noch Dritter in der Torschützenliste.)

Aber erst in der Rückrunde, als auch Fichtel, Lütkebohmert und Rüssmann wieder spielberechtigt sind, befreit sich Schalke aus den unteren Regionen der Tabelle. Rüssmann hatte in der Zwischenzeit beim FC Brügge gespielt – mit Genehmigung des DFB. Ausgerechnet bei den Offenbacher Kickers, die schon 1972 wieder aufgestiegen waren, sind die drei am 21. Januar 1974 wieder dabei. Durch Tore von Fischer und Abramczik, die zusammen ein hervorragendes Sturmduo bilden, gewinnt Schalke mit 2:1. Libuda hat bereits gegen Hamburg eine Woche zuvor eine Halbzeit lang wieder an Stelle von Abramczik gespielt – nicht zuletzt, um die Kasse klingeln zu lassen. Aber er ist nicht mehr der alte. Nur noch wenige Spiele wird er für Schalke bestreiten – trotz hervorragender Leistung wenige Wochen später gegen Fortuna Köln.

Eine Woche nach dem Offenbach-Spiel kehrt die „alte" Schalker Mannschaft wirklich zurück. Im Spiel gegen den Meisterschaftskandidaten Mönchengladbach präsentiert sich das Team schon wieder in Bestform und gewinnt mit 2:0. Die Schalker spielen „Traumfußball" gegen Vogts, Wimmer, Heynckes & Co., indem sie das Tempo der Gladbacher noch überbieten – obwohl Fichtel („Weltklasse") und Lütkebohmert monatelang nur Trainingsspiele absolviert haben. In München gibt es dann eine derbe 1:5-Packung, aber Franz Beckenbauer macht sich im Bayern-Echo zum Sprachrohr des DFB vor der WM: Er kennt keine Skandalsünder mehr, sondern nur noch Fußballer... Am Ende reicht es noch zum 7. Platz – knapp am erhofften UEFA-Pokalplatz vorbei.

Im Pokal war Schalke bereits in der ersten Runde ausgeschieden. Im verschneiten Parkstadion hatte man gegen den Nachbarn Wattenscheid 09 mit 1:2 verloren. Hannes Bongartz, Spielmacher der Wattenscheider, hatte dabei sogleich die Begehrlichkeit von Siebert geweckt. In der Sommerpause, nachdem Wattenscheid nur knapp den Bundesligaaufstieg verpaßt hat, wird Bongartz nach Schalke geholt. In der kommenden Saison

Hannes Bongartz in einem Spiel gegen den 1. FC Nürnberg

Das Parkstadion im Bau

werden die Eintrittspreise im Parkstadion um die „Bongartz-Mark“ erhöht, um den bis dahin teuersten Wechsel eines Regionalligaspielers finanzieren zu können. 750.000 DM kostet der „Spargel-Tarzan“. Zusammen mit ihm werden die Schalker bald noch einmal Höhenluft schnuppern.

Die Weltmeisterschaft in Deutschland findet jedoch ohne Schalker Beteiligung statt – sieht man einmal vom Parkstadion ab, wo fünf Spiele (der DDR, der Niederlande, von Brasilien, Zaire und Jugoslawien) ausgetragen werden. Nigbur und Helmut Kremers gehören zwar zum Kader, werden aber nicht eingesetzt. Erwin Kremers hat sich die Teilnahme durch einen Platzverweis im letzten Spiel der Saison verscherzt. Auch ohne Stinkefinger erscheint er dem DFB nicht tragbar. Wie erwartet erringen die Deutschen den Titel, aber es ist ein Sieg ohne Glanz. Das Sicherungsspiel bayerischer Prägung hat sich durchgesetzt, die glänzenden Vorstöße und Pässe eines Beckenbauer sind nur noch das Sahnehäubchen, nicht mehr die Seele des Spiels.

In Schalke geht man mit einem wiederhergestellten Team und – wieder einmal – großen Hoffnungen in die Saison 1974/75. Nach dem 2:0-Sieg im Münchener Olympiastadion sind die Blau-Weißen für Siebert schon wieder Titelanwärter. Tatsächlich ist es ein Riesenerfolg – zum ersten Mal seit dem 28. März 1970 und zum ersten Mal im Olympiastadion wird der FC Bayern geschlagen. Das aber liegt an der mittelmäßigen Form der Münchener, deren Mannschaft sich im Umbruch befindet, und nicht an Schalkes „Meistermannschaft“. Zwar feiert das Team noch manche Erfolge: Angstgegner Duisburg wird unter der Regie von Bongartz (Horvat: „Fast im Stil von Netzer“) mit 5:0 besiegt, und gegen Rot-Weiß Essen gibt es mit 4:4 zwar nur ein Remis, aber ein erstklassiges Spiel. Dennoch reicht es am Ende nur zu einem 7. Platz.

Siebert wird ungeduldig. Der kurz zuvor verlängerte Vertrag mit Horvat wird gekündigt. Schalke verliert mit ihm den Trainer, der das neue Schalke zu dem gemacht hat, was es ist. Ein Fehler, der kaum wiedergutzumachen ist. Beim Versuch, den Brasilianer Francesco Marinho nach Schalke zu holen, mag der Vorstand Siebert nicht folgen. Marinho wird im Stadion vorgestellt, doch die verteilten Stimmzettel verschwinden auf mysteriöse Weise. Der Schatzmeister legt sein Veto ein. Tatsächlich wäre Schalke (und jede andere deutsche Mannschaft) wohl nicht in der Lage gewesen, in diesen Jahren einen südamerikanischen Fußballer zu integrieren. In Wattenscheid scheitert gleichzeitig der Versuch, den Argentinier Carlos Babington, Star der WM 1974, in eine deutsche Mannschaft einzufügen. Siebert beginnt, das sportliche Augenmaß zu verlieren. Zumindest das hatte man ihm bis dahin nicht vorzuwerfen.

Bei der Verpflichtung des neuen Trainers ahnt Siebert, daß Max Merkel nicht der richtige Mann sein wird. Gegen sein Veto setzen Mannschaftsbetreuer Ede Lichterfeld und Vorstandsmitglied Wittinghofer die Verpflichtung durch. In seinem Ferienhaus wird Merkel mit Hilfe eines größeren Schecks überzeugt. Er soll den neuen Deutschen Meister machen. Und verspricht es auch. In Schalke sorgt er gleich mit seinen Sprüchen für Furore. „Eine deutsche Nationalelf ohne Spieler von Schalke 04 ist wie ein Gebiß ohne Zähne." Das hört man gern in Schalke.

Nur gelingt es Merkel nicht, die Mannschaft zu motivieren und voranzubringen. Erwin Kremers: „Der Merkel war wirklich eine verhängnisvolle Trainerverpflichtung. Der kam zu einer Zeit, als man mit Spielern nicht mehr wie mit Soldaten umspringen konnte." Seine Taktik, durch Schüren von Aggressionen zur Leistung anzuspornen, seine Peitsche, kommt in Schalke nicht an.

Mit den jungen Spielern kann Merkel wenig anfangen. Abramczik sitzt auf der Bank. (Merkel: „Ehe der Abramczik in der Nationalelf spielt, singe ich an der Mailänder Scala.") Immer wieder fordert er „fertige Spieler". Angeblich hat man ihm vor der Saison die Verpflichtung von Tenhagen (VfL Bochum) und Burgsmüller (Borussia Dortmund) versprochen. Den statt dessen verpflichteten Oblak, der mit Bongartz das Mittelfeld besetzen soll, akzeptiert er nicht. (Merkel: „Der sah aus wie ein Biafrakind.") Das junge Talent Bruns kann sich unter ihm nicht recht entfalten; nach der Saison wechselt er und wird in Mönchengladbach noch Nationalspieler. Auch mit Norbert Nigbur legt er sich an. Sogar dieser eingefleischte Schalker verläßt seinen Verein am Ende der Saison und wechselt nach Berlin – obwohl man sich da von Merkel bereits wieder getrennt hat.

Sportlich gesehen ist die Saison 1975/76 ein Auf und Ab. Höhepunkt ist der Sieg über den alten und neuen Meister Mönchengladbach am drittletzten Spieltag. Nach Ende der Rückrunde belegt die Mannschaft den 6. Platz, was immerhin die Teilnahme am UEFA-Pokalwettbewerb bedeutet. In Schalke wird es wie eine Meisterschaft gefeiert. Und Klaus Fischer ist erstmals Torschützenkönig der Bundesliga.

Die letzten Spiele haben bereits unter Friedel Rausch, langjähriger Jugend- und Assistenztrainer, stattgefunden. Er wird aus den gleichen Spielern die Mannschaft des Vizemeisters formen. Und einer von ihnen nimmt auch an der Europameisterschaft teil. Im Finale gegen die CSSR wird Bongartz für Beer eingewechselt und trifft auch im entscheidenden Elfmeterschießen. Hoeneß dagegen verschießt – Deutschland wird nur Vizeeuropameister.

Im UEFA-Pokal werden gleich in der ersten Runde die Portugiesen vom FC Porto besiegt – nach Unentschieden im Hinspiel verwandeln die Schalker zu Hause einen 0:2-Rückstand in der letzten Viertelstunde noch in einen 3:2-Sieg, nachdem Rausch Abramczik für Rüssmann gebracht hatte. Nach zwei Siegen über Sportul Bukarest reicht es aber gegen die belgische Mannschaft RWD Molenbeek im Parkstadion nur zu einem 1:1, nachdem das Hinspiel mit 0:1 verlorengegangen war.
Dann sind in Schalke auch die letzten äußeren Folgen des Skandals ausgestanden. Im Dezember 1975 war es zu den lang erwarteten Prozessen vor dem Essener Landgericht gekomme. Fünf Spieler sowie die Vorstandsmitglieder Siebert und Aldenhoven waren angeklagt gewesen, bezüglich des Bielefeld-Spiels Meineide geschworen zu haben. Die Spieler waren – erstaunlich milde – am 22. Dezember mit Geldstrafen in die Weihnachtsferien entlassen, der Vorstand Anfang Februar 1976 – trotz Restverdacht – freigesprochen worden. Der DFB will die Spieler daraufhin erneut sperren. Schalke protestiert. Nach langwierigen Verhandlungen akzeptieren die Schalker Spieler eine kurze Sperre (zum größten Teil in der Winterpause der Saison 1976/77) und eine Geldstrafe. Die Akte Skandal wird geschlossen.

Im Februar 1976 wird Günter Siebert, kurz nach dem Essener Urteil, bei der Jahreshauptversammlung wiedergewählt. Die Schalker feiern ihren „Oskar" – wie er in Anlehnung an die Serie „Oskar der Familienvater" genannt wird. Erstmals gibt es aber auch Kritik an der Allmacht des Präsidenten und am Finanzgebaren des Vorstands. So mancher traut den Botschaften vom Reingewinn nicht. Schon Max Merkel hatte insbesondere von einem Mißverhältnis zwischen Lohn und Leistung bei den Spielergehältern gesprochen.

Wenige Monate später ist es dann so weit. Günter Siebert wird im November als Präsident abgelöst von Rechtsanwalt Dr. Hütsch, der kurz zuvor in den Verwaltungsrat gewählt worden war. Siebert übernimmt statt dessen das neugeschaffene Amt des hauptamtlichen Managers. Anstatt aber, wie erhofft, in diesem Amt nicht nur endlich einen bezahlten Posten zu haben und (noch) mehr Einfluß auf die Finanzen, wird Siebert entmachtet. Bei der Weihnachtsfeier schmeißt er – in leicht ange-

Der Kader des Vizemeisters von 1977. Hintere Reihe von links: Schipper, Schütte, Sander, Bongartz, Bruns, Fischer; mittlere Reihe: Trainer Rausch, Rüssmann, Rohn, Bittcher, Reichel, Menze, Dubski, Helmut Kremers, Oblak; sitzend: Fichtel, Thiele, Gede, Sandhofe, Schubert, Maric, Erwin Kremers, Lütkebohmert, Abramczik.

trunkenem Zustand – die Brocken hin. Hütsch nimmt den Rücktritt an. Als neuer Manager wird der Ungar Emilio Österreicher verpflichtet, der zuvor für Real Madrid, Turin, Barcelona und Valencia gearbeitet hat.

Dahinter steht ein durchaus modern anmutendes Konzept. Der Vorstand soll aus Fachleuten bestehen, der Manager soll für den sportlichen Bereich zuständig sein. Österreicher mit seinen internationalen Verbindungen soll darüber hinaus die Voraussetzungen für die Schalker Präsenz auf der internationalen Bühne schaffen. Doch in Schalke ist man noch nicht so weit. Der Anhang verzeiht es Hütsch nicht so schnell, daß der volkstümliche Siebert entmachtet ist. Er selbst gilt als kühl und unnahbar. Schnell heißt es, Hütsch, der selbst nie Fußball, sondern Hockey gespielt hat und nicht jedes Spiel im Stadion verfolgt, verbringe die Zeit lieber im Palisanderraum des Parkstadions. Dabei gelingt es ihm, die bisher verschwiegene Steuerschuld von über drei Millionen Mark abzubauen. Die Gehälter werden gekürzt, leistungsbezogene Prämien eingeführt.

Und auch sportlich ist die Saison 1976/77 trotz aller Querelen ein großer Erfolg. Als Ersatz für Nigbur ist der jugoslawische Nationaltorwart Enver Maric von Velez Mostar verpflichtet worden. Später gibt mancher seiner „Fliegenfängerei“ die Schuld am knapp verpaßten Titel. Da mag aber ein Stück Suche nach einem Sündenbock dabei sein.

Nach durchwachsenem Beginn ist der 7:0-Sieg in München ein Paukenschlag ohnegleichen. Beim amtierenden Europapokalsieger werden – laut Siebert – die Alpen versetzt. Durch unnötige Punktverluste steht man am Ende der Hinrunde jedoch nur auf dem 6. Platz. Beim letzten Spiel der ersten Serie gegen Aufsteiger Dortmund unter Otto Rehhagel fehlen noch einmal die Skandalsünder – am Ende heißt es immerhin 2:2. Am 30. Spieltag wird dann der amtierende Meister und Tabellenführer Mönchengladbach unter Udo Lattek besiegt. Schalke rückt vor auf den 3. Platz. Und vor dem letzten Spiel gegen Dortmund stehen die Königsblauen, zusammen mit Eintracht Braunschweig, auf dem 2. Platz. Das Siegtor des 19jährigen Thomas Lander aus Buer in seinem ersten Bundesligaspiel gegen den VfL Bochum hat es möglich gemacht: Dank des Torverhältnisses würde ein Sieg der Schalker gegen den BVB bei einer Niederlage von Gladbach in München für den Titel reichen. Die Schalker erfüllen ihren Teil der Aufgabe: Mit 4:2 wird der BVB in einem Klasse-Spiel besiegt. Aber bereits zur Halbzeit führt Gladbach in München 2:0. Zwar schaffen die Münchener im Abschiedsspiel von Franz Beckenbauer noch das 2:2, aber für die Meisterschaft der Schalker ist das zu wenig. Und in Schalke ist die Enttäuschung diesmal größer als die Freude über den Erfolg.
Dabei hält nicht nur Klaus Fischer die Mannschaft noch heute für besser als die des Vizemeisters von 1972. Aus der jugendlichen „Hurra-Truppe“ war seiner Meinung nach ein abgeklärtes Team geworden. Vor allem der Sturm mit Klaus Fischer und der „Flügelzange“ Erwin Kremers und Abramczik ist hervorragend besetzt. (Gegen Bayern schießen die drei sechs von sieben Toren.) Im Mittelfeld stehen mit Bongartz und Oblak zwei Regisseure von Format. Fichtel, Rüssmann, Lütkebohmert, Helmut Kremers, Sobiray bilden noch immer die Hintermannschaft. Sobiray, für manche das größte Talent in Schalke überhaupt, spielt manchmal wie ein Weltmeister – wenn der leidenschaftliche Kartenspieler nicht durch seine Leichtfertigkeit alles verspielt. Und doch fehlt der Mannschaft der rechte Glanz. Noch heute ist die Vizemeisterschaft fast vergessen. Niemand mag sich so recht mit dieser Mannschaft identifizieren. Obwohl es fast dieselben Spieler sind wie fünf Jahre zuvor – nun fehlt ihnen die Aura des Helden, der von unten kommt...

Im UEFA-Pokalwettbewerb heißt der erste Gegner AC Florenz. Nach einem beachtlichen 0:0 in Florenz erkämpfen die Schalker zu Hause ein

2:1 – gegen eine Mannschaft, die am Ende nur noch neun Spieler auf dem Platz hat. Später wird auch das Hinspiel als 3:0-Erfolg von Schalke gewertet, da die Italiener einen gesperrten Spieler eingesetzt hatten. In der zweiten Runde kommt es zu einer deutsch-deutschen Begegnung, die – wie immer – von besonderer Brisanz ist. Gegner ist der 1. FC Magdeburg mit dem bekanntesten DDR-Fußballer überhaupt: Jürgen Sparwasser hatte beim WM-Spiel gegen die Bundesrepublik das entscheidende 1:0 geschossen. Beim 4:2-Erfolg seiner Mannschaft schießt er allein drei Tore. Und auch im Rückspiel sind die Schalker chancenlos: Mit einer 1:3-Niederlage verabschieden sie sich für die nächsten Jahre aus dem internationalen Geschäft.

Nur noch Einzelkönner aus Schalke sind es, die in der Nationalmannschaft internationale Erfahrungen sammeln. Nachdem auch Franz Bekkenbauer Klaus Fischer als Nachfolger von Gerd Müller vorschlägt, darf dieser – zusammen mit Abramczik – am 27. April 1977 im Spiel gegen Nordirland sein Debüt geben. Am 30. April folgt Rüssmann im Spiel gegen Jugoslawien. Fischers sensationelles Fallrückzieher-Tor im Spiel gegen die Schweiz wird Tor des Jahres 1977. Und 1978, bei der Weltmeisterschaft in Argentinien, sind ebenfalls alle drei dabei. Im Spiel gegen Österreich (die „Schmach von Cordoba") sind sie allerdings eher tragische Figuren: Abramczik vergibt kurz vor Schluß die Möglichkeit zum Ausgleich, und Krankl – vom Wiener Traditionsverein Rapid – düpiert den weinenden Rüssmann zweimal, bevor er zum sensationellen 3:2 einschießt. „Der Mann mit der Mütze", Helmut Schön, geht.

Der tiefe Fall (1977-1981)

In Schalke hatten die WM-Teilnehmer eine turbulente Saison hinter sich. Branko Oblak war nach Gerangel um den Posten des Regisseurs verkauft worden. Nennenswerte Verstärkungen hatte es nicht gegeben, sieht man einmal von Bittcher ab. Man hatte sich Hoffnungen auf die Meisterschaft gemacht. Noch am 9. Spieltag waren die Schalker Tabellenführer – dann rächten die Bayern sich bitter für die Niederlage im Vorjahr: Mit 7:1 wurden die Schalker nach Hause geschickt. Zahlreiche Verletzungen schwächten die Mannschaft. Eine 1:2-Niederlage gegen Dortmund leitete dann eine Negativserie ein, die nur noch von wenigen Lichtblicken unterbrochen wurde. Trainer Rausch mußte gehen und wurde durch den bisherigen Jugend- und Assistenztrainer Uli Maslo aus Wattenscheid ersetzt. Dank einer guten Heimbilanz wurde zumindest noch der 9. Platz erreicht. Meister aber wurde der 1. FC Köln vor den Mönchengladbachern, bei deren 12:0-Sieg über Dortmund – dem höchsten der Bundesligageschichte – schon wieder Bestechungsgerüchte die Runde machten.

Am Ende der Saison heißt der Schalker Präsident wieder Siebert. Der hatte sich im März 1978 bei der Jahreshauptversammlung per einstweiliger Verfügung Rederecht erstritten – und Schalke im Handstreich zurückerobert. Hütsch hatte sich durch einen Konflikt mit dem Schalke-Denkmal Kuzorra endgültig den Unwillen zahlreicher Fans und Mitglieder zugezogen. Nun erhält er die Quittung. Sogar einen Sarg bekommt er ins Haus geschickt. So deutlich wie nie zeigt sich, daß in Schalke allzuoft die Emotionen regieren und nicht der Verstand. Aber selbst die Spieler schreiben „Viva Oskar“ in die Trainerkabine am Morgen nach der Wahl – sie hätten auch „Viva il papa“ schreiben können.

Wieder einmal geht es guter Hoffnung in die neue Saison 1978/79. Dabei wird mit Hannes Bongartz der Spielmacher verkauft – und nicht ersetzt. Und Erwin Kremers muß seine Karriere bald verletzungsbedingt beenden. Daß Siebert dennoch an die alten Zeiten anknüpfen will, zeigt sich an der Verpflichtung des alten neuen Trainers Ivica Horvat.

Er feiert einen Einstand nach Maß: Mit 4:0 wird Eintracht Frankfurt besiegt, Bayern München mit 2:1. Und noch am 15. Spieltag wird der BVB mit 5:1 geschlagen. Aber die Mannschaft bildet keine Einheit mehr. Der alte Geist läßt sich nicht wiederbeleben. Immer weiter sinkt die Mannschaft in der Tabelle ab und gerät sogar in Abstiegsgefahr. Torwart Groß wird durch Sandhofe ersetzt. Auch Horvat muß wieder gehen – man sieht ein, daß seine Rückkehr ein Fehler war. Gyula Lorant kommt. In München ist er nach Rebellion der Spieler entlassen worden. Erstmals nehmen dort Spieler Einfluß auf die Vereinspolitik: Nicht der vom Vorstand gewünschte Max Merkel, sondern Pal Czernai wird Trainer, Uli Hoeneß wird Manager.

Aber auch Lorant kann in Schalke in dieser Saison nichts mehr bewegen. Erst am vorletzten Spieltag sorgen zwei Tore von Fischer und Abramczik in Duisburg – sie schießen 39 von 55 Toren in dieser Saison – für den Klassenerhalt. Ganz offensichtlich ist ein Großteil der alten Spieler verbraucht. Ein Generationswechsel steht an – und die Frage, ob Schalke in nächster Zeit den Niedergang des Ruhrgebiets spiegeln wird oder ob er diesem etwas entgegensetzen kann.

Unter Siebert versucht man letzteres. Man trennt sich von alten Spielern und holt neue für die Saison 1979/80. Lütkebohmert hört auf, Sobiray wird nach Dortmund verkauft. Norbert Nigbur kommt aus Berlin zurück und soll das Torwartproblem lösen. Nach dem Rücktritt von Sepp Maier hofft er auf den vakanten Posten des Nationaltorhüters. Manfred Drexler kommt und Winfried Berkemeyer. Beide sollen das neue Mittelfeld bilden. Aus Jugoslawien werden Dzoni und Buljat verpflichtet, aus der eigenen Jugend kommt endlich wieder ein Riesentalent – Wolfram Wuttke. Unter Lorant versucht man, erstmals mit der modernen Raumdeckung zu spielen.

Erstmals laufen auch die Schalker mit Trikotwerbung auf. Das Naserümpfen zu Beginn der Siebziger über die Idee der Braunschweiger Jägermeister hat sich inzwischen gelegt. Geld stinkt eben auch nicht, wenn es mit menschlichen Litfaßsäulen verdient wird. Nachdem die Schalker in der zweiten Hälfte der vorigen Saison die Deutsche Krebshilfe unterstützt haben, sponsort nun der schwäbische Trikotagenhersteller Wolfgang Grupp (trigema) die Schalker. Anders als die der Schalker zeigt seine Erfolgskurve jedoch bis heute ununterbrochen nach oben.

Der Saisonauftakt ist durchwachsen. Wieder einmal sorgt Schalke nicht auf dem Platz für Schlagzeilen. Nur das brutale Foul von Drexler am Münchener Kraus bildet eine Ausnahme – erstmals wird ein Spieler mit Hilfe von Fernsehbeweisen verurteilt und für drei Monate (!) gesperrt. Dann aber gibt es wieder hausgemachten Vorstandszoff: Der Verwaltungsrat, seit Einführung der Bundesliga Kontrollorgan des Vorstandes, setzt Günter Siebert Anfang Dezember 1979 ab. Der Verein hat bereits wieder massive finanzielle Probleme, „Engpässe gegenüber Kreditinstituten". (Siebert: „Der Verwaltungsrat kümmert sich immer dann um die Finanzen, wenn ich es nicht will.") Entgegen Sieberts Ankündigungen werden wieder zu hohe Gehälter und Ablösesummen gezahlt, die Einnahmen stehen in keinem Verhältnis dazu. Außerdem sollen von den 875.000 DM Ablösesumme für die beiden Jugoslawen nur 700.000 auf dem Balkan angekommen sein. Nachfolger wird Dr. Hans-Joachim Fenne, Unternehmensberater aus Gladbeck und Hobby-Golfer. Aber nur in Schalke kann man auf so unvergleichliche Weise den Bock zum Gärtner machen: Siebert wird wieder einmal Manager. Man verkauft das als neues, modernes Konzept...

Erste Maßnahme des neuen Vorstandes: Entlassung des Trainers nach 0:2-Niederlage gegen Aufsteiger Leverkusen. Dietmar Schwager wird sein Nachfolger, doch kurz vor Ende der Saison wird auch er entlassen, als die Teilnahme am UEFA-Pokal immer zweifelhafter wird. Sein Nachfolger wird Fahrudin Jusufi – aber auch unter ihm reicht es nur zum 8. Platz. Im Pokalwettbewerb schafft Schalke es dafür zumindest wieder einmal ins Halbfinale – doch da siegt Köln gegen ein Schalke ohne die verletzten Nigbur und Fischer mit 2:0.

Am Ende verlassen weitere „Alte" den Schalker Markt. Rüdiger Abramczik, der zuletzt kaum noch überzeugte, wechselt nach Dortmund, wo er noch 90 Bundesligaspiele bestreitet und 30 Tore schießt. Klaus Fichtel geht zum Absteiger Bremen. Auch Helmut Kremers hört auf. Schalke bräuchte Verstärkungen. Nur Kurt Jara, der östereichische Nationalspieler, der den Deutschen noch von der Weltmeisterschaft her im Gedächtnis ist, kommt als neuer Spielmacher aus Duisburg. Jusufi ist überzeugt, es mit zahlreichen jungen Leuten aus der zuvor von ihm betreuten Jugend zu schaffen. Opitz, Geier, Kügler heißen sie.
Aber von Anfang an gelingt in der Saison 1980/81 fast nichts: Kaum einmal wird ein Abstiegsplatz verlassen. Und am Nikolaustag gibt es in diesem Jahr etwas, das schlimmer ist als die Rute: Über drei Millionen Mark Schulden zwingen den Verein, da keine Rücklagen und kein Besitz vorhanden sind, ans „Kapital" zu gehen – wertvolle Spieler müssen verkauft werden. Rolf Rüssmann soll nach Stuttgart gehen, vereinbart aber mit Präsident Rauball einen Wechsel nach Dortmund – schon im letzten Spiel der Hinrunde ist er nicht mehr dabei. Auch Wolfram Wuttke wird mit Dortmund in Verbindung gebracht, wird aber schließlich nach Gladbach geschickt. Zunächst sieht es sogar danach aus, als müßten auch Nigbur, Jara und Elgert gehen...

Alle sind sicher: Nun ist der Abstieg unvermeidbar. Und das ist neu in Schalke. Nicht nur, daß man solch einen radikalen Schritt ins Auge faßt – finanzielle Sanierung auf Kosten des Klassenerhalts –, auch die Stimmung beim Anhang ist anders als je zuvor. Es gibt kein echtes Aufbäumen, kein „Trotzdem", nur ohnmächtige Wut. Die Fans fühlen sich betrogen, zu lange hat man ihnen falsche Hoffnungen gemacht. Anstatt erneut die Knappen zum Sieg zu singen, gibt es Morddrohungen gegen Dr. Fenne, Vorstandsmitglieder haben eine Pistole im Handschuhfach.

Anfangs hatte es noch anders ausgesehen. Das erste Spiel ohne Rüssmann und Wuttke gegen Köln wird gewonnen. Dr. Fenne formuliert noch einmal unvergleichlich Schalker Optimismus: „Ich habe es gehofft, ich habe es nicht zu glauben gewagt, obwohl ich es irgendwie gewußt

Tor von Klaus Fischer gegen Bayern München: Es nützt nichts mehr.

habe.“ Nach der Winterpause kommt Klaus Fischer nach seinem Beinbruch zurück. Gegen den alten und neuen Meister Bayern München gibt es vor 70.000 Zuschauern ein vielumjubeltes 2:2 – aber die 70.000 kommen jetzt wegen Bayern, und nicht mehr wegen Schalke. Als es kurz vor Schluß um alles geht, sehen sich gerade mal 12.000 Schalker das 0:6-Debakel gegen den VfL Bochum bis zum Schluß an. Auch fromme Unterstützung hilft nicht mehr. Trotz Anwesenheit von Ruhrbischof Hengsbach verlieren die Schalker in Duisburg 1:5. Und nur noch 20.000 sehen den entscheidenden Punktverlust gegen den alten Rivalen Nürnberg. Beim 1:1 sitzt nicht mehr Fahrudin Jusufi auf der Bank, sondern Rudi Assauer – aber der neue Manager für die kommende Saison kann das Ende auch nicht verhindern. Beim letzten Spiel in der ersten Liga gegen den 1. FC Köln kommen nur noch 12.000 Zuschauer. Nigbur, Dzoni, Geier, Elgert, Jara, Kruse, Drexler, Szymanek, Fischer, J. Täuber und Thiele laufen in diesem letzten „erstklassigen“ Spiel auf.

Das Unfaßliche ist geschehen. Schalke ist abgestiegen. Wie konnte das geschehen? Natürlich gibt man dem Trainer die Schuld. So einfach kann es nicht sein. Man beklagt die fehlende Einstellung der Spieler. Als man erfährt, daß Klaus Fischer, der die Mannschaft angeblich „aus dem Dreck ziehen wollte“, schon einen Vertrag beim 1. FC Köln hat, scheint das die

Einschätzung zu bestätigen. Fischer wird als Verräter beschimpft. Transparente fordern: „Judas raus!" Und zuviel Geld würden die Kicker verdienen, heißt es. Erstmals Kritik am „Angestellten-Fußball". Profi-Fußball und Moral seien nicht mehr auf einen Nenner zu bringen. Tatsächlich war die Vorstellung der Mannschaft oft unzumutbar gewesen. Aber woran lag das? Die Bayern verdienen sicher nicht weniger und sind souverän Meister geworden.

Es muß mehr dahinter stecken, wenn Hans-Josef Justen in der lokalen Presse schreiben kann: „Angenommen, es wäre vor fünf, zehn Jahren geweissagt worden. Angenommen man hätte damals nach den denkbaren Reaktionen auf einen undenkbaren Zustand gefragt. Dann wäre die Vision von brennenden Fahnen und kullernden Tränen skizziert worden. Gejammert hätten sie und gewütet, schon wegen der unzumutbaren Fragestellung. Doch Samstag, als ein Weltbild in seine Einzelteile zerfiel, da schlich das Volk schweigend davon. Und das, was Rudi Assauer ... innerhalb weniger Tage bei der Mannschaft gesehen haben will, das las man von den Mienen der Masse ab: Lethargie und lähmendes Entsetzen. Es war wie beim Tod nach einer langen schweren Krankheit. ... Denn Schalkes Erstklassigkeit ist nicht über Nacht zur letzten Ruhe gebettet worden, sondern im Zuge einer langen, verhängnisvollen Entwicklung" (*WAZ* 1.6.1981).

„Schalker Verhältnisse"

Sie sind sprichwörtlich geworden, die „Schalker Verhältnisse". Mancher hält sie für genauso unerklärlich wie den Mythos Schalke überhaupt. Wo die Begeisterung groß ist, wächst das Chaotische auch. Dennoch gibt es einige Gründe für die Entwicklung Schalkes. Für den Absturz und für die lange Unfähigkeit, damit fertig zu werden.

Der Revierfußball war schon bei der Gründung der Bundesliga in die Krise geraten. Was den kleinen Ruhrgebietsvereinen nach 1949 passiert ist, geschieht knapp zwei Jahrzehnte später in größerem Maßstab Dortmund und Schalke. Sie können gegen die modernere Konkurrenz nicht bestehen. Schalke stürzt 1965 in die Krise; bei Dortmund wird sie durch den Erfolg im Europapokal noch verdeckt, dann aber folgt auch dort der Fall. (Rudi Assauer, Spieler in der Erfolgself von Liverpool, erlebt es am eigenen Leib: 1970 wird er aus finanziellen Gründen nach Bremen verkauft.)

In Schalke greift die Stadt ein, um das Nationalheiligtum zu retten. Auch Günter Siebert kann auf ihre Unterstützung rechnen, als er den Verein vorübergehend an die Spitze führt und für ein „Zwischenhoch" sorgt. Aber der Erfolg steht auf tönernen Füßen. Er hängt allein an der Person Siebert. Der Ex-Spieler und Getränkehändler besitzt zweifellos Fußballverstand und Charisma. (Heinz van Haaren, nicht unbedingt ein Freund von Siebert: „Dem Mann glaubte man einfach alles.") Aber weder er noch die Strukturen des Vereins sind den Bedingungen des modernen Fußballs gewachsen. Das gehört zu den Schattenseiten eines Vereins, der den Anforderungen einer neuen Zeit mit viel Herz, aber wenig Professionalität begegnet.

Im Skandal kommen erstmals Zweifel an der Seriosität des Günter Siebert auf. Als dann von der Stadt das Parkstadion gebaut wird, verfügt der Verein über Zuschauer-Einnahmen wie kein anderer Bundesligaklub. Aber sie werden nicht sinnvoll verwaltet. In einem krisengeschüttelten Ruhrgebiet werden die Millionen im Stil von Neureichen ausgegeben. Und viele fürchten, daß die Führungsriege sich auch persönlich bereichert hat.

Die Versuche eines Neuanfang haben keinen durchschlagenden Erfolg. Die Konsolidierung unter dem ungeliebten Hütsch ist nicht von Dauer, man sucht erneut das Heil bei Siebert, der den Karren noch tiefer in den Dreck fährt. Auch Fenne kann den Niedergang nicht aufhalten.

Dabei ist es – wie gesagt – nicht die Armut, die den Verein von den erfolgreichen Klubs in Bayern oder am Niederrhein unterscheidet. Es ist vielmehr das Fehlen eines Konzeptes, das über den Tag hinausreicht. Das betrifft den Spielerkauf – mal werden sieben junge, mal sieben alte Spieler gekauft. Das betrifft die wirtschaftliche Entwicklung – die späte Einführung der Trikotwerbung ist nur ein Beispiel für die im Grunde biedere, konservative Politik der Vereinsführung. Das betrifft aber auch die Vereinsstruktur selbst, wo es nicht gelingt, unabhängige Kontrollinstanzen zu schaffen – zu sehr sind auch die Mitglieder des Verwaltungsrates in erster Linie Schalker. Bloße Liebe zum Verein und die Hoffnung, daß es schon irgendwie gutgehen wird, helfen dem Verein nicht auf Dauer.

Die strukturelle und konzeptionelle Schwäche geht aber einher mit einer Krise des Mythos Schalke – und möglicherweise ist die in erster Linie verantwortlich für den Schalker Abstieg. Zum einen hat nach 1968 in allen Bereichen eine „Entmythologisierung" begonnen. Alle Institutionen werden entzaubert, haben ihren Wert nicht mehr in sich, sondern müssen ihre Nützlichkeit beweisen. „Gott ist tot", verkünden Theologen, in der Kirche verschwindet das geheimnisvolle Latein, der amerikanische Präsident ist kein Halbgott mehr, sondern spätestens seit Watergate ein Ganove, und auch Schalke ist nicht mehr das, was es mal war.

Begonnen hat es dort mit dem Skandal. Der Schock sitzt deshalb so tief, weil nicht nur das Spiel als solches zerstört worden ist, sondern auch die Schalker Identität. War der Knappenmythos doch dadurch gekennzeichnet gewesen, daß Schalke gleichbedeutend war mit Einfachheit und Ehrlichkeit. Auch die jungen Schalker waren „Lichtgestalten" gewesen – vermeintlich anders als Slomiany und Konsorten. Nun gibt es nichts mehr, wofür Schalke steht und spielt. Das alte Schalke, der alte Held, ist tot. Natürlich reden alle weiter vom Traditionsverein – aber Tradition ist das Gegenteil von Mythos. Tradition meint Vergangenheit, Mythos immer die Gegenwart.

Selbst die Fans, die noch nichts von Entmythologisierung gehört haben, spüren die veränderten Verhältnisse. Immer weniger kommen, und im Abstiegskampf 1981 gibt es nur ein Aufflackern der alten Liebe und Verbundenheit. Die eigentliche Wut hat sich bereits vorher ausgetobt, als man das Gefühl hatte, der Vorstand habe den Verein kaputt gemacht. Das macht die Sache einerseits leichter, andererseits ist mehr zerbrochen als die Hoffnung auf den Klassenerhalt.

Es wird nicht einfach sein, ein neues Schalke aufzubauen. Und gerade in Schalke werden sie immer wieder, bis hin zu Günter Eichberg und Helmut Kremers, anfällig sein für Leute, die versprechen, daß Schalke wieder Schalke werden muß – wie es Präsident Wildfang nach dem Krieg verkündete. Das bedeutet zwar auf den ersten Blick nichts – aber es spricht die Emotionen derer an, die trotz der tristen Gegenwart den Glauben an die Auferstehung des Helden nicht verloren haben.

Turbulente Zeiten

1981 bis 1994

Eine Fahrstuhlmannschaft (1981-1988)

Die Planungen für die neue Saison 1981/82 werden erstmals von einem wirklich professionellen Manager vorgenommen – Rudi Assauer. Als Spieler hatte er in Dortmund den langsamen Abstieg einer erfolgreichen Mannschaft erlebt, als Manager hatte er in Bremen sein Sanierungskonzept mit dem Abstieg in die Zweitklassigkeit bezahlt, aber auch die Weichen für den direkten Wiederaufstieg gestellt.

In Schalke weiß er, woran er ist: „Entweder ich schaffe Schalke, oder Schalke schafft mich", sagt er zum Einstieg. Zunächst versucht er, Schalke zu schaffen. Es beginnt mit einer symbolischen Revolution. Charly Neumann, als Mannschaftsbetreuer Nachfolger von Ede Lichterfeld, wird abgelöst. In Kaiserslautern, beim vorletzen Erstligaspiel hatte er noch mit auf der Trainerbank gesessen und geheult wie ein Schloßhund – und später im Fernsehen nochmal. Der Ex-Schauspieler verkörpert wie kein anderer das Schalke, das aus dem Bauch heraus geführt wird. Im neuen Schalke ist kein Platz mehr für ihn. Auf der Trainerbank sitzen nun neben dem neuen Trainer Siggi Held (der mit Assauer in Dortmund gespielt hat) der Manager, der Arzt und der Masseur.

Und auch die Mannschaft hat sich verändert. Mit Fischer ist der letzte Skandalbeteiligte gegangen, auch Dzoni und Jara verlassen den Verein. Dafür kommt als neuer Kapitän Janzon vom Meister München, der dort über die Rolle des Jokers nicht hinausgekommen ist. Volker Abramczik tritt, ebenfalls mit 17, in die Fußstapfen seines großen Bruders Rüdiger. Der schon ältere jugoslawische Libero Dragan Holcer soll die Abwehr stabilisieren, und Ilyas Tüfekci (vom VfB Stuttgart) soll den Sturm verstärken.

Der junge Türke ist auch der erste, der die wachsende Ausländerfeindlichkeit in Deutschland zu spüren bekommt. Wo selbst Regierungsmitglieder verkünden, daß die Türken uns die Arbeitsplätze wegnehmen, darf man sich nicht wundern, wenn die Dortmunder Borussenfront und andere Minderbemittelte „Schlagt die Türken tot“ skandieren. Erster Höhepunkt der neonazistischen Parolen ist das EM-Qualifikationsspiel BRD - Türkei im Oktober 1983 in Berlin.

Die ersten Spiele bestätigen den Eindruck, daß in der Schalker Mannschaft endlich wieder eine Mischung zwischen Routiniers und jungen Spielern gefunden worden ist, die erfolgreich sein kann. Im Spiel gegen Mitabsteiger 1860 München mit dem neuen Stürmerstar Rudi Völler gibt es einen 3:1-Erfolg. Und – was besonders wichtig ist: Auch die Zuschauer kommen wieder: 35.000 sehen das Zweitligadebüt, und am Ende haben im Schnitt fast genausoviele Zuschauer die Schalker Heimspiele gesehen wie in der ersten Liga! Sicher spielt dabei eine nicht unerhebliche Rolle, daß Schalke endlich wieder erfolgreich spielt – Siege sind attraktiver als Niederlagen. Aber es scheint auch so, als sei man bereit, eine Mannschaft, die sich hocharbeiten will, wieder zu unterstützen. „Wir kommen wieder“, verkünden sie nach dem ersten Spiel.

Und sie kommen wieder! Schon am drittletzten Spieltag macht ein 4:0-Sieg in Worms alles klar, da Wattenscheid 09, eine Woche zuvor noch mit 4:0 geschlagen, in Offenbach den schärfsten Konkurrenten sensationell geschlagen hat. Schalke bleibt überraschend ruhig. Die Nordkurve feiert, stürmt nach dem letzten Spiel gegen Fürth den Platz, aber der Überschwang vergangener Jahre in der ganzen Stadt fehlt. „Vom Gefühlsdusel zur Sachlichkeit“, titelt die Presse. Und ganz sachlich seien auch die Spieler der Aufstiegsmannschaft genannt: Nigbur, Geier (Kügler), Holcer, Kruse, Bittcher, Drexler, Opitz, Bücker, Janzon, Tüfekci.

Die Mannschaft für die erste Liga wird verstärkt. Bücker, Abel, Schipper, Clute-Simon kommen. Und mit Bernhard „Enatz“ Dietz kommt ein Routinier für die Abwehr. Eigentlich mit dem MSV Duisburg verheiratet, wechselt er nach dem Abstieg der Meidericher nach Schalke, weil er endlich einmal nicht gegen den Abstieg spielen will. Dietz war Kapitän der Mannschaft gewesen, die 1980 ziemlich glanzlos unter Jupp Derwall die heute fast vergessene Europameisterschaft geholt hatte. Der gelernte Schmied wird zur Identifikationsfigur der Schalker in diesen Jahren. Sie wollen nicht unbedingt glänzen, aber sich irgendwie behaupten.

Das wird von Anfang an schwer. Siege gibt es nur gegen Hertha, Leverkusen und Frankfurt – am Ende der Hinrunde steht die Mannschaft auf dem 17. Platz. Schon während der ersten Serie ist Norbert Nigbur durch Walter Junghans (Torwart der Meistermanschaft von 1980) ersetzt worden, der in München nur noch auf der Bank gesessen hatte. Die Vereinsführung macht auch vor Denkmälern nicht halt, was in Schalke kaum zu vermitteln ist. Die Fans sind gespalten. Jeder Fehler von Junghans (der in der Strafraumbeherrschung manchmal Unsicherheiten zeigt) wird gnadenlos kritisiert. Der beurlaubte Nigbur erstreitet vor dem Arbeitsgericht seine Teilnahme am Training.

Auch Wolfram Wuttke ist aus Mönchengladbach zurückgekauft worden. Doch nur beim ersten Spiel gegen den HSV (2:6) und beim Sieg gegen Bielefeld (5:0) kann das ewige Talent überzeugen. Schließlich wird auch der Trainer gewechselt. Nachdem der Draht zwischen Held und Assauer zerrissen ist, kommt „Wundermann" Sundermann.

Am Ende hoffen wieder alle auf eine Sensation. Schalke gewinnt am vorletzten Spieltag in München überraschend mit 1:0. Im letzten Spiel gegen den amtierenden Meister HSV darf man nun sogar verlieren, wenn Berlin in Köln keine Punkte mehr holt. Dann würde man doch noch den drittletzten Platz halten, der zur Teilnahme an den Relegationsspielen berechtigt. Zum ersten Mal in der Saison ist das Parkstadion ausverkauft, und 70.000 feiern am Ende den 2:1-Sieg der Hamburger, der für den HSV die erneute Meisterschaft bedeutet und den 16. Platz für Schalke...

Nun haben es die Schalker selbst in der Hand. Aber nach einem kläglichen 1:3 beim unterschätzten Bayer Uerdingen und einem 1:1 im Parkstadion sind die Hoffnungen dahin. Schalke ist (wieder) „zweitklassig". Die Fans trauern, aber es zeigt sich auch ein Riß zwischen Fans und Verein: Dieses Schalke (mit der ungeliebten, weil erfolglosen Führungsspitze) ist für viele zu Recht abgestiegen – das wahre Schalke muß erst wieder geboren werden. Nicht zuletzt die geringen Zuschauerzahlen belegen die etwas erkaltete Liebe im Revier: Kaum mehr Zuschauer als in der zweiten Liga haben die Spiele beim Gastspiel in der ersten Liga gesehen. Und es werden noch viel weniger.

Selbst die Verantwortlichen sind zunächst ratlos, ob man den sofortigen Wiederaufstieg anpeilen soll oder eine Regenerationsphase in der zweiten Liga. Man entscheidet sich für die kostspieligere Möglichkeit – Aufstieg. Und legt damit gleichzeitig schon den Grundstein für eine neue Krise.

Als neuer Trainer für die Saison 1983/84 wird Diethelm Ferner verpflichtet. Klaus Täuber aus Stuttgart soll den Sturm verstärken, Bernd Dierssen die Spielmacherrolle übernehmen. Wie dünn die Finanzdecke ist, zeigt sich bei der Verpflichtung des Bochumers Jakobs. Nach dem Vorbild der Bremer „Torjäger-GmbH" und dem Homburger „Ommer-

Modell" finanzieren Geschäftsleute den Kauf, der Verein trägt die laufenden Kosten, verzinst die Investition je nach Erfolg und zahlt das Geld bei Wiederverkauf zurück. Vom STV Horst Emscher aber wird ein junger Mann geholt, der erst ein Jahr später einen Profi-Vetrag bekommt, doch schon kurz darauf alle Schalker Herzen höher schlagen läßt: Olaf Thon.

Die Leistungen in der Liga sind zunächst wechselhaft – kaum Zuschauer kommen ins Parkstadion. Gerade mal 15.000 sind es im Schnitt. Herausragendes Ereignis wird der Pokalwettbewerb. Nach Siegen über Fortuna Düsseldorf, Charlottenburg und den Karlsruher SC trifft die Mannschaft im Viertelfinale auf Hertha BSC. Nach einem 3:3 (n.V.) bringt erst das zweite Spiel die Entscheidung. Mit 2:0 zieht der Zweitligist ins Halbfinale ein und trifft dort auf – Bayern München.

Am 2. Mai 1984 kommt es im Parkstadion zu einem der größten Spiele in der Vereinsgeschichte. Niemand der 71.000, die dabei waren, wird es je vergessen. Ein Zuschauer stirbt vor Aufregung, mindestens zwei weitere erleiden einen Herzinfarkt. Schon nach zwölf Minuten führen die Münchner mit 0:2, dann sorgen Kruse und Thon für den Ausgleich. Aber noch in der 20. Minute erzielt Rummenigge das 2:3. Halbzeit. Nach einer Stunde: Thon gleicht wieder aus. Zehn Minuten später: Stichler trifft zur Führung. 4:3! Schalke steht mit einem Bein im Finale. Aber zehn Minuten vor Schluß schafft Rummenigge den Ausgleich. Verlängerung. Über zwanzig Minuten lang passiert wenig. Dann – acht Minuten vor Schluß schießt der eingewechselte Dieter Hoeneß nach Junghans-Fehler das 4:5. Drei Minuten später gleicht Dietz aus! Dann scheint es endgültig vorbei: Zwei Minuten vor Schluß erzielt Hoeneß das 5:6. Und doch ist es nicht das Ende. In letzter Minute ist es noch einmal Olaf Thon, der mit seinem dritten Tor den 6:6-Ausgleich erzielt und ein Wiederholungsspiel erzwingt.

Folgende Spieler haben bei diesem sensationellen Spiel für Schalke auf dem Platz gestanden: Junghans, Dietz, Kruse, Schipper, Jakobs, Stichler, Dierssen, Opitz (106. Berge), V. Abramczik (73. Clute-Simon), Thon, Täuber.

Die Zeitungen überschlagen sich. „Am Mittwochabend ist fürs Image einer angeschlagenen Sportart mehr getan worden als in fünf geschlagenen Jahren zuvor. ... Befreit von den taktischen Zwängen, die beim Alles-oder-nichts-Spiel im Pokal nur hinderlich sein können, haben sie in Schalke den Angriffswirbel zur Methode gemacht und endlich wieder ihr Volk verzückt, verzaubert, verwöhnt wie lange nicht mehr." (*WAZ* vom

Das Jahrhundertspiel gegen Bayern München: Olaf Thon trifft gegen Torwart Pfaff.

4.5.1984) Für 120 Minuten durften die Fans vergessen, daß hier ein Zweitligist spielt. Dieses Schalke lieben sie wie eh' und je.

Vor allem, weil mit Stürmer Olaf Thon endlich wieder ein Mann in der Mannschaft steht, der für viele das Symbol des erneuerten Schalke darstellt. Der Junge aus Gelsenkirchen-Horst, nur 1,70 m groß, gerade 18 geworden und Sohn eines Bergmanns, verkörpert noch einmal den Traum des „kleinen Mannes" aus dem Ruhrgebiet vom Aufstieg. Dabei ist Olaf Thon in vieler Hinsicht nicht mehr der Schalker alten Typs: Der Junge schwärmt eigentlich für den FC Bayern, schläft in rotweißer Bettwäsche und hat schon in der Schule verkündet, daß er mit Fußball sein Geld verdienen will. Aber wen stört das schon – Legenden entstehen noch immer aus den Wünschen derer, die sie erzählen.

Fast gleichgültig auch, daß das Rückspiel in München mit 2:3 verloren geht. Mit 8:0 Punkten aus den letzten Ligaspielen gelingt der Aufstieg – wobei der abschließende 5:0-Sieg gegen RW Essen ein „Nachspiel" hat. Wegen randalierender, feiernder Schalke-Fans wird das Spiel wiederholt. Der erneute 3:2-Sieg ändert weder etwas am Abstieg der Essener noch am Aufstieg der Schalker.

Wieder wird die Mannschaft für die erste Liga verstärkt. Der in Hamburg ausgemusterte Dieter Schatzschneider wird (erneut durch Leasing) für 1,2 Mill. DM verpflichtet. Der umstrittene Stürmer schießt einige wichtige Tore, wird aber schon ein Jahr später wegen Verletzungen kaum noch eingesetzt. Bei seinem Wiederverkauf 1987 bringt er gerade noch 50.000 DM. Der Ex-Hamburger Caspar Memering kommt als Nachfolger von Drexler aus Bordeaux. Später stößt noch Frank Hartmann zum Kader.

Die Saison 1984/85 ist recht erfolgreich. Nach Anfangsschwierigkeiten belegen die Schalker am Ende der Hinrunde einen sicheren 12. Platz. Beim letzten Spiel vor der Winterpause gegen den HSV erzielt Schatzschneider zwei Tore, Klaus Täubers Elfmeter-Tor ist darüber hinaus das 1000. Bundesligator der Schalker. Dann aber sorgen Verletzungen für ein sensationelles Comback. Beim 4:0 gegen Waldhof Mannheim macht Klaus Fichtel, der eigentlich als Amateur- und Co-Trainer aus Bremen zurückgekommen ist, sein 521. Bundesligaspiel! Das ist Rekord. Und am Ende belegt der Aufsteiger einen hervorragenden achten Platz. Fast wäre im letzten Spiel gegen Hamburg noch ein UEFA-Pokalplatz drin gewesen...

Zusätzliches Glanzlicht sind die Begegnungen gegen den Rivalen aus Dortmund. Nach einer 1:4-Hinspiel-Niederlage gelingt im Rückspiel ein 3:1-Sieg. Zuvor ist die Dortmunder Mannschaft auch im Pokal ausgeschaltet worden... Und als Sahnetupfer macht Olaf Thon am 16. Dezember 1984 sein erstes Spiel im Nationaldreß. Er beendet damit beim 3:2 Erfolg gegen Malta die lange Abstinenz der Königsblauen auf nationaler Ebene.

Weniger erfolgreich verläuft die Saison 1985/86. Nur 322.000 Zuschauer wollen die Spiele der verkorksten Spielzeit sehen; im letzten Jahr waren es noch 478.000. Obwohl am Ende auf dem 10. Platz, kämpfen die Blau-Weißen lange Zeit gegen den Abstieg. Denn nur zwei Punkte trennen die Schalker vom 16. Platz. Deshalb ist das Duell gegen Dortmund im Westfalenstadion, erneut am vorletzten Spieltag ausgetragen, ein echtes Schicksalsspiel. Nach einem phantastischen 6:1 im Hinspiel rettet erst Olaf Thon durch seinen Treffer zum 1:1 einen Punkt. Die Relegation bleibt den Schalkern erspart; die Dortmunder dagegen müssen zittern bis zum dritten Spiel gegen Fortuna Köln, das endlich den Klassenerhalt bedeutet.

In der Saison 1986/87 sind es dann nicht die sportlichen Seiten, die für Schlagzeilen sorgen. Zwar ist die Wahl des autoritären Rolf Schafstall als

Klaus Täubner erzielt das Tor zum 1:0-Auswärtssieg beim VfB Stuttgart.

Trainer nicht gerade ein Glücksgriff. Der Zusammenhalt in der Mannschaft schwindet, Dietz wird nur noch ganz selten eingesetzt, Fichtel macht nach drei Spielen („endgültig") Schluß. Im Tor spielt mal Junghans, mal Macak. Aber immerhin hat die Mannschaft mit dem Abstieg nichts zu tun. Am Ende reicht es zu einem 13. Platz, der Abstand zum 16. beträgt diesmal elf Punkte. Meister wird Werder Bremen, mit Dieter Burdenski im Tor.

Für Furore sorgt statt dessen wieder einmal der Vorstand. Es zeigt sich, daß man erneut total über seine Verhältnisse gelebt hat. Im Dezember wird Manager Rudi Assauer beurlaubt, wenige Tage später tritt Präsident Fenne zurück. 5,2 Millionen DM Schulden haben sich angesammelt. Rolf Rüssmann: „Nicht einmal das Waschpulver konnten sie mehr bezahlen." Schuldzuweisungen werden versucht. Assauer gilt als der „Schulden-Macher". Nun hat Schalke ihn doch geschafft. Gemocht hatten sie den kühlen Assauer nie – nun hat man anscheinend den Beweis, daß sein Versuch, aus Schalke einen seriösen Verein zu machen, gescheitert ist. Das ist die Stunde von Charly Neumann. Er holt Günter Siebert aus seinem Pub in Gran Canaria zurück, und auf der Mitgliederversammlung am 2. Februar 1987 wird er erneut zum Präsidenten gewählt.

Doch Siebert ist nicht mehr der alte. Er ist inzwischen weniger denn je der Mann, der einen Verein wie Schalke führen kann. In der Bundesliga kennt er sich seit Jahren nicht mehr aus, finanzielle Konsolidierung war noch nie sein Ding. Die Verpflichtung von Rolf Rüssmann als Quasi-Manager soll dabei helfen. Der legt ein Sanierungskonzept vor mit fünf Punkten: 1. Gehaltsverzicht, 2. Prämienhalbierung, 3. Umschuldung von kurz- auf langfristig, 4. Spielerverkäufe, 5. Finanzhilfe durch die Stadt (Einnahmen aus Bandenwerbung fließen für drei Jahre in die Vereinskasse).

Klaus Täuber und der an Fortuna Köln ausgeliehene Dieter Schatzschneider werden verkauft. Und noch einmal offenbart sich das Geheimnis Schalke. Wo Politiker Sonntagsreden halten, was man tun müßte, greifen Schalker ins Portemonnaie: Kinder schicken ihre Sparschweine, Omas Briefe mit einem Zehn-DM-Schein aus ihrem Sparstrumpf. Niemand hat dazu aufgerufen, niemand im Vorstand hat solche Fans verdient – aber die Idee, die blau-weiße Idee, sie darf nicht sterben. Doch das Konzept wird von Siebert unterlaufen. Junge Spieler werden hoffnungslos überbezahlt, merkwürdige Ablösesummen wechseln den Besitzer. Siebert wird bei der „ordentlichen" Mitgliederversammlung im September 1987 wiedergewählt. Gegenkandidat Volker Stuckmann hat ebensowenig eine Chance wie Monate zuvor Professor Meya. Die Sitzung wird zur Schlammschlacht; die Besonnenen, Stuckmann und Rüssmann, haben keine Chance. Das Vertrauen in Finanzleute ist erschöpft, wenn es je da war. Die Mitglieder, die sich als Träger der Idee Schalke fühlen, suchen einen Geistesverwandten, einen Fanatiker, einen Charismatiker, und glauben, ihn in Siebert gefunden zu haben. Nur – inzwischen ist er nicht einmal mehr das. Auch Rüssmann tritt kurz darauf zurück.

Sportlich glaubt man, sich für die Saison 1987/88 verstärkt zu haben. Harald Schumacher ist Ende 1986 wegen seines Buches „Anpfiff" aus der Nationalmannschaft und seiner Kölner Elf geflogen. Siebert nimmt ihn in Schalke auf – was „Toni" verdient, wird nie bekannt. Michael Prus war schon im vergangenen Jahr eine Verstärkung, Claus-Dieter Wollitz von der SpVgg Brakel entpuppt sich als großes Talent, erhält den Beinamen „Pélé", und auch Bjarne Goldbaek macht ein paar große Spiele.

Dennoch wird die Saison eine Katastrophe: Anders als 1973 gelingt es nicht, aus den jungen Spielern um Schumacher und Thon eine kampfstarke Mannschaft zu formen. Am Ende der ersten Serie liegt Schalke auf dem letzten Tabellenplatz, und am Ende auch. Weder das erneute Comeback von Klaus Fichtel, noch das „Comeback" des Rüdiger Abramczik

Olaf Thon vor Köln Torwart Toni Schumacher – zwei Jahre bevor die beiden für eine Saison gemeinsam bei Schalke spielen.

(für drei Spiele) können etwas retten. Einziger Lichtblick: Der 3:0-Sieg gegen den BVB am 26. Spieltag. Beim „Kampf der Talente“ Thon und Möller gelingt dem Schalker ein Tor, während der Dortmunder nach einer Roten Karte den Platz verlassen muß. Doch schon eine Woche später ist es mit der blau-weißen Herrlichkeit beim 1:8 gegen Bayern München wieder vorbei. Auch der neue Trainer Horst Franz kann es nicht verhindern – die Niederlage gegen den 1. FC Köln am vorletzten Spieltag besiegelt den dritten Abstieg aus der Bundesliga.

Es ist inzwischen fast Routine: „Statt Tränen grauer Alltag“, schreibt die Presse; nur Charly Neumann weint wieder. Die Schalker Fans ziehen stumm verzweifelt nach Hause und fragen sich, warum diese – wieder einmal vielversprechende – Mannschaft nicht zu einer kontinuierlichen Leistung fähig war und wie es weitergehen soll. Toni Schumacher hat es für sich schon lange entschieden: „Ich spiel’ doch nicht in Meppen.“ Und Olaf Thon geht nun doch zu den geliebten Bayern...

Günter Siebert aber verzeiht man den sportlichen Abstieg nicht – auf der Mitgliederversammlung im September 1988 stellt er die Vertrauensfrage und unterliegt. Die Ära Siebert ist endgültig vorbei. Am Ende bleibt ein zwiespältiges Gefühl zurück: Ohne den Charismatiker Siebert wären die Erfolge der siebziger Jahre nicht möglich gewesen. Gleichzeitig verkörpert der Präsident Siebert als fast tragische Figur in einer gewandelten Zeit den Abstieg des Vereins, an dem er nicht unschuldig war.

Die Ära Eichberg (1988-1994)

Eine erneuerte Mannschaft soll – wieder einmal – den sofortigen Wiederaufstieg schaffen. Als Torhüter werden der schon ältere Werner Vollack und der junge Jens Lehmann verpflichtet. Vom Rivalen Dortmund kommt Ingo Anderbrügge (der beim 6:1 in der Saison 1985/86 den einzigen Dortmunder Treffer geschossen hatte); Wassmer, Luginger und Müller stoßen ebenfalls zum Kader. Aber viele der erfahrenen Spieler haben den Verein verlassen.

Und nach 4:14 Punkten aus den ersten neun Spielen liegt der Aufstieg in weiter Ferne. Trainer Franz wird entlassen, Diethelm Ferner kehrt zurück. In den turbulenten Monaten, die folgen, kann auch er die Mannschaft nicht stabilisieren. Schon im April 1989 wird er entlassen. Da heißt der Schalker Präsident bereits Eichberg. Am 21. November 1988 war Michael Zylka zum Präsidenten gewählt worden und schon drei Tage später zurückgetreten. Und da auf Schalke nichts unmöglich ist, behauptete er, er sei von seinem ehemaligen Arbeitgeber, dem Bundesnachrichtendienst, zur Kandidatur gedrängt worden.

Im Januar wird auf einer erneuten Mitgliederversammlung ein gewisser Günter Eichberg gewählt – mit 1.147 von 1.369 Stimmen. Der Besitzer von mehreren Privatkliniken ist nicht in Gelsenkirchen oder Umgebung, sondern in Gütersloh geboren, kann aber auf einen Großvater verweisen, der schon mal auf Schalke ging. Und vor allem: Er hat Geld und verspricht, mit diesem Geld den Verein zu unterstützen und an die Spitze zu führen. Solche Töne haben in Schalke noch immer alle Bedenken hinweggefegt. Die wenigen, die anderer Meinung sind (Ex-Präsident Hütsch: „Alles Luft, was Sie sagen") werden nicht gehört. Eichberg stellt sich eine komplett neue Führungsmannschaft zusammen. Charly Neumann wird erneut entmachtet – mit dem sicheren Gespür für den Konkurrenten um die Anhänglichkeit der Fans.

Neuer Schatzmeister wird Rüdiger Höffken, ebenfalls Sponsor des Vereins und Hersteller von Alu-Felgen, neuer Manager Helmut Kremers. Auch das Amt des Geschäftsführers wird neu besetzt. Als besonders inno-

Zwei sehr unterschiedliche finanzkräftige Sponsoren: Präsident Eichberg (rechts) mit Klaus Steilmann, Mäzen der SG Wattenscheid 09.

vativ wird die Gründung einer sogenannten Marketing GmbH angepriesen, die Schalke in jeder Hinsicht vermarkten soll. Geschäftsführer wird Heribert Bruchhagen, der zuvor als Trainer beim FC Gütersloh gearbeitet hat. Tatsächlich dient die GmbH aber nicht nur dazu, Spiele an Sponsoren zu verkaufen und so die Eintrittspreise zu senken, sondern dazu, die Finanzpolitik undurchschaubar zu machen. So werden beispielsweise Spielerkäufe durch Privatpersonen von der Marketing GmbH refinanziert. Auf diese Weise werden 1990 die Spieler Ljuty, Sendscheid und Schacht gekauft: Offizielle Käufer sind Eichberg und Höffken, die sich das Geld von der GmbH zurückzahlen lassen, deren Schulden aber bei der Lizenzerteilung nicht zu Buche schlagen. 1991 werden die Kompetenzen erheblich erweitert: Alle Gelder, die der Verein erwirtschaftet, fließen zunächst in die Marketing GmbH…

Nie waren auf Schalke Privat- und Vereinsinteressen so miteinander verschmolzen – zumal Eichberg in seiner Unfähigkeit, Person und Amt zu trennen, diese für identisch hält.

Dank Eichbergs Geld kommt als erste Neuerwerbung Günter Schlipper vom 1. FC Köln, der die Rolle des Spielmachers übernehmen soll. Im April wird – wie gesagt – Trainer Ferner entlassen, denn trotz aller Bemühungen droht Schalke der Abstieg ins Amateurlager! Helmut Kremers übernimmt kurzzeitig das Training. Dann kommt Peter Neururer. Der Mann aus Marl ist Trainer in Aachen, aber seit Kindertagen ein Schalke-Fan. Seit Wochen hat er verkündet, er würde auch zu Fuß von Aachen nach Gelsenkirchen laufen, wenn sie ihn brauchen. Nun brauchen sie ihn – und mindestens zehn Punkte aus den restlichen Spielen.

Neururer baut die verunsicherten Spieler wieder auf. Und sie holen die Punkte: 16:8 aus den letzten zwölf Spielen! Das bedeutet den 12. Platz. 66.000 Fans feiern beim 4:1 gegen BW Berlin – das Spiel ist von der Marketing GmbH an Mazda verkauft worden – den Klassenerhalt wie eine Meisterschaft. Vollack, Luginger, Belarbi, Müller, Prus, Edelmann, Klinkert, Goldbaek (Igler), Marquardt, Wassmer (Schlipper) und der hervorragende Anderbrügge bewahren Schalke vor dem ganz tiefen Sturz.

Für die neue Saison 1989/90 wird dann erstmals groß eingekauft. Nachdem Günter Siebert in den Siebzigern im sich öffnenden Jugoslawien so manchen Deal gemacht hat, beginnt nun der Ausverkauf der Sowjetunion. Aleksandr Borodjuk ist der erste Russe in der Bundesliga, in der zweiten Saisonhälfte folgt Wladimir Ljuty. Im Parkstadion tauchen neben blau-weißen Fahnen solche der Sowjetunion auf – vor kurzem noch undenkbar. Hinzu kommen Ex-Nationalspieler Matthias Herget, Dietmar Schacht und Peter Sendscheid.

Dennoch weiß Neururer, daß die Formung einer Mannschaft Zeit braucht. Aber in Schalke ist man wieder einmal ein Opfer der eigenen Wünsche und großen Worte geworden. Als die Mannschaft nach einigen schwachen Spielen in Kassel beim 0:2 endgültig den Aufstieg verspielt, intonieren die Fans mit einer Mischung aus Bitterkeit und Ironie: „Nie mehr erste Liga..." Erbittert sind sie vor allem, weil die Spieler sich nicht einmal wehren. Sogar noch lachen können. Und das ist das einzige, was sie nicht verzeihen: „Wir sind Schalker, und ihr nicht...", rufen sie den Spielern zu. Am Ende landet Schalke auf dem 5. Platz. Statt der Königsblauen steigt Nachbar Wattenscheid in die erste Liga auf. Dort hat der Textilfabrikant Klaus Steilmann als Mäzen und langjähriger Präsident noch einmal einen Verein im Stil eines Familienunternehmens zur Spitze geführt.

Anders als in der vergangenen Saison gibt Neururer für die Spielzeit 1990/91 die Devise „Aufstieg" aus. Spiele gegen Havelse, Schweinfurth und Meppen soll es in der nächsten Saison nicht mehr geben. Und die Zuschauer gehen mit. Fast 35.000 Zuschauer sehen die Schalker im Schnitt. Beim – abermals von der Marketing GmbH verkauften – Spiel gegen den MSV Duisburg am 7. Spieltag feiern 60.000 Zuschauer den 1:0-Sieg. Ein Zweitligaspiel hat an diesem Wochenende die meisten Zuschauer in beiden Profiligen! Schalke steht an der Tabellenspitze, als Peter Neururer Mitte November entlassen wird. Nicht „Erfolglosigkeit" ist der Kündigungsgrund, sondern die Eitelkeit von Günter Eichberg, der

Aufstiegsfeierlichkeiten

sich mit dem weltmännischen und redegewandten Aleksandar Ristic auf seinem Trainer-Thron schmücken möchte. Mit angeblich 121.000 DM Monatsgehalt ist er der bestbezahlte Trainer nicht nur der 2. Liga.

Neururer, trotz seiner hemdsärmeligen Art eine Respektperson für die Mannschaft, muß gehen. Dabei ist er es, der maßgeblichen Anteil an der Rettung hatte und der mit seiner Mischung aus Professionalismus und Herz ein idealer Trainer für Schalke war. Er, der nie Bundesligaspieler war, verkörperte auch selbst ein Stück den Aufstieg des Underdog aus dem Ruhrgebiet. Aber diese Vergangenheit will Eichberg abschütteln – ohne zu merken, daß er damit die Wurzeln ausreißt. Die Fans protestieren; beim nächsten Heimspiel bleibt Block 5 der Nordkurve leer. Es hilft nichts.

Das erste Spiel nach Neururer, gegen RW Essen, – offiziell unter der Leitung von Klaus Fischer und Helmut Kremers – gewinnen die Schalker dank Toren von Schlipper, Borodjuk und Ljuty mit 3:1. Unter Ristic gibt es zwar einige schwache Spiele, aber die Tabellenspitze wird gehalten. Auch nach der Verpflichtung von Radomil Mihajlovic. Der Transfer des Spielers vom FC Bayern München kostet 3 Mill. DM und ist laut Eichberg ein Zeichen für den „Gezeitenwechsel" im deutschen Profifußball: Erstmals habe Schalke den Bayern einen Mann abkaufen können und nicht, wie seinerzeit bei Olaf Thon, einen abgeben müssen. Dabei ist Mihajlovic das Geld schon lange nicht mehr wert, und Schalke kann ihn nur bekommen, weil Manager Hoeneß das erkannt hat. Zum Schalker Aufstieg trägt Mihajlovic denn auch weniger bei als mancher andere. Nur das Schalker Konto belastet er: 500.000 DM Jahresgehalt plus Prämien, Handgeld von 1.000.000 $, mietfreie Villa und Luxuskarosse gesteht Eichberg ihm zu. Nach dem Spiel gegen Fortuna Köln am drittletzten Spieltag steht es endgültig fest: Schalke steigt – zusammen mit dem MSV Duisburg – in die erste Liga auf. Und als das letzte Spiel gegen Darmstadt 98 (mit Trainer Jürgen Sparwasser) vorüber ist, feiert Schalke wie in alten Zeiten. Nicht nur der Aufstieg ist geglückt, auch die Gefühle sind wieder da. 70.000 Zuschauer werden vom Aufstieg mitgerissen, glauben, daß es aufwärts geht. Bei aller Kritik – das ist nicht zuletzt das Verdienst von Günter Eichberg.

Folgende Mannschaft hat den Aufstieg erkämpft: Lehmann, Anderbrügge, Schacht, Mademann, Schlipper, Wörsdorfer, Borodjuk, Güttler, Kroninger, Flad, Luginger, Ljuty und Sendscheid.

Daß zwei Bücher zum Aufstieg erscheinen – ein offizielles des Vereins, bei dem die Verehrung Eichbergs an Personenkult grenzt, und eines von

Strategieberater Netzer mit dem ehemaligen Schalker Stadionsprecher Werner Hansch.

den Fans – spricht für sich. Für viele Fans ist diese Saison im Nachhinein eine der schönsten gewesen: Die kämpferischen Spiele waren für jeden Gegner etwas Besonderes; hier wurde Schalke gehaßt und bewundert, der Mythos war lebendiger als im Mittelfeld der Bundesliga.

Für die neue Saison verspricht Eichberg einen neuen Millionen-Transfer: Bent Christensen, dänischer Nationalstürmer vom Bröndby IF. Für etwa 5 Mill. DM nach Schalke geholt – der teuerste Transfer in Schalke – kann er jedoch die in ihn gesetzten Erwartungen nie erfüllen. Außerdem beteiligt man sich am Abwickeln der Klubs aus der soeben aufgelösten DDR: Mit Henning Bürger, Hendrik Herzog und Steffen Freund versuchen drei Ostdeutsche den Durchbruch im Westen. Ausgerechnet das größte Talent unter ihnen, Steffen Freund, wird zwei Jahre später verkauft und in Dortmund zum Nationalspieler...

Außerdem gibt Eichberg die Verpflichtung von Günter Netzer als „Strategie-Berater" bekannt. Der Ausnahmefußballer hatte als Manager den HSV zweimal zur Meisterschaft geführt – nun aber profitiert nur Netzer von einem Geschäft, bei dem für ein tägliches Telefongespräch 16.000 DM gezahlt werden... Wirkliche Gestaltungsmöglichkeiten hat Netzer nicht, will sie wohl auch nicht haben.

Sportlich wird 1991/92 die bisher längste Bundesligasaison: Hansa Rostock und Dynamo Dresden sind als Vertreter aus den „fünf neuen Ländern" hinzugekommen. Der schlechte Saisonstart mit 2:6 Punkten wird durch den sensationellen 5:2-Erfolg gegen Titelanwärter Dortmund aufgewogen. Anderbrügge, Güttler (Foulelfmeter), Luginger, Sendscheid und Schlipper treffen gegen einen nervenschwachen BVB. Die tiefschürfende Netzer-Analyse: „Schalke hat gebissen, in der entscheidenden Phase Glück gehabt und die wichtigsten Zweikämpfe gewonnen." Schalke setzt sich im Mittelfeld fest, läßt aber in der zweiten Hälfte stark nach, gerät sogar in Abstiegsgefahr. Das Spiel gegen den Auf- und späteren Absteiger MSV Duisburg am 21. März ist wieder einmal ein „Schicksalsspiel". Bald darauf gerät der 3:0-Sieg der Schalker ins Gerede. Schiedsrichter Neuner soll – laut *Spiegel* – vor dem Spiel verkündet haben: „Ihr braucht euch heute keine Sorgen zu machen." Jagdfreund Neuner erhält spätestens nach der Begegnung, die sein 100. Bundesligaspiel ist, von Eichberg ein Jagdgewehr im Wert von 30.000 DM als Geschenk...

Im November 1991 hatte bereits ein Wettskandal einige Schalker ins Zwielicht gebracht. Als in Salzburg ein illegales Wettbüro „hochgenommen" worden war, war ans Licht gekommen, daß auch mancher Spieler und Manager unter der Hand gewettet hatte. Der Verdacht der Spielabsprache hatte wieder einmal im Raum gestanden. Beteiligt waren auf Schalker Seite Günter Schlipper und Heribert Bruchhagen gewesen – neben einem WDR-Redakteur, der als Anlaufstelle für die Wettkönige gedient hatte.

Im rein sportlichen Bereich häufen sich die Konflikte mit Trainer Ristic. Die oft unverständlichen Entscheidungen belasten das Verhältnis zur Mannschaft und auch zur Vereinsführung. Am Ende seiner Möglichkeiten neigt Ristic dazu, die Spieler nicht mehr ernst zu nehmen. Geschlossen protestieren diese. Und auch Eichberg hatte sich wohl mehr erhofft – seine Investitionen müssen sich lohnen. Drei Spieltage vor Ende der Saison übernimmt Klaus Fischer das Training.

Dank Schalkes Heimstärke steht die Mannschaft am Ende auf dem 11. Platz – für einen Aufsteiger eigentlich ganz ordentlich, zumal man nur einen Platz hinter den Bayern und noch vor Hamburg und Gladbach liegt. Meister ist bis vier Minuten vor Abpfiff der Saison der BVB – dann sorgt das Tor von Guido Buchwald in Stuttgart für die Wende. Schalke aber ist in seiner ersten Bundesligasaison wieder Meister der Fans: Mit 889.000 Zuschauern im Parkstadion, 47.000 pro Spiel, hat der Verein den besten Schnitt aller Bundesligisten!

Vor Beginn der Saison 1992/93 wartet Eichberg noch einmal mit einem neuen Coup auf: Er verpflichtet an Stelle von Fischer den „erfolgreichsten Vereinstrainer der Welt" – so Udo Lattek über sich selbst. Dabei ist er kurz zuvor in Köln als sportlicher Direktor kläglich gescheitert. Es werden Prämien ausgehandelt für jeden Punkt (8.000 DM), für einen UEFA-Pokalplatz (1.000.000 DM) und sogar für die Meisterschaft. Aber eines gibt es nur in Schalke: 500.000 DM Extraprämie, wenn der Verein vor dem BVB landet.

Als Spieler werden Torwart Holger Gehrke, Uwe Scherr und Michael Büskens geholt. Aber auch dabei kommt es wieder zu problematischen Vereinbarungen: 600.000 DM soll der Ex-Lauterer Scherr (steuerfrei) auf einem Konto in Liechtenstein erhalten haben. Der Ex-Düsseldorfer Büskens wechselt für 1,5 Mill. nach Schalke – der notwendige Kredit wird gleich bei zwei Banken beantragt. Und neben den offiziellen Verträgen gibt es Privatvereinbarungen mit Eichberg – als Eichberg später verschwindet, müssen Spieler wie Andreas Müller mit 60 % der Bezüge auskommen.

Sportlich beginnt die Saison mit einer Heimniederlage gegen Wattenscheid, dann aber folgt ein „Jahrhundertsieg" in Dortmund! Erstmals seit 1972 ist der Rasen im Westfalenstadion in Schalker Hand. Vor 43.000 Zuschauern erlebt der favorisierte BVB zudem seine erste Heimniederlage seit dem Amtsantritt von Ottmar Hitzfeld. Das Tor von Günter Schlipper wird schon bald zur Legende: Auf unnachahmliche Weise spielt er Reuter und Klos aus und trifft zum 1:0. Christensen erhöht später noch auf 2:0. Die blau-weiße Welt scheint in Ordnung.

Doch die Mannschaft kann die hohen Erwartungen nicht erfüllen. Nur einen Sieg gibt es in den nächsten fünf Spielen. Erst im Spiel gegen Leverkusen ist eine Leistungssteigerung zu erkennen. Die Fans feiern ihre Mannschaft selbst noch beim Stand von 1:4. Da muß Lehmann schwer verletzt ausscheiden. Und weil das Auswechselkontingent bereits erschöpft ist, muß mit Mike Büskens ein Feldspieler ins Tor. 1:6 heißt es am Ende aus Schalker Sicht, doch die Fans feiern, wollen ihre Mannschaft noch einmal sehen... Daß sie nicht mehr erscheint, spricht für die Distanz, die selbst an solch einem Tag zwischen Mannschaft und Fans besteht.

Daß auch Schalker Fans anfällig sind für rassistische Parolen, hat sich in den vergangenen Monaten immer wieder gezeigt. Die Überzeugung, daß die Ausländer an allem schuld sind, ist nicht nur im Revier mit seinen 14 % Arbeitslosen weit verbreitet. Und das Stadion ist auch diesmal der Ort, wo sich die gesellschaftliche Stimmung spiegelt. Vorurteil und Gefühl der Benachteiligung, Gedankenlosigkeit und Lust am Tabu gehen eine

Die Schalker Fan-Initiative nach einem Spiel der Schalker gegen Galatasaray Istanbul.

gefährliche Verbindung ein. Diesmal richtet sich das Aufbegehren nicht gegen den symbolischen Gegner oder „die da oben“, sondern gegen reale Menschen. Gegnerische Spieler werden beschimpft – und sogar eigene. Aus dem enttäuschenden Mihajlovic wird die „Kroatensau“ – auch wenn er aus Bosnien stammt. Genauigkeit war noch nie die Starke der Gedankenlosen.

Dann brennen in Rostock und Mölln Häuser. Beim Spiel gegen Frankfurt stellt sich die kurz zuvor gegründete Initiative „Schalker gegen Rassismus“ im Stadion vor – angesichts der Ereignisse kommt auch den Verantwortlichen ein Signal ganz gelegen. 25.000 Flugblätter werden verteilt, das Transparent wird in die Nordkurve getragen. Und die Fans antworten – zwar nicht mit „Nazis raus“, aber, wohl aus Verlegenheit, mit „Wir scheißen auf den BVB“. Die Aggression ist zur alten Rivalität zurückgekehrt. Zumindest öffentlich sind seitdem kaum mehr rassistische Sprüche auf der Tribüne zu hören...

Die sportliche Steigerung von Leverkusen aber war ein Strohfeuer: Am Ende der Hinrunde befindet sich Schalke in bedrohlicher Nähe der Abstiegszone. Udo Lattek wird – nein, nicht entlassen, sondern zum „technischen Berater“, der zwar nicht mehr arbeitet, aber weiter Bezüge erhält. Neuer Trainer wird Helmut Schulte, der die Mannschaft komplett umstellt. Mihajlovic und Christensen spielen kaum noch eine Rolle, auch

Dank an die Fans nach dem Auswärtssieg in Frankfurt.

Schlipper wird ausgemustert. Borodjuk und Sendscheid spielen dafür plötzlich hervorragend, schießen noch sechs bzw. fünf Tore. Ingo Anderbrügge ist mit zehn Treffern bester Torschütze der Schalker.

So gibt es einige erfreuliche Auswärtssiege (4:1 in Nürnberg, 3:0 in Frankfurt), aber die Tabellensituation gleicht einer Berg- und Talfahrt, da zu Hause sogar Punkte gegen Absteiger abgegeben werden (0:3 gegen Bochum). Vor dem letzten Spiel geht es dann für Schalke um nichts mehr, für Gegner Bayern aber um alles: Nur ein Sieg in Schalke bietet noch Chancen, Werder Bremen – bis zum 32. Spieltag hinter den Bayern – die Meisterschaft zu nehmen. Aber dazu kommt es nicht. Die Schalker machen vor 70.000 Zuschauern – wenige Tage nach dem Brandanschlag von Solingen – eines ihrer besten Spiele der Saison: Schon nach fünf Minuten 1:0 durch Anderbrügge. Ausgleich Scholl, dann 2:1 durch Borodjuk. Als Bayern durch Tore von Matthäus und Wouters 2:3 in Führung geht, führt Bremen in Stuttgart schon 3:0 – die Sache ist entschieden. Borodjuk stellt fünf Minuten vor Schluß den 3:3-Endstand her – mehr als verdient!

Durch einen Sieg am letzten Spieltag ist auch der befreundete Club in Nürnberg gerettet, und Schalke belegt den 10. Platz. Siebenmal hat die Mannschaft 0:0 gespielt, und ähnlich unentschieden sind die Fans. War dies nun eine erfolgreiche Saison oder nicht? Was war das Ziel? Klassenerhalt oder UEFA-Pokal?

Schon vor Beginn der Saison 1993/94 gibt es dann Probleme: Bekommt der Verein die DFB-Lizenz für die neue Spielzeit? Zum einen werden jetzt die Umstände bei den Neuverpflichtungen und bei der Lizenzerteilung für 1990/91 bekannt; zum anderen besteht Unklarheit bezüglich des Verhältnisses zwischen Verein und Marketing GmbH – und deshalb auch darüber, wieviel Schulden der Verein hat. Sechs Millionen gibt sogar Eichberg zu. Der DFB fordert die Auflösung der Gesellschaft.

Im April hat Eichberg angesichts dieser Situation Rudi Assauer als Manager zurückgeholt. Die Schalker Anhänger verstehen die Welt nicht mehr. Hatte man doch Assauer als den Hauptverantwortlichen für das sportliche und finanzielle Desaster Ende der achtziger Jahre dargestellt. Nun soll ausgerechnet Assauer die finanzielle Misere beheben, deren Ausmaß noch größer ist als damals? Eichberg aber ahnt wohl bereits, daß mit seinen Methoden der Verein nicht länger zu führen ist. Und Assauer ist eben in Wirklichkeit gerade in seiner kühl-berechnenden Art jemand, der etwas vom Fußballgeschäft versteht.

Der neue Trainer Jörg Berger mit dem Ex-Schalker Hannes Bongartz.

Mit ihm beginnt eine gewisse Konsolidierung. Die ungebremste Bedienung aus der Kasse des Schalke-Supermarkts wird zumindest eingeschränkt. Die Auflösung der Marketing GmbH wird eingeleitet. Ab sofort werden die Werberechte und die Transferrechte für alle Spieler wieder dem Verein übertragen. Und Schalke erhält seine Lizenz. Man trennt sich von zahlreichen Spielern. Mihajlovic und Christensen sind nicht mehr im Kader, Steffen Freund wird verkauft. Als neue Spieler werden der Holländer Youri Mulder und der Tscheche Jiri Nemec verpflichtet. Später kommt, nach schwachem Saisonstart, noch der Nürnberger Stürmer Dieter Eckstein hinzu – was die Franken, die gegen den Abstieg kämpfen, gar nicht freut. Hinten kommt es nach der Genesung von Jens Lehmann zum Duell zweier gleichwertiger Törhüter, das erst gegen Ende der Saison verletzungsbedingt zugunsten von Lehmann ausgeht. Gehrke wechselt wenig später zum MSV Duisburg.

Aber die Mannschaft, der man zumindest einen soliden Mittelplatz zutraut, startet katastrophal. Nur am zweiten Spieltag gibt es einen

1:0-Sieg – gegen den BVB. Aber nicht einmal der kann diesmal trösten. Nach elf Spielen liegt Schalke abgeschlagen mit 5:15 Punkten am Tabellenende. Trainer Schulte muß gehen, der aus dem Osten stammende Jörg Berger, zuletzt beim 1. FC Köln, wird sein Nachfolger. Auch er kann die Negativserie zunächst nicht stoppen, das erste Spiel in Leverkusen geht wieder hoch, mit 1:5, verloren. Jens Lehmann wird ausgepfiffen, zur Halbzeit ausgewechselt und fährt mit der S-Bahn nach Hause.

Zwei Wochen zuvor ist Günter Eichberg, trotz einzelner Proteste, mit überwältigender Mehrheit als Vorsitzender wiedergewählt worden. Nun erklärt er – per Fax aus seinem Wochenendhaus in Bullay an der Mosel – seinen Rücktritt! Und wenige Tage später setzt er sich ab in die USA! Chaos auf Schalke. Der Restvorstand steht vor einem Schuldenberg. Denn es ist unklar, was aus den verbliebenen Schulden der Marketing GmbH werden soll: Durch die Übertragung der Transferrechte auf den Verein war die Bilanz des Vereins zwar zum Positiven hin korrigiert worden, für die dadurch erheblich gewachsenen Schulden der Marketing GmbH kam bisher Alleingesellschafter Eichberg auf. Muß nun der Verein einspringen? Mindestens 13,2 Mill. DM Verbindlichkeiten hat der Verein in jedem Fall. Andere sprechen von über 20 Mill. DM. Wieder ist fraglich, ob der Verein für die nächste Saison eine Lizenz erhält.

Die Anhänger sind geschockt, die Träume der vergangenen Jahre sind geplatzt. Mit Spruchbändern wie „Die Ratte verläßt das sinkende Schiff" machen sie ihrer Wut Luft. Aber zunächst einmal geht es ums sportliche Überleben. Mit einer unglaublichen Kraftanstrengung in der zweiten Saisonhälfte gelingt der Klassenerhalt. Noch vor der Winterpause wird Wattenscheid – im Hinspiel noch 3:0-Sieger, mit 4:1 geschlagen. Dann Unentschieden gegen Dortmund, Sieg gegen Hamburg. Und auch nach der Winterpause gibt es zum Auftakt eine Serie von 14:3 Punkten! (Die beiden in Nürnberg verlorenen Punkte helfen jedoch dem Club am Ende auch nicht mehr.) Zwei Niederlagen gegen Dresden und Stuttgart bringen wieder Abstiegsgefahr, aber da die Konkurrenten auch verlieren, ist Schalke am Ende auf dem 15. Platz und gerettet. Statt dessen muß „der Club" – zusammen mit Reviernachbar Wattenscheid und dem VfB Leipzig – die Liga verlassen. In Nürnberg hat ein beispielloses Mißmanagement unter Präsident Voack den Verein an den Rand des Ruins gebracht. Zwei Jahre später kommt sogar der Absturz in die Regionalliga. Doch mehr als das beschäftigt der „Eichberg-Skandal" die Republik.

Der „Eichberg-Skandal"

„Wir kennen nur die Spitze des Eichbergs", zitiert der *Spiegel* im November 1993 ein Mitglied des Schalker Verwaltungsrates. Und in der allgemeinen Katerstimmung fragen sich alle: Wie konnte es dazu kommen?

Voraussetzung für den Aufstieg des Günter Eichberg war zweifellos die tiefe Krise des Vereins, der 1981 mit dem sportlichen Abstieg einen bis dahin unvorstellbaren Tiefpunkt erreicht hatte. Die Vereinsführung erwies sich als unfähig, die Krise dauerhaft zu bewältigen. Dabei war diese Unfähigkeit nicht allein den beteiligten Personen anzulasten. Zu einem Zeitpunkt, als andere Vereine nach der allgemeinen Krise der siebziger Jahre bereits ein funktionierendes Management besaßen, mußte sich das Fehlen professioneller Strukturen endgültig verhängnisvoll auswirken. Die Unfähigkeit, eine effiziente Arbeitsteilung zwischen Manager Rüssmann und Präsident Siebert durchzusetzen, und die Tatsache, daß eine wirkungsvolle Kontrolle Sieberts nicht möglich war, sind für die Situation symptomatisch. Hinzu kommt gerade in Schalke ein Umfeld, das nicht zuletzt aufgrund der ruhmreichen Vergangenheit eine Auferstehung des mythischen Helden erwartet – und bereit ist, jeden zu unterstützen, der die Verwirklichung dieses Traums verspricht. Dadurch, daß Schalke auf diese Weise auch in Zweitligazeiten – anders als jeder andere Bundesligaverein – noch über ein relativ großes, auch finanzielles Potential verfügt, wird eine wirklich realistische Planung lange Zeit unnötig. So paradox es klingt: Schalke gerät nicht in die Krise, weil es zuwenig Geld hat; sondern weil der Verein zuviel Geld hat, manövriert er sich immer tiefer in die Krise hinein.

Dieses Umfeld ist es auch, das in der kritischen Situation Ende der achtziger Jahre einen Mann wie Günter Eichberg auf den Thron hebt. Er verspricht den enttäuschten und gedemütigten Schalkern den Wiederaufstieg und damit auch, daß der Mythos noch einmal Wirklichkeit wird. Gleichzeitig verkörpert der ehemalige AOK-Angestellte selbst den Aufstieg des kleinen Mannes und setzt alle Hoffnungen frei, die den Schalkern geblieben sind – einschließlich der Fähigkeit zur Selbsttäuschung. Besonnene Stimmen werden nicht gehört.

Günter Eichberg selbst, das wird man ihm zugestehen müssen, handelt in subjektiv bester Absicht und auch aus Liebe zum Verein. Und möchte, „koste es was es wolle", von den Fans geliebt werden. Leider fehlt Eichberg etwas, was Siebert hatte: Fußballverstand. Die gefeierten Einkäufe seiner Amtszeit entpuppen sich größtenteils als Flop, mittelmäßige Spieler werden hoffnungslos überbezahlt. Eine Spitzenmannschaft läßt sich nicht ohne Konzept zusammenkaufen, und auch ein Trainer wie Udo Lattek kann aus einem solchen Ensemble kein erfolgreiches Team bilden. So wird Eichberg in gewisser Weise zur tragischen Figur: Als Neureicher (Bayern-Manager Uli Hoeneß: „Die wirklich reichen Leute gehen nicht so mit Geld um, wie Eichberg das tat") lebt er über seine Verhältnisse. Mit diesem Leben „auf Pump" ist er Spiegelbild eines bestimmten Menschenschlages im Ruhrgebiet.

Als er aber den Verein auf diese Weise tiefer in die Krise führt, wird er von den Fans gehaßt, die zunächst sogar bereit waren, selbst für den Verein zu zahlen. (Eichberg anläßlich einer 40%igen Beitragserhöhung: „Eine Schachtel Zigaretten weniger im Monat für Schalke!") Der von manchen vorgenommene Vergleich von Eichberg mit Bernard Tapie, dem Präsidenten von Olympique Marseille, oder mit Silvio Berlusconi, dem Präsidenten des AC Mailand, trifft deshalb nicht. Zwar haben auch die einen Verein „gekauft", doch dient ihnen dieser nur als Mittel für andere, politische Ziele. Eichberg selbst war wirklich der „Sonnenkönig". Wie einst Ludwig XIV. war er innerlich überzeugt: „Der Verein bin ich." Unfähig, zwischen Person und Amt im Verein zu unterscheiden, spiegelt er gleichzeitig die Unmöglichkeit und Notwendigkeit, einen Mythos professionell zu verwalten.

Daß auch der Verwaltungsrat, eigentlich zuständig für die Kontrolle des Vorstandes, nicht fähig oder willens war, die Entwicklung zu bremsen, ist darüber hinaus ungeheuerlich. Auch hier scheint sich Unfähigkeit, die undurchsichtigen geschäftlichen Strukturen zu durchschauen und zu kontrollieren, mit einer Augen-zu-und-durch-Mentalität gepaart zu haben: Es kann nur aufwärts gehen mit Schalke, Eichberg hat Geld genug, und wenn es erst einmal gutgegangen ist, fragt keiner mehr nach dem Wie. Diese Haltung ist ebenso skandalös wie das Verhalten von Eichberg.

Vorsitzender dieses Verwaltungsrates ist Jürgen Möllemann. Der gebürtige Münsteraner hat sich als Wirtschaftsminister nicht zuletzt durch seine Anti-Kohlepolitik hervorgetan. Daß ausgerechnet er dieses wichtige Amt im Verein der „Knappen" bekleidet, zeigt, wie wenig der Verein noch mit dem Bergbau zu tun hat. Ein Benefizspiel zugunsten von Opfern eines Grubenunglücks unter Manager Rüssmann hatte da eher Alibifunktion – bei Protesten der Kumpel bleibt ihnen das Stadion verschlossen. Daß aber ein Mann wie Möllemann mit „reichlich Erfahrung

Jürgen Möllemann und Günter Siebert auf einer der turbulenten Jahreshauptversammlungen: Volker Stuckmann hatte ironisch vorgeschlagen, die Exklusivrechte meistbietend zu verkaufen.

in Wirtschaft und Vetternwirtschaft" *(Frankfurter Rundschau)* den so wichtigen Posten besetzen kann, für den er offenkundig ungeeignet ist, ist die zweite Hälfte des Skandals.

Mit dem Scheitern von Eichberg ist endgültig deutlich geworden, daß ein Verein wie Schalke, der im Grunde ein Großunternehmen ist, nicht mehr im Stil eines Skatklubs geführt werden kann. Wenn Sponsor und Vorsitzender identisch sind, ist der Verein erpreßbar. (Eichberg und Höffken haben keinen Hehl daraus gemacht, daß sie ihre Bürgschaften zurückziehen, sobald die Opposition Einfluß auf die Vereinspolitik nimmt.) Es ist aber auch deutlich geworden, was geschieht, wenn große Investitionen nicht den erhofften Gewinn abwerfen – ein Platz im internationalen Geschäft hätte Schalke möglicherweise vor dem Schlimmsten bewahren können.

Im Schatten der Schalker Turbulenzen hat gleichzeitig Borussia Dortmund einen modernen Revierverein aufgebaut. Nicht nur, daß seit 1980 immer wieder Schalker Spieler nach Osten abwandern – schon unter Präsident Rauball und Trainer Zebec kehrt der BVB 1982 auf die internationale Bühne zurück. Die Dortmunder werden unter Präsident Niebaum und Trainer Köppel 1989 zunächst Pokalsieger und mit Ottmar Hitzfeld in der Saison 1993/94 sogar erstmals Meisterschaftsanwärter. Diesen Wandlungsprozeß hat Schalke in den Jahren nach Eichberg nicht bewerkstelligt. Zunächst versucht man eine Lösung nach traditionellem Muster. Sowohl die Wahl des finanzstarken Bernd Tönnies als auch die Wahl von Kremers sind von Emotionen und Hoffnungen auf eine wundersame, „irgendwie" geartete Überwindung des Desasters geprägt.

Erst die Satzungsänderung vom Dezember 1994 bringt Ruhe in den Verein. Ob es damit wirklich gelungen ist, wirksame Kontrollmechanismen einzubauen, kann allerdings erst eine zukünftige Bewährungsprobe zeigen. Und ob der sportliche Wiederaufstieg 1991 nun wirklich Früchte trägt, ist auch 1994 noch völlig ungeklärt. Die Fans hoffen jedenfalls wieder auf Schalke. Trotz und wegen Eichberg.

Zukunft oder Ende des Mythos?

1994 bis 1996

Die Turbulenzen nach Eichberg (1994-1995)

Im Februar 1994 muß ein Nachfolger für Günter Eichberg gewählt werden. Zur Wahl stehen Bernd Tönnies, Wurst- und Fleischfabrikant aus Rheda-Wiedenbrück, und Evelyn Fricke. Doch nur der „Kotelett-Kaiser" hat eine Chance. Zwar muß für die Kandidatur des finanzstarken Tönnies, der erst kurz zuvor dem Verein beigetreten ist, die Satzung geändert werden, dann aber wird er mit über 90 % der Stimmen gewählt. Dabei macht sich der Einfluß des Verwaltungsratsvorsitzenden Möllemann bemerkbar. Auf seine Empfehlung hin wird wieder ein Sponsor als Präsident gewählt – diesmal einer, der gleichzeitig die nordrhein-westfälische FDP unterstützt. Im Hintergrund steht die Botschaft: Eine Lizenz gibt es nur mit Tönnies. Tatsächlich besorgt er für Schalke einen Kredit, der im schwierigen Lizensierungsverfahren Luft verschafft. Gemeinsam mit Assauer gelingt es, die Lizenz ohne – wie zunächst geplant – Punktabzug wegen Unregelmäßigkeiten in der Vorsaison zu erhalten. Durch seine Abmahnung für Trainer Berger macht er sich allerdings wenig Freunde. Angeblich soll Berger sich negativ über den Verein geäußert haben. Assauer setzt eine Entschuldigung durch. Dann aber stirbt Tönnies am 1.7.1994 nach einer Nierenoperation – offiziell führen nun Schatzmeister Höffken und Vizepräsident Schmitz den Verein. Starker Mann ist jedoch Rudi Assauer, der im Buch zum 90jährigen Bestehen des Vereins auch ausführlich gewürdigt wird – Eichberg taucht nur noch in einem Nebensatz auf.

Im September wird dann auf der Mitgliederversammlung aber nicht der von Assauer favorisierte Volker Stuckmann, sondern – vollkommen überraschend – der Ex-Spieler und Ex-Manager Helmut Kremers zum neuen Präsidenten gewählt. Noch einmal feiert der Populismus Triumphe. Oder, anders ausgedrückt: Nur in Schalke ist es noch möglich, in einer fünfminütigen Rede so viel zu bewegen. Nachdem der unscheinbare Stuckmann für sein defensives Statement nur Pfiffe geerntet hat, gelingt es Kremers, der keine konkreten Vorschläge macht, die Mitglieder auf seine Seite zu bringen. Er fordert Trennung von den „Altlasten" Stuckmann und Höffken und behauptet, er habe, als diese „belogen und betrogen" haben, nur zum Wohle des Vereins geschwiegen. Und er schließt mit dem Hinweis, zu seiner Zeit habe man sich für ein Spiel gegen Dortmund nicht mal umziehen müssen. Das zieht. Das Traumbild von Schalkes Größe überstrahlt alle Ungereimtheiten.

Assauer ist entsetzt: „Ich dachte damals, die haben den Schuß nicht gehört." Zwar zeigt man zunächst demonstrativ Eintracht, aber hinter den Kulissen geht es zur Sache. Der Verwaltungsrat unter seinem Vorsitzenden Möllemann spricht dem Vorstand das Mißtrauen aus, Bürgschaften werden zurückgezogen. Daraufhin zerbricht auch die Zweckgemeinschaft zwischen Kremers und Assauer endgültig. Assauer wird von Kremers am 24. Oktober wegen angeblicher privater Finanzprobleme beurlaubt, 24 Stunden später aber wird, auf Druck des Verwaltungsrates, die Beurlaubung zurückgenommen. Anti-Kremers-Demonstrationen auch von den Fans.

Bei der außerordentlichen Mitgliederversammlung im Dezember wird dann die seit langem geplante Satzungsänderung beschlossen. Da dies der einzige Tagesordnungspunkt ist, erscheinen auch nur gut 1.000 Mitglieder – sonst sind es meist doppelt so viele. Und mit Zweidrittelmehrheit wird entschieden, daß die Mitglieder in Zukunft nur noch einen Aufsichtsrat wählen, der dann einen Vorstand wählt, dem auch Geschäftsführer und Manager angehören sollen. Damit sind erstmals Strukturen geschaffen, die der einer Aktiengesellschaft gleichen und eine wirksame Kontrolle ermöglichen sollen.

Für eine Übergangszeit soll dieser Aufsichtsrat vom alten Verwaltungsrat und dem Kremers-Vorstand gebildet werden – in der Realität wird jedoch der alte Vorstand bald entmachtet; Kremers wird sogar aus dem Verein ausgeschlossen. Neuer Vorsitzender des Vorstandes wird Gerhard Rehberg – aber natürlich wird auch er in Schalke Präsident genannt. Der gebürtige Königsberger ist 1952 als Bergmann ins Ruhrgebiet gekommen – und Schalke-Fan, seit er in einem dänischen Flüchtlingslager einem Jungen begegnet ist, der nur sein Schalke-Album mit Zigarettenbildern gerettet hatte. Aufgestiegen bis zum Steiger, verkörpert der SPD-Bürgermeister die neue Seriosität – und die Unterstützung der Stadt für den Verein.

Schon 1980 hat sich Oberstadtdirektor Meya in einem Gutachten dafür ausgesprochen, die Unterstützung eines Vereins als „öffentliches Anliegen" zu definieren, das aus sport- und wirtschaftspolitischen Gründen auch die Übernahme von Bürgschaften ermögliche.

Steiger, Bürgermeister und schließlich Vorsitzender: Gerhard Rehberg.

Im August 1995 wird dann erstmals auf der ordentlichen Mitgliederversammlung der Kern des neuen Aufsichtsrates gewählt, zu dem u.a. Jürgen Möllemann, Clemens Tönnies, Herbert und Jochen Burdenski, Rüdiger Höffken und Rolf Rojek gehören. Rehberg wird als Vorstandsvorsitzender wiedergewählt. Und vielleicht liegt es gerade an der Tatsache, daß er, wie die Presse schreibt, kaum bekannter ist als der Platzwart, daß auch die sportliche Entwicklung ruhig verläuft.

Schon vor Beginn der Saison 1994/95 erfolgt eine Verpflichtung mit Symbolwirkung: Olaf Thon kehrt aus München zurück, wo er zum Libero „umgeschult" den Durchbruch geschafft hatte, am Ende aber häufig verletzt gewesen war und meist Thomas Helmer Platz machen mußte. Auch jetzt ist die Rückkehr nur ein Zeichen dafür, daß die Bayern ihn nicht mehr wollen. Aber in Schalke ist man bereit, den Wechsel als „Rückkehr des verlorenen Sohnes" anzusehen. Seine Leistungen sind zunächst nicht überragend – aber was zählt das schon gegen das Gefühl, daß in Schalke alles wieder gut wird. Hinzu kommt Radoslav Latal von Sigma Olmütz. Nachdem Eichberg und Kremers auf Russen gesetzt haben, bevorzugt Assauer die Tschechen – er wird mit der Ansicht zitiert, daß es mit „den Russen" ständig Probleme gebe, während „die Tschechen" pflegeleicht seien.

So verstärkt, hofft man, zumindest nicht gegen den Abstieg zu spielen, vielleicht sogar auf einen Platz im oberen Mittelfeld. Tatsächlich hat die Mannschaft mit dem Abstieg nie ernsthaft etwas zu tun. Aber statt Mittelfeld gibt es häufig Mittelmaß: Elf von 34 Spielen enden Unentschieden! Zu den ärgerlichen Niederlagen gehört das 2:3 in Dortmund am 8. Spieltag. Die Schwächen des Titelaspiranten werden an diesem Nachmittag nicht genutzt, und obwohl Latal zur 1:0-Führung trifft, Anderbrügge noch einmal den 2:2-Ausgleich herstellt, reicht es dank eines Möller-Tores im Gegenzug zu einem glücklichen Sieg des BVB. Aber wieder einmal wird die Schalker Mannschaft auch nach einer Niederlage wegen der guten Leistung von den Fans noch gefeiert, als die Dortmunder das Stadion längst verlassen haben. Ebenso ärgerlich die 0:2-Niederlage in München, die nicht zuletzt dem Schiedsrichter zu verdanken ist. Thon sieht Rot, Hamann für ein ähnliches Vergehen nur Gelb. Berger und Assauer sind außer sich. Am Ende der Hinrunde steht die Mannschaft, nach einer 0:3-Niederlage gegen die Überraschungsmannschaft der Saison, den SC Freiburg, auf dem 12. Platz.

Als nach der Winterpause in Mönchengladbach ein 1:0-Auswärtssieg gelingt, reifen in Schalke schon wieder die UEFA-Pokal-Träume. Eine Woche später verhindert der Ex-Schalker Gehrke im Tor des MSV einen Sieg der Schalker, und wieder zwei Wochen später steuert – Kuriosum der Bundesligageschichte – Jens Lehmann das letzte Tor zum 6:2-Sieg gegen 1860 München bei: Als das Spiel bereits entschieden ist, verwandelt er einen Elfmeter! Dann aber holt eine deftige 1:5-Niederlage in Köln die Schalker auf den Boden der Tatsachen zurück. Und eine Woche später besiegt der HSV die Schalker mit 3:0 – obwohl die Hamburger in der laufenden Saison so schwach spielen, daß kurz darauf der Sponsor die Benutzung des Logos auf den Trikots untersagt. Das erhoffte Top-Spiel gegen Dortmund entpuppt sich als Flop. Das 0:0 ist nicht nur vom Ergebnis her mager.

Für mehr Begeisterung in Schalke und vor allem in Dortmund sorgt dafür die Begegnung am 32. Spieltag: Schalke besiegt nicht nur Werder Bremen auf eindrucksvolle Weise mit 4:2, sondern entscheidet damit auch die Deutsche Meisterschaft. Denn durch diesen Punktverlust fallen die Bremer einen Punkt hinter die Dortmunder zurück. Nach einer 1:5-Niederlage gegen den VfL Bochum, die dem Reviernachbarn jedoch nichts mehr nutzt, und einer 1:2-Abschlußniederlage gegen Freiburg ist zum ersten Mal in der Geschichte der Bundesliga ein Revierverein Meister. Und in Schalke weiß mancher nicht nur wegen des 11. Platzes der eigenen Mannschaft und dem verpaßten Platz im UI-Cup nicht so recht, ob er sich freuen soll oder nicht...

Ärgerlich in der abgelaufenen Saison, neben dem Verletzungspech, vor allem die Sturmmisere: Hendrik Herzog als Abwehrspieler war mit acht

Nullnummer mit Nationalspielern: Sammer, Klos, Mulder und Freund beim 0:0 zwischen Schalke und dem BVB.

Treffern erfolgreichster Torschütze gewesen. Erfreulich waren neben dem Zuschauerschnitt von fast 40.000 die Erfolge im Pokalwettbewerb gewesen. Nach einem Sieg über den SV Linx wurde, zwei Wochen nach der Heimniederlage, der HSV mit 3:2 besiegt, dann gelang nach Verlängerung ein 2:1-Erfolg gegen 1860 München, und erst im Viertelfinale siegte der spätere Pokalsieger Borussia Mönchengladbach nach einer hochklassigen Partie glücklich mit 3:2. Andeutung von besseren Zeiten?

Der Neuaufschwung (1995-1996)

Die Lizenz für die Saison 1995/96 wird vom DFB erstmals seit zehn Jahren ohne Auflagen erteilt. Die Konsolidierung durch Manager Assauer zeigt die ersten Früchte. Die Bilanz für das Geschäftsjahr 1994/95 weist laut Manager Assauer einen Umsatz von 37,6 Mill. DM und einen Reingewinn von 3,75 Mill. DM aus. Die Schulden belaufen sich „nur" noch auf 8,3 Millionen DM. In der neuen Saison soll das Umlaufvermögen die Verbindlichkeiten wieder abdecken. Dabei setzen sich die Einnahmen des Vereins grob zu je einem Drittel aus Zuschauereinnahmen, Werbung und TV-Einnahmen zusammen (*Handelsblatt* vom 27.11.95).

Bei einer solchen finanziellen Situation ist auch eine sportliche Verstärkung möglich, ohne sofort wieder die finanzielle Substanz zu gefährden. Daß kein Star neu verpflichtet wird, wirkt sich vielleicht sogar positiv auf das Mannschafts- und Gehaltsgefüge aus. Zur Behebung der Sturmmisere wird aus Mönchengladbach der dort zuletzt nur als Reservist eingesetzte Martin Max geholt (1,2 Mill. DM), aus Duisburg kommt der offensive Mittelfeldmann Uwe Weidemann (ebenfalls 1,2 Mill. DM). Hinzu kommen Tom Dooley, Frank Schön, David Wagner und Oliver Held. Damit gibt es auf mehreren Positionen Alternativen. Die Stammspieler bekommen nach dem Willen von Trainer Berger Konkurrenz, da von ihnen nur Hendrik Herzog den Verein in Richtung Stuttgart verläßt (1,8 Mill. DM). Vor Beginn der Saison wird Schalke überall ungläubig als neuer „Musterknabe der Liga" bestaunt.

Am ersten Spieltag gibt es mit dem neuen Kaptän Olaf Thon einen 1:0-Auswärtssieg in Köln. Torschütze ist Youri Mulder. Noch ahnt niemand, wie schwach die Kölner in dieser Saison sind – in Schalke herrscht Euphorie nach dem ersten Startsieg seit 17 Jahren. Aber schon bei der Heimspielpremiere vor 45.000 Zuschauern sorgt das 1:3 gegen Aufsteiger Rostock für einen Dämpfer. Noch ahnt niemand, daß Rostock ein Mitkonkurrent um einen UEFA-Pokalplatz sein wird. Nach zwei Unentschieden in Düsseldorf und Hamburg, wo Max ein herrliches Tor gelingt, als er einen Lehmann-Abschlag volley verwandelt, gibt es einen 2:1-Heimsieg gegen den KSC. Dann wieder zwei Unentschieden in Uerdingen, wo die ehemalige Bayer-Mannschaft als Krefelder FC gegen den Abstieg kämpft, und gegen 1860 München. Beim 2:1-Sieg in Freiburg gibt es ein tolles Tor von Mulder und eine Weltklasse-Leistung von Lehmann – erstmals fordern ihn die Schalker als (mindestens) dritten Nationaltorwart. Zwei Wochen nach dem Pokal-Aus gegen den 1. FC Kaiserslautern erreicht man gegen die gleiche Mannschaft ein 1:1, und erst nach dem 0:0 in Leverkusen endet eine Serie von acht ungeschlagenen Spielen.

Ausgerechnet der erste BVB-Sieg seit zwölf Jahren in Gelsenkirchen ist schuld daran. Dabei spielen die Borussen wenig meisterlich. Nach der Führung durch Mulder gibt es Großchancen für Anderbrügge, Linke und Max; Ricken schießt vor der Pause den Ausgleich, und erst in letzter Minute erzielt Zorc das glückliche Siegtor. Und die erste Auswärtsniederlage folgt auf dem Fuß: In Mönchengladbach sorgen drei Dahlin-Tore für eine 4:1-Niederlage. Auch in Stuttgart wird beim 2:2 ein Punkt abgege-

Rudi Assauer

ben, und in München gibt es sogar eine 0:4-Niederlage, an der Olaf Thon nicht ganz unschuldig ist.

Aber zu Hause werden der FC St. Pauli und Eintracht Frankfurt jeweils mit 2:0 besiegt, und das 2:1 am letzten Spieltag der Hinrunde stürzt Werder Bremen mit dem neuen Trainer Aad de Mos, der bald Ex-Trainer sein wird, in arge Abstiegsnöte. Schalke aber belegt den 8. Platz – mit fünf Punkten Vorsprung auf den Neunten und nur einen Punkt hinter einem UEFA-Pokalplatz. Noch gehört dieser Begriff zu den verbotenen Worten auf Schalke. Jörg Berger möchte nicht zu denen gehören, die viel versprechen und nur Enttäuschung ernten. Welch ein Wandel!

Dennoch – in der langen Winterpause reifen bei den Fans die Träume. Und für Schalke dauert sie besonders lang. Denn sowohl das Spiel gegen Köln als auch das gegen Rostock können wegen des harten Winters nicht fristgerecht ausgetragen werden. Erst am 24. Februar beginnt die Rückrunde mit einem 2:0-Sieg in Düsseldorf; dann folgt ein 3:0 gegen den HSV. Das Nachholspiel gegen die Kölner endet 0:0 – für die abstiegsgefährdeten Kölner zu wenig. Kurz darauf wird dort Peter Neururer als neuer Trainer verpflichtet und wiederholt, was er auch schon in Schalke geschafft hat: Er rettet die Mannschaft. Der KSC wird dank eines Mulder-Tores mit 1:0 besiegt. Da der Vertrag des Holländers ausläuft, beginnt der Vertragspoker – Mulder hatte in der vergangenen Saison die Taktik kritisiert, und Trainer Berger hatte neben einer Geldstrafe auch eine Reduktion der Vertragslaufzeit durchgesetzt. Feyenoord Rotterdam ist interessiert, doch schließlich gelingt es, Mulder langfristig zu binden. Er erhält einen Vertrag bis zum Jahr 2001. Solche langfristigen Verträge sind nach dem Bosman-Urteil, das die Ablösesummen nach dem Auslaufen von Verträgen für rechtswidrig erklärt hat, die einzige Möglichkeit, Abwanderungen zu verhindern. Die näheren Bedingungen werden nicht bekanntgegeben – aber Manager Assauer verweist darauf, daß man inzwischen mit den großen Vereinen mithalten kann...

Und das, obwohl nach dem Karlsruhe-Spiel die Nachricht durch die Presse geht, daß das Konkursverfahren gegen Günter Eichberg, der noch auf den Bahamas lebt, eröffnet wird – und Schalke eigentlich noch Geld von ihm zu bekommen hat. Sportlich gibt es wieder zwei 1:1-Unentschieden gegen Uerdingen und 1860 München. Der grandiose 3:0-Heimsieg gegen den SC Freiburg sorgt endgültig wieder für Euphorie auf Schalke. Beim 0:0 in Kaiserslautern, wo der Ex-Schalker Friedel Rausch gerade entlassen und von Eckhart Krautzun abgelöst worden ist, hält Jens Lehmann wieder weltmeisterlich – selbst einen Elfmeter des Torschützen der WM 1990, Andy Brehme, wehrt er ab. Den Lauteren fehlen die Punkte am letzten Spieltag. Nach 33 Jahren steigen sie zusammen mit Frankfurt und Uerdingen ab. Und das, obwohl die Pfalz ohne FCK fast so wenig vorstellbar ist wie das Revier ohne Schalke.

In die Geschichte eingehen aber wird nicht dieses Spiel, sondern die Blamage der Schalker am folgenden Spieltag. Beim letzten Spiel von Rudi Völler im Parkstadion gehen die Leverkusener nach wenigen Minuten in Führung. Dann aber werden zuerst Münch und Kirsten vom Platz gestellt, in der zweiten Halbzeit auch noch Ramelow. Doch den Schalkern gelingt kein Tor. Ohne Ideen und Erfolg rennen sie mit nie dagewesener zahlenmäßiger Überlegenheit gegen eine Mauer an. Erst in der allerletzten Minute gelingt David Wagner der schmeichelhafte Ausgleich.

Beim BVB, der sich in diesem Jahr ein Kopf an Kopf-Rennen mit den Bayern liefert, gibt es erneut ein 0:0 von der langweiligen Sorte, aber Schalke arbeitet sich dennoch auf den 4. Platz vor. Wann hat es das zuletzt gegeben? Gegen den Tabellendritten Mönchengladbach sieht die Mannschaft eine Woche später lange wie der sichere Verlierer aus. Doch in einer herrlichen zweiten Halbzeit machen die Schalker aus einem 1:3 noch ein 3:3. Daß der Ex-Gladbacher Max das entscheidende dritte Schalker Tor tritt, ist eine besondere Freude. Vier Lattentreffer sprechen darüber hinaus eine deutliche Sprache. Zehn Spiele ist Schalke nun ungeschlagen! Nach der 0:2-Niederlage gegen St. Pauli gibt es eine Aussprache in der Mannschaft. Trainer Berger gibt vor dem Spiel gegen Stuttgart seine Zurückhaltung auf und formuliert angesichts der Lage in der Tabelle als neues Saisonziel: Teilnahme am UEFA-Pokal. „Wir haben es selbst in der Hand." Und der Knoten platzt. Nach zahlreichen Unentschieden endlich

Der Einsatz von Thon kann nicht verhindern, daß die Schalker beim ersten Heimspiel gegen Rostock 1:3 verlieren.

Schalke (hier: Nemec) stellt den Bayern (hier: Herzog) ein Bein, die stolpern drüber, verlieren 1:2, und Franz ist Vizekaiser.

wieder Siege: Mit 2:0 wird der VfB geschlagen, Eintracht Frankfurt mit 3:0. Und auch beim Nachholspiel in Rostock gelingt gegen den direkten Konkurrenten ein 2:1. Nachdem Büskens den Ausgleich geschafft hat, verwandelt Anderbrügge in letzter Minute einen Foulelfmeter.

Dann das Spiel gegen die Bayern, das nicht nur über den UEFA-Pokalplatz entscheidet, sondern auch über die Meisterschaft der Dortmunder. In München hat Franz Beckenbauer nach zahlreichen Treueschwüren Trainer Otto Rehhagel geschaßt. Aber nur ein Sieg in Schalke kann, nach einer Niederlage gegen Bremen, noch eine theoretische Chance auf die Meisterschaft erhalten.

Die Dortmunder erreichen im Münchener Olympiastadion gegen die Löwen ein mühsames 2:2. In Schalke hatte Olaf Thon die Königsblauen mit einem herrlichen Tor in Führung gebracht: Nach einem Alleingang über das halbe Feld landet der Ball, unhaltbar für Kahn, aus 18 Metern im Winkel. Thomas Strunz aber hatte kurz vor der Pause ausgeglichen. Als in München abgepfiffen wird, ist noch nichts entschieden. Dortmund muß auf Schalke hoffen. Da köpft der für Thon eingewechselte Andreas Müller in der 90. Minute eine Flanke von Uwe Scherr unhaltbar ins Netz. Dortmund ist Meister und Schalke im UEFA-Pokalwettbewerb! Und Franz Beckenbauer ist nur „Vize, Vize-Kaiser Franz“. Unbeschreibliche Euphorie im Parkstadion, die Mannschaft wird gefeiert wie lange nicht mehr. Nach 19 Jahren spielt Schalke wieder international! Die „Meistermannschaft“: Lehmann; Thon (46. Müller); Eigenrauch, Linke; Latal (66. Scherr), Nemec, Dooley, Anderbrügge (88. Kurz), Büskens; Max, Mulder.

Das letzte Spiel in Bremen hat im Grunde nur noch statistischen Wert: Dennoch gibt es einen wunderschönen 2:1-Sieg an der Weser. 10.000 Schalker sind mitgereist! Wagner und Anderbrügge sorgen kurz vor Schluß dafür, daß der enttäuschende Vizemeister des Vorjahres nicht mal im UI-Cup spielt und Schalke den sensationellen dritten Tabellenplatz halten kann. Selbst Mario Basler läßt sich zu einem Lob hinreißen. Schalke ist damit die beste Mannschaft der Rückrunde, in Gelsenkirchen erscheint ein Extrablatt, die Stadt ist im Freudentaumel.

Der Prozeß gegen das ehemalige Verwaltungsratsmitglied Peter Schwan, der kurz darauf beginnt, sorgt in der veränderten Situation kaum für Wirbel. Dabei behauptet der ehemalige Inhaber mehrerer Geldanlage-Firmen, daß nur mit dem Geld aus seinen betrügerischen Geschäften der Verein gerettet worden sei – und Manager Assauer habe sehr wohl gewußt, mit welchen Geschäften das Geld verdient worden sei, das einen Thon-Transfer erst möglich gemacht habe…

Wichtigste Voraussetzung für den Erfolg ist die ungewohnte Ruhe auf Schalke. Unbehelligt von Vorstandsquerelen konnte ein Team aufgebaut werden, in dem mannschaftliche Geschlossenheit das wichtigste ist. Es ist eine Mannschaft ohne Stars – sieht man vielleicht von Olaf Thon ab, der aber auch, trotz hervorragender Leistungen, eher Symbolfigur der Mannschaft als herausgehobener Star ist. Spielerisch war darüber hinaus entscheidend die Überwindung der Sturmschwäche – trotz Ausfall von Weidemann erzielte das neue Sturmduo Mulder/Max immerhin 20 von 45 Treffern. Daß mit 36 Gegentoren Schalke die zweitbeste Abwehr der Liga hat, ist nicht zuletzt ein Verdienst von Jens Lehmann. Warum trotz herausragender Leistungen – Lehmann wurde von den eigenen Kollegen zum besten Torhüter der Hinrunde gewählt – für den verletzten Stefan Klos nicht er, sondern Oliver Reck als dritter Torwart mit zur EM nach England fährt, ist nicht nur durch die königsblaue Brille schwer einzusehen.

Zu verdanken ist die Formung der Mannschaft dem Trainer Jörg Berger, der einst als Retter in der Not kam und der nun eine gediegene Mannschaft aufgebaut hat. Waren die Trainer in der Frühzeit des Fußballs meist ehemalige Könner, später Theoretiker und Schleifer, gehört Berger zur „vierten Generation": Als Motivator muß er vor allem die mentalen Voraussetzungen für den Erfolg schaffen und ein Mannschaftsgefüge bilden, in dem die Atmosphäre stimmt. Mit seinem Erfolg steht er in der Tradition der herausragenden Schalker Trainer Gutendorf, Horvath, Neururer… Bergers Arbeitsplatz ist heute so unbestritten wie kaum ein anderer in der Liga – aber natürlich kann sich auch in Schalke so etwas schnell ändern. Berger weiß (nach seinen Erfahrungen in Köln und Frankfurt) um die Macht der hohen Erwartungen auch und gerade im Revier – deshalb die Vorsicht bezüglich des UEFA-Pokalplatzes und die Skepsis, ob die Erwartungen realistisch bleiben: „Gerade im Schalker Umfeld dürfte das sehr schwierig werden."

Wie sehr sich aber die Situation auf Schalke geändert hat, zeigt nichts deutlicher als die Aussage der Vereinsführung, daß der nun erfolgte (Wieder-)Einstieg ins internationale Geschäft erst später geplant war. Geduld war eigentlich nie eine Schalker Tugend. Möglich wurde die Übererfüllung des Plans durch die Situation in der Liga. Nie war sie so schwach wie heute, und nie war es so einfach, ins internationale Geschäft zu kommen.

Auch Schalke hat oft alles andere als gut gespielt. Stichwort Leverkusen. Vor zu großen sportlichen Erwartungen wird man sich also hüten müssen.

Finanziell und emotional dagegen bedeutet der Erfolg eine grundlegende Änderung der Situation. „Ein 'big point' könnte hier eine Lawine lostreten“, hatte Manager Assauer schon frühzeitig verkündet. Ulrich Homann vom *Reviersport* kommentiert nun: „Ein Riese erwacht!“ Mit einem Zuschauerschnitt von 38.000 pro Spiel ist Schalke zwar noch nicht Spitze, aber die Begeisterung ist spätestens seit den letzten Spieltagen wieder da. Und bei internationalen Spielen muß man auch in Schalke keine Angst vor freien Plätzen haben. Mit den Fernseheinnahmen können darüber hinaus Verstärkungen nach Schalke geholt werden. Allerdings könnte der Einkauf von Stars für das Mannschaftsgefüge auch problematisch werden – zumal fast alle Spieler in Schalke bleiben werden. Wegen des Bosman-Urteils haben die Spieler, deren Verträge auslaufen, vom vielzitierten „Paragraph 11“ Gebrauch gemacht, der eine automatische Vertragsverlängerung bei einer „grundsätzlichen Veränderung der Transfer-Regelungen“ erlaubt. Im Fall einiger Profis wie Uwe Scherr und Mike Büskens, die noch (zu) gut dotierte Verträge aus der Eichberg-Ära besitzen, ist das für die Vereinskasse durchaus ärgerlich.

Insgesamt aber kann sich das Bosman-Urteil für Schalke durchaus als positiv erweisen: Zum einen kann der Verein vermehrt ausländische Spieler engagieren. Folgerichtig kamen 1996 mit dem niederländischen Nationalspieler Johan de Kock sowie dem belgischen Stürmer Marc Wilmots zwei wichtige Verstärkungen aus den Nachbarländern.

Zum anderen sinkt der Kapitalbedarf des Vereins, da künftig weniger – oder keine – Ablösesummen vorzufinanzieren sind. Da Schalke bisher meist mehr für Einkäufe aufgewandt hat, als es durch Verkäufe eingenommen hat, könnte der Verein zu den Nutznießern der Neuregelung zählen. Allerdings unterstützt Schalke die Überlegungen des DFB, einen Fonds einzurichten, aus dem solche Vereine unterstützt werden, die mehr Spieler abgeben, als sie einkaufen. Jugendarbeit muß sich weiterhin lohnen. Nur dank der Nachwuchsspieler aus anderen Vereinen ist Schalke auf dem besten Wege, endgültig in den Stadien der Liga nicht mehr als Skandalnudel oder „FC Meineid“ aufzutreten. Aber wird das noch immer oder wieder der alte FC Schalke sein?

Die Ästhetik des Unwahrscheinlichen

Zumindest zeitweise könnte man die Geschichte des FC Schalke 04 auch im Stil eines Heldenmythos erzählen: Geboren im mythischen Dunkel arbeitet der jugendliche Held sich nach oben. Wegen seiner niedrigen Herkunft wird er von den Mächtigen abgelehnt. Als er sich dennoch durchzusetzen droht, greifen die Feinde zu heimtückischen Mitteln und versuchen ihn auf diese Weise zu vernichten. Doch das kann nicht gelingen. Am Ende triumphiert der Held und steht strahlend da wie keiner zuvor. Und was ihm auch geschieht, immer wieder wird der Held auferstehen. Unsterblich wie er ist, geben seine Anhänger die Hoffnung auf den endgültigen Triumph nie auf. Und auch die Geschichte einzelner Spieler bietet sich an zur mythologischen Stilisierung. Kuzorra, Szepan und Libuda sind Helden für viele, Darstellung des Mythos im Kleinen.

In Italien, meint Gustav Seibt, Journalist der *FAZ,* sei die Sprache der Fußballberichterstattung direkt aus dem Heldenepos übernommen worden, sei Fortsetzung der Heiligenlegenden und Ritterromane mit anderen Mitteln. Tatsächlich kann man auch beim Vergleich des Schalke-Mythos mit der Siegfriedsage, dem deutschen Mythos schlechthin, gewisse Parallelen feststellen: Siegfried ist ursprünglich ein wilder Abenteurer, dessen Geburt im Dunkeln bleibt; erst in der späteren Fassung des Nibelungenliedes wird seine Herkunft verklärt, Siegfried wird zum Königssohn. Bei den etablierten Burgundern begegnet man ihm mit Mißtrauen, erst spät lassen sie sich von den Erfolgen und Siegen Siegfrieds beeindrucken, der um die Anerkennung im „bürgerlichen Lager“ kämpft und sie dann auch genießt. Doch auch dann gibt es immer noch welche, die den strahlenden, scheinbar unverwundbaren Helden nicht ertragen; aber nur ein heimtückischer „Dolchstoß“ kann den Unschuldigen niederstrecken... Faszination und Verachtung halten sich die Waage. Die Parallelen zwischen der Erzählung und der Art, wie man über Schalke gesprochen hat und immer wieder spricht, sind zumindest auffällig.

Aber stimmt das heute noch? Verkörpert Schalke wirklich noch den Mythos vom Aufsteiger? Haben die Spiele noch eine mythische Qualität? Ist Fußball nicht auch in Schalke zum Business geworden und muß es werden?

Zunächst einmal spricht alles dafür. Auch Schalke ist kein Arbeiterverein mehr. Aus den Spielern sind austauschbare Angestellte eines Unternehmens geworden, die den Verein wechseln wie das Trikot. Etwas überspitzt: Die Helden von einst kämpfen nicht mehr für den Verein, sondern für den Stammplatz. Selbst der Star – bei aller Erinnerung an den „Helden" der Vergangenheit – ist in Wirklichkeit das Gegenteil von einem, mit dem man sich identifizieren konnte: Er bleibt der entfernte „Stern" am Himmel, in dessen Glanz man sich sonnt.

Und die Spiele selbst? Geht es hier wirklich noch um Kämpfe und Gegensätze von Mannschaften oder gar Regionen? Zumindest für die Sponsoren, die den Bundesligafußball zu einem beträchtlichen Teil am Leben erhalten, geht es nicht um den Kampf von Mannschaften oder um soziale Konflikte, sondern um den Kampf der Produkte, für die die Mannschaften werben. Die Spieler sind für sie bewegliche Litfaßsäulen, die den Markennahmen mit Dynamik und Kraft aufladen sollen. Auch Schalke setzt auf „Incentive", bietet die Atmosphäre auf Schalke (einschließlich Fans) als Mittel an, „Sie und ihr Unternehmen ins rechte Licht zu rücken".

Im Fernsehen verkommen die Spiele zur „Fußballshow", zu einer Form der „spannenden Unterhaltung", die durch Meisterschaft und die Gefahr des Abstiegs zusätzlichen Reiz erhält. Aber wer dort wie spielt, ist im Grunde gleichgültig. Also Ende des Mythos?

Ganz so einfach ist es nicht. Zum einen bestätigt gerade die Entdekkung des Fußballs durch die Werbung seine quasi mythische Kraft: Nur weil durch die Verbindung mit der (siegreichen) Fußballmannschaft aus einem einfachen Auto ein Siegerauto wird, sind die Firmen bereit, die Mannschaft zu unterstützen oder für die Werbeminuten im Umfeld der Fußballberichte die höchsten Preise überhaupt zu bezahlen. Nur so ist es auch möglich, daß die Übertragungsrechte für drei Spielzeiten (1997-2000) vom DFB für mehr als 500 Mill. DM verkauft werden. Die Nike-Werbung von 1996, bei der in einer antiken Arena die weltbesten Fußballer gegen eine Mannschaft dämonischer Mächte antreten, arbeitet sogar direkt mit dem mythischen Bild vom Kampf Gut gegen Böse.

Außerdem hat gerade der Fernsehfußball grundsätzlich etwas für den dramatischen Charakter des Spiels übrig. „Das ideale Fußballspiel folgt den Gesetzen des Dramas", schreibt Reinhold Beckmann in seinem Buch „Liebesleder". In Wirklichkeit allerdings werden die hervorragenden technischen Möglichkeiten der Privatsender (die man sicher braucht, um neben anderen Unterhaltungsangeboten zu bestehen!) nicht genutzt, um wirklich das Spiel zu analysieren und damit das Drama zu zeigen, sondern es geht um vordergründige Effekte.

Schalker unter Tage: Aus Bergarbeiter-Realität ist Ruhrgebietstourismus geworden.

Nach der Epoche der Entmythologisierung beschäftigen sich namhafte Philosophen seit Ende der achtziger Jahre mit der „Arbeit am Mythos“ und der „Gegenwart des Mythos“. Dabei verstehen sie Mythos allerdings gerade nicht als unwahre Geschichte, die mit Hilfe einer dogmatischen Aufklärung als unwahr entlarvt werden muß, sondern als bildhafte Darstellung der Welt, die auf Wahrheitsansprüche verzichtet.

In dieser Form „funktioniert“ der Fußball aber auch und gerade heute noch: Er ist zum einen ein (fast) perfekter Spiegel der gesellschaftlichen Situation. Man mag den deutschen Kampffußball unschön finden – er spiegelt die effektive und erfolgreiche, wenn auch nicht überall bewunderte Art, wie Deutschland sich auf der internationalen Bühne „durchbeißt“. Ob man das deshalb wie Franz Beckenbauer völkisch überhöhen muß („Der Deutsche kann keinen brillanten Fußball spielen wie der Brasilianer oder der Franzose. Das ist ein Ausfluß seines Grundcharakters.“), sei allerdings bezweifelt. Jedes gute Fußballspiel lebt von etwas anderem.

Denn Fußball ist zum anderen bestimmt von der Hoffnung, daß trotz aller Widerstände im Leben etwas gelingt. Nur deshalb schaut man immer wieder hin, wenn ein Sportler „in aller Öffentlichkeit und auf virtuose Weise etwas zu tun versucht, was er nicht kann“, wie Martin Seel gesagt hat. Erfolg ist schön und wichtig, aber nicht unbedingt nötig. Selbst

Vereine, die jahrelang nur mittelmäßig spielen und häufiger verlieren als gewinnen, haben Zuschauer. Die Hoffnung auf Schönheit und Gelingen treibt die Menschen immer wieder ins Stadion. Wenn es nur selten gelingt, so bestätigt das die Lebenserfahrung der Menschen nicht nur im Revier. Aber wenn es gelingt, ist es umso schöner. Es ist wie nach der Fastenzeit. Fußball ist Askese mit Unterbrechungen.

Bei Schalke kommt allerdings noch etwas Weiteres: Im „konservativen" Schalke funktioniert zumindest von seiten der Fans her noch die Identifizierung des Vereins Schalke mit der Region und den „kleinen Leuten". Und: Von Anfang an ist hier der Erfolg etwas Besonderes, weil er eigentlich nicht zu erwarten ist. Daß die Schalker in den zwanziger und dreißiger Jahren mit ihrer schwindelerregenden Spielweise, die als uneffektiv und ballverliebt kritisiert wurde, so lange erfolgreich waren, ist ein Glücksfall der Geschichte gewesen, und gerade die Unwahrscheinlichkeit macht die Faszination dieser Zeit aus.

Meistens mußten sich die Schalker Fans mit wenigen Momenten und Spielen begnügen, in denen Schalkes Größe (von der man weiterhin überzeugt ist), sichtbar wurde. Aber immer dann, wenn die Mannschaft am Rande des Abgrunds stand, 1931 nach der Sperre, 1966 nach dem Fast-Abstieg, 1973 nach dem Skandal, 1989 nach dem Abstieg – dann war Schalke so lebendig wie nie. Helmut Böttiger hat Borussia Mönchengladbach als Verkörperung einer „Ästhetik des Scheiterns" bezeichnet. Wenn eine Mannschaft die „Ästhetik des Unwahrscheinlichen" verkörpert, dann Schalke.

Und die Spiele, wo das Unwahrscheinliche gegen übermächtige Gegner geschah, sind die unsterblichen Spiele – die, deretwegen die Schalker noch immer kommen. Das 6:6 gegen die Bayern, Siege gegen Dortmund – es vergeht kein Spieltag, an dem nicht irgendwo auf den Rängen davon die Rede ist. Noch heute lebt deshalb der Fußball auf Schalke – mehr als anderswo – davon, daß man es „denen da" zeigen will. Zwar sind „die da" etwas diffus geworden, aber noch immer sind Spiele gegen die vermeintlichen Vertreter einer anderen Kultur der Höhepunkt jeder Saison – egal wo die Bayern gerade stehen. Allerdings – wenn man heute in Schalke auf erneute Erfolge hofft, dann ist es den meisten Anhängern egal, wie sie erreicht werden. Hauptsache, das so lange gedemütigte Schalke gewinnt endlich wieder Anschluß an die Spitze.

Dabei ist der Erfolg – so paradox es klingt – auch eine Gefahr gerade für den Schalke-Mythos. Schon in den fünfziger Jahren sahen viele die wahren Knappen in Sodingen. Und wie lange Borussia Dortmund ein echter Revierverein bleiben kann, ist zumindest fraglich: Dietrich Schulze-Marmeling zeigt in seiner Analyse sehr deutlich, daß die Erfolge gegen den Erzrivalen Bayern nur dadurch möglich geworden sind, daß man selbst ein wenig wie Bayern geworden ist – ohne allerdings bisher seine Identität ganz zu verlieren.

Auch Schalke steht vor der Aufgabe, daß der Verein einerseits professionell geführt werden muß, um zu bestehen und erfolgreich zu sein, daß aber gleichzeitig das Spezifische des Schalke-Mythos erhalten bleiben muß. Deshalb bietet die oft beklagte Trennung der Vereinsführung und der Spieler von den Fans – im Sinne einer Arbeitsteilung – sogar eine Chance.

Fans als Funktionäre hat es in Schalke häufig gegeben. Fritz Unkel war in gewisser Weise der erste gewesen, der aus Liebe zum Fußball von den Turnern zum neuen FC Schalke wechselte. Aber auch Günter Siebert gehört zu denen, die sich so mit dem Verein identifizierten, daß sie nicht nur für ihn spielen wollten, sondern für ihn arbeiten und von seinem Glanz profitieren wollten. Nur so ist auch die eingangs angesprochene Bereitschaft vieler Geschäftsleute zu erklären, sich auf das Risiko eines Engagements im Verein einzulassen. Daß es gerade (wenn auch nicht nur) bei Schalke oft auch die kleinen, manchmal windigen Aufsteiger waren, die sich hier engagierten, liegt noch einmal am Image des Aufsteigervereins – ein Verein wie Borussia Dortmund, der sich neuerdings um ein aufpoliertes Image der Verläßlichkeit bemüht, arbeitet sehr passend mit einer Versicherungsgesellschaft zusammen, die ihrerseits mit dem Erfolg und dem Zusammenhalt der Mannschaft wirbt. Daß jedoch eine Mischung aus leidenschaftlichem Fan und Unternehmer einen Verein wie Schalke heute zwar noch unterstützen, aber nicht mehr erfolgreich leiten kann, hat Günter Eichberg endgültig bewiesen. Das eigentlich sympathische Modell ist nicht mehr tragfähig. Nur ein Management, das streng wirtschaftlich arbeitet und gleichzeitig auch einen „aufgeklärten Umgang" mit dem „mythischen Potential" des Schalker Publikums pflegt, kann den Verein in ruhigere Gewässer führen.

Die Fans aber, ohne die es eine Auferstehung des Schalker Mythos nicht gegeben hätte, bilden – anders als früher – heute die eigentliche Verkörperung des Mythos, weil sie diejenigen sind, die nach oben wollen und weil die Mannschaft nur ihretwegen am Schalke-Image teilhat. Sie dürfen vom Verein nicht nur betreut werden, sondern müssen als die „Seele des

Vereins" zumindest in repräsentativer Form in die Leitung mit eingebunden werden. Eine Äußerung wie die des Schatzmeisters Aldenhoven aus der Siebert-Ära („All diese brüllenden Idioten da auf den Tribünen, die sind da, weil wir das hier veranstaltet haben") ist heute nicht nur ein Unding, sondern auch vom Ansatz her falsch. Die Besetzung eines Postens im neuen Aufsichtsrat durch einen Vertreter der Fanklubs ist deshalb ein Schritt in die richtige Richtung.

Darüber hinaus ist es wichtig, die Schalker Besonderheit auch aktiv zu pflegen. Das gilt zum einen für die Verpflichtung von Spielern, die Schalke verkörpern können. Olaf Thon und Ingo Anderbrügge sind dafür Beispiele. Während Thon noch einmal für das traditionelle Gelsenkirchener Milieu steht, verkörpert Anderbrügge die Möglichkeit, sich auch als Angestellter und Unternehmer mit einem Verein zu identifizieren. Martin Max ist ein Beispiel für einen Spieler, der selbst als Schalke-Fan angefangen hat. Youri Mulder, Kämpfer und Könner, ist ein Beispiel dafür, wie auswärtige Spieler in dieses Konzept eingepaßt werden können.

Publikumslieblinge sind aber noch immer die Spieler, die durch ihre Spielweise das Schalke verkörpern – sei es ein Malocher wie „Yyyyyves" Eigenrauch oder eine treue Seele wie „Magic" Prus, der zwar noch immer kein Tor für Schalke geschossen hat, aber seit 1986 zum Kader gehört – wobei einem Mann wie Eigenrauch der Mythos Schalke manchmal auf die Nerven geht: „Du wirst immer an der glorreichen Vergangenheit gemessen, als einzelner Spieler bist du gar nicht interessant; es geht nur um Schalke."

Im Idealfall gehört beides zusammen: Der Mythos, der das Bleibende ist, mit dem sich die Fans auch in schlechten Zeiten und bei wechselnden Mannschaften identifizieren können, und die Gegenwart, in der die aktuelle Mannschaft durch ihr Spiel ein eigenes Gesicht gewinnt. Deshalb gilt die Aufgabe, Schalkes Besonderheit zu pflegen, auch für die Art des Schalker Spiels.

In seinen besten Zeiten hat Schalke sich vom deutschen Kampffußball wohltuend unterschieden und nicht nur auf Sicherheit und Disziplin gesetzt. Der Kreisel von Szepan und Kuzorra, die irritierenden Haken bei den Flankenläufen eines Stan Libuda waren Triumphe über den Alltag und seine Gesetze. Man hat eben nicht die Arbeit unter Tage mit anderen Mitteln fortgesetzt, sondern etwas Neues geschaffen. „Wie soll ein Zuschauer in den Industrienationen noch Freude am Fußball haben können, wenn ihm im Stadion auch nur die Bedingungen seiner Arbeitswelt

Nicht nur mauern: Die Schalker haben die Ängstlichkeit vergangener Jahre abgelegt.

geboten werden: Anpassung und nüchterne Berechnung statt Emotion und Risiko? Er wird dem Spektakel eines Tages den Rücken zukehren, weil es keines mehr ist", sagt die argentinische Trainerlegende César Luis Menotti zu Recht.

Allerdings spielt Schalke heute normalerweise das in Deutschland allgemein übliche 1-2-5-2-System. Frankreich hat damit erstmals die Europameisterschaft 1984 gewonnen. Vor einem Libero spielen zwei Manndecker, zwei Außenverteidiger gehören im Grunde zum Mittelfeld, weil sie die gesamte Außenbahn besetzen und zeitweise auch als Außenstürmer fungieren. Höchstens zwei echte Angreifer mit wechselnden Aufgaben gibt es in der Mitte. Schalke spielt dieses System unter Jörg Berger mit dem Schwergewicht auf der Sicherheit – was manchem Fan langweilig erscheint. Daß aber auch ohne eigenes Schalker System attraktiver Fußball gespielt werden kann, haben die „Knappen" in den letzten Spielen der Saison 1995/96 und beim Gewinn des „Fuji-Cups" 1996 gegen Dortmund und die Bayern bewiesen.

Die Spieler, die solchen Fußball gespielt haben, die auf irgendeine Weise Schalker Tugenden verkörpern, sind es auch, die im Gedächtnis lebendig bleiben. Als im Rahmen der Ausstellung „Feuer und Flamme" über 200 Jahre Ruhrgebiet die Traumelf des Reviers gewählt und von Berti Vogts auch aufgestellt wird, sind folgende Spieler dabei: Der gesamte Abwehrblock kommt aus Schalke – Rüssmann und Dietz als Manndecker, Fichtel als Libero. Mittelstürmer spielt Fischer, Linksaußen Libuda. Spielmacher im Mittelfeld ist Fritz Szepan – obwohl Thon mehr Stimmen bekommen hat. Kuzorra allerdings sitzt – merkwürdigerweise – mit Ötte Tibulski nur auf der Reservebank.

Die Fans auf Schalke

„Schalke unser" heißt das Fanzine der „Schalker Faninitiative e.V.", die hervorgegangen ist aus der Faninitiative gegen Rassismus. Zwei Dinge werden schon am Titel dieser (hervorragend gemachten) Zeitschrift deutlich: Schalke gehört auch und eigentlich in erster Linie den Fans. Sie haben es zu dem gemacht, was es ist, und sie sind es, die heute mehr als Mannschaft und Vereinsführung den Mythos Schalke lebendig erhalten und verkörpern. Und wenn andernorts manchmal der Eindruck entsteht, Fußball könne in Zukunft auch nur am Bildschirm stattfinden: Schalke ist der Gegenbeweis. Ohne seine Fans ist der Verein nicht der, der er ist.

Der Anklang ans „Vater unser" zeigt: Schalke ist „eine der großen Religionsgemeinschaften der Welt" – so die Redaktion auf eine diesbezügliche Leseranfrage. Was hier ein wenig selbstironisch gemeint ist, hat durchaus einen realen Hintergrund. Schalke funktioniert für viele Fans wie eine Religion – und das ist keineswegs abwertend gemeint, weder für die Religion noch für Schalke.

Es ist bereits angedeutet worden: Wo der stellvertretende Sieg eines „Helden" auf die Masse seiner Anhänger übergeht, wo sie durch den Schlußpfiff „erlöst" werden, wo der Held Glück und Anerkennung erkämpft für alle, die sich mit ihm identifizieren, da hat man es mit einem religiösen Phänomen zu tun. Willy Meisl hat das bereits 1924 geahnt und den Wettkampf mit der ursprünglich ebenfalls religiösen Theateraufführung verglichen: „Warum sind die Zuschauer beim sportlichen Wettkampf so begeistert? Einfach deshalb, weil sie sich noch mehr als beim Bühnenschauspiel mit den agierenden Personen identifizieren. Es ist das tragische Mitleiden, das köstliche Miterleben, das so anziehend, so mitreißend wirkt." Der englische Soziologe Cohan beschreibt Fußball als Möglichkeit, „sich brüllend über die Grenzen des Daseins hinwegzusetzen". Vom Brüllen abgesehen – was anderes verspricht die Religion?

Die moderne Fankultur hat darüber hinaus viele religiöse Elemente direkt übernommen: Was der Sonntag für den Kirchgänger, ist der Samstag, der Spieltag für den Fan – Höhepunkt der Woche, der auf alle anderen Tage ausstrahlt, der Tag, auf den man hinlebt. Und die größten Einschnitte im Jahr sind Sommer- und Winterpause – schlimmer als jede Fastenzeit. „Heilige Zeiten" nennen die Religionswissenschaftler dieses Phänomen der Aufteilung des Jahres in besondere und normale Tage, bei denen auch die normalen von den besonderen bestimmt werden. Fußball bildet für den echten Fan sozusagen die Hintergrundmusik zum Alltag. Und das wilde Fest am Spieltag, einschließlich Feier und Rausch, kennt man ebenfalls aus allen alten Kulturen und Religionen.

Auch eine eigene Festkleidung des Fans gibt es – die „Kutte" erinnert nicht zufällig an das Bekenntniskleid der Mönche und Nonnen. Und bezeichnenderweise „pilgern" sie an jedem Spieltag in Scharen zu den Stadien – wie zu Wallfahrtsstätten und heiligen Orten. Auch „Reliquien" gibt es zuhauf – kostbar nicht durch den materiellen Wert, sondern durch das Ereignis, mit dem sie verbunden sind (wie der „Aufstiegsrasen") oder durch die Person, die sie berührt hat (wie bei den Trikots). Umgekehrt sind die Symbole der Gegner, Schals oder Fahne, dreckig, nichts will man damit zu tun haben. Unterscheidung zwischen „rein" und „unrein" nennen das die Religionswissenschaftler. Den Gesängen im Stadion werden geradezu magische Kräfte zugeschrieben – sie werden zur „Anrufung des großen Matthäus" (*Die Zeit* vom 8.3.1996); und wenn auf dem Fußballfeld die „Attacke" ausbleibt, muß die Nordkurve sie beschwören. So wird die Kultur der Fans zu einer Möglichkeit, mit Hilfe einer religiösen Übertragung Glück, Erfolg oder zumindest solidarische Geborgenheit zu erfahren. „Umzug der Götter ins Stadion" hat Gunter A. Pilz diesen Vorgang genannt. Die sozusagen am Reißbrett neugeschaffene japanische J-League ist ganz bewußt in Form ein Religion konzipiert worden, bei der sich Menschen mit einer symbolischen Macht identifizieren sollen.

Kritische Geister, sowohl von politischer wie von theologischer Seite, wittern hier natürlich nur eine Ersatzreligion oder Opium fürs Volk – eine Ablenkung vom wahren Glück oder den wahren Konflikten, die es zu bekämpfen gelte. Die Fans selbst sehen das anders: „Gerade wenn man selbst Probleme hat, kann man beim Fußball abschalten. Man will keine Niederlage, weil es die im Alltag schon genug gibt. Ein Sieg des Vereins wird zu einem persönlichen Sieg. Man identifiziert sich damit. ... Man hat das Gefühl, daß man für irgendjemand wichtig ist." Und auch die Fans von Borussia Dortmund gaben der Vereinsführung auf die Frage, ob denn angesichts der Arbeitslosigkeit im Revier die geplanten Millionentransfers akzeptabel seien, die Antwort, daß gerade in dieser Situation fußballerische Erfolge hilfreich seien. Wieviel Fußball tatsächlich für das Selbstwertgefühl der Menschen bedeuten kann (und damit Versprechungen von Religion und Politik erfüllt), hat aber im Lauf der Jahrzehnte vor allem Schalke gezeigt – wobei entscheidend ist, daß dieses Selbstwertgefühl nicht aufgesetzt ist. Nur dann macht der Erfolg im Spiel sichtbar, was „in Wirklichkeit" richtig ist, und ist kein Mißbrauch des Mythos im Sinne einer Ablenkung von der Realität.

Daß man Flucht in eine heile Welt auch heute noch eher den Liebhabern der klassischen Musik vorwerfen kann, hat unlängst der Sozialpsychologe Hans Stollenwerk von der Sporthochschule Köln festgestellt – und gleichzeitig entdeckt, daß diese den Sportsfreunden, was das Fachwissen angeht, oft deutlich unterlegen sind (*Süddeutsche Zeitung* vom 4.5.1996). Und man muß nur die Pausengespräche im Theater mit denen in der Nordkurve vergleichen, um zu wissen, was gemeint ist: Niemand wird dort lange überlegen müssen, wer bei jener grandiosen Aufführung im Dezember 1984 Regie geführt hat...

Heimlicher Jubel und prominente Anhänger

Weil nirgendwo der Mythos so viel bewirkt wie in Schalke, hat der Verein auch besondere Fans hervorgebracht. Anfangs war es wie überall. Nur wenige Zuschauer – den Begriff Fan gab es in Deutschland noch nicht – kamen am Sonntag zu den Spielen an der Grenzstraße. Von den meisten wurden sie nicht ganz ernstgenommen. Und gutbürgerliche Familien versuchten, ihre Kinder von den etwas anrüchigen Spielen fernzuhalten. Werner Breuning, Jahrgang 1913, erinnert sich noch, wie er um 1920 als kleiner Junge die ersten Spiele gesehen hat – heimlich: „Fußball gehörte zu den verbotenen Vergnügungen wie Feuermachen und Äpfelklauen." Und wahrscheinlich kamen die Massen erst mit den Erfolgen: Als sich herausstellte, daß da eine Knappenmannschaft aus Schalke den bürgerlichen Vereinen Paroli bieten konnte, wuchs der „Anhang". Beim Spiel gegen den renommierten „Altmeister" Duisburger SV 1927 sind erstmals 50.000 Zuschauer dabei, das erste Spiel nach der Sperre 1930 wird zu einer einzigen Demonstration der Einheit von Mannschaft und „Schalke".

Anläßlich der zweiten Deutschen Meisterschaft zeigt sich Schalker Anhänglichkeit auf reviertypische Weise: Mit dem Fahrrad machen sich zahlreiche Fans auf den Weg nach Köln – nach der Nachtschicht. Wie im Jahr zuvor empfängt die ganze Stadt die heimkehrenden Sieger. Daß zum Fan-Dasein auch damals bereits ausgelassenes Feiern und Trinken gehörte, wird zwar von den ernsthaften Medien nicht berichtet, aber von Augenzeugen bestätigt.

Ein einschneidender Wandel in der Fankultur vollzieht sich allerdings seit Ende der sechziger Jahre. In dieser Zeit entsteht sie als „Subkultur" mit eigenen Symbolen und Ritualen. Erstmals tauchen auch in der Glückauf-Kampfbahn Fahnen und „Kutten" auf. Es ist zumindest bemerkenswert, daß das in dem Moment geschieht, in dem die alten Milieus zerbrechen. Schalke ist – nach der Kohlenkrise – nicht mehr der Bergarbeiterstadtteil. Die Distanz zwischen den Spielern (die von außerhalb kommen) und den Zuschauern wird größer. Es ist nicht mehr so eindeutig, was Schalke und wer ein Schalker ist.

Ende der siebziger Jahre stellt Kultusminister Girgensohn in seiner bereits zitierten Jubiläumsrede mit Bezug auf ein Spiel der Saison 1978/79 fest: „Das war kein gemeinsamer Kampf mehr von Mannschaft und Publikum gegen den Gegner, das war nicht mehr Selbstbehauptung eines Stadtteils..., sondern sachliche Distanz, Beobachtung der Mannschaft durch ein Publikum, das für die Vorstellung bezahlt hatte und bereits im Stillen überlegte, ob es in der nächsten Saison nach Duisburg, Dortmund oder Bochum wechseln sollte. Daß alte Mythen dennoch nicht so unerwartet sterben, zeigte sich in der zweiten, der rettenden Halbzeit. Denkmäler stürzen nicht in Minuten."

Daß sie nicht totzukriegen sind, hat die Entwicklung seit den achtziger Jahren gezeigt. Aber der Kreis derjenigen, die sich noch als Schalker fühlen, ist nun nicht mehr nur regional oder nur sozial bestimmt. Wer sich zu Schalke „bekennt", hofft auf den erneuten Aufstieg, glaubt – obwohl sie oft so unsichtbar ist – an die Größe des Vereins. Und es gibt viele solche Bekenner.

Von den Funktionären aus Fan-Kreisen war bereits die Rede. Zu den prominentesten „Fans" gehören Papst Johannes Paul II. und der verstorbene Bischof von Essen, Kardinal Franz Hengsbach. Der eine ist Ehrenmitglied geworden, nachdem er 1990 im Rahmen eines Deutschlandbesuches im Parkstadion eine Messe gefeiert hat, der andere war seit Kindertagen mit Schalke verbunden, da sein Onkel Pfarrer der Gemeinde St. Josef gewesen war. Mögen die beiden auch keine echten Anhänger gewesen sein (Hengsbach meinte, auch den anderen Vereinen seines Bistums

Schalke-Fans anno 1934

Schalke-Fans in den sechziger Jahren

die Daumen drücken zu müssen) – andernorts sind (jedenfalls außerhalb von Italien) solche Verbindungen undenkbar.

Symbolfigur der Schalker Fans jedoch ist Charly Neumann. Perfekt wie kein zweiter vermittelt er den Fans das Gefühl: Ich bin euer Vertreter im Verein, die Brücke sozusagen. Wie kein zweiter verkörpert er die Gefühle des Fans und tröstet gleichzeitig im Namen des Vereins: „Wir steigen wieder auf, ährlich!", war sein Versprechen am Tiefpunkt nach dem dritten Abstieg. Jemand wie er muß stolz darauf sein, daß er bisher (fast) jeden Versuch vereitelt hat, den Verein seriös zu machen. In der Verächtlichkeit gegenüber der Seriosität – so problematisch diese Haltung heute sein mag – drückt sich die gesamte Schalker Sympathie für den gefühlsbetonten Mythos aus. Denn das ist es ja, was den Mythos vom austauschbaren Klub unterscheidet: Der Mythos lebt von den Emotionen seiner Anhänger. Und so mußte Neumann mit einem Profi wie Assauer (und einem konkurrierenden Selbstdarsteller wie Eichberg) aneinandergeraten – erst nachdem Neumann seine folkloristische Rolle akzeptiert hat, ist er nun wieder „Mannschaftsbetreuer". In dieser gezähmten Form ist er für Schalke wohl unverzichtbar – verkörpert er doch nicht zuletzt die Kontinuität in einem Verein, in dem alle anderen Persönlichkeiten schnell wechseln. So war er es denn auch, der 1990 über Kuzorras Grab die Vereinsfahne senkte...

Organisator und gleichzeitig Prototyp aller Fans dagegen ist Rolf Rojek. 1978 ist zunächst von 16 Fanklubs ein Dachverband gegründet worden. Seit 1991 ist Rojek Geschäftsführer und Vorsitzender des Verbandes und vertritt dadurch fast 250 Fanklubs mit etwa 10.000 Mitgliedern – und ist in dieser Eigenschaft auch Mitglied des Schalker Aufsichtsrates. Keine leichte Aufgabe – nicht nur, weil die normale Lebensdauer eines Fanklubs etwa drei bis vier Jahre beträgt. Als hauptberuflicher Schalker verdient der gelernte Schlosser sein Geld inzwischen mit der Kneipe „Auf Schalke", einem Schalke Sport-Shop und ähnlichem. Der WDR eröffnete seine neue Reihe „Weekend" im Januar 1996 mit einem Porträt der Familie Rojek aus dem münsterländischen Saerbeck. Neben unfreiwillig komischen Szenen (was wäre, wenn Tochter Susi Rojek einen Freund hat, der nicht Schalke-Fan ist?) zeigt der Film auch: Ohne solche Leute gäbe es Schalke nicht. So wird der Film selbst zum „Hohelied des kleinen Mannes aus dem Revier" (*FAZ* vom 27.1.1996).

Ansehnlich auch die Reihe der prominenten Fans: Werner Hansch war von 1973-78 Stadionsprecher im Parkstadion. (Unvergessen sein Einstand.

Charly Neumann in Aktion

Der ehemalige Sprecher der Trabrennbahn verliest die Mannschaftsaufstellung: „Mit der Startnummer 1 – Norbert Nigbur...“) Obwohl als Kommentator zur Objektivität verpflichtet, hat er sich eine Anhänglichkeit ans Revier im allgemeinen und an Schalke insbesondere erhalten. Uli Potofski hat aus seiner Schalke-Leidenschaft nie einen Hehl gemacht, und Peter Neururer steht auch als Trainer des 1. FC Köln dazu. Bemerkenswert aber: Auch hier sind es nicht die ganz Großen, die Schalke als „ihren“ Verein auserkoren haben. Wer es ganz nach oben geschafft hat, ist doch eher Bayern- oder (neuerdings) Dortmund-Fan...

Es sind die „normalen Fans“, die alle vierzehn Tage das Parkstadion füllen. Wenn allerdings das Stadion voll wird, gehören viele Besucher nicht zum harten Kern. Aus Schalke oder Gelsenkirchen kommen sie sowieso nicht, auch gehören sie eher zur Mittelschicht. Aus dem Münsterland, aus dem Sauerland kommen sie angereist, mancher will im Grunde nur aus einer gewissen Distanz echte Schalke-Luft schnuppern. Das alles hängt mit der „Nationalisierung“ von Schalke zusammen und mit der Faszination, die der Mythos von Schalke, Bergbau und Ruhrgebiet auch heute noch ausstrahlt auf Leute, die nur „am Rande“ dazugehören.

Gleichzeitig hat sich hier eine Haltung herausgebildet, die Schalke mit einer gewissen Ironie betrachtet; man fühlt sich verbunden, im Spiel funktioniert die Identifikation, aber gleichzeitig kann man den Verein auch von außen betrachten. Nur solche aufgeklärten Fans können leicht spöttisch über Schalke als eine der großen Religionsgemeinschaften sprechen.

Die „wahren Fans"

Die „eigentlichen" Fans aber stehen Woche für Woche in der Nordkurve, insbesondere im Block 5 – oder im „gegnerischen Fanblock" bei den Auswärtsspielen. Es sind die Fans vom alten Schlag. Die Treuen. Hier stehen die, über die Präsident Siebert sagen konnte: „Auf Schalke müssen wir nur einen Flutlichtmast einweihen, und schon kommen 2.000 Fans" – auch wenn er sie zu anderen Zeiten schon mal als Mafia bezeichnen konnte. Einmalig diese Mischung aus Gefühl und Sachverstand. Allerdings haben auch sie verstanden, worauf es im Medienzeitalter ankommt: Kaum schwenkt die Kamera in Richtung Nordkurve, jubeln sie wie sonst nur beim Torschuß...

Vielen hier macht es nichts aus, als Proleten bezeichnet zu werden – weil Schalke hier wirklich noch der Verein der kleinen Leute ist. Sie sind die Erben des Mythos. Und nicht umsonst ist „Ruhrpott" einer ihrer Schlachtrufe. Und auch „Der S 04 ist wieder da" verkündet die Auferstehung des totgesagten Vereins aus dem Revier.

Einzelne Dirigenten kann man ausmachen. „Catweazle" ist einer der bekanntesten. Der Trommler, der auch mit seinem bürgerlichen Namen Olschewski Schalke alle Ehre macht, steht regelmäßig in Block 5 der Nordkurve und sorgt für Stimmung. Ähnlich wichtig der Bläser zur „Attacke" – inzwischen schon in der zweiten Generation. „Fio" (eigentlich Marino Fioretti), italienischer Baggerführer aus Essen war der erste, der auf seiner Trompete blies. Zuerst war es nur einer, dann ein paar Leute in der Umgebung, schließlich 70.000, die auf ein bestimmtes Signal hin „Attacke" brüllten – und damit selbst das Parkstadion erzittern lassen. Selbst die *Zeit* porträtierte den berühmtesten Trompeter der Republik. Sponsor „Müllermilch" zahlte schließlich sogar Geld, damit Fio mit zu Auswärtsspielen fuhr – es war die Zeit, als auch die Fans depressiv geworden waren. Als der Milchkonzern jedoch eine Erhöhung der Bezüge verweigerte, verschwand Fio – und wurde seitdem im Parkstadion nicht

Schalke-Willi mit seiner Trompete

mehr gesehen. Schalke-Willi (eigentlich Wilhelm Plenkers) aus Krefeld hat inzwischen seine Rolle übernommen. Wenn er ebenfalls einen Sponsor findet, will er sogar das Trinken aufgeben.

Und um sie herum: das blau-weiße Meer von Fußballverrückten und Fußballexperten. Hier verschwimmen die Unterschiede, beim Tor liegen sich alle in den Armen, Wildfremde und gute Freunde. Die (fast) klassenlose Gesellschaft gibt es nur in der Kurve. Was nicht heißen soll, es gebe hier keine Unterschiede. Auch hier stehen „aufgeklärte" Fans, und hier gibt es auch diejenigen, die schon mal Randale machen.

„Die Nordkurve ist ein Ort, wo es ganz intensiv zugeht, wo man sich aber nicht hintraut...", sagt Adolf Winkelmann, Regisseur des Films „Nordkurve", und meint damit nicht nur, aber auch die Schalker Fankurve. Aber es gibt sie auch – die Fans, deretwegen sich mancher nicht in die Nordkurve traut, die „Hooligans", die ab und zu gewalttätig werden.

Was oft übersehen wird: Ausschreitungen beim Fußball hat es schon immer gegeben. Insbesondere in England hat es bereit vor dem ersten Weltkrieg zahlreiche Krawalle gegeben – meist Angriffe auf Schiedsrich-

Schalke-Fans heute

ter und Gastmannschaften aus Unzufriedenheit über deren Leistung oder Spielweise. Krawalle zwischen gegnerischen Fangruppen gab es schon deshalb seltener, weil die Möglichkeit, zu Auswärtsspielen zu reisen, meist nicht gegeben war. Das änderte sich ebenfalls in den sechziger Jahren: Nun wurde es für die meist jugendlichen Fans möglich, auch zu entfernten Spielen zu reisen. Gleichzeitig aber war das die Zeit, da die „Entfremdung" zwischen Mannschaft und Publikum größer wurde: Die Situation, daß die Mannschaft „für" und anstelle der Fans kämpft, wird von vielen Anhängern nicht mehr so wahrgenommen. Die Identifikation der Stars von weither mit der eigenen Gruppe ist daher oft nicht mehr gegeben. So sucht sich das Bedürfnis nach Auseinandersetzung und Kampf, das bisher durch die symbolische Austragung auf dem Rasen befriedigt wurde, andere Orte im Umfeld des Fußballspiels – so die These des englischen Forschers Ian Taylor.

Nicht selten kommt es zu gewalttätigen Ausschreitungen, wenn die eigene Mannschaft verloren hat und die Fans dieses „Unrecht" nicht ertragen. Dann muß es gewaltsam wiedergutgemacht werden. Auch das passiert aber erst dann, wenn die Einheit von Mannschaft und Fans schon teilweise zerbrochen ist.

Das kann soweit gehen, daß das Fußballspiel nur noch Anlaß für Randale ist, die gar nicht mehr im Zusammenhang mit dem Spiel steht. „Die ganze Woche muß man die Schnauze halten, zu Hause keinen Ton riskieren, im Betrieb darfste nichts sagen, dafür geben wir am Wochenende so richtig die Sau ab... Fußball ist für uns Krieg. Wir sind die besten. Der Verein kann ruhig verlieren, wir schlagen alle!“ – so ein Hool.

Auch in Schalke hatten sich Anfang der achtziger Jahre, wie in England, Gruppen von Hooligans gebildet. Die sogenannte Gelsenszene machte sich durch Schlägereien im Umfeld der Bundesligaspiele bemerkbar. Heute ist diese „Szene“ durch das Schalker Fanprojekt und die Polizei weitgehend neutralisiert. Dadurch, daß die Fans einen eigenen Block auf der Tribüne zugeteilt bekommen haben und geschlossen auf ihrem Weg zum und vom Stadion begleitet werden, sind die Ausschreitungen merklich zurückgegangen.Das gilt auch für die „unorganisierten“ Raufereien – möglicherweise sorgen die sportlichen Erfolge der Mannschaft dafür, daß sich der Frust nicht mehr auf diese Weise Luft machen muß. Selbst die Zerstörungen in den Straßenbahnen sind mit Hilfe eines Projektes zurückgegangen, das inzwischen auch in anderen Städten kopiert wird: Sogenannte „Spielerbahnen“ werden durch ihre Benennung sozusagen einem der Stars übereignet. Heiner Jähnert, Bezirksleiter im Schalker Fanklubverband und Initiator der Idee, sorgt dafür, daß jede Bahn von mehreren beauftragten Fans begleitet wird. Und tatsächlich: Die Youri-Mulder-Bahn oder Olaf-Thon-Bahn wollen nur noch wenige zerstören.

Fans gegen Rassismus

In dem Zusammenhang ist jedoch ein weiteres Problem zu betrachten, das leider auch in Schalke von Bedeutung ist: „Fans und Rechtsradikalismus“. Die allgemeine, häufig geäußerte Kritik an Fußballfans bekam noch einmal eine besondere Note, als seit den achtziger Jahren vermehrt ausländerfeindliche Parolen in den deutschen Stadien zu hören waren. Besonders Schwarze wie Anthony Yeboah und Souleyman Sané, aber auch Türken wie der Schalker Ilyas Tüfekci hatten darunter zu leiden. Allerdings war auch hier das Stadion nur ein Spiegel der Gesellschaft, in der diese Tendenzen, mehr oder weniger unbemerkt, stärker geworden waren. Der Fußball als Ort, wo eigentlich „nur“ symbolisch gekämpft wird und Feindschaften spielerisch ausgetragen werden, war nur der Ort, wo sie am ehesten öffentlich sichtbar wurden.

Aufkleber der Fan-Initiative

Nach den ersten Brandanschlägen formierten sich zaghafte Gegenbewegungen – Lichterketten durchzogen die Städte. In dieser Zeit entstand auch die bereits erwähnte Schalker Faninitiative gegen Rassismus, die versuchen wollte, langfristig etwas zu bewegen. Sie war im November 1992 bei der großen Demonstration gegen Ausländerfeindlichkeit in Bonn mit Transparent und Flugblättern vertreten. Und nicht nur, weil sie deutlich als Schalker zu erkennen waren, standen sie mit einem Mal im Mittelpunkt des Medien-Interesses. Sie demonstrierten zum einen, daß das gängige Vorurteil vom gedankenlosen, unpolitischen (oder wenn, dann rechtslastigen) Fan nicht stimmt; zum anderen ahnte man wohl, daß hier etwas viel Wirkungsvolleres geschah, als es Lichterketten und Demonstrationen waren; denn immerhin waren die Schalker Fans direkt mit den Parolenrufern konfrontiert.

Besonders nach dem Brandanschlag von Solingen im Mai 1993 und der Verhaftung des Tatverdächtigen Christian S. in Schalke-Kluft, der sich kurz zuvor noch das Spiel Köln-Schalke angesehen hatte, sah auch der Verein selbst Handlungsbedarf. Nachdem man noch in der Woche zuvor gedroht hatte, die Initiative mit den Reinigungskosten wegen Verschmutzung des Parkstadions durch Flugblätter (beim Spiel gegen Dresden) zu belasten, bat nun der Verein selbst darum, daß beim letzten Spiel der Saison (gegen Bayern München) noch einmal 50.000 Flugblätter verteilt würden – auf Kosten des Vereins. Das Transparent „Schalker Fans gegen Rassismus“ wird seitdem bei jedem Heimspiel und vielen Auswärtsspielen am Zaun befestigt – nur im Münchener Olympiastadion wurde seine Anbringung 1994 untersagt...

Was die Initiative tatsächlich vermag, zeigt die Tatsache, daß heute zwei Bekannte von Christian S. aktiv in der Initiative mitarbeiten. Und wenn nach einer Diskussion ein Fan seinen Aufnäher „Ich bin stolz ein Deutscher zu sein“ von der Kluft entfernt, dann ist hier wirklich Überzeugungsarbeit geleistet worden. Was nicht heißen soll, daß die rund 300 Mitglieder nicht auch Ablehnung erfahren – vor allem von solchen Fans, die mit Politik nichts zu tun haben wollen, ohne zu merken, daß es eine unpolitische Haltung in diesem Fall nicht geben kann.

Jedenfalls werden rassistisch-ausländerfeindliche Parolen heute in Schalke nicht mehr offen geäußert – was nicht heißt, das das Problem vom Tisch bzw. vom Platz ist. Deshalb arbeitet die Initiative weiter und ist unter anderem Mitglied im BAFF – dem „Bündnis aktiver Fußballfans“, das ursprünglich „Bündnis antifaschistischer Fußballfans“ hieß. Da es den dort zusammengeschlossenen Initiativen inzwischen nicht mehr nur um antifaschistische Arbeit geht, sondern auch um Themen wie Kommerzialisierung, Versitzplatzung der Stadien etc. und man eine Festlegung auf ein ganz linkes politisches Spektrum vermeiden wollte, lag diese Namensänderung nahe. Auch das Fanzine „Schalke unser“ beinhaltet inzwischen sämtliche Aspekte des Fußballgeschehens aus Fansicht – und zwar auf hohem Niveau.

Daß die Tendenz des „Schalke unser“ genau in die richtige Richtung zielt, wird nicht zuletzt durch einen Hinweis auf die Rolle der Fans für die Existenz des Schalke-Mythos deutlich: Sie sind es, die mitfühlen, mitleiden mit dem „Helden“, die im Zweifelsfall sogar mehr als die Mannschaft („Wir sind Schalker und ihr nicht!“) das verkörpern, was Schalke ausmachte zu der Zeit, als der Mythos in seiner alten Form entstand: der Glaube an die eigene, unsichtbare Größe, auch wenn alle Welt etwas anderes sagt. Sie sind es, die dem Verein die Treue halten, auch wenn sich alles ändert.

Wenn es heißt, daß Schalke die besten Fans der Liga hat, dann ist diese Aussage natürlich nur in dem Sinne wahr, wie man sagt, daß Schalke der beste Verein ist. Aber das ist eben das Besondere an mythischen Aussagen: Sie sind wahr auf eine ganz eigene Weise – und ohne andere Wahrheiten auszuschließen. Ganz sicher aber ist, daß Schalke besonders treue Fans hat, die durch alle Tiefen bereits hindurchgegangen sind, und daß Schalke noch immer – obwohl in fast 40 Jahren keine Deutsche Meisterschaft mehr errungen wurde – als einziger Verein neben Bayern München eine große bundesweite Fanszene hat.

Freundschaften und Feindschaften

Die Freundschaft mit dem 1. FC Nürnberg

Daß Vereine Freunde sein können, ist eigentlich unsinnig. Dennoch gibt es die Freundschaft zwischen Schalke und Nürnberg. Viele Kontakte gibt es zwischen den Fans, Spiele zwischen den beiden Mannschaften sind mit ziemlicher Sicherheit frei von Krawallen im Umfeld. Aber weil solch eine Freundschaft zwischen ganzen Klubs im Grunde unerklärlich ist, weiß auch hier niemand so genau, wann und wie sie begonnen hat.

Das Buch über diese Fanfreundschaft berichtet vier Versionen. Von einer spontanen Sammelaktion von Nürnberg-Hooligans für Schalker Kollegen, denen das Geld für die Heimfahrt fehlte, ist da die Rede und von einer zufälligen Begegnung im Zug. Eine andere Episode berichtet von einer gemeinsamen Jagd auf Bayern-Fans, und schließlich wird auf einen Bericht des *Stern* über die Königsblauen verwiesen, wo auf den Bildern von Kutten der Schalker auch Abzeichen des 1. FC Nürnberg zu sehen waren. Dieser Artikel sei dann in Nürnberger Fanlokalen gekreist und habe die Verbundenheit begründet.

Welche Version richtig ist, ist wohl nicht mehr zu entscheiden. Einig sind sich alle Berichte darin, daß es um das Jahr 1980 war, als diese Freundschaft entstand. Andererseits deutet die Geschichte mit den Abzeichen darauf hin, daß schon länger irgendeine Beziehung zwischen den Vereinen bestanden haben muß. Tatsächlich hat es mit dem Verhältnis zwischen den Vereinen schon seit den dreißiger Jahren eine besondere Bewandtnis – auch wenn es zunächst eher von Konkurrenz gekennzeichnet ist.

Süddeutschland gilt in den zwanziger Jahren allgemein als „Lehrmeister" des deutschen Fußballs. Von 1920 bis 1929 machen die SpVgg Fürth und der 1. FC Nürnberg den Deutschen Meister praktisch unter sich aus. Mit fünf Titeln ist der 1. FC Nürnberg, 1900 von 18 Schülern als Rugbyverein gegründet, schon 1927 Rekordmeister. Der legendäre Torwart Heiner Stuhlfauth und Dr. Hans Kalb sind die Stützen der Mannschaft.

Spiele gegen eine solche süddeutsche Mannschaft sind Prestigekämpfe, die auch etwas über die Stellung des eigenen Vereins im deutschen Fußball aussagen. Schalke kann sich solche Freundschaftsspiele erst erlauben, als sich der Verein zumindest in Westdeutschland in der Spitze etabliert hat. So kommt es zur ersten Begegnung mit dem Club am 4.8.1928 in der Glückauf-Kampfbahn. Immerhin reicht es zu einem 1:1-Unentschieden. Im März nächsten Jahres aber gibt es eine schmerzliches 1:4, und auch in den Jahren 1930-1933 gibt es noch vier Niederlagen.

Dann aber ist der 1. FC Nürnberg auch der Gegner der Schalker (die vom Nürnberger Bumbas Schmidt trainiert werden!) im ersten gewonnenen Endspiel um die Deutsche Meisterschaft 1934. Deutlicher ließ sich die Wachablösung im deutschen Fußball nicht demonstrieren. Auch beim Jubiläumsspiel zu „30 Jahren Schalke 04" im August desselben Jahres wird der Club mit 4:3 besiegt. Sechs Meisterschaften der Schalker 1934-1942 steht gerade ein Titel der Nürnberger gegenüber. Dafür sind die Nürnberger noch zweimal im neuen Pokalwettbewerb erfolgreich: Das erste Finale gegen die Schalker gewinnen sie mit 2:0, und auch 1939 erringen sie den Titel. Noch verdrängt die Konkurrenz die Erkenntnis, daß die beiden Vereine aus proletarisch geprägten Regionen vieles gemeinsam haben – nicht nur, weil auch Nürnberg eine Stadt ist, die von den NS-Größen besonders geschätzt wird.

In den Nachkriegsjahren kann auch der Club noch einmal kurz an die alte Größe anknüpfen: Den ersten nationalen Titel gewinnt 1948 eine Nürnberger Mannschaft, in der alte und junge Spieler eine gute Mischung bildet. Dann aber erleidet die Mannschaft ein ähnliches Schicksal wie die Schalker – sie geht an Überalterung zugrunde. Es wird still um den Club – sieht man von dem Ausnahmefußballer Max Morlock ab, der 1954 das Anschlußtor zum 2:1 gegen Ungarn schießt, das die Wende im WM-Finale einleitet. Wie Kuzorra übernimmt Morlock später eine Lotto-Toto-Annahmestelle.

Anfang der sechziger Jahre noch einmal eine Deutsche Meisterschaft für Nürnberg – ein letztes Mal fast nur mit „Eigengewächsen" erkämpft. Instinktiv wehrt der Verein sich gegen die Bundesliga. „Der Club war zu groß für straffes Management, er war wie ein Familienunternehmen – da reden immer viele mit hinein, und er ist ein Parcours für Eitelkeiten und Profilneurose. In einer seltsamen Mischung aus Pragmatismus und Herumlavieren verpaßt man immer wieder den Anschluß", schreibt Helmut Böttiger.

Auch Begegnungen zwischen den Schalkern und den Nürnbergern hat es in diesen Jahren kaum gegeben. Nur in den Endrunden 1952 und 1962 trafen die beiden aufeinander – erst in der Bundesliga begegnen sie sich als Gründungsmitglieder regelmäßig.

Wenig später passiert das Unglaubliche. Nürnberg wird 1968 zum neunten Mal Deutscher Meister. Trainer Max Merkel hat mit Zuckerbrot und Peitsche noch einmal alles aus den Nürnberger Verhältnissen herausgeholt. Doch eine Saison später steigt der Rekordmeister ab! Kein DFB sorgt für eine Aufstockung der Liga. Der Trainer hatte erneut einen Spitzenplatz versprochen, am Ende hinterläßt er eine zerstörte Mannschaft. Brungs und Ferschl waren verkauft worden, die Zurückgebliebenen von Merkel schlecht behandelt worden. Cebinac, Zaczyk, Küppers, Volkert, Leupold, Müller und Co. hatten dennoch alles versucht. Das Spiel am vorletzten Spieltag bedeutete das Aus: Durch einen Sieg gegen Dortmund hätte der Club das rettende Ufer erreicht; das 2:2 sorgte dafür, daß Dortmund in der Liga blieb und Nürnberg nach einem 0:3 gegen Köln am letzten Spieltag absteigen mußte. Grenzenlose Wut in Nürnberg, als nach dem Spiel bekannt wird, daß Torwart Rynio, der bei den Dortmunder Treffern kaum reagiert hatte, in der nächsten Saison beim BVB spielen wird...

In Schalke baut Präsident Siebert in diesen Jahren die erfolgreiche Mannschaft der frühen siebziger Jahre auf, die für das Schalker Zwischenhoch sorgt. Bald aber wird man auch dort den tiefen Sturz in die Zweitklassigkeit erleben. Und das ist genau die Zeit, in der die Freundschaft zwischen den beiden Vereinen entsteht.

Der 1. FC Nürnberg, bis 1978 noch in der zweiten Liga Süd, ist 1980 gerade wieder in die erste Liga aufgestiegen. Und da entdecken die Fans beider Vereine, wahrscheinlich unbewußt, ihre Verwandtschaft.

Die beiden ehemaligen Rekordmeister sind inzwischen dabei, vom FC Bayern München überholt zu werden, der 1980 gerade seine sechste Meisterschaft geholt hat und die dominierende Mannschaft der achtziger Jahre sein wird. Schalke und Nürnberg dagegen müssen wiederholt gegen den Abstieg kämpfen und steigen auch ab. Die Episode von der gemeinsamen Jagd auf Bayern-Fans ist also zumindest psychologisch realitätsnah.

Die Fanfreundschaft bewährt sich erstmals 1981 beim Abstieg der Schalker, der ausgerechnet nach dem 1:1 gegen Nürnberg endgültig feststeht. Trotzdem kommt es nicht zu Krawallen. Wichtig dafür ist, daß die

Freundschaft auch von den Hools mitgetragen wird – was bei anderen Vereinen nicht selbstverständlich ist. Seitdem sind die Spiele der beiden Mannschaften etwas Besonderes – und nicht nur, weil sie häufig unentschieden enden, geht es dabei friedlich zu.

Sportlich geht es in Nürnberg noch einmal bergauf. Nach dem Abstieg 1984 führt Trainer Höher den Verein in die Bundesliga zurück. Nach einer Spielerrevolte werden die „alten Herren" Kargus und Co. gefeuert, und eine junge Truppe um Reuter, Grahammer, Brunner und Eckstein schafft den sofortigen Wiederaufstieg. Wie schon 1978 und 1980 wird der Aufstieg wie eine Meisterschaft gefeiert. 1988 gelangt die Mannschaft sogar in den UEFA-Pokalwettbewerb. Gleichzeitig aber fallen beide Vereine profilierungssüchtigen Geschäftsleuten in die Hände. 1984 wird der Immobilienhändler Schmelzer Vorsitzender in Nürnberg. Der „alte Zabo", das traditionsreiche Vereinsgelände, ist schon 1963 verkauft worden. Im Bereich des neuen Vereinsgeländes am Valznerweiher wird nun ein riesiger Hotelkomplex errichtet – äußerlich eine Modernisierung, ist diese Investition in Wirklichkeit die Verquickung von Vereinsinteressen und Interessen des Vorsitzenden und damit der Anfang vom Ende.

Das Frankenstadion wird ausgebaut – wieder einmal mit Unterstützung von Stadt und Land. Mancher vermutet, daß gerade diese Finanzspritzen einer der Gründe sind, warum (auch) in Nürnberg nie vernünftig gerechnet worden ist. Ein Schuldenberg wächst heran und beträgt zeitweise 30 Millionen DM.

Alle wertvollen Spieler müssen nach und nach verkauft werden. Dorfner, Reuter, Grahammer, Schwabl – sie alle wechseln zum bayerischen Rivalen München. Besonders skandalös, daß Trainer Höher am Erlös der Transaktionen beteiligt wird – Schmerzensgeld nennt er das.

Auch als Höher Manager wird und der Lebemann Arie Haan das Traineramt übernimmt, wird es nicht besser. Er will „alles von unten wieder aufbauen". In Wirklichkeit stellen Gehalt und Machtfülle alles in den Schatten, was es zuvor in Nürnberg gegeben hat. Und nach zahlreichen Niederlagen wird Anfang 1991 nicht der Trainer, sondern der Präsident gefeuert! Doch als am Ende der Saison nur knapp der Klassenerhalt geschafft wird, verläßt auch Haan den Club.

Bei der Feier des Klassenerhalts finden sich am Ende der Saison auch Schalker und Nürnberger Fans wieder: Das entscheidende Spiel der Nürnberger findet in Wattenscheid statt. Schon nach sechs Minuten fällt das spielentscheidende 1:0 – der Club ist gerettet. Fünf Minuten vor

Gemeinsame Beschwörung: Schalke-Fans und Fans des 1. FC Nürnberg.

STADTS
Schalke 04
S
04
KNAPPEN

Schluß stürmen Schalker und Nürnberger Fans gemeinsam den Rasen. Als der Platz für eine ordnungsgemäße Beendigung der Partie geräumt ist, steht Dittwar ohne Trikot und Schuhe da. Er leiht sich Turnschuhe und Trikot vom nächsten Fan, dann ist es geschafft. Und am nächsten Tag gibt es nach dem Spiel gegen Darmstadt 98 die Aufstiegsfete auf Schalke. Endlich sind wieder beide Vereine erstklassig.

In der nächsten Saison sorgt der neue, seriöse Trainer Willi Entenmann für eine sportliche Konsolidierung in Nürnberg. Erstmals wird vom Schalker Fanklub-Dachverband ein Sonderzug zum Spiel in Nürnberg eingesetzt. Rund um das Frankenstadion gibt es, obwohl Dezember, eine riesige Fanfete. Und als die Schalker beim Spiel 1:0 in Führung gehen, passiert etwas Einmaliges: Auch die Schalker Fans rufen „FCN! FCN!" und fordern den Ausgleich. Daß daraus nichts wird, tut der Stimmung keinen Abbruch. Interimspräsident Sven Oberhof vom 1. FC Nürnberg: „Die Atmosphäre... – Fahnenkorso, Verbrüderungsfeste, Freundschaftsgesänge – werde ich nie vergessen. So etwas geht unter die Haut, ist mit einem Wort: einfach schön. Überhaupt: Blau war schon immer meine Lieblingsfarbe, vor allem Königsblau..."

Doch Oberhof bleibt nicht Präsident in Nürnberg. Während Schalke seit 1988 vom Sonnenkönig Eichberg regiert wird, übernimmt in Nürnberg Gerhard Voack das Amt des Vorsitzenden. Er hat durch Heirat eine Reihe von Baumärkten übernommen. Der selbstherrliche Präsident führt den Altmeister endgültig in die Krise. Und während in Schalke nach der Ära Eichberg die Konsolidierung beginnt, geht es in Nürnberg immer weiter abwärts. 1992 werden erstmals Vorwürfe laut, es habe in Nürnberg nicht rechtmäßige Spielerkäufe, Steuerhinterziehung und Betrug gegeben. Für die Saison 1993/94 erhält die Mannschaft schon (wie Schalke) fast keine Lizenz mehr. 1995 werden dann 21 Personen aus dem Umfeld des Vereins verurteilt; der ehemalige Kassierer Ingo Böbel muß ins Gefängnis, Spieler wie Zarate, Dorfner, Schwabl und Wagner haben Geldstrafen zu bezahlen. Nürnberg wird zum „Symbol dafür, wie tief der Profifußball ins Kriminelle absinken kann", wie die Nürnberger Zeitungen schreiben.

Auch sportlich geht es abwärts: In der Saison 1993/94 wird im Abstiegskampf nicht nur Dieter Eckstein verkauft, auch Trainer Entenmann wird entlassen – ausgerechnet nach einem (nicht nur fürs Prestige wichtigen) 2:0-Sieg gegen den FC Bayern. Gerd Haas, „Fußballexperte" des Gerhard Voack und bald darauf sein Nachfolger, wirft Entenmann unattraktiven Fußball vor! Der Abstieg kann dennoch nicht verhindert werden. Nicht nur Nationaltorwart Köpcke verläßt den Verein, auch Spieler wie Sutter und Wück wechseln bald.

Nürnberg erhält die Lizenz für die zweite Liga nur unter hohen Auflagen – so desolat ist die finanzielle Situation. Am Ende steht der sofortige Abstieg auch aus der 2. Liga. Und nur der Lizenzentzug für Dynamo Dresden sorgt dafür, daß Nürnberg noch ein Jahr zweitklassig bleibt.

Im März 1995 wird Präsident Haas abgelöst. Auch er war nicht der richtige Mann für die gewandelten Verhältnisse. „Georg Haas lebte in der vor Jahrzehnten gültigen Fußballwelt“, kritisiert die örtliche Presse. Doch erneut versucht man es mit einem millionenschweren Sponsor: Der Teppichhändler Michael Roth hat schon einmal, 1979-1983, an der Spitze des Clubs gestanden. Den Lizenzentzug für die Saison 1995/96 kann er noch einmal rückgängig machen. Aber trotzdem geht es abwärts – der Abzug von sechs Punkten, mit dem die Nürnberger vom DFB bestraft werden, ist nicht einmal entscheidend. Trotz Aufbäumen am Ende der Spielzeit reicht es nicht. Zusammen mit Wattenscheid 09 (das ebenfalls in wenigen Jahren heruntergewirtschaftet worden ist), Hannover 96 und dem Chemnitzer FC tritt Nürnberg den Weg in die Regionalliga an.

Die Freundschaft zwischen den Nürnbergern und den Schalkern wird dennoch weiterbestehen. Möglich ist eine solche „unsinnige“ Freundschaft nur, weil Vereine eben nicht nur Ansammlungen von Menschen sind, sondern eine Idee verkörpern, selbst eine „Persönlichkeit“ sind – auch wenn sie im Moment die unterschiedlichen Möglichkeiten repräsentieren, was aus „Altmeistern“ unter den veränderten Bedingungen des modernen Fußballs werden kann.

Der „Erzrivale“ Borussia Dortmund

„Seit letzter Saison, genauer nach dem Spiel gegen Bremen und dem Sieg unserer Mannschaft, der leider den Lüdenscheidern zur Meisterschaft verhalf, tun sich auf Schalke ungewöhnliche Dinge. ... Daß unsere Offiziellen leider im Augenblick sogar mit Lüdenscheid gemeinsam Würste vermarkten, ist ja schon schlimm genug. Aber daß der Vorsitzende des Fan-Club-Verbandes mit Schwarz-Neongelben eine Besichtigungstour in unserem Parkstadion durchführt? Daß Schwarz-Neongelbe sich 'Auf Schalke' betrinken? Es ist unvorstellbar, aber wahr. ... Ist jetzt ganz

Schalke verrückt? Nein! Ein paar unbeugsame Schalker bleiben alter Tradition treu und sind weiterhin der Meinung, daß

- Lüdenscheid der größte Scheißverein ist,
- uns mit Lüdenscheider Zuschauern überhaupt nichts verbindet,
- Schwarz-Neongelbe maximal einmal im Jahr im Gästeblock Parkstadion geduldet werden,
- fanvereinigende Besichtigungstouren nur mit unseren Freunden vom 1. FC Nürnberg durchgeführt werden dürfen,
- Schwarz-Neongelbe in einer Schalker Fan-Kneipe nichts verloren haben,
- die gesunde Rivalität erhalten bleiben muß..."

So steht es in einem offenen Brief des Fanklubs „Schalker Jonges Düsseldorf" an Rolf Rojek vom Ende 1995. Woher diese Rivalität – und warum ist sie so wichtig?

Was ihren Ursprung angeht, sind die beiden Vereine gar nicht so unterschiedlich. Ist der FC Schalke 04 aus der wilden Westfalia hervorgegangen und hatte Mühe, vom bürgerlichen Sportbetrieb anerkannt zu werden, so ist der Ballspielverein Borussia im Jahr 1909 aus der Fußballabteilung einer katholischen Jünglingssodalität hervorgegangen – der Kaplan der Dreifaltigkeitsgemeinde im Hoeschviertel hatte so gegen das rohe Fußballspiel gewettert, daß die Fußballer sich von der Gemeinde lossagten und im Gasthaus „Zum Wildschütz" ihren eigenen Verein gründeten. Gründungsmitglieder waren wie in Schalke Arbeiter aus dem Osten – auch die Hoeschwerke beschäftigten vorwiegend Einwanderer.

Entsprechend sind die ersten „großen Gegner" beider Mannschaften die bürgerlichen Vertreter in der eigenen Stadt – für Schalke Gelsenkirchen 07 und SuS Schalke, für den BVB der Dortmunder SC 95. Während Schalke sich schon in den zwanziger Jahren zum städtischen Repräsentationsverein entwickelt, dauert dies bei der Borussia länger – erst in der Zeit des Nationalsozialismus löst der BVB die städtische Konkurrenz ab. Einer der Gründe für Schalkes Vorsprung ist die Unterstützung durch die lokale Industrie: Während die Zeche Consolidation die Knappen fördert, vertreibt Hoesch den BVB noch 1937 aus Dortmund-Wambel.

Die Entwicklung belegt, daß soziale Differenzen für die Konkurrenz historisch gesehen nur eine untergeordnete Rolle spielen. Zwar ist der eigentliche Kohlenpott die Emscherregion mit ihrer Hauptstadt Gelsenkirchen, während Dortmund als die etwas andere Ruhrgebietsstadt gilt – die Vereine aber entstammen beide dem Arbeitermilieu.

Auch sportlich gesehen sind sie in den Jahren vor dem zweiten Weltkrieg keine Konkurrenten – zu groß ist der Abstand zwischen beiden Vereinen. Die Begegnungen beim Kampf um die Ruhrgaumeisterschaft 1925 und 1927 gehen klar zugunsten des FC Schalke aus, dann bestehen bis 1936 Klassenunterschiede zwischen den beiden. Und auch nach dem Aufstieg der Dortmunder in die Gauliga Westfalen ist die Spitzenposition der Schalker nicht gefährdet. Erst unter den Kriegsbedingungen kommt es am 14.10.1943 zum ersten BVB-Sieg im Revierderby.

Weitaus folgenreicher ist jedoch die 2:3-Niederlage der Schalker im Mai 1947 beim Entscheidungsspiel um die Westfalenmeisterschaft. Seit diesem Tag sind Duelle der beiden Konkurrenten immer auch ein Kampf um die Vorherrschaft im Revierfußball. Eine der beiden Mannschaften ist es fast immer, die die Spitzenposition im Ruhrgebiet einnimmt. Und weil es beim Fußball insbesondere im Ruhrgebiet immer auch um das Selbstwertgefühl der Fans geht, die sich mit den Siegen ihrer Mannschaft identifizieren, ist die Bedrohung der Vormachtstellung im eigenen „Revier" natürlich von besonderer Brisanz. Verstärkt wird die Konkurrenz durch die Tatsache, daß viele der alten, zumindest gleichwertigen Gegner nach und nach an Bedeutung verlieren. (Nur RW Essen und Westfalia Herne in den fünfziger Jahren und der MSV Duisburg in den sechziger Jahren können die Vormachtstellung der beiden Großen kurzzeitig gefährden.)

Häufig ist dabei eine „antizyklische" Erfolgskurve beider Vereine zu beobachten: Dem Abstieg der Schalker kurz nach dem Krieg entspricht die Dominanz der Dortmunder in den ersten Oberligajahren, es folgt ein Zwischenhoch der Schalker und eine relativ ausgeglichene Bilanz gegen Ende der fünfziger Jahre. Die ersten Bundesligajahre ist Schalke dann weit unten zu finden, während Dortmund den Europapokal holt. Der Aufstieg der Schalker in der Ära Siebert geht einher mit dem Abstieg der Dortmunder; als diese 1976 in die Bundesliga zurückkehren, beginnt kurz darauf der langsame Abstieg der Schalker. Und während Schalke durch die Ligen schlingert und auch unter Eichberg keine „europäische Spitzenmannschaft" wird, vollzieht sich der Aufstieg des BVB zum Deutschen Meister 1995 und größten Konkurrenten des FC Bayern.

Sportlich interessant werden die Spiele dadurch, daß das Derby meist, wie es heißt, „anderen Gesetzen" folgt als es die Tabellensituation erwarten läßt. Als der zweitklassige BVB im Oktober 1975 im Pokal auf Schalke trifft und nur 1:2 verliert, gibt das Hoffnung, daß man mit der Bundesliga mithalten kann. In der Saison 1978/79 spielt Schalke gegen den Abstieg, besiegt aber den BVB mit 5:1. 1984/85 sind es die Dortmunder, die beinahe absteigen, aber Schalke mit 4:1 besiegen, drei Jahre später wieder die Schalker, die noch kurz vor dem Abstieg Dortmund mit 3:0 besiegen. In den neunziger Jahren sind der 5:2-Erfolg von 1991, der Jahrhundertsieg in Dortmund von 1992 und der 1:0-Erfolg von 1993 Balsam für die Schalker Seele, die unter dem Aufstieg der Schwarz-Gelben zu leiden hatten. Sind die beiden Mannschaften sportlich gleichwertig, wird aus dem erhofften Top-Spiel häufig ein Flop. Jüngstes Beispiel ist die Begegnung zwischen Meisterschafts- und UEFA-Pokalanwärter kurz vor Ende der Saison 1995/96.

Die unterschiedliche Entwicklung beider Vereine in den letzten Jahrzehnten ist auch einer der Gründe, warum die allgemeine Konkurrenz um die Vormachtstellung im Revierfußball eine besondere Note bekommen hat. Seitdem treten nämlich auch verschiedene Vereinsmodelle gegeneinander an, die wiederum mit der unterschiedlichen Situation der beiden Städte zusammenhängen. Dietrich Schulze-Marmeling analysiert diese Entwicklung wie folgt: Dortmund ist es gelungen, im notwendigen Strukturwandel des Ruhrgebiets seit den sechziger Jahren seinen Metropolenstatus auszubauen – da es immer schon weniger vom Bergbau und von der Schwerindustrie abhängig war als das monostrukturelle Gelsenkirchen. Als heimliche SPD-Hauptstadt gelang es außerdem, kommunale Führungskräfte zu binden. In Gelsenkirchen dagegen hinterließ der Niedergang des Bergbaus ein „administratives Vakuum", das nicht zuletzt den Fußball betraf. Zwar konnte dieses Vakuum durch Günter Siebert noch einmal aufgefüllt werden, je größer jedoch die Bedeutung des Geldes wurde, desto weniger konnte der Getränkehändler Siebert bewirken. Gleichzeitig wurden die Schalker, erneut mit einem Minderwertigkeitsgefühl behaftet, anfällig für Leute, die den erneuten Aufstieg versprechen.

Solange es nicht so weit war, hatten die Duelle gegen Dortmund auch den Charakter „Klein" gegen „Groß", „Verlierer" gegen „Gewinner". Insbesondere seit Ende der achtziger Jahre hatte Dortmund sich als europäische Spitzenmannschaft etabliert, während Schalke trotz oder wegen Eichberg letztlich ein provinzieller Klub blieb. Auf diese Weise bekam die allgemeine Konkurrenz noch einmal einen sozialen Hintergrund, der dem alten Schalke-Mythos haargenau entspricht.

Andererseits wird man diese Konstellation nicht überbewerten dürfen. Denn zur Zeit ist Schalke unter der Ägide von Rudi Assauer dabei, sich – so sehr das manchen Schalke-Fan ärgern mag – am Erfolgsmodell Dort-

Überwältigt von den Emotionen beim „Jahrhundertsieg" 1992: Günter Schlipper und Bent Christensen nach dem ersten Tor in Dortmund; rechts ein weinender Schalke-Fan auf dem Rasen des Westfalenstadions nach dem 2:0-Sieg seiner Elf.

mund zu orientieren. Erstmals wird nun auch rund um das Parkstadion streng marktwirtschaftlich gedacht, man versucht potente und seriöse Werbepartner zu finden und den Verein langfristig an die Spitzenmannschaften im Deutschen Fußball heranzuführen. Auch hier wird der „Spagat zwischen Vereins- und Unternehmenspolitik" versucht. Ende der Saison 1995/96, als beide Vereine (fast) ganz oben stehen, erhofft Assauer in Schalke eine ähnliche Entwicklung wie in Dortmund nach dem unerwarteten Pokalsieg von 1989.

Die allgemeine Begeisterung über den UEFA-Pokalplatz zeigt, daß auch die Schalker Fans diese erfolgsorientierte, Dortmund kopierende Entwicklung wollen. Und Assauer prophezeit, daß dank des Erfolgs auch die Fans nach Schalke zurückgeholt werden, die man in den letzten Jahren an Dortmund verloren hat. Gleichzeitig wird man sich hüten müssen, nicht gerade jetzt den Kontakt zu den Fans zu verlieren – eine Gefahr, die in Dortmund durchaus besteht. Wenn Fans auf der Haupttribüne Sponsoren weichen müssen – so geschehen nach der Erweiterung des Stadions im

Sommer 1996 – beleuchtet das schlaglichtartig die Situation, in die ein erfolgreicher Verein geraten kann, der finanzstarke Zuschauer dringender braucht als Fans.

Zur Annäherung von Dortmund und Schalke paßt auch gut, daß die beiden Trainer, Jörg Berger und Ottmar Hitzfeld, befreundet sind. Selbst ihre Arbeitsmethoden sind ähnlich: Beide versuchen neuerdings, die Spieler in Entscheidungen über die Taktik miteinzubeziehen.

Daß es dann auch noch ausgerechnet die Schalker waren, die den Dortmundern in der Saison 1994/95 und auch 1995/96 mit zur Meisterschaft verholfen haben, ist angesichts der Konkurrenz beider Vereine fast eine Ironie der Fußballgeschichte – angesichts der ähnlichen Entwicklung der beiden Reviervereine durchaus passend. Für viele Menschen im Ruhrgebiet war die Dortmunder Meisterschaft 1995 auch die Meisterschaft des Reviers – ähnlich wie die Schalker Meisterschaft 1934. Und wenn viele es auch nicht zugeben wollen: Selbst mancher Schalker konnte eine „klammheimliche Freude“ nicht unterdrücken, als nicht Werder Bremen oder Bayern München die Meisterschale in Empfang nehmen durften...

Gegenseitige Hilfe hatte es übrigens schon früher gegeben – nicht nur in Form des Schalkers Fritz Thelen, der in den dreißiger Jahren als Trainer die BVB-Mannschaft gauligareif machte. Als die Dortmunder 1974 hohe Schulden hatten, trat Schalke ohne Gage zum Eröffnungsspiel im Westfalenstadion an. Auf der anderen Seite war der Verkauf von Schalker Spielern nach Dortmund nicht immer nur ein sportlicher Aderlaß. Indem der BVB beispielsweise 1981 Rolf Rüssmann und 1993 Steffen Freund übernahm, half er durch die hohen Ablösesummen den Schalkern aus großen finanziellen Schwierigkeiten. Und nach dem Eichberg-Skandal wurden die Interessen von Eichberg und Schalke 04 vom ehemaligen BVB-Präsidenten Rauball wahrgenommen, einem der besten europäischen Fußball-Juristen.

Vor diesem Hintergrund ist die Ablehnung einer „Verbrüderung“ der Schalker mit dem BVB zwar verständlich, in dieser Form aber weltfremd. Auch der FC Schalke wäre ohne den angeblichen „Scheißverein“ ärmer. Und je erfolgreicher Schalke wird, desto ähnlicher wird der Verein dem Nachbarn – ob man will oder nicht. Vor dem Problem, wie man die spezifischen Merkmale des Ruhrgebietsfußballs, sein Herz und seine Verbundenheit mit der Arbeiterschaft mit den Erfordernissen des modernen Fußballs verbinden kann, stehen beide Vereine. Und es gibt schlechtere

Lösungen als die in Dortmund gefundenen. Der sportliche Kampf um die Vorherrschaft im Revier kann dann wieder auf einer ganz neuen Basis ausgetragen werden.

Daß Konkurrenz weiterhin möglich ist, zeigt noch einmal das Fanzine „Schalke unser“. Man kann dort einerseits gegen Parolen wie „schwuler BVB“ Stellung nehmen und andererseits doch jede Nummer mit ironisch-intelligenten Seitenhieben auf den Rivalen spicken – unter anderem mit dem Foto eines Werbeplakates der „Bestattungsvorsorgeberatung (BVB)“.

Die Stadien des FC Schalke 04

Sollten in einigen Jahrtausenden Archäologen die Überreste des 20. Jahrhunderts untersuchen, so werden sie möglicherweise rätseln über die Bedeutung jener ovalen Bauten mit einem freien Raum in der Mitte und Platz für bis zu 70.000 Zuschauern, werden überlegen, welche Art von Veranstaltung da stattgefunden haben könnte. Sicherlich werden sie zu dem Ergebnis kommen, daß diese Bauten – da sie ganz anders sind als alle anderen Bauten dieser Zeit und nirgendwo so viele Menschen zusammenkommen können – enorme, möglicherweise sogar religiöse Bedeutung gehabt haben müssen...

Tatsächlich ist es ja etwas Erstaunliches, daß solche Großbauten errichtet werden, um vielleicht alle zwei Wochen einmal benutzt zu werden. So verraten die Stadien auch heute schon viel über die Bedeutung des Fußballs in unserere Gesellschaft. Sie verraten zugleich etwas über den Verein, der dort spielt, und über seine Anhänger.

Normalerweise ist das Stadion der Ort, der bei allen Veränderungen in der Mannschaft und im Verein unverändert bleibt. Alle zwei Wochen strömen die Fans dorthin, wissen, wo sie ihre Freunde treffen, selbst wenn sie jahrelang nicht dort gewesen sind. Und wenn sich das Leben um Fußball dreht, dann ist das Stadion der Mittelpunkt. Nicht umsonst heißt es, daß ein bestimmter Verein an einer bestimmten Straße „zu Hause" ist, obwohl weder ein Spieler noch ein Fan dort wohnt. Das Stadion ist „Heimat" in einem ganz besonderen Sinn, eine eigentlich unwirkliche Heimat, die besteht aus Erinnerungen und Atmosphäre... Deshalb ist auch jede Änderung oder Wanderung der Heimat bezeichnend für einen Verein – wenn nicht die Fans, wie in Großbritannien mehrfach geschehen, eine Abwanderung des Vereins aus seiner alten Heimat verhindern. Jedenfalls kann man die Geschichte eines Vereins auch anhand seiner Spielstätten erzählen. Schalke ist dafür ein schönes Beispiel.

Anfänge auf der Wiese

Die Wiese am Haus Goor, am Ende der alten Arenbergstraße, hatte am Westrand von Schalke gelegen. Dort hatte 1896 auch der SuS Schalke die ersten Spiele ausgetragen. Ab 1904 spielt auf diesem wilden Spielplatz die Mannschaft von Westfalia Schalke – unorganisiert wie der Spielbetrieb auf diesem Platz. Die Spielgeräte, Torpfosten und Eckfahnen müssen jeweils nach Spielende wieder im Keller der Ruine verstaut werden.

Für größere Spiele organisiert man den städtischen Sportplatz an der Taubenstraße im benachbarten Heßler. Problematisch ist allerdings, daß dort – auf Anweisung der Stadt – kein Eintrittsgeld kassiert werden darf. Nur mit dem Hut kann man vor oder nach dem Spiel um Spenden bitten. Dennoch wird der spätere Jahnplatz bis 1909 von der Westfalia genutzt.

Die Rubens'sche Wiese zwischen Grenz- und Industriestraße wird der Westfalia (und auch der Fußballabteilung des Turnvereins) von dem Schalker Gastwirt Heiming zur Verfügung gestellt – inzwischen hat zumindest die Gastronomie die Bedeutung des neuen Sports und seine Möglichkeiten erkannt. Vereinslokal und Platz gehören seitdem zusammen.

Während des Krieges benutzt die neugegründete Westfalia einen anderen Sportplatz an der Grenzstraße, den der TV von der Zeche Consolidation gepachtet hatte, und richtet ihn nach dem Krieg notdürftig wieder her. Da die neue Westfalia vom TV aber nicht als Nachfolger der alten Westfalia, die sich als Fußballabteilung dem TV zumindest offiziell angeschlossen hatte, anerkannt wird, kommt es zum Streit um den Platz und zur Fusion der beiden Vereine. Der Ausbau des Platzes (Errichtung eines Bretterzauns, Planierung mit Asche, Errichtung von Umkleideräumen mit Wasseranschluß) erfolgt mit Hilfe der Zeche Consolidation. Zum einen hat der Leiter der Fußballabteilung, Fritz Unkel, als Magazinverwalter verschiedene Möglichkeiten, zum anderen sehen inzwischen auch die Zechen die Unterstützung von Sportvereinen als sinnvoll an. Nach der „reinlichen Scheidung“ von 1924 wird der Platz von den Turnern und dem neuen Fußball-Club Schalke 04 gemeinsam genutzt.

Die Glückauf-Kampfbahn

Auch als Schalke 04 ein eigenes Stadion plant, geschieht das in Zusammenarbeit mit der Zeche. Sie ist Eigentümerin des Geländes im Norden des Stadtteils und verpachtet die 20 Morgen langfristig an den Verein.

Auch die Planungsarbeiten werden von der Bauabteilung der Zeche durchgeführt. Wohl nicht zuletzt wegen der Unterstützung durch die Zeche schwanken die Angaben über die Kosten des Baus – mal ist von 130.000 RM, mal von 268.000 RM die Rede. Ursprünglich als reine Stehplatzarena gedacht, werden fünf Wochen vor der Eröffnung noch 1.200 Sitzplätze eingeplant und gebaut. Auch in dieser Hinsicht will der Verein sich nun mit den bürgerlichen Klubs auf eine Stufe stellen. Nur „Lackschuhvereine" wie der ETB Schwarz-Weiß Essen haben schon zu Beginn der zwanziger Jahren ähnliche Stadien wie jenes am Uhlenkrug aus eigenen Mitteln errichtet.

Nach der Einweihung des Stadions durch ein Spiel gegen Tennis Borussia Berlin werden in dieser „Kampfbahn" die Grundlagen für den Gewinn von sieben deutschen Meisterschaften gelegt. Da die Stehränge im Grunde nur aus Erdwällen bestehen, können in der eigentlich für 34.000 Zuschauer angelegten Arena beim Spiel nach der Sperre gegen Düsseldorf am 1. Juni 1931 auch schon mal 70.000 Zuschauer Platz finden.

Der Name „Kampfbahn-Glückauf" wird zum Inbegriff von Schalke. Er dokumentiert die Verbindung des Vereins zum Bergbau (die in diesem Fall auch finanziell ganz real besteht), der Bergmannsgruß wird aber auch zu einer beständigen Beschwörung der aufstrebenden Knappen. Der Verein hat ab 1928 wirklich eine Heimat gefunden: Erstmals gehört das Stadion dem Verein. Darüber hinaus verkörpert die Glückauf-Kampfbahn eine Situation, in der Wohnraum, Arbeitsplatz und Stadion mehr oder weniger eine Einheit bilden. Schalke ist eine „geschlossene Gesellschaft". Das gemeinsame soziale Milieu aller Schalker sorgt für die besondere Atmosphäre im Stadion und in seinem Umfeld.

Das bleibt auch nach den Modernisierungen der dreißiger und fünfziger Jahre und nach Errichtung des Tribünenbaus so – schließlich sind auch die fünfziger und sechziger Jahre in Gelsenkirchen noch einmal vom Bergbau und damit von einer relativ einheitlichen Arbeitergesellschaft geprägt. Die Errichtung von Kassenhäuschen (1950) oder die Einweihung einer Flutlichtanlage (22.12.1956 mit Spiel gegen UDA Prag) sind dabei nur äußerliche Veränderungen.

Einschneidender ist der Verkauf der Glückauf-Kampfbahn an die Stadt im Jahr 1965 nach dem ersten Schalke-Skandal aufgrund von finanziellen Schwierigkeiten. Da wird deutlich, daß der Verein das Stadion nicht mehr selbst tragen kann. Diese Einsicht fällt mit dem Zerbrechen der alten Struktur des Stadtteils Schalke zusammen.

An der Glückauf-Kampfbahn in den fünfziger Jahren.

Das Parkstadion

Kurz darauf beginnen denn auch die Planungen für das neue Parkstadion. Anlaß für die Überlegungen ist zum einen die Tatsache, daß die Kampfbahn für die Zuschauerzahl der Bundesliga schon lange nicht mehr ausreicht. Da die Vereine noch immer auch von den Zuschauereinnahmen leben, ist durch die Enge eine schmerzliche Grenze erreicht. Zum anderen bietet die bevorstehende Weltmeisterschaft die Chance, daß der Bau von Bund und Land großzügig bezuschußt wird. So beschließt die Stadt 1967, das neue Stadion zu bauen. Bedingung ist allerdings, daß eine Arena errichtet wird, die auch für Leichtathletik genutzt werden kann. Ein solch großes Stadion mit Anbindung an die Autobahn kann aber nur abseits vom Zentrum und abseits vom Stadtteil Schalke errichtet werden – auf den Freiflächen des Berger Feldes. Damit entsteht ab 1969 ein Zweckbau, der anfangs gefeiert, heute aber nicht geliebt wird: Durch die Laufbahn sind die Zuschauer weit vom Spielfeld entfernt – für Leute, die den Fan als potentiell gewalttätig ansehen, sicher ein durchaus erwünschter Nebeneffekt. Stimmung kommt hier nur auf, wenn das Stadion einigermaßen gefüllt ist. Selbst die Innenräume hinter der Haupttribüne einschließlich „Blauem Salon“ und „Palisanderraum“ strahlen den kalten Charme der siebziger Jahre aus.

Kultusminister Girgensohn beim 75jährigen Vereinsjubiläum: „Die alten Identitäten sind weitgehend zerbrochen. Dies gilt für Vereine, die sich grundlegend geändert haben, wie für Stadtteile, die durch die Zerstörungen im Krieg und durch die tiefgreifenden Wandlungen nach dem Krieg aufgehört haben, jene geschlossene soziokulturelle Einheit darzustellen. ... Die große Arena am Rande der Stadt ist nicht mehr die logische Fortsetzung der Hinterhöfe, Bolzplätze und Wiesen, sondern eher der Oper, dem Schauspielhaus und anderen zentralen Einrichtungen großer Städte verwandt."

Daß es auch anders gegangen wäre, zeigt der Reviernachbar Bochum. Zwar hat man sich dort geärgert, daß Gelsenkirchen bei den WM-Planungen den Vorzug erhalten hat, dafür besitzt die Stadt heute ein reines Fußballstadion am Rande des Zentrums. Insbesondere der Vorsitzende des VfL in jenen Jahren, Ottokar Wüst, hatte immer betont: „Der VfL ist an der Castroper Straße groß geworden, dort muß er auch bleiben."

Das Parkstadion wird 1973 mit einem Spiel gegen Feyenoord Rotterdam eingeweiht. Das erste Länderspiel findet dort am 13. Oktober desselben Jahres statt. Gegner ist Frankreich; die Bundesrepublik gewinnt 2:1. Mit Erwin und Helmut Kremers stehen zumindest zwei Schalker im Team der deutschen Mannschaft, die nicht vom Skandal belastet sind. Sie sind auch beim letzten Spiel in der Glückauf-Kampfbahn dabei gewesen, als durch das 2:0 gegen den HSV endgültig der Klassenerhalt gesichert wurde.

Der Tribünenbau des alten Stadions steht heute unter Denkmalschutz – steht man auf den begrünten Zuschauerrängen, die heute wieder so ähnlich aussehen wie 1928, kann man sich kaum vorstellen, daß noch der Pokalsieger und Vizemeister von 1972 hier gespielt hat. Und es ist fast Ironie der Geschichte, daß nach dem Umzug in das repräsentative Stadion die ganz großen Erfolge ausgeblieben sind.

Heute ist auch das Parkstadion bereits in gewisser Weise ein Denkmal für die gewandelte Situation in den siebziger Jahren. Die Stadt ist es, die sich einen Verein und ein Stadion leistet. Aber die Einheit von Arbeit, Wohnung und Freizeit ist zerbrochen. Die Bevölkerung ist mobil geworden: Das Stadion, errichtet im gleichen Stil wie die Hochhaussiedlungen in den Außenbezirken, ist für die Anreise per Bahn oder PKW angelegt. In der Woche tritt es nicht in den Blick. Die Distanz zwischen Zuschauer und Spielern im Stadion symbolisiert auch trefflich die immer größer werdende Distanz zwischen Mannschaft und Fans.

Neue Konzepte

Erst Ende der achtziger Jahre hat man begonnen, diese Konzepte zu überdenken. Eine Reihe von Überlegungen sind dabei ausschlaggebend: Zum einen will man die Großbauten besser nutzen. Mit ihrem Einsatz als Ort für große Konzerte hat man damit begonnen. Gleichzeitig suchen die finanzschwachen Städte nach einer Möglichkeit, die Verantwortung für ein kostspieliges Stadion loszuwerden. Außerdem entsprechen die Stadien in wichtigen Belangen nicht mehr den Bedürfnissen der „schönen neuen Fußballwelt". Man hat die Bedeutung von Fankulisse und Nähe der Zuschauer zum Spielgeschehen für das Erlebnis Fußball neu erkannt. Zugleich möchte man dem gewandelten Publikum – es sind nicht mehr die Bergleute der fünfziger und auch nicht mehr (nur) die Mittelständler der siebziger Jahre – mehr Komfort bieten. Das reicht vom Regenschutz für den Normalfan bis zur VIP-Lounge für die Prominenz. Und schließlich fordert die UEFA, daß Stadien, in denen internationale Wettbewerbe ausgetragen werden, überwiegend Sitzplätze bieten – aus Sicherheitsgründen. Tatsächlich stehen dabei auch Bestrebungen im Hintergrund, aus dem „wilden" Fußball ein Vergnügen für die ganze Familie zu machen. Aus diesem Grunde wird die „Versitzplatzung" von vielen Fans abgelehnt – sie starteten die Kampagne „Sitzen ist für'n Arsch".

In Gelsenkirchen kommt zu diesen allgemeinen Überlegungen hinzu, daß das Parkstadion schon 20 Jahre nach seiner Entstehung baulich in schlechtem Zustand ist. Durch Bergschäden – verursacht von der nahegelegenen Zeche Hugo – ist die Laufbahn bereits lange unbrauchbar. Und im August 1989 verkündete Dr. Jürgen Linde, Oberstadtdirektor, daß „die Lebenserwartung des Parkstadions begrenzt ist". Abriß oder Neubau seien die Alternativen. Was die Zuschauerränge angeht, ist die Kapazität von ursprünglich 72.000 Zuschauern durch weitere Zäune schon Ende der siebziger Jahre auf 70.200 reduziert worden. Aber bezüglich der Sitzplätze erfüllt keiner der vorhandenen Schalensitze die Vorschriften der UEFA. Und bei internationalen Spielen dürfen insgesamt nur 49.000 oder (bei gefährlichen Spielen) 42.000 der Plätze genutzt werden.

Und so präsentiert man 1989 zum ersten Mal Pläne für den Neubau einer „Arena im Berger Feld". Das Konzept: Die Stadt verkauft den Baugrund an einen Investor, der das neue Stadion baut und betreibt und für Spiele an den FC Schalke 04 vermietet. Wobei „Stadion" eigentlich nicht mehr der richtige Ausdruck ist: Geplant ist eine Halle für ca. 45.000

Zuschauer, deren Dach bei Bedarf geöffnet werden kann. Neben Fußballspielen sollen die verschiedensten Großveranstaltungen – vom Popkonzert bis zum Reit- und Tennisturnier – dort stattfinden.

Wurde ursprünglich angekündigt, spätestens 1992/93 könne Schalke in der neuen Arena spielen, die etwas über 100 Mill. DM kosten sollte, ist 1994 bereits von 500 Mill. DM die Rede – aber kein Investor ist in Sicht.

Anfang 1996 verkündet Manager Assauer dann plötzlich, daß der Verein selbst ein modernes Mehrzweckstadion bauen will, das plötzlich nur noch 230 Mill. DM kosten soll. Und er fügt hinzu: „Kein anderer Verein ist in Sachen Stadion so weit wie der FC Schalke 04." Unklar ist, was dann mit dem Parkstadion werden soll, das die Stadt an den Investor verkaufen will. Und auch die lokale Presse bleibt skeptisch. Sie kommentiert bei allem Respekt: „Assauer und Co. setzten bisher auf Glaubwürdigkeit und Kontinuität. Und dennoch: In Schalke ist schon oft zu viel Wind gemacht worden. An das neue Superstadion glauben wir erst, wenn es steht." (*WAZ* vom 31.1.1996)

Grundsätzlich sind die Pläne für eine Modernisierung bzw. einen Neubau natürlich zu begrüßen. Nicht nur der jährliche Besuch im Westfalenstadion zeigt, wie groß der Unterschied zwischen einem echten Fußballstadion und der Betonschüssel Parkstadion ist. Und wenn ein Stadion mehr Komfort bietet, kommt das nicht nur dem neuen Mittelschicht-Publikum zugute – auch mancher einfache, „echte" Fan sitzt, wenn er älter wird, gern auf der Tribüne oder hat so die Möglichkeit, mit Frau und Kind zu kommen. Selbst die Einrichtung von VIP-Logen und Incentive-Räumen bietet neue (finanzielle) Möglichkeiten. Andererseits ist eine so einschneidende Veränderung des Stadions – diesmal nicht in räumlicher Hinsicht wie Anfang der Siebziger, sondern von der Art der Arena her – auch mit Gefahren verbunden.

Zum einen ist es nicht unmöglich, daß der einfache Fan in der neuen Arena an den Rand gedrängt wird. Auf einer reinen Sitztribüne ist die Atmosphäre der Nordkurve nicht möglich. Nicht nur, daß jene besondere Art der Nähe wegfällt, die auch dazu führt, daß es dort keine sozialen Schranken gibt. Selbst wenn zumindest – wie ursprünglich geplant – die 5.000 Sitzplätze der Nordgeraden bei Bedarf in gerade einmal 10.000 Stehplätze umgewandelt werden können, ist nicht garantiert, daß diese zu vertretbaren Eintrittspreisen angeboten werden oder daß die dort plazierten Zuschauer nicht bloß als Stimmungsmacher geduldet werden. Schon jetzt geht die Schalker Incentive-Werbung in diese Richtung („Bie-

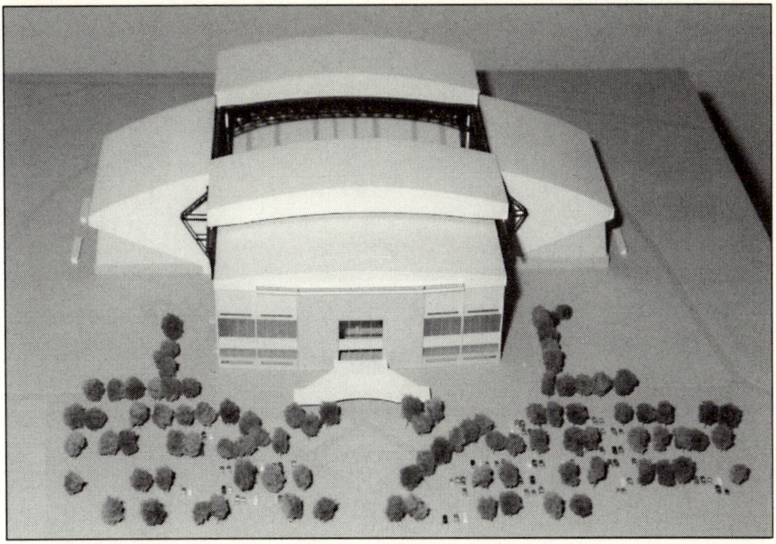

Modell der geplanten Arena zu Beginn der neunziger Jahre.

ten Sie ihren Geschäftspartnern etwas Besonderes, etwas Außergewöhnliches...“). Ganz sicher wäre die Menge der Sitzplatzbesucher für den Verein interessanter, weil sie mehr Geld in die Vereinskasse bringen.

Zum anderen besteht die Gefahr, daß eine der hervorstechendsten Eigenschaften des Fußballs, speziell in Schalke, verloren geht: War Schalke bisher der Ort, wo sich alle Besucher als Einheit fühlen konnten, so wäre der Besuch nun alles andere als klassenübergreifend. Lothar Mayer, Vorstandsmitglied der Philipp Holzmann AG, die ursprünglich das neue Stadion bauen wollte, erklärte diese Haltung sogar zum Programm: „Die Arena soll dem Industriemanager wie dem Kumpel Brot und Spiele bieten. Die Spiele sehen sie gemeinsam an; beim Brot wird es Unterschiede geben“, äußerte er bereits 1991. Zwar würde auch diese Differenzierung der Fans in eine neue Oberschicht und die breite Masse (wobei die neue Unterschicht sicher ganz ausgeklammert bliebe) einen Spiegel der Gesellschaft darstellen, in der heute eine Umverteilung in diese Richtung zu beobachten ist –, aber ob der Fußball dann noch derselbe bleibt, ist zumindest fraglich.

Im Moment erscheint die Frage, ob die neue Arena entsteht, genauso offen wie die Frage, was aus dem Fußball wird. Anzunehmen aber ist, daß der Fußball die anstehenden Veränderungen ebenso überlebt wie Schalke

04 die Wandlungen der letzten Jahrzehnte, in denen beispielsweise das Parkstadion eigentlich hätte dafür sorgen können, daß der Fußball den Kältetod stirbt. Er tat es nicht. Der Mythos, der symbolische Kampf des Helden gegen den Gegner, die Identifizierung des Publikums mit seinem Helden finden noch immer statt – auch wenn das 1904 vielleicht niemand für möglich gehalten hätte und ein Pessimist wie Franz Kafka schon 1924 geschrieben hatte: „Vielleicht hört der Fußball jetzt überhaupt auf." Er kannte Schalke nicht.

Ein Museum für Schalke

Ob die Arena nun gebaut wird oder nicht – ein Projekt sollte der FC Schalke 04 nicht aus den Augen verlieren: Ein Fußballmuseum. Bisher hat es nur der Gelsenkirchener Barock geschafft, in einer eigenen Ausstellung gewürdigt zu werden – jene leicht schwülstige Stilrichtung, die fast jeder häßlich findet und dennoch unzählige Revierwohnungen ziert. Niemand weiß, wie sie zu ihrem Namen gekommen ist. Aber wer wollte bestreiten, daß das viel bedeutendere Gelsenkirchener Produkt der Fußball ist? Ein Fußballmuseum könnte ein nicht uninteressanter Beitrag zur deutschen Museumslandschaft sein. Und wo könnte es besser stehen als in Gelsenkirchen? Daß ein solches Museum nicht nur die Schuhe von Kuzorra und zahlreiche Vereinswimpel zeigen darf, versteht sich von selbst. Wie so etwas gelingen kann, hat zumindest in Ansätzen die bereits erwähnte Ausstellung „Feuer und Flamme" gezeigt. Legendäre Spiele – vom Endspiel 1939 bis zum Pokalhalbfinale 1972 – können in Form von Radio- und Videoaufnahmen präsent sein, und zahlreiche „Reliquien" erzählen nicht nur Geschichten, sie verführen auch Väter und Großväter zum Geschichtenerzählen. Noch einmal: Die Geschichte des Fußballs ist auch die Geschichte der Menschen in diesem Land.

Ob solch ein Fußballmuseum nun regionalen oder sogar nationalen Charakter haben soll – die Nutzung von einzelnen Räumen der Geschäftsstelle oder im Parkstadion als „Museum" (so die bisherigen Planungen des Vereins) würde Möglichkeiten verschenken. Ob man langfristig die unter Denkmalschutz stehenden Gebäude der Glückauf-Kampfbahn in die Planungen miteinbezieht oder eines der zahlreichen Zechengebäude einer neuen Nutzung zuführt – Schalke könnte auch hier einen Beitrag zum Strukturwandel im Revier leisten, wenn man erkennt, welches kulturelle Erbe gerade die Geschichte des Fußballs in dieser Region darstellt.

Schalke - hoch 4 im Quadrat

Ernst – wo gehsse?
Ich geh heut auf Schalke
Ernst – et heißt nich auf Schalke
et heißt nach Schalke
Else – ich geh nich nach Schalke
Ich geh auf Schalke
nach Schalke geh ich bei Ernst Kuzorra
noch auf ein paar Bierchen
Ernst – et heißt nich bei Kuzorra
et heißt nach Kuzorra
Else – ich geh nich nach Kuzorra
ich geh bei Kuzorra
nach Kuzorra setz ich mich im Auto
und fahr zu Haus nach Bottrop

Else – wo gehst du denn?
Ich geh mit Ilseken im Quadrat
und kuck mich den Mammut an
Else – et heißt nich im Quadrat
et heißt nach Quadrat
Ernst – ich geh im Quadrat
nach Quadrat geh ich mit Ilseken
im Stadtcafé auf Tasse Kaffee
und Stücksken Kuchen
Else – et heit nich im Stadtcaffé
et heißt nach Stadtcaffé
Ernst – ich geh im Stadtcaffé
nach Stadtcaffé setz ich mit Ilseken im Bus
und fahr zurück nach Bottrop-Boy
um zu hören
wie du nach Schalke bei hoch 4 verloren
auf Schalke bei Laune biss!

Kurt Küther, aus: Frachsse mich wattatis, Asso-Verlag 1994

NACHSPIEL

Schalke im Film

Es geht nicht um Charly Neumann, obwohl der einst in dem Film von Bernhard Wicki „Das Wunder des Malachias" gleichzeitig einen Brezelverkäufer, einen Playboy und einen Journalisten verkörperte. Auch nicht um Schalkes Zeugwart Flori Simon, der dank Waschmittelwerbefilm bekannter ist als der Geschäftsführer des Vereins. Es geht um mehr. Schalke ist – bemerkenswerterweise – der einzige deutsche Fußballverein, der in zwei abendfüllenden Spielfilmen mehr oder weniger die Hauptrolle spielt.

„Das große Spiel" von 1942 (Regie: Rudolf A. Stemmle) ist der erste Fußballfilm überhaupt. Er erzählt von einem Bergmann (gespielt von René Deltgen), der als Steiger ins Ruhrgebiet kommt, aber gleichzeitig ein begabter Fußballspieler ist. Als neuer Mittelstürmer soll er die Knappenelf „Gloria 03" zur Deutschen Meisterschaft führen. Doch verliebt er sich in ein Mädchen, das mit einem Mitspieler zusammen ist – und an den Streitigkeiten droht das Unternehmen zu scheitern. Nur dank des Trainers (gespielt von Gustav Knuth) siegt der Mannschaftsgeist über die privaten Probleme. Mittelstürmer Deltgen kehrt zu seiner (standesgemäßen) Ex-Freundin zurück, und das Finale wird gewonnen – im Film in Form von farbig gedrehten (!) Originalszenen aus dem Endspiel der Schalker gegen Rapid Wien im Jahr 1941 dargestellt. Rudi Gellesch, Ötte Tibulski und Hermann Eppenhoff wirken sogar in Nebenrollen im ganzen Film mit.

Die erste Verfilmung eines solchen Spiels stellte Stemmle vor große Probleme – galt doch Fußball als „unfilmisch", weil der Ball zu klein sei und sich zu schnell bewege. Um ganze Spielzüge einzufangen, wurden hinter den Toren des Olympiastadions sechs Meter hohe Türme errichtet, und „in besonders kritischen Augenblicken, wenn der Ball hoch aus der Luft drohend auf den Torwart zukommt und unhaltbar unter die Latte zu schlüpfen scheint, identifiziert man für Sekunden die Kamera mit dem Ball und erzielt dabei Aufnahmen, die auch dem ausgekochtesten Fußballspieler noch etwas Neues zu sagen vermögen. Bei all diesen Aufnahmen hat der Reichstrainer Herberger beratend mitgewirkt." *(Der deutsche Film, 1942)*

Daß der Fußballfilm nie so spannend sein kann wie das Spiel selbst, liegt zum einen an der Filmhandlung, die auch das Spiel bestimmt – in diesem Fall eine besondere Ironie der Geschichte: Der unvorhergesehene Sieg der Wiener Mannschaft hätte fast, wären nicht zuvor die Tore für Schalke gefallen, den ganzen Film unmöglich gemacht! Zum anderen können die Schauspieler mit den echten Fußballern, selbst unterstützt von den Möglichkeiten der Kamera, nicht konkurrieren. René Deltgen soll vorher wochenlang trainiert haben, um die vom Drehbuch geforderte „somnambule Sicherheit" zu erreichen – natürlich vergeblich.

Bemerkenswert ist bei dem Streifen daher nicht seine Qualität als Film im allgemeinen und als Fußballfilm im besonderen. Interessant ist, daß erstmals das Thema Fußball als filmwürdig angesehen wird und auch das Revier als Kulisse nicht zu häßlich ist. Im Gegenteil – die Szenen unter Tage gehören trotz ihrer Klischeehaftigkeit zu den eindrucksvollsten Bildern des Films. Im Hintergrund steht natürlich die nationalsozialistische Idealisierung von Sport und Arbeit. Darin erschöpft sich allerdings auch der ideologische Gehalt des Films – in diesen Jahren dienen Filme vor allem der Unterhaltung und Ablenkung der Bevölkerung.

Der Versuch, nach dem Krieg im Jahr 1950 den Schlager vom „Theodor im Fußballtor" in einen Unterhaltungsfilm umzusetzen (neben Theo Lingen spielt erneut Gustav Knuth), ist vollkommen gescheitert. Und „Die Angst des Tormanns beim Elfmeter" von Wim Wenders (nach Peter Handke) ist nicht am Geschehen auf dem Fußballplatz, sondern nur an der existentiellen Situation eines Menschen interessiert.

Ein geplanter Film von Regisseur Schadewaldt, der die Geschichte von Romeo und Julia mit einem Schalke-Fan und einem Dortmunder Mädchen erzählen wollte, kommt Anfang der achtziger Jahre wegen Drehverboten der Gelsenkirchener Stadtverwaltung nicht zustande – das Revier hat Angst um sein Image. Erst in dem bereits erwähnten Film „Nordkurve" von 1991/92 (Regie: Adolf Winkelmann) ist der Fußball selbst Hauptdarsteller. Erzählt wird nicht eigentlich eine Geschichte. Gezeigt wird ein Fußballsamstag im Revier – und gezeigt werden Typen, hart am Rande des Klischees, die an diesem Samstag eine Rolle spielen: Der Nachwuchsspieler, der erstmals eine Chance bekommen soll, mit seinem Vater; der Ex-Profi und Wirt der Vereinskneipe, dessen Frau mit dem Jungstürmer schläft; der gewalttätige Fan; der Held vergangener Zeiten; der zwielichtige Präsident; der anständige, aber überforderte Kassierer und Kommunalpolitiker; der halbseidene Spielervermittler; der wettende Rundfunkreporter... Adolf Winkelmann, der, da es keine Zechen mehr gibt, die Ruhrgebietsmentalität im Stadion darstellen will: „Fußball im Kino interessiert mich nicht. Wer Fußball sehen will, geht auf den Platz... Im Kino interessiert mich der Mythos Fußball. Ich sehe die Spieler, die auf den Platz laufen und Leistungsdruck spüren wie kaum jemand anders. Ich sehe die Fans, die mit aller Gewalt den stabilen Drahtzaun niederreißen wollen, der sie von ihren Göttern trennt..."

Gedreht wurde im Westfalenstadion und seiner Umgebung, der Verein „Union 86" trägt gelb-schwarze Trikots. Aber nicht nur der Titel des Films macht deutlich, daß Drehbuchautor Michael Klaus aus Gelsenkirchen den Verein seiner Heimatstadt vor Augen gehabt hat – was Winkelmann auch in Bilder umgesetzt hat. Präsident Vischering erinnert schon äußerlich an Eichberg, die dubiosen Praktiken von Spielervermittler Beyer, die Verzweiflung des seriösen Schatzmeisters, all das ist der Stoff, aus dem in Gelsenkirchen Vereinspolitik gemacht wurde. Und die Erinnerung an Glanztage zur Zeit des Dritten Reiches, wo allein „wir" eine komplette Mannschaft hatten, paßt nur nach Schalke – auch wenn die Szene von der Einschwörung der Spieler am Grab des alten Idols, der für die Kumpel unter Tage die Meisterschaft holen sollte, denn doch nur gut erfunden ist. Daß der Jungspieler Clemens heißt, mag Zufall sein, daß „nur bei Sieg" die Fahne der Vereinskneipe rausgehängt wird, sicher nicht.

Doch auch dieser Film ist umstritten. Nicht nur Schalke-Fans meinen, der Film biete vor allem Klischees – wobei die Reaktion je nach Perspektive durchaus unterschiedlich ausfällt. Während Rolf Rüssmann die Darstellung der Fans für durchaus gelungen hält, sieht er den eigenen (Manager-)Stand vollkommen falsch dargestellt; Bodo Berg von der Schalker Faninitiative dagegen sieht es genau umgekehrt. Und vielleicht kann sich nur der unbeteiligte Zuschauer an den Typen freuen, die keine Charaktere sein sollen, sondern Revierfußball im Stil einer gelungenen Karikatur darstellen – nicht ganz realistisch, aber witzig und doch manches Typische treffend.

Zwiespältig war auch das Presseecho. Das *Deutsche Allgemeine Sonntagsblatt* hielt den Film für ein Eigentor, der die Imagewerbung des Ruhrgebiets ins Gegenteil verkehre: „Ein derbes Stück Deutschland ... Das Revier im Samstagsfieber: Bitte weiträumig umfahren" (*DAS* 12.2.1993).

Die *Frankfurter Rundschau* dagegen meinte: „Realität, kurz vor dem Kabarett. Keine Analyse und Interpretation, hält einfach drauf, in Großaufnahme“ (*FR* 10.8.93). Und der *Spiegel* sah eine „vergnügliche Boshaftigkeit“ (*Spiegel* 1.2.93).

Entscheidend aber ist: Auch dieser Streifen ist kein eigentlicher Fußballfilm. Denn Thema ist (wieder) nicht das Spiel. Im „großen Spiel“ ist es die Mannschaft in der Krise, hier ist es das Umfeld, der Samstag. Und es ist wohl nicht zufällig, daß es den Fußballfilm, den Schalkefilm nicht gibt, obwohl Schalke anscheinend die Filmmannschaft ist. Denn das eigentliche Geschehen auf dem Platz braucht die Ungewißheit, die Offenheit, die Ernsthaftigkeit, die der filmischen Darstellung oder Wiederholung fehlen. Der Mythos braucht Gegenwart, Aufführung im Stadion und nicht Wiederholung im Fernsehen.

Sönke Wortmann, früher selbst Abwehrspieler bei der SpVgg Erkenschwick, die er 1981 noch einmal in den bezahlten Fußball schoß, hat in seinem Film „Kleine Haie“ von 1991 zumindest den Schalke-Fans aus dem Revier ein Denkmal gesetzt. Unter Mitwirkung von Werner Hansch und dem Bergmannschor der Zeche Consolidation ist ein Werk entstanden, in dem ein Ingo Herrmann aus Gelsenkirchen-Erle (gespielt von Jürgen Vogel), der beim Raten von Vornamen erst einmal die Liste der Schalker Spieler durchgeht, sich mit seiner Ruhrgebietsschnauze wunderbar durchs Leben schlägt und es schließlich vom Tellerspüler zum Autor von Kurzgeschichten bringt. Leider dreht Sönke Wortmann heute Werbespots für Borussia Dortmund und dessen Ausrüster. Aber – stiller Triumph: Willy Tomczyk aus Herne, der auf unnachahmliche Weise den Fan verkörpert, der stets meckert („Den hätte doch meine Oma noch versenkt“), aber im Grunde eine treue Seele ist („Prima gespielt, Andy!“), ist in Wirklichkeit Anhänger der Knappen! Schalke ist eben überall.

Kleines Lexikon der Spieler

Abramczik, Rüdiger (18.2.1956): Einer der letzten echten Straßenfußballer des Ruhrgebiets – aus Gelsenkirchen-Erle. Vater Abramczik: „Einen Trick, den man denen mal gezeigt hat, den haben die hier erst geübt. Der Trick wurde hier auf dem Hof praktisch zur Vollendung gebracht und dann erst später im Verein gespielt." War beim 3:3 in Stuttgart am 11.8.1973 mit 17 Jahren der jüngste Bundesligaspieler. Schon 1977 spielte „Abi" erstmals international; der „Flankengott" war als Nachfolger von Stan Libuda Deutschlands bester Rechtsaußen und vielleicht einer der letzten echten Flügelstürmer. Bis 1980 absolvierte Abramczik für Schalke 202 Spiele und schoß 44 Tore, dann wurde er aus finanziellen Gründen für 1,1 Millionen DM an den BVB verkauft – zur grenzenlosen Enttäuschung der Schalker Fans. Nach Spielen für den 1. FC Nürnberg kam es 1984 sogar zu einem Arbeitsgerichtsprozeß, weil niemand die geforderte Ablösesumme zahlen wollte, ihm aber auch kein neuer Vertrag angeboten wurde. Nach einigen Jahren beim Zweitligisten RW Oberhausen kehrte er in der Saison 1987/88 noch einmal für vier Spiele nach Schalke zurück.

Abramczik, Volker (27.5.1964): Jüngerer Bruder von Rüdiger Abramczik. Spielte für Schalke 1982-84, konnte sich aber nie durchsetzen.

Anderbrügge, Ingo (2.1.1964): Echter Ruhrgebietsfußballer. Kam von Germania Datteln über die SpVgg Erkenschwick 1985 zum BVB. Beim 6:1 der Schalker über den BVB in der Saison 1985/86 schoß er das einzige Dortmunder Gegentor. Da er nach einer Verletzung unter Trainer Saftig keine Perspektive mehr sah, wechselte er 1988 nach Schalke – neben dem Libuda-Transfer bisher der einzige Wechsel in dieser Richtung. Hatte wesentlichen Anteil am Aufstieg der Schalker 1991, ist heute der Routinier im Team. Der offensive Mittelfeldspieler gilt als einer der härtesten Linksfüße der Liga, seine Elfmeter und Freistöße sind gefürchtet. Der konstante Spieler (machte 1993/94 alle Spiele ohne Auswechslung mit) ist gleichzeitig Prototyp des „modernen Profis" auf Schalke, der Bodenständigkeit mit Geschäftssinn verbindet: In Datteln und Marl besitzt er zwei Sportgeschäfte.

Assmy, Horst: Der „Zonenauswahlspieler" war 1961 geflohen, hatte zunächst bei Tennis Borussia Berlin unterschrieben und wurde für viel Geld nach Schalke geholt, das nachher im Schalke-Skandal eine Rolle spielen sollte. Die Erwartungen konnte er in seiner einzigen Spielzeit für Schalke (1961/62) nicht erfüllen.

Ballmann, Hans und Fred: Die beiden Brüder, in England aufgewachsen, brachten nach dem Krieg das Flachpaßspiel nach Schalke, aus dem sich der berühmte Kreisel entwickelte. Sie selbst waren bis 1925 aktiv.

Berg, Walter (21.4.1916): Kam 1938 von Kray 04; später folgte sein Bruder Willi Berg. Eines der großen Schalker Talente, war im Krieg Nationalspieler, kehrte aber nicht aus tschechischer Kriegsgefangenschaft zurück.

Bittcher, Ulrich (10.9.1957): Bei Schalke 1975-83, 206 Einsätze, 29 Tore. Wechselte nach dem zweiten Abstieg zum BVB, kam dort in vier Jahren noch 84mal zum Einsatz.

Bongartz, Hannes (3.10.1951): Wechselte 1971 vom Absteiger Bonner SC zum Regionalligisten Wattenscheid. Fiel Präsident Siebert erstmals im Pokalspiel am 1.12.1973 auf und wurde nach dem verpaßten Bundesligaaufstieg der Wattenscheider für 750.000 DM nach Schalke geholt. Der bis dahin teuerste Transfer eines Regionalligaspielers wurde finanziert durch die „Bongartz-Mark", eine Erhöhung

aller Eintrittspreise um 1 DM. Der „Spargeltarzan" und Erfinder des Übersteiger-Tricks bildete mit Branko Oblak das Mittelfeld der Vizemeisterelf von 1977, machte in seiner Schalker Zeit 4 Länderspiele; u.a. nahm er am Finale der EM 1976 teil, wo er, im Gegensatz zu Uli Hoeneß, im Elfmeterschießen gegen die CSSR traf. Wechselte 1978 zum 1. FC Kaiserslautern.

Bornemann, Hans: Zusammen mit Otto Schweißfurth das Verteidigerduo der Schalker in den dreißiger Jahren. Der Angestellte auf Graf Bismarck war der einzige Abiturient im Schalker Team.

Borodjuk, Alexandr (30.11.1962): Erstes Geschenk von Gorbatschow an die Bundesliga. „Sascha" spielte bei Schalke 1989-93, schoß bei 63 Einsätzen 12 Tore. Hatte große Spiele, aber auch totale Aussetzer.

Borutta, Karl: Kam aus der Schalker Jugend, spielte 1955-60 in der Oberligamannschaft. Jahre vor Beckenbauer spielte er in einem wichtigen Spiel auch mit Schulterprellung weiter – und erzielte im September 1959 mit Armbinde ein Tor beim 5:0-Erfolg gegen den BVB.

Braun, Nico (26.10.1950) Erster und einziger Luxemburger bei Schalke. Spielte 1971-73 in Königsblau.

Burdenski, Dieter (26.11. 1950): Ursprünglich Torwart des STV Horst-Emscher, stand er in der Saison 1971/72 dreimal im Schalker Tor – unter anderem im Skandalspiel gegen Bielefeld. Wechselte nach der Saison, wie einst sein Vater, nach Bremen und wurde dort 1988 Meister. Einziger Sohn eines Nationalspielers, der ebenfalls das DFB-Trikot trug.

Dieter (links) und Herbert Burdenski.

Burdenski, Herbert (15.9. 1922): Kam von Erle 08 1939 nach Schalke. Stand in der Meistermannschaft von 1940 und 1942, absolvierte – mit den Pokalfinals – innerhalb von zwei Jahren fünf Endspiele. Ab 1941 Nationalspieler, schoß der vielseitige Burdenski („Budde" spielte Außenläufer, Außen- und Mittelstürmer) 1950 beim ersten Nachkriegsländerspiel das erste Tor zum 1:0 gegen die Schweiz – per Elfmeter. 1949 war er zu Werder Bremen gewechselt, nachdem er im Jahr 1947 Fußballgeschichte geschrieben hatte: Bei 20:0 seiner Mannschaft im Ligaspiel gegen die SpVgg Herten schoß er 11 Tore. Als Trainer arbeitete Burdenski u.a. für den STV Horst, Werder Bremen und Borussia Dortmund. Bei Schalke ist er als letzter der Vorkriegsmeisterelf für das Vereinsarchiv zuständig.

Bruns, Hans Günter (15.11.1954): Bei Schalke von 1974-77, lief aber nur bei 20 Spielen auf. Über Wattenscheid wechselte er nach Mönchengladbach, wo er Nationalspieler wurde und bis 1990 noch 331 Spiele machte.

Christensen, Bent (4.1.1967) Der größte Fehleinkauf der Schalker Vereinsgeschichte. Der dänische Nationalspieler kam 1991 als angeblicher Stürmerstar für 5 Millionen DM von Bröndby IF. In den 49 Spielen, die er bis 1993 machte, schoß er gerade einmal acht Tore.

Dietz, Bernhard (22.3.1948): „Enatz" kam 1982 vom Absteiger MSV Duisburg, für den er kurz zuvor sogar ohne

Gehalt spielen wollte. Der Bergmannssohn aus Bockum-Hövel, gelernter Schmied und langjähriger Kapitän der Nationalmannschaft, stieg auch mit Schalke ab, aber sofort wieder auf. Der Malocher machte noch 101 Spiele für die Knappen – meist als Libero. Immerhin sieben Tore.

Dikhtiar, Sergej (26.8.1975): Kam als dritter Rußland-Export 1992 von Dynamo Kiew. Doch der Stürmer gehörte zu den Ost-Spielern, die sich nicht durchsetzen konnten. Nachdem er zwei Tore zum Pokalerfolg gegen 1860 München beigesteuert hatte, ließ er sich 1995 reamateurisieren und spielt inzwischen als Vertragsamateur bei Schalke.

Dörmann, Norbert (31.8.1958): Bei Schalke 1976-79, wechselte dann im Rahmen des Ausverkaufs zum BVB.

Drexler, Manfred (26.6.1951): Der Stürmer kam 1979 von Darmstadt 98, spielte bis 1983 bei Schalke. War der erste Spieler, der aufgrund von Fernsehaufnahmen nachträglich gesperrt wurde und blieb Schalke auch nach dem ersten Abstieg treu.

Eckstein, Dieter (12.3.1964): Kam 1993 vom abstiegsbedrohten 1. FC Nürnberg. Dem Club fehlte er, bei Schalke konnte er seine Torjägerqualitäten nie unter Beweis stellen: Traf bei 30 Einsätzen gerade zweimal.

Eigenrauch, Yves (24.4.1971): Kam 1990 als 19jähriger von Arminia Bielefeld. Der Abwehrspieler hatte nicht zuletzt wegen seiner hölzernen Spielweise Anfangsschwierigkeiten auf Schalke. Andererseits hat sich „Yyyyves“ gerade durch seine bodenständige Art inzwischen zu einem Publikumsliebling entwickelt. ‚Die Leistungskurve des Manndeckers, der 1994 sogar zu einem Sichtungslehrgang des DFB eingeladen wurde, ist allerdings manchmal abenteuerlich.

Elting, Josef (29.12.1944): 64 Einsätze als Torwart in den Jahren 1965-70, Wechsel nach Kaiserslautern, als er dem jungen Talent Nigbur Platz machen mußte.

Endrulat, Peter (10.8.1954): Machte als Torwart ein Spiel in der Saison 1974/75. Ging 1977 zum BVB und erlangte dort wegen der 0:12-Niederlage gegen Mönchengladbach im letzten Saisonspiel 1977/78 traurige Berühmtheit.

Eppenhoff, Hermann (19.5.1919): Kam als Nachwuchsmann von der SpVgg Röhlinghausen zur Meisterelf der 30er Jahre und wurde 1939, 1940 und 1942 mit Schalke Deutscher Meister. In den Jahren 1941-42 spielte er auch dreimal international. Nach der Rückkehr aus der Kriegsgefangenschaft sorgte er ab 1949 dafür, daß Schalke wieder eine führende Rolle im westdeutschen Fußball spielte. Nahm an der Endrunde 1951 teil und war bis zum Ende seiner aktiven Zeit 1953 Kapitän der Königsblauen. Als Trainer des BVB wurde er in den Jahren 1963-65 Meister und Pokalsieger, und als er 1967 auch den MSV Duisburg ins Pokalfinale führte, wurde er als „Pokal-Hermann" auch eine Trainer-Berühmtheit.

Fichtel, Klaus (19.11.1944): Einer der letzten „Malocher" auf Schalke. Der Mann aus Castrop-Rauxel machte eine Ausbildung auf der Zeche, spielte bei Arminia Ickern, bevor er 1965 nach Schalke wechselte. Der Libero wurde bereits 1967 Nationalspieler, nahm an der WM 1970 teil und war nur im Spiel gegen Italien nicht dabei. Mit Schalke wurde er 1972 Vizemeister und Pokalsieger, mußte aber wegen des Skandals für ein Jahr pausieren. 1977 noch einmal Vizemeister, wurde Fichtel 1980 an Werder Bremen verkauft – und stieg 1981 in die erste Liga auf, während Schalke abstieg. 1984 kehrte er nach Schalke zurück und wurde gegen Ende der Saison wegen der Verletzung zahlreicher Spieler noch einmal reaktiviert. Mit dem Transparent „Der Wald stirbt, die Tanne steht" empfingen ihn die Fans. „Tanne" war bereits 43, als er am 21. Mai 1988 gegen seinen Ex-Verein Werder Bremen sein 552. Bundesligaspiel machte. Nur Karl-Heinz Körbel und Manfred Kaltz haben häufiger in der Bundesliga gespielt.

Fischer, Klaus (27.12.1949): Der Niederbayer Fischer kam 1970 nach dem Abstieg der Münchner Löwen nach Schalke. Der etwas bullige Mittelstürmer hatte mit 22 Treffern großen Anteil am Gewinn der Vizemeisterschaft 1972. Wegen seiner Verwicklung in den Skandal mußte er in Schalke ein Jahr pausieren, in der Nationalmannschaft feierte er erst 1977 sein Debüt. Nach elf Toren in acht Länderspielen fuhr er mit zur WM 1978, konnte aber nach seinem Schienbeinbruch von 1980 den Abstieg der Schalker 1981 nicht verhindern. Um seine Nationalmannschaftskarriere nicht zu gefährden, wechselte er zum 1. FC Köln und beendete seine Karriere beim VfL Bochum. Mit 535 Spielen belegt er den 4. Platz in der Bundesligarangliste. Seine Fallrückzieher waren berühmt, und nur der Skandal verhinderte, daß er schon frühzeitig ein echter Konkurrent für Gerd Müller wurde.

Freund, Steffen (19.1.1970): Kam beim Ausverkauf der DDR-Oberliga 1991 von Stahl Brandenburg zu Schalke. In der ersten Bundesligasaison gleich Stammspieler, mußte er 1993 zähneknirschend an den BVB verkauft werden, wo der kompromißlose Kämpfer sich zum Nationalspieler mauserte.

Füller, Bernhard: Eines der größten Schalker Talente. Wurde 1940 mit der verjüngten Elf Deutscher Meister und stand auch 1941 im Endspiel. Kam nicht aus dem Krieg zurück.

Gawliczek, Georg: Der gebürtige Duisburger war – zunächst kriegsbedingt – Spieler bei Schalke 1943-48 und Trainer 1960-64. Später benutzte der Pferdenarr seine Kenntnisse der Fußballszene als Plauderer auf Kreuzfahrten.

Gehrke, Holger (22.8.1960): Der riesige Torwart von Blau-Weiß Berlin, in den Jahren 1992-94 Konkurrent von Jens Lehmann, ging nach der Entscheidung von Trainer Berger für Lehmann zum MSV.

Gellesch, Rudi (1.5.1914): Gehörte in den 30er Jahren zur Stammbesetzung des FC Schalke 04. Die „Gazelle“ stand in der Meisterelf von 1937 und 1939 sowie in der des Pokalsiegers von 1937. In der Nationalmannschaft (20 Einsätze) spielte Gellesch in der legendären Breslau-Elf als Halbstürmer neben Fritz Szepan und stand auch im Kader der WM 1938. Nach dem Krieg kehrte er nicht nach Schalke zurück, sondern beendete seine Karriere aus beruflichen Gründen beim TuS Lübbecke.

Gerhardt, Waldemar (6.1.1939): Bei Schalke 1963-65. Schütze des ersten Bundesligatores der Schalker im Spiel gegen den VfB Stuttgart, machte als einziger Schalker alle 30 Spiele der ersten Saison mit. Nach dem Fast-Abstieg von 1965 ging er zu Fortuna Düsseldorf.

Gies, Willy: Der 17jährige Lehrling war 1904 Initiator der ersten wilden Vereinsgründung. Merkwürdigerweise hört man bei der Neugründung des Vereins nach dem 1. Weltkrieg nichts mehr von ihm.

Goldbaek, Bjarne (6.10.1968): Kam 1987 als Hoffnungsträger nach Schalke und blieb nach dem Abstieg immerhin noch ein Jahr.

Groß, Volkmar (31.1.1948): Torwart der Schalker in der ersten Hälfte der Spielzeiten 1977/78 und 1978/79. War als Ersatz für Maric aus Berlin gekommen, wo er bei Hertha BSC und Tennis Borussia gespielt hatte.

Güttler, Günter (31.5.1961): Abwehrspieler mit reichlich Erfahrung. Spielte in Herzogenaurach, Bayreuth, Bayern München, KV Mechelen, Nürnberg und Waldhof Mannheim, bevor er 1990 für 650.000 DM nach Schalke kam. Hatte als Organisator der Abwehr Anteil am Aufstieg und war zeitweise auch Kapitän der Schalker Elf. Verließ den Verein 1994.

van Haaren, Heinz (3.6.1940): Spielte ursprünglich in Marl-Hüls unter Trainer Gutendorf, folgte ihm 1964 nach Duisburg und traf ihn auch in Schalke wieder, wo er 1968-72 spielte. Der gelernte Linksaußen spielte in Schalke im Mittelfeld und brauchte zeitweise den Vergleich mit Netzer nicht zu scheuen. Seine Pässe trugen wesentlich zum Erfolg der Schalker Elf von 1971/72 bei. Nach dem Pokalsieg wechselte er wegen des Skandals mit Stan Libuda zu

Racing Straßburg, stellte aber nie ein Gnadengesuch beim DFB. Deshalb endete die Profikarriere von van Haaren, der später noch als Jugendtrainer auf Schalke arbeitete, wegen Konflikten mit Siebert aber nicht Trainer der ersten Mannschaft wurde, in Straßburg.

Hartmann, Frank (27.9.1960): Kam 1984 aus Köln, spielte 1984-86 als eher unauffälliger Offensivspieler bei Schalke, schoß aber in 52 Spielen immerhin 20 Tore.

Hasil, Franz (28.7.1944): Typischer (und bisher letzter) Vertreter der „Wiener Schule" auf Schalke, die in der Saison 1968/69 aber auch nicht mehr ist, was sie einmal war. Der verspielte Hasil, dem man nachsagte, er unterhalte sich beim Training lieber mit den Rentnern anstatt zu trainieren, wurde vom neuen Trainer Gutendorf ausgemustert.

Herget, Matthias (14.11.1955): Der Ex-Nationalspieler kam 1989 von Bayer Uerdingen, als „Buhmann" der Fans machte er aber nur 19 Spiele für Schalke.

Herrmann, Günter (1.9.1939): Der Nationalspieler vom KSC war Wunschkandidat der Schalker für die erste Bundesligasaison. Kam im Koppelgeschäft mit dem Strohmann Hans-Heorg Lambert, machte 110 Spiele und 22 Tore für Schalke und kehrte 1967 nach Karlsruhe zurück.

Herzog, Hendrik (2.4.1969): Der DDR-Auswahlspieler kam 1991 vom FC Berlin. Spielte bis 1995 im Schalker Mittelfeld und wechselte dann nach Stuttgart.

Huhse, Hartmut (22.8.1952): Bei Schalke von 1971-1975. Der solide Abwehrspieler war eine der Stützen bei der Rettung Schalkes in der Saison 1972/73, schoß aber in 113 Spielen nur ein Tor. Später wechselte er zu RWE.

Jagielski, Helmut (15.3.1934): Kam ursprünglich vom Wattenscheider Vorortverein RW Leithe. Trainer Szepan holte ihn zusammen mit O. Laszig und Piontek aus der Jugend in die erste Mannschaft. Jagielski war mit H. Laszig der Pechvogel von 1958 und konnte wegen einer Verletzung nicht am Endspiel teilnehmen, obwohl er zur Stammformation gehörte. Nach seinem Wechsel zu Bremen spielte er dort noch bis 1967 in der Bundesliga.

Jakobs, Michael (18.7.1959): Kam als Verstärkung für die erste Liga 1984 vom VfL Bochum – per Leasing. Konnte den hohen und hochbezahlten Erwartungen nie gerecht werden.

Jara, Kurt (14.10.1950): Kam 1980 vom MSV Duisburg, war einer der Stars im österreichischen Team bei der WM 1978 in Argentinien gewesen. Konnte die Hoffnungen, die man auf ihn als Spielmacher gesetzt hatte, nicht erfüllen und verließ Schalke nach einer Saison wieder.

Junghans, Walter (26.10.1958): Kam 1982 als erster Spieler und Meister 1980 von Bayern München, löste (deshalb?) Norbert Nigbur ab. Die Fans waren gespalten, manche gaben seinen Fehlern die Schuld am Abstieg 1983. Daß er durchaus Erstligareife besaß, bewies er in den Jahren bis 1987 bei insgesamt 110 Einsätzen.

Jusufi, Sascha (20.1.1963): Sohn des ehemaligen Schalker Trainers Fahrudin Jusufi. Kam 1991 als Neuerwerbung vom HSV, aber nie zum Einsatz.

Kalwitzki, Ernst (3.10.1909): Kam 1933 von Union Gelsenkirchen zur Schalker Elf und wurde mit Schalke sechsmal Meister. Beim 9:0 über Admira Wien traf der Rechtsaußen fünfmal! Da dieser Posten in der Nationalmannschaft durch Ernst Lehner (Schwaben Augsburg 55, Blau-Weiß Berlin) besetzt war, kam er international nicht zum Einsatz. Nach Ende seiner Karriere Platzwart der Glückauf-Kampfbahn.

Karnhof, Günter (21.10.1931): „Ille" gehörte zu den Arbeitsbienen der Meistermannschaft von 1958. Spielte noch bis 1965 in der Bundesliga und war am 11. Spieltag der Saison 1963/64 der erste Schalker, der in der neuen Liga vom Platz flog – zusammen mit dem Berliner Verteidiger Otto Rehhagel.

Kasperski, Gerd (25.12.1949): Sohn des Dortmunder Mittelstürmers Edmont „Ede" Kasperski. Bei Schalke 1968/69 (7 Spiele/3 Tore), bis er über Arminia Bielefeld und Hannover 96 auch in Dortmund landete.

Kersting, Heinz (9.7.1923): Kam 1950 zusammen mit Hennes Kleina (wie später Willi Schulz) vom Wattenscheider Vorortverein Union Günnigfeld. Mit dem Finanzbeamten Kersting als Torwart erreichten die Schalker 1951 erstmals nach dem Krieg eine Endrunde um die Deutsche Meisterschaft. 1954 wurde Kersting von M. Orzessek, dem Torwart der Meisterelf von 1958, abgelöst.

Klinkert, Michael (7.7.1968): Spielte in Schalke 1987/88, wechselte nach dem Abstieg nach Mönchengladbach.

Klodt, Bernhard (26.10.1926): Der Schalker Nachwuchsspieler debütierte bereits 1943 in der „Ersten" – neben seinem älteren Bruder Hans. Wechselte nach dem Krieg zunächst zum Lokalrivalen STV Horst – angeblich, weil Kuzorra ihn als „Oma" beschimpft hatte. Der Rechtsaußen wurde nach seiner Rückkehr 1950 zum Mittelpunkt der Meisterelf von 1958. Im Finale legte er mit 2 Toren den Grundstein für den siebten Titelgewinn. International gehörte er zur ersten deutschen Nachkriegsmannschaft und kam bis 1958 auf 19 Einsätze. Meist allerdings erhielten „Fiffi" Gerritzen oder Helmut Rahn den Vorzug – so auch im WM-Finale von 1954.

Klodt, Hans (10.6.1914): Wurde 1935 nach Auflösung des BV 12 Gelsenkirchen Nachfolger von Mellage im Schalker Tor. Gewann drei Titel mit Schalke (1937, 1939, 1940), 1942 wurde er kurzzeitig von Flotho vertreten. Der Meister der Strafraumbeherrschung wurde 1938 Nachfolger von Jakob im Tor der Nationalmannschaft und kam bis 1941 auf 17 Einsätze. Nach dem Krieg war er an der 2:3-Niederlage gegen den BVB beteiligt, die die Wachablösung im Revier bedeutete, bevor er nach Beckum wechselte, wo er seine Karriere beendete.

Klose, Harald (12.3.1945): War mit 18 Jahren und fünf Monaten beim Anpfiff der Bundesliga der jüngste Spieler. Machte bis 1968 58 Spiele und schoß dabei sieben Tore.

Kördell, Heiner (8.1.1932): Linksaußen der Meistermannschaft von 1958. Kam zu einem einzigen internationalen Einsatz – am 28.12.1958 in Kairo gegen Ägypten.

Koslowski, Willi (17.2.1937): Ein echter „Knappe" auf Schalke. Der „Schwatte" besaß tatsächlich den Knappenbrief der Zeche Hugo. Der unberechenbare Stürmer war aus der eigenen Jugend gekommen, gehörte zur Meisterelf von 1958 und spielte dreimal international – u.a. bei der WM 1962 in Chile. Der listige, trickreiche Dribbelkünstler und auch Elfmeterschinder wechselte nach dem Fast-Abstieg der Schalker 1965 zu RW Essen.

Kremers, Erwin (24.3.1949): Zusammen mit seinem Zwillingsbruder Helmut über Mönchengladbach und – nach dem Abstieg der Kickers – Offenbach 1971 nach Schalke gekommen. Der „beste Linksaußen der Welt" (Trainer Horvath) hatte großen Anteil an der Vizemeisterschaft und dem Pokalsieg 1972 – aber auch am Klassenerhalt 1973. Als Spieler der legendären Europameisterschaftself von 1972 nahm er nur deshalb nicht an der WM 74 teil, weil er kurz zuvor wegen Schiedsrichterbeleidigung vom Platz geflogen war – für den moralisierenden DFB ein Ausschlußgrund. Machte 1979 nach 212 Spielen für Schalke (50 Tore) Schluß.

Kremers, Helmut (24.3.1949): Kam zusammen mit seinem Zwillingsbruder 1971 nach Schalke. Mit ihm spielte er am 13.10.1973 im Parkstadion gegen Frankreich – das erste Zwillingspaar in der Nationalmannschaft. Der Abwehr- und Mittelfeldspieler wechselte 1979 zu RW Essen und spielte kurzzeitig in der US-Profiliga bei Calgary. Nach seiner Rückkehr war er auf Schalke zeitweise Trainer und Präsident. Nur Fritz Szepan hatte als Ex-Spieler ebenfalls beide Ämter bekleidet. Die Gastspiele von Kremers waren allerdings kurz und wenig erfolgreich.

Kreuz, Manfred (7.3.1936): Der Linksfuß aus Gelsenkirchen-Hassel mit dem härtesten Schuß der Oberliga stieß 1956 zur damaligen Mannschaft. Der Finanzbeamte spielte in der Meisterelf von 1958 auf Halblinks, wurde aber später zum Stopper „umfunktioniert". Auf dieser Position bildete er den Rückhalt der ersten Schalker Bundesligaelf und blieb auch nach dem Fast-Abstieg 1965 als eine der wenigen Stützen (und Mannschaftskapitän) in Gelsenkirchen. Schaffte 1966 den Klassenerhalt und mußte 1968 wegen einer Verletzung endgültig aufhören.

Kurz, Marco (16.5.1969): Auch wenn man noch nicht weiß, wie er sich entwickelt: Der Abwehrspieler wechselte nach der Saison 1995/96 vom BVB zu Schalke, nachdem er zuvor ausgeliehen worden war. Er sieht für sich in Schalke die bessere sportliche Perspektive! So ist es richtig.

Kuzorra, Ernst (16.10.1905): *Die* Schalker Symbolfigur. In der ersten Mannschaft 1923-49 mit Szepan Mittelpunkt des Schalker Kreisels. Der „Clemens" war nach Thomas Student Kapitän der Schalker und hatte auch sportlich das Sagen – Trainer waren unter ihm meist nur für die Trainingsleitung zuständig. Wurde sechsmal Deutscher Meister, dreimal Vizemeister und einmal Pokalsieger. Nach einem Streit mit Reichstrainer Nerz endete seine internationale Karriere jedoch schon nach zwölf Spielen. Nach dem Ende seiner aktiven Zeit 1950 trainierte er zwar offiziell für kurze Zeit die Schalker Mannschaft, solange Trainer Cendic keinen Trainerschein besaß, übernahm aber sonst keine leitenden Ämter. In seiner aufrechten, manchmal derben Art blieb er dennoch die Seele des Vereins. Mit seinem Tod 1990 ging eine Epoche zu Ende.

Kwiatkowski, Heinz (16.7.1926): Kam von Westfalia Schalke. Torwart der Schalker Oberligamannschaft von 1947-50 und Nachfolger von H. Klodt. Wechselte dann zu RW Essen und wurde als BVB-Spieler Deutscher Meister 1956 und 1957. Als Nationaltorhüter absolvierte er vier Spiele; unter anderem hütete er das Tor bei der 3:8-Vorrundenniederlage gegen Ungarn bei der WM 1954.

Laszig, Helmut: Jüngerer Bruder von Otto Laszig. Beim Finale 1958 ebenso wie H. Jagielski verletzt und daher einer der vergessenen Spieler der Meisterelf.

Laszig, Otto (28.11.1934): Der Mittelläufer der Meisterelf von 1958 galt wie Fritz Szepan eigentlich als zu langsam. Szepan selbst hatte ihn Anfang der 50er gegen Widerstände in die Mannschaft geholt. Laszig spielte später bei RW Essen und sammelte in Hannover noch Bundesliga-Erfahrung.

Latal, Radoslav (6.1.1970): Der tschechische Nationalspieler von Sigma Olmütz zieht seit 1994 mit Landsmann Nemec im Schalker Mittelfeld die Fäden – mit wechselndem Erfolg. Beim Finale der EM '96 leider gesperrt.

Lehmann, Jens (16.11.1969): Der „Fußballverrückte" kam von DJK Heisingen über den ETB Schwarz-Weiß Essen 1987 nach Schalke. Nach einem internen Kampf mit Holger Gehrke um die Position des Stammtorwarts ist der Schlußmann der Aufstiegself von 1991 heute unbestritten Nr. 1 im Schalker Tor. Nach den Weltklasse-Leistungen in der Saison 1995/96 werden viele Schalker den Verdacht nicht los, daß der Bundestrainer auf dem Schalke-Auge blind ist: „Berti, mach die Augen auf!"

Libuda, Reinhard (10.10.1943): Begann mit dem Fußball auf Schalke schon 1952. Nach der zweiten Bundesligasaison wechselte der begnadete Rechtsaußen nach Dortmund, wo er u.a. das entscheidende Tor im Endspiel um den Europapokal schoß. 1968 nach Schalke zurückgekehrt, besorgte er der Nationalmannschaft durch sein Tor gegen Schottland das Ticket nach Mexiko; wegen seiner südamerikanischen Spielweise begeistert gefeiert. Für Schalke machte „Stan" 190 Spiele und schoß 20 Tore. Wegen des Skandals nach Straßburg verkauft, konnte er nach seiner Rückkehr nicht mehr überzeugen.

Nach dem Ende seiner Karriere hatte der gelernte Schlosser mit privaten und gesundheitlichen Problemen zu kämpfen. Er lebte zurückgezogen und starb am 25.8.96 erst 52jährig an Herzversagen.

Ljuty, Wladimir (20.4.1962): Der sowjetische Auswahlspieler kam 1990 mit viel Vorschußlorbeeren von Dnjepr Dnjepropetrowsk. Wurde jedoch nur in der Aufstiegssaison eingesetzt, wegen der Ausländerklausel zum Vertragsamateur gemacht und an den MSV Duisburg abgegeben.

Lütkebohmert, Herbert (24.3.1948): Das „Laufwunder" war unentbehrlicher Bestandteil der Schalker Elf von 1972. Als Mittelfeldmann spielte er 1968-1979 für Schalke – unterbrochen nur von einer einjährigen Sperre im Zusammenhang mit dem Skandal.

Macak, Pavel (7.2.1957): Der tschechische Torwart spielte bei Schalke 1984-87, kam aber nur zu 16 Einsätzen. Konnte in den Spielen, in denen er Junghans vertrat, nicht überzeugen.

Maric, Enver (25.4.1948): Der jugoslawische Nationaltorhüter hatte der deutschen Mannschaft bei der WM 1974 viel abverlangt. Als Nachfolger von Nigbur war er in den Jahren 1976-78 sehr umstritten. Manche meinen noch heute, seine Fehler hätten 1977 die Meisterschaft gekostet.

Matischak, Klaus (24.10.1938): „Zick-Zack Matischack" war der Schlachtruf der ersten Bundesligasaison auf Schalke. Mit 18 Treffern (aus 22 Spielen) belegte Matischak den 4. Platz in der Torschützenliste. Doch schon nach einer Saison wechselte Matischak nach Bremen, wo er bis 1967 spielte.

Matzkowski, Paul (5.12.1920): Zusammen mit Zwickhofer und Eppenhoff bildete Matzkowski das Rückgrat der ersten erfolgreichen Schalker Nachkriegself. Nach dem Spiel gegen den BVB im Jahr 1951 mußte selbst die gegnerische Presse anerkennen: „Sein Stopperspiel dürfte augenblicklich in Deutschland nicht übertroffen werden." Kurz vor der Meisterschaft 1958 wurde er von Günter Siebert verdrängt, der zeitweise auch den Mittelläuferposten übernahm.

Max, Martin (7.8.1968): Seit Kindertagen Schalkefan und ursprünglich Schlosser „auf Zeche". Der gebürtige Recklinghäuser kam zu Beginn der Saison 1995/96 von Mönchengladbach, wo er neben Dahlin und Herrlich keine Chance auf einen Stammplatz hatte. Soll im Zusammenspiel mit Mulder das Schalker Sturmproblem lösen. Hat in seiner ersten Saison durch Schnelligkeit und einige schöne Tore überzeugt.

Mellage, Hermann: Torwart der Schalker Elf 1930-36. Der gelernte Elektriker wurde zweimal Meister und dann von Hans Klodt abgelöst. Er selbst spielte dann noch beim SSV Wuppertal.

Memering, Caspar (1.6.1953): Der Ex-Hamburger kam 1984 für zuviel Geld von Girodins Bordeaux. Traf in 17 Spielen gerade einmal.

Mihajlovic, Radomil (19.11.1964): Der jugoslawische Stürmer war beim FC Bayern ausgemustert worden und für 3,5 Mill. DM nach Schalke geholt worden. Die Fehleinschätzung durch Günter Eichberg zeigte deutlich die Grenzen des Sonnenkönigs auf. Von Verletzungen geplagt, spielte Mihajlovic 1990-93 46mal für Schalke und schoß 9 Tore.

Müller, Andreas (13.12.1962): Der Mittelfeldakteur aus Schwaben ist seit 1988 bei Schalke. Seit Olaf Thon als Spielmacher fungiert, spielt „Andy" auf der zentralen defensiven Position. Schütze des „goldenen Tores" gegen Bayern, das Schalke in den europäischen Fußball zurückführte.

Mulder, Youri (23.3.1969): Der in Belgien geborene Niederländer wechselte 1993 auf Drängen von Helmut Schulte nach Schalke. Der ehemalige Ersatzspieler bei Ajax Amsterdam kam für 1,4 Mill. DM als neuer Mittelstürmer. Schoß sein erstes Tor beim 1:0 gegen Dortmund, kam nach Anfangsschwierigkeiten aber erst in der zweiten Saison groß raus und wurde zum Publikumsliebling. Schaffte in Schalke den Sprung in die niederländische Nationalmannschaft und verlängerte 1996 trotz Interesse von Feyenoord Rotterdam seinen Vertrag bis 2001. Manager Assauer zu seinem Gehalt: „Wir können inzwischen mit europäischen Spitzenklubs mithalten."

Nemec, Jiri (15.5.1966): Der tschechische Nationalspieler von Sparta Prag kam 1993 nach Schalke. Der kompromißlose Zweikämpfer ist eine der Stützen im Schalker Mittelfeld. Finalist bei der EM '96.

Neuser, Gerhard (29.10.1938): Eine der Stützen der Schalker Mannschaft in den Jahren 1965-70. Machte 143 Spiele und 19 Tore für Schalke, bevor er der Siebertschen Verjüngungspolitik zum Opfer fiel.

Nigbur, Norbert (8.5.1948): Der Mann aus Gelsenkirchen-Heßler war einer der besten deutschen Torhüter der 70er Jahre – vielleicht sogar der beste. War im Skandalspiel gegen Bielefeld nicht dabei. Rückhalt des Pokalsiegers und Vizemeisters von 1972, Ersatztorwart der WM 1974. 1976-79 in Berlin, kehrte er nach Schalke zurück und erlebte noch den Schalker Abstieg und Wiederaufstieg.

Nowak, Hans (9.8.1937): Kam 1958 nach Schalke, spielte zunächst als Stürmer, später als offensiver Verteidiger. Der Teilnehmer an der WM 1962 in Chile wechselte 1965 nach dem Fast-Abstieg zum Aufsteiger Bayern München.

Oblak, Branco (27.5.1947): Der jugoslawische Nationalspieler bildete mit Hannes Bongartz das Mittelfeldgespann der Vizemeisterelf von 1977. Sein Abschied verlief nicht harmonisch – böse Zungen behaupten, er sei von der Mannschaft hinausgeekelt worden, weil er, im Vergleich zu seinen Kollegen, zuviel lief. Bei Bayern München spielte Oblak noch bis 1980, gehörte dort aber nicht zur Stammelf.

Opitz, Michael (16.7.1962): Eine der Schalker Säulen in den schweren Jahren 1979-88. Der Abwehrspieler lief 158mal im blau-weißen Trikot auf.

Orzessek, Manfred (30.6.1933): Nachfolger von Heinz Kersting im Schalker Tor. Kam von Eintracht Gelsenkirchen und spielte 1953-61. Der Torwart der Meisterelf von 1958 ging später nach Mönchengladbach, wo der Routinier mit der Fohlenelf noch bis 1967 in der Bundesliga spielte.

Pereira, Miguel: Der gebürtige Angolaner war der erste Schwarze im Schalker Team. Der „Fußballdeutsche" aus der Schalker Jugend wurde 1993/94 erstmals eingesetzt, 1994/95 mit fünf anderen Jugendspielern in den Kader berufen, aber ein Jahr später an Preußen Münster verkauft.

Pirkner, Hans (25.3.1946): Der österreichische Linksaußen war Vorgänger von Erwin Kremers – und Frauenliebling auf Schalke. Beim Europapokalspiel gegen Shamrock Rovers im vernebelten Stadion meldete er selbst den „blinden" Reportern „I hob's g'mocht". Gehörte auch zu den Beschuldigten im Bestechungsskandal, war aber bereits 1971 nach Österreich zurückgekehrt.

Pörtgen, Ernst (25.1.1912): Wegen der drei Ernst's in der Schalker Mannschaft zu Beginn der 30er nur „Pöttinger" genannt. Der gelernte Anstreicher aus Essen kam über den 1. FC Nürnberg und den ETB nach Schalke. Wurde 1934, 1935 und 1937 mit Schalke Meister und heiratete dann nach Bonn, wo er ein Hotel/Restaurant übernahm. Der begabte Stürmer schoß in drei Länderspielen fünf Tore.

Pohlschmidt, Manfred (27.8.1940): In der ersten Bundesligasaison noch bei Preußen Münster, dann beim HSV und ab 1967 bei Schalke. Machte bis 1971 106 Spiele und 27 Tore und verließ den Verein vor Aufdeckung des Skandals, an dem er nicht unbeteiligt war.

Prus, Michael (4.2.1968): Der Abwehrakteur, der 1986 vom VfB Rheine kam, ist heute der dienstälteste Schalker. Trotz seiner zahlreichen Spiele ist ihm bis heute kein Tor gelungen – sieht man von zwei Treffern im Pokalwiederholungsspiel gegen Saar 05 Saarbrücken am 29.11.1988 ab. Dennoch (oder deswegen?) hält sich hartnäckig sein Beiname „Air" oder „Magic".

Rausch, Friedel (27.2.1940): Zweikampfstarker Verteidiger, der als Manndecker 1962-71 in 195 Spielen zum Einsatz kam. Berühmt wurde er durch den Hundebiß von Dortmund – während des Spiels gegen den BVB! Beim Rückspiel wurden die Dortmunder dann von Löwen aus dem Löwenpark Westerholt im Stadion empfangen... Nach Ende seiner aktiven Karriere wurde Rausch als Trainer mit Schalke 1977 Vizemeister, mit Eintracht Frankfurt Europapokalsieger, mit Fenerbahce Istanbul fast Meister, scheiterte aber nach Gewinn der Vizemeisterschaft 1994 zwei Jahre später in Kaiserslautern.

Rüssmann, Rolf (13.10.1950): Als Spieler bescheinigte man dem späteren Manager „Füße wie Bügeleisen". Der kopfballstarke Abwehrspieler kam vom FC Schwelm und war eine der Entdeckungen von Günter Siebert. Machte 1969-80 304 Spiele für den FC Schalke 04 und schoß dabei 30 Tore. Nach einem skandalbedingten Parkeinsatz beim FC Brügge kehrte „Rolli" 1974 zurück und wurde noch Nationalspieler und Teilnehmer der WM 1978. 1980 aus finanziellen Gründen an den BVB verkauft, wurde er dort bis 1985 zum Ex-Schalker mit den meisten Spielen für Dortmund: In 149 Einsätzen schoß er noch 18 Tore.

Sandmann, Herbert (20.6.1928): Kam 1949 vom BVB, blieb nur für zwei Spielzeiten und kehrte dann nach Dortmund zurück. Der Publikumsliebling spielte für Schalke und besuchte abends die Versammlung in Dortmund, mußte aber zugeben: „Erst in Schalke habe ich richtig Fußballspielen gelernt."

Sadlowski, Herbert: Der nicht zu bremsende „Catcher" kam 1955 von Hamborn 07, spielte in der Meisterelf von 1958, beendete aber kurz darauf seine Karriere.

Schacht, Dietmar (28.9.1962): Kam 1989 von Alemannia Aachen, nachdem er zuvor unter anderem beim MSV Duisburg und FT Pohang Seoul gespielt hatte. Als zuverlässiger Manndecker war „Didi" eine der Stützen beim Aufstieg 1991, verließ den Verein aber wenig später.

Schatzschneider, Dieter (26.4. 1958): Der bullige Stürmer mit der Statur eines Horst Hrubesch (1,90 m, 170 Pfund) war in Hamburg ausgemustert worden. Trainer Ferner, der ihn in Hannover geformt hatte, holte ihn 1984 nach dem Aufstieg nach Schalke. In seiner ersten Saison schoß er immerhin zehn Tore – zwei davon gegen den HSV. Da er in der zweiten Saison verletzungsbedingt nicht mehr traf, hatte sich der teure Transfer nur sehr bedingt ausgezahlt.

Scheer, Klaus (4.10.1950): Eine der Stützen der Mannschaft in den frühen 70ern. Pausierte im Skandalspiel gegen Bielefeld und wurde deshalb nicht gesperrt. Machte 1969-75 165 Spiele und 38 Tore für Schalke und wechselte dann nach Kaiserslautern.

Scherr, Uwe (16.11.1966): Einer der „großen" Eichberg-Transfers, der jedoch wegen der Umstände bald ins Gerede kam. Der Mittelfeldspieler kam 1992 aus Kaiserslautern, konnte sich aber noch keinen festen Stammplatz erkämpfen.

Schipper, Matthias (23.9.1957): Ein Dauerbrenner im Schalketeam. Kam 1975 und blieb, abgesehen von den Jahren 1979-82, bis 1988. Machte 189 Spiele und 6 Tore für Schalke.

Schlipper, Günter (13.8.1962): Der gebürtige Oberhausener kam 1988 zu Schalke, nachdem beim 1. FC Köln die Position im zentralen Mittelfeld durch Thomas Häßler blockiert war. Der Dribbelkünstler „Schlippinho" war Spielmacher der Elf in den letzten Zweitligajahren und hatte mit hervorragenden Leistungen großen Anteil am Aufstieg 1991. Auf Schalke wurde er durch sein 1:0 gegen den BVB am 22.8.1992 unsterblich – den Grundstein zum Jahrhundertsieg in Dortmund. Unter Trainer Schulte war seine Zeit vorbei.

Schulz, Willi (4.10.1938): Machte schon als Amateurspieler von Union Günnigfeld 3 A-Länderspiele, wechselte 1960 nach Schalke. „Worldcup-Willi" nahm an drei Weltmeisterschaften teil, 1962 als Schalker, 1966 und 1970 als Spieler des HSV. Dorthin war er nach dem Fast-Abstieg von 1965 gewechselt. Galt zeitweise als bester Mittelläufer der Welt, mußte in der Nationalmannschaft aber bald Franz Bekkenbauer Platz machen.

Schumacher, Harald (6.3.1954): Der Mann, der (unbescheiden) seinen Spitznamen vom Fußballgott „Toni" Turek ableitet, spielte nach seiner Ausmusterung in Köln (nach 422 Spielen!) 1987/88 in Schalke, konnte aber den Abstieg nicht verhindern. Wie sehr er mit Schalke verbunden war, zeigte sein frühzeitiges Statement: „Ich spiel' doch nicht in Meppen." In München zog er dann 1991/92 noch einmal für acht Spiele die Handschuhe an.

Schweißfurth, Otto (21.4.1916): Bildete mit Hans Bornemann die Verteidigung der Schalker Elf in den 30er Jahren. Der Nachfolger von Nattkämper wurde erstmals 1937 mit Schalke Meister und spielte bis 1944 in der „Ersten". Nach dem Krieg arbeitete er als Trainer bei über 20 Vereinen im Ruhrgebiet und Umgebung.

Sendscheid, Peter (28.9.1965): Der Stürmer kam 1989 zusammen mit Didi Schacht für 1,2 Mill. DM von Alemannia Aachen. Viele Verletzungen sorgten dafür, daß er nie ganz groß rauskam. Doch es waren nicht zuletzt seine Tore, die in der Rückrunde 1993/94 halfen, daß der Klassenerhalt doch noch geschafft wurde.

Siebert, Günter (15.12.1930): „Forelle" spielte 1951-53 und 1956-58 für Schalke. Seinen fußballerischen Ruhm verdankt er der Teilnahme am Meisterschaftsfinale 1958 – obwohl er vorher lange verletzt war. Als Präsident des Vereins war er nicht nur bester Schütze an der Torwand des ZDF-Sportstudios, sondern auch eine der schillerndsten Gestalten im deutschen Fußball. Schon vor Ende seiner dritten Amtszeit 1988 hatte sich „Oskar der Familienvater" auf Gran Canaria mit „Oskars Pub" eine neue Existenz aufgebaut.

Slomiany, Waldemar (1.10.1943): Der Pole spielte 1969-70 52mal für Schalke. Von Gutendorf ausgemustert, verschwand er zunächst in Bielefeld und nach der Geldübergabe an Schalker Spieler ganz von der Bildfläche.

Sobiray, Jürgen (2.1.1950): Eines der größten Talente des FC Schalke 04. Spielte 1969-79 214mal in Blau-Weiß und 1980-82 noch 13mal für den BVB. Seine Leidenschaft nicht nur fürs Kartenspiel verhinderte, daß er einer der ganz Großen wurde.

Sobottka, August: Gehörte 1919 zu den ersten Spielern, die erneut die Westfalia gründeten. Stand bis 1930 im Schalker Tor und machte so die ersten Endrundenspiele um die Deutsche Meisterschaft 1927-30 mit. Während der Sperre der Schalker „Profis" leitete er 1930/31 das Training der Restmannschaft.

Student, Thomas: Kapitän der Schalker Mannschaft in den 20er Jahren. Spielte bis 1928 aktiv und führte die Schalker an die Spitze.

Szepan, Fritz (2.9.1907): Mit Kuzorra *die* Schalker Symbolfigur. Spielte in der ersten Mannschaft 1925-49 und wurde sechsmal Deutscher Meister. Der eigentlich langsame Spielmacher agierte meist auf Halbrechts und konnte durch seinen Überblick ganze Spiele entscheiden. Sein Schwager Ernst Kuzorra, mit dem er das Zentrum des Schalker Kreisels bildete, hatte ihn in die Mannschaft geholt. Lange Zeit (30 Spiele) auch Kapitän der Nationalmannschaft, wo er manchmal auch Mittelläufer spielte. Anders als Kuzorra hatte er sich mit dem Reichstrainer arrangiert. Die Engländer gaben ihm nach einer Gastspielreise wegen seiner weißen Haare den Namen „Snowball“. Abseits des Fußballplatzes durchaus ein Lebemann, der als Schalker Trainer seinen Jungs schon mal einen Schnaps empfahl („Das gibt harte Knochen!“). Leider war die Zeit seiner Präsidentschaft, zu der man ihn überredet hatte, weniger erfolgreich.

Täuber, Klaus (17.1.1958): Auf Schalke „der Boxer“ genannt. Der Flügelstürmer und Torjäger hatte 1978-81 bei Nürnberg gespielt, wurde 1984-87 88mal für Schalke eingesetzt und schoß dabei 39 Tore. Nach zwei Jahren in Leverkusen (mit Gewinn des UEFA-Pokals) ist Täuber heute Trainer der Schalker Amateure.

Thon, Olaf (1.5.1966): Kam 1980 vom STV Horst-Emscher und debütierte mit 17 in der Zweitligamannschaft zu Beginn der Saison 1983/84. Nach dem sensationellen Pokalspiel gegen Bayern München, bei dem Thon drei Tore schoß, schaffte er mit Schalke den Aufstieg und als zweitjüngster Spieler

überhaupt den Sprung in die Nationalmannschaft, wo er insgesamt 40mal zum Einsatz kam. Nach dem Abstieg 1988 wechselte Thon für 3,5 Mill. DM nach München, wo ihm jedoch der ganz große Durchbruch versagt blieb. Gehörte zum WM-Aufgebot 1986 und 1990, kam aber nicht zum Einsatz. In München wurde der gelernte Offensivspieler 1989 und 1990 Meister, ab 1992 zum Libero „umgeschult“ und auf dieser Position 1994 zum dritten Mal Deutscher Meister. Nach der Rückkehr von Matthäus als Libero und nach zahlreichen Verletzungen kehrte er 1994 nach Gelsenkirchen zurück. Nach enttäuschenden Leistungen zu Beginn ist der „Schalker Junge“ inzwischen wieder Herzstück der Knappenelf.

Tibulski, Hans (22.2.1909): Älterer Bruder von „Ötte“ Tibulski. Spielte bis 1931 in Schalke, einmal sogar international, wechselte dann aus beruflichen Gründen zu Werder Bremen.

Tibulski, Otto (15.12.1912): In den 50er Jahren war „Ötte“ Tibulski als Wirt des Schalker Vereinsheims Mittelpunkt des blau-weißen Lebens. Der kleine Stopper hatte ursprünglich Außenläufer gespielt, in Schalke dann aber die Rolle des zurückgezogenen Mittelläufers übernommen. Trotz seiner Größe war er enorm kopfballstark. Der Teilnehmer an allen sechs Vorkriegsmeisterschaften gehörte auch zu den Spielern der Nachkriegself, die jedoch den Anschluß an die alte Größe nicht mehr fand. Ein Beinbruch im Spiel gegen RW Oberhausen beendete im Dezember 1948 seine Karriere.

Tönnies, Michel (19.12.1959): Der zeitweilige Stürmerstar des MSV Duisburg spielte 1978-81 in Königsblau, erzielte in sieben Einsätzen aber kein Tor.

Tschiskale, Uwe (9.7.1962): Der kleine Stürmer war 1987 vom Zweitligisten Wattenscheid nach Bayern gewechselt, hatte dort nur ein Spiel gemacht und kam im Rahmen der Rettungsversuche zur 2. Serie der Saison 1987/88 nach Schalke. Seine vier Tore konnten den Abstieg nicht verhindern. In Wattenscheid hatte er dafür Anteil am Bundesligaaufstieg 1990.

Tüfekci, Ilyas (3.2.1960): Der kleine Stürmer kam 1982 vom VfB Stuttgart, blieb eine Saison – und bekam erstmals die wachsende Ausländerfeindlichkeit zu spüren.

Urban, Adolf (9.1.1914): „Ala" war seit 1926 bei Schalke, Stammspieler der erfolgreichen Meisterelf und Teilnehmer an fünf Endspielen. Gefürchtet waren vor allem seine Schrägschüsse.Der gelernte Linksaußen konnte auch Mittelstürmer spielen – so in der Breslau-Elf von 1937. In der Nationalmannschaft kam er 21mal zum Einsatz, bevor er 1943 in Rußland getötet wurde.

Weidemann, Uwe (14.6.1963): Der ehemalige DDR-Auswahlspieler (Lokomotive Leipzig) kam 1995 vom MSV, um die Schalker Sturmmisere zu beheben. Konnte seine Qualitäten bisher verletzungsbedingt noch kaum unter Beweis stellen.

Wittkamp, Hans-Jürgen (23.7.1947): Der gebürtige Gelsenkirchener gehörte zu den jungen Talenten der Siebert-Ära. Spielte 1967-71 für Schalke, ging dann nach Mönchengladbach.

Wollitz, Claus-Dieter (19.7.1965): „Pélé" spielte nur eine Saison in Schalke. 1988 wechselte er nach Leverkusen.

Wuttke, Wolfram (17.11.1961): Kam 1976 aus Castrop-Rauxel zu Schalke und war eines der größten Talente im bundesdeutschen Fußball der 80er Jahre. Der offensive Dribbelkünstler hätte zu einer Schalker Symbolfigur werden können – kam jedoch zur falschen Zeit. Nachdem er in der Saison 1979/80 21 Spiele gemacht hatte, wurde er nach Streitigkeiten mit Trainer Schwager nach Mönchengladbach verkauft, Anfang 1983 zurückgeholt, konnte aber den zweiten Abstieg nicht verhindern. Das „enfant terrible" verbaute sich selbst eine große Karriere in der Nationalmannschaft, machte erst am Ende seiner Zeit als Spieler des 1. FC Kaiserslautern zwischen 1986 und 1988 vier Länderspiele und beendete seine Laufbahn 1992/93 beim 1. FC Saarbrücken.

Zwickhöfer, Walter (12.6.1924): Der „Weichsel-Tiroler" hatte ab 1943 als Ersatzspieler in der Schalker Elf gestanden. Nach der Rückkehr aus dem Krieg bildete er mit Eppenhoff das Gerüst der neuen Mannschaft, die 1950 wieder den Anschluß an die Spitze fand.

RAT & HILFE für Sie & Ihn

Das 1. Lebens-Pulver mit dem Sofort-Effekt

Immer mehr Menschen fühlen sich gestreßt und abgespannt, nervös und müde, überfordert oder einfach unwohl. Sie sind anfälliger für Krankheiten, weil die Abwehrkräfte fehlen. Energie und Leistungskraft lassen nach. Das drückt auf die Stimmung und macht alles noch viel schlimmer. Jetzt gibt es endlich das 1. Lebenspulver mit dem ganzheitlichen Sofort-Effekt (LIFE, Apotheke).

LIFE hat 20 Lebensbausteine* für Wohlbefinden von Kopf bis Fuß – und für gute Stimmung. Das Besondere: LIFE spürt man bereits nach wenigen Sekunden. **Frischer Schwung, neue Energie, einfach wieder so richtig Lust am Leben!**

LIFE wurde von erfahrenen Ernährungs-Experten entwickelt. Die Innovation: *Das Lebenspulver besteht aus Millionen microfeiner Kügelchen mit 2-Phasen-Aufbau.*

■ In Phase 1 gelangt LIFE über Mund und Speichel ***sofort*** bis in die letzten Ecken des Körpers (Traubenzucker-Effekt). In der 2. Phase wird LIFE ***dauerhaft*** von Magen und Darm aufgenommen. So wird der Körper von Kopf bis Fuß direkt und optimal aktiviert.

LIFE hat einen einmalig **prickelnd-fruchtigen Geschmack** (wie tropische Früchte). Man schleckt LIFE einfach vom Handrücken, löst es in Getränken oder Joghurt auf, streut es über Obst oder Marmelade.

Das ist praktisch (LIFE ist immer und überall dabei) und äußerst sinnvoll: Denn den industriell bearbeiteten Nahrungsmitteln von heute fehlen oft die wichtigsten Lebensbausteine. *Und selbst wer sich noch so bewußt ernährt, kann vor Mangelerscheinungen leider nicht sicher sein.*

Holen Sie am besten gleich LIFE, Ihr neues Lebenspulver – denn Gesundheit ist das höchste Gut!

*** In LIFE: 20 Lebensbausteine!**

MINERALSTOFFE:
Magnesium, Calcium, Kalium, Phosphor, Kieselerde

VITAMINE:
Vitamin B1, Vitamin B2, Vitamin B6, Vitamin B12, Biotin (Vitamin H), Folsäure (Vitamin B9), Nicotinsäureamid (Vitamin B3), Vitamin E, Vitamin C, Creatin

KRÄUTER/GEWÜRZE:
Melisse, Guarana, Ingwer, Nelken, Anis

Die Pille ist der Vitamin-Räuber Nr. 1

Jede 2. Frau hat Vitaminmangel. Folgen: Unwohlsein, Streß, Nervosität. Denn die Pille und Östrogene (Wechseljahre) sind wahre „Vitamin- und Mineralstoff-Räuber". Ein guter Tip: Das 1. Lebenspulver mit dem ganzheitlichen Sofort-Effekt. LIFE gibt dem Körper 20 wichtige Lebensbausteine zurück. Immer mehr Frauen nehmen deshalb täglich LIFE – Wohlbefinden und frische Energie von Kopf bis Fuß!

Sabine Rohde, 31, Reisekauffrau, 50667 Köln

„Morgens hatte ich oft Anlaufschwierigkeiten, fühlte mich schon müde und matt. Das ist jetzt vorbei. Ich meine, daß das mit LIFE zu tun hat. Jetzt bin ich von morgens bis abends wieder voll konzentriert, habe richtig frische Kraft und Energie! Mein Mann ist übrigens auch begeistert. Er hat jetzt selbst sein LIFE im Büro."

Krista Alker, 49, Hausfrau, 51467 Berg. Gladbach

„Ich versorge meinen Mann, drei Kinder und drei Katzen. Das ist ganz schön anstrengend, glauben Sie mir! Ich meine, daß mir mit LIFE alles leichter von der Hand geht. Ich bin jetzt gut drauf, nehme zwischendurch einfach eine Prise LIFE mit der Zunge vom Handrücken auf."

Helma Heyberg, 71, Rentnerin, 51427 Bensberg

„Seit ich LIFE nehme, ist es wie ein Ruck durch meinen Körper gegangen. Ich fühle mich wieder rundum wohl und spüre richtig frische Energie. Auch bin ich längst nicht mehr so anfällig und empfindlich. Ich streue mir LIFE morgens aufs Müsli – das schmeckt einfach köstlich."

Vertrieb: Pharma Wolf, Hamburg

Daten zum Verein

Gegründet: 4. Mai 1904 bzw. 5. Januar 1924

Sportarten: Fußball, Handball, Leichtathletik, Tischtennis, Basketball

Vereinsfarben: Blau-Weiß
Spielkleidung: Blaues Hemd, blaue Hose, blaue Stutzen
oder: weißes Hemd, weiße Hose, weiße Stutzen
oder: gelbes Hemd, blaue Hose, blaue Stutzen

Titel:
Deutscher Meister 1934, 1935, 1937, 1939, 1940, 1942, 1958
Deutscher Pokalsieger 1937, 1972

Vorsitzender: Gerd Rehberg
Geschäftsführer: Peter Peters
Manager: Rudi Assauer
Presse- und Öffentlichkeitsarbeit: Andreas Steiniger

Cheftrainer: Jörg Berger
Co-Trainer: Hubert Neu

Vereinsarzt: Dr. Armin Langhorst
Masseure: Gerald Kuipers, Carsten Scherer
Zeugwart: Flori Simon

Anschrift:
FC Schalke 04
Geschäftsstelle Parkstadion
45891 Gelsenkirchen
Tel.: 0209/70 08 70

Friede, Freude, Dahli-Kuchen
DAHLI
KRONE DER KAFFEETAFEL
DAHLI-KUCHEN · LIPPSTADT

Ligenzugehörigkeit, Plazierungen, Meisterschaften

1912/13:
C-Klasse (3. Liga), Plazierung unbekannt

1913/14:
Liga und Plazierung unbekannt, danach Spielbetrieb eingestellt

1919/20:
B-Klasse (nun 3. Liga), 1. Platz
Entscheidungsspiel gg. den Meister der anderen Gruppe
S 04 – BV 12 Gelsenkirchen 4:0
Aufstieg

1920/21:
A-Klasse (2. Liga), 1. Platz
Aufstieg

1921/22:
Emscherkreisliga (nun 2. Liga), Mittelplatz

1922/23:
Emscherkreisliga, 1. Platz

1923/24:
Emscherkreisliga, 1. Platz
Entscheidungsspiel um Kreismeisterschaft S 04 – BV Stoppenberg 0:2

1924/25:
Emscherkreisliga, 1. Platz, Ruhrgaumeister der Kreisligen, Westdeutscher Meister der Kreisligen
(Aufstiegssperre)

1925/26:
Emscherkreisliga, 1. Platz, Entscheidungsspiel um Kreismeisterschaft
S 04 – SpFr Essen 07 2:1
Aufstieg

1926/27:
Ruhrgauliga, 1. Platz
Entscheidungsspiele um Ruhrgaumeisterschaft:
BV Altenessen – S 04 0:1
S 04 – BV Altenessen 2:2
Spiele um die Westdeutsche Meisterschaft:
S 04 – CfR Köln 3:2
S 04 – Arminia Bielefeld 3:0
S 04 – Hagen 05 3:0
S 04 – Kurhessen Kassel 2:2
S 04 – Duisburger SV 2:2
S 04 – Fortuna Düsseldorf 3:4
Westdeutscher Vizemeister
Vorrunde z. Deutschen Meisterschaft:
1860 München – S 04 3:1

1927/28:
Ruhrgauliga, 1. Platz
Entscheidungsspiele um Ruhrgaumeisterschaft:
S 04 – ETB Schwarz-Weiß Essen 2:1
ETB Schwarz-Weiß Essen – S 04 2:4
Spiele um die Westdeutsche Meisterschaft:
S 04 – Hagen 72 2:0
S 04 – Preußen Krefeld 1:2
S 04 – Borussia Rheine 5:1

S 04 – Sülz 07 2:7
S 04 – SW Barmen 3:2
3. der Westdeutschen Meisterschaft
Vorrunde z. Deutschen Meisterschaft:
Hamburger SV – S 04 4:2

1928/29:
Ruhrgauliga, 1. Platz
Entscheidungsspiele um Ruhrgaumeisterschaft
S 04 – ETB Schwarz-Weiß Essen 0:0
ETB Schwarz-Weiß Essen – S 04 2:1
Spiele um die Westdeutsche Meisterschaft:
S 04 – SpVgg Herten 5:4
S 04 – Meidericher SV 3:2
S 04 – Hüsten 09 7:1
S 04 – Fortuna Düsseldorf 3:1
S 04 – Borussia Mönchengladbach 4:0
S 04 – Meidericher SV 2:1
Westdeutscher Meister
Vorrunde z. Deutschen Meisterschaft:
SC Wacker Leipzig – S 04 1:5
Hertha BSC – S 04 4:1

1929/30:
Sonderklasse Ruhr, 1. Platz,
Ruhrgaumeister
Spiele um die Westdeutsche Meisterschaft:
S 04 – Sülz 07 5:2
S 04 – Homberger SV 5:3
S 04 – Vfl Benrath 1:0
Westdeutscher Meister
Spiele um die Deutsche Meisterschaft:
S 04 – Arminia Hannover 6:2
1. FC Nürnberg – S 04 6:2
(Zwischenrunde)

1930/31:
Sonderklasse Ruhr, 4. Platz

1931/32:
Ruhrgauliga, 1. Platz
Entscheidungsspiel um Ruhrgaumeisterschaft:
S 04 – ETB Schwarz-Weiß Essen 4:2
Spiele um Westdeutsche Meisterschaft:
S 04 – Hüsten 09 2:0
S 04 – Meidericher SV 5:1
S 04 – Borussia Fulda 5:1
Westdeutscher Meister
Spiele um Deutsche Meisterschaft:
S 04 – SuBC Plauen 5:4 n.V.
S 04 – Hamburger SV 4:2
(Zwischenrunde)
Eintracht Frankfurt – S 04 2:1
(Vorschlußrunde)

1932/33:
Ruhrgauliga, 1. Platz
Entscheidungsspiel um Ruhrgaumeisterschaft:
S 04 – SV Höntrop 5:3
SV Höntrop – S 04 3:2
Spiele um Deutsche Meisterschaft:
S 04 – Viktoria 89 Berlin 4:1
S 04 – FSV Frankfurt 1:0
(Zwischenrunde)
S 04 – 1860 München 4:0
(Vorschlußrunde)
S 04 – Düsseldorf 0:3 (Finale)

1933/34:
Gauliga Westfalen, 1. Platz
Der Erstplazierte ist gleichzeitig Westfalenmeister
Gruppenspiele um die Deutsche Meisterschaft:
S 04 – VfL Benrath 0:1 2:0
S 04 – Werder Bremen 3:0 5:2
S 04 – TV Eimsbüttel 4:1 2:3
1. Platz in den Gruppenspielen
S 04 – SV Waldhof 5:2
(Vorschlußrunde)
S 04 – 1. FC Nürnberg 2:1 (Finale)
1. Deutsche Meisterschaft

1934/35:
Gauliga Westfalen, 1. Platz
Gruppenspiele um die Deutsche Meisterschaft:
S 04 – Eimbütteler TV 4:0 1:2
S 04 – Hannover 96 3:2 4:1
S 04 – SC Stettin 9:1 6:0
1. Platz in den Gruppenspielen
Polizei Chemnitz – S 04 2:3 (Vorschlußrunde)
VfB Stuttgart – S 04 4:6 (Finale)
2. Deutsche Meisterschaft

1935/36:
Gauliga Westfalen, 1. Platz
Gruppenspiele um die Deutsche Meisterschaft:
S 04 – Polizei Chemnitz 2:3 2:1
S 04 – Berliner SV 92 4:0 3:2
S 04 – Hindenburg Allenstein 7:0 4:1
1. Platz in den Gruppenspielen
S 04 – 1. FC Nürnberg 0:2 (Vorschlußrunde)
S 04 – Rasensport Gleiwitz 8:1 (Spiel um den 3. Platz)

1936/37:
Gauliga Westfalen, 1. Platz
Gruppenspiele um die Deutsche Meisterschaft:
S 04 – Werder Bremen 5:1 2:2
S 04 – Hertha BSC 2:1 2:1
S 04 – Viktoria Stolp 12:0 8:0
1. Platz in den Gruppenspielen
S 04 – VfB Stuttgart 4:2 (Vorschlußrunde)
S 04 – 1. FC Nürnberg 2:0 (Finale)
3. Deutsche Meisterschaft

1937/38:
Gauliga Westfalen, 1. Platz
Gruppenspiele um die Deutsche Meisterschaft:
S 04 – Berliner SV 92 3:0 1:1
S 04 – Dessau 05 6:1 6:0
S 04 – VfR Mannheim 1:2 2:2
1. Platz in den Gruppenspielen
S 04 – Fortuna Düsseldorf 1:0 (Vorschlußrunde)
S 04 – Hannover 96 3:3 n.V. (Finale)
S 04 – Hannover 96 3:4 n.V. (Wiederholungsspiel)

1938/39:
Gauliga Westfalen, 1. Platz
Gruppenspiele um die Deutsche Meisterschaft:
S 04 – CSC 03 Kassel 6:1 3:1
S 04 – Wormatia Worms 1:2 1:0
S 04 – Rasensport Gleiwitz 4:0 2:1
1. Platz in den Gruppenspielen
S 04 – Dresdner SC 3:3 n.V. (Vorschlußrunde)
S 04 – Dresdner SC 2:0 (Wiederh.-spiel)
S 04 – Admira Wien 9:0 (Finale)
4. Deutsche Meisterschaft

1939/40:
Gauliga Westfalen, 1. Platz
Gruppenspiele um die Deutsche Meisterschaft:
S 04 – Mülheimer SV 06 5:0 8:2
S 04 – CSC 03 Kassel 16:0 5:2
S 04 – Fortuna Düsseldorf 0:0 1:1
1. Platz in den Gruppenspielen
S 04 – SV Waldhof 3:1 (Vorschlußrd.)
S 04 – Dresdner SC 1:0 (Finale)
5. Deutsche Meisterschaft

1940/41:
Gauliga Westfalen, 1. Platz
Gruppenspiele um die deutsche Meisterschaft:
S 04 – Hannover 96 4:0 6:1
S 04 – Borussia Fulda 4:0 2:1
1. Platz in den Gruppenspielen
S 04 – Hamburger SV 3:0 0:1 (Entscheidungsrunde)

S 04 – VfL Köln 99 4:1 (Vorschlußrd.)
S 04 – Rapid Wien 3:4 (Finale)

1941/42:
Gauliga Westfalen, 1. Platz
Spiele um die Deutsche Meisterschaft:
Stade Düdelingen – S 04 0:2 (Ausscheidungsrunde)
S 04 – 1. FC Kaiserslautern 9:3 (Vorrunde)
S 04 – SS Straßburg 6:0 (Zwischenrd.)
S 04 – Kickers Offenbach 6:0 (Vorschlußrunde)
S 04 – Vienna Wien 2:0 (Finale)
6. Deutsche Meisterschaft

1942/43:
Gauliga Westfalen, 1. Platz
Spiele um die Deutsche Meisterschaft:
SV Kassel – S 04 8:1 (1. Vorrunde)
S 04 – Wilhelmshaven 05 4:1 (Vorrunde)
Holstein Kiel – S 04 4:1 (Zwischenrunde)

1943/44:
Gauliga Westfalen, 1. Platz
Spiele um die Deutsche Meisterschaft:
S 04 – TuS Neuendorf 5:0
KSG Duisburg – S 04 2:1

1947/48:
Oberliga West, 6. Platz

1948/49:
Oberliga West, 12. Platz
Abstieg durch Aufstockung der Liga verhindert

1949/50:
Oberliga West, 6. Platz

1950/51:
Oberliga West, 1. Platz
Gruppenspiele um die Deutsche Meisterschaft:
S 04 – FC St. Pauli 1:2
SpVgg Fürth – S 04 0:0
1. FC Kaiserslautern – S 04 1:0
S 04 – SpVgg Fürth 2:1
FC St. Pauli – S 04 0:1
S 04 – 1. FC Kaiserslautern 3:2
2. Platz in den Gruppenspielen

1951/52:
Oberliga West, 2. Platz
Gruppenspiele um die Deutsche Meisterschaft:
1. FC Saarbrücken – S 04 4:1
S 04 – Hamburger SV 3:0
S 04 – 1. FC Nürnberg 2:2
1. FC Nürnberg – S 04 4:2
S 04 – 1. FC Saarbrücken 2:4
Hamburger SV – S 04 8:2
4. Platz in den Gruppenspielen

1952/53:
Oberliga West, 6. Platz

1953/54:
Oberliga West, 3. Platz

1954/55:
Oberliga West, 5. Platz

1955/56:
Oberliga West, 2. Platz
Qualifikation für die Gruppenspiele:
S 04 – Hannover 96 2:1 n.V.
Gruppenspiele um die Deutsche Meisterschaft:
S 04 – 1. FC Kaiserslautern 3:1
S 04 – Karlsruher SC 0:3
1. FC Kaiserslautern – S 04 4:4
Hannover 96 – S 04 0:4
S 04 – Hannover 96 3:1
Karlsruher SC – S 04 3:2
2. Platz in den Gruppenspielen

1956/57:
Oberliga West, 4. Platz

1957/58:
Oberliga West, 1. Platz
Gruppenspiele um die Deutsche Meisterschaft:
S 04 – Eintracht Braunschweig 4:1
S 04 – Tennis Borussia Berlin 9:0
S 04 – Karlsruher SC 3:0
1. Platz in den Gruppenspielen
S 04 – Hamburger SV 3:0 (Finale)
7. Deutsche Meisterschaft

1958/59:
Oberliga West, 11. Platz

1959/60:
Oberliga West, 4. Platz

1960/61:
Oberliga West, 3. Platz

1961/62:
Oberliga West, 2. Platz
Qualifikation für die Gruppenspiele:
S 04 – Werder Bremen 4:1 n.V.
Gruppenspiele um die Deutsche Meisterschaft:
S 04 – Borussia Neunkirchen 3:2
S 04 – Tasmania Berlin 1:1
S 04 – 1. FC Nürnberg 1:3
3. Platz in den Gruppenspielen

1962/63:
Oberliga West, 6. Platz

1963/64:
Bundesliga, 8. Platz

1964/65:
Bundesliga, 16. Platz
Abstieg durch Aufstockung der Liga verhindert

1965/66:
Bundesliga, 14. Platz

1966/67:
Bundesliga, 15. Platz

1967/68:
Bundesliga, 15. Platz

1968/69:
Bundesliga, 7. Platz

1969/70:
Bundesliga, 9. Platz

1970/71:
Bundesliga, 6. Platz

1971/72:
Bundesliga, 2. Platz

1972/73:
Bundesliga, 15. Platz

1973/74:
Bundesliga, 7. Platz

1974/75:
1. Bundesliga, 7. Platz

1975/76:
1. Bundesliga, 6. Platz

1976/77:
1. Bundesliga, 2. Platz

1977/78:
1. Bundesliga, 9. Platz

1978/79:
1. Bundesliga, 15. Platz

1979/80:
1. Bundesliga, 8. Platz

1980/81:
1. Bundesliga, 17. Platz
Abstieg

1981/82:
2. Bundesliga, 1. Platz
Aufstieg

1982/83:
1. Bundesliga, 16. Platz
Relegationsspiele:
Bayer Uerdingen – S 04 3:1
S 04 – Bayer Uerdingen 1:1
Abstieg

1983/84:
2. Bundesliga, 2. Platz
Aufstieg

1984/85:
1. Bundesliga, 8. Platz

1985/86:
1. Bundesliga, 10. Platz

1986/87:
1. Bundesliga, 13. Platz

1987/88:
1. Bundesliga, 18. Platz
Abstieg

1988/89:
2. Bundesliga, 12. Platz

1989/90:
2. Bundesliga, 5. Platz

1990/91:
2. Bundesliga 1. Platz
Aufstieg

1991/92:
1. Bundesliga, 11. Platz

1992/93:
1. Bundesliga, 10. Platz

1993/94:
1. Bundesliga, 14. Platz

1994/95:
1. Bundesliga, 11. Platz

1995/96:
1. Bundesliga, 3. Platz

Schalke im Pokal

Saison 1934/35:
SpVgg Göttingen – S 04 1:5
S 04 – SV Kassel 8:0
Hannover 96 – S 04 2:6
S 04 – Vfl Benrath 4:1 (Viertelfinale)
S 04 – Freiburger FC 6:2 (Halbfinale)
1. FC Nürnberg – S 04 2:0 (Finale)

Saison 1935/36:
VfR Ruhrort – S 04 2:5
S 04 – SpVgg Röhlinghausen 2:0
VfB Stuttgart – S 04 0:0 n.V.
S 04 – VfB Stuttgart 6:0 (Wiederholungsspiel)
Werder Bremen – S 04 2:5 (Viertelfinale)
S 04 – FC Schweinfurt 05 3:2 (Halbfinale)
VfB Leipzig – S 04 2:1 (Finale)

Saison 1936/37:
Kickers Frankenthal – S 04 1:3
S 04 – RW Oberhausen 2:1
Eintracht Braunschweig – S 04 0:1 n.V.
S 04 – Berliner SV 92 3:1 (Viertelfinale)
S 04 – Waldhof Mannheim 2:1 (Halbfinale)
S 04 – Fortuna Düsseldorf 2:1 (Finale)
1. Pokalsieg

Saison 1937/38:
Victoria Hamburg – S 04 4:3

Saison 1938/39:
VfB Alsum – S 04 0:13
VfL Osnabrück – S 04 3:2

Saison 1939/40:
SpFr Halle – S 04 0:6
S 04 – Werder Bremen 5:0
SpVgg Fürth – S 04 2:1

Saison 1940/41:
RW Essen – S 04 1:2 n.V.
S 04 – Fortuna Düsseldorf 4:2
ETB Schwarz-Weiß Essen – S 04 1:5
S 04 – Austria Wien 4:1 (Viertelfinale)
S 04 – Holstein Kiel 6:0 (Halbfinale)
Dresdner SC – S 04 2:1 (Finale)

Saison 1941/42:
SV Hamborn 07 – S 04 0:2
Eintracht Frankfurt – S 04 0:6
S 04 – Westende Hamborn 4:1
SV Dessau 05 – S 04 0:4 (Viertelfinale)
S 04 – Werder Bremen 2:0 (Halbfinale)
TSV 1860 München – S 04 2:0 (Finale)

Saison 1942/43:
SpVgg Erfurt – S 04 0:4
S 04 – SpFr Katernberg 4:2
FV Saarbrücken – S 04 1:2 n.V. (Viertelfinale)
S 04 – Vienna Wien 2:6 (Halbfinale)

Saison 1952/53:
Borussia Neunkirchen – S 04 2:1

Saison 1954/55:
Jahn Regensburg – S 04 1:1
S 04 – Jahn Regensburg 6:4 (Wiederholungsspiel)
S 04 – Schweinfurt 05 1:1 n.V.

Schweinfurt 05 – S 04 0:1 (Wiederholungsspiel)
S 04 – Bremerhaven 93 2:0 (Viertelfinale)
S 04 – Kickers Offenbach 2:1 (Halbfinale)
Karlsruher SC – S 04 3:2 (Finale)

Saison 1961/62:
Holstein Kiel – S 04 3:4
S 04 – 1860 München 4:2
Fortuna Düsseldorf – S 04 3:2 (Halbfinale)

Saison 1962/63:
1860 München – S 04 3:2

Saison 1963/64:
Werder Bremen – S 04 0:2
Phönix Ludwigshafen – S 04 1:2
Eintracht Frankfurt – S 04 2:1 (Viertelfinale)

Saison 1964/65:
Schwaben Augsburg – S 04 5:7 n.V.
Eintracht Frankfurt – S 04 1:2
S 04 – VfB Stuttgart 4:2 (Viertelfinale)
Alemannia Aachen – S 04 4:3 n.V. (Halbfinale)

Saison 1965/66:
S 04 – Tennis Borussia Berlin 3:1 n.V.
MSV Duisburg – S 04 6:0

Saison 1966/67:
S 04 – Borussia Mönchengladbach 4:2
VfB Stuttgart – S 04 0:1
S 04 – Bayern München 2:3

Saison 1967/68:
Arminia Bielefeld – S 04 0:1
S 04 – Eintracht Braunschweig 2:3

Saison 1968/69:
RW Oberhausen – S 04 2:3 n.V.
S 04 – SV Alsenborn 3:1
S 04 – Alemannia Aachen 2:0 (Viertelfinale)
1. FC Kaiserslautern – S 04 1:1 n.V. (Halbfinale)
S 04 – 1. FC Kaiserslautern 3:1 (Wiederholungsspiel)
Bayern München – S 04 2:1 (Finale)

Saison 1969/70:
SV Alsenborn – S 04 1:5
S 04 – Hertha BSC 0:0 n.V.
Hertha BSC – S 04 4:0

Saison 1970/71:
Vfl Wolfsburg – S 04 2:2
S 04 – Vfl Wolfsburg 1:1 n.V. (3:1 im Elfmeterschießen)
S 04 – VfR Heilbronn 4:0
S 04 – RW Oberhausen 1:0 (Viertelfin.)
S 04 – 1. FC Köln 2:3 (Halbfinale)

Saison 1971/72:
S 04 – Hertha BSC 3:1*
Hertha BSC – S 04 3:0 (nicht gewertet)
Fortuna Düsseldorf – S 04 1:1
S 04 – Fortuna Düsseldorf 2:1
Borussia Mönchengladbach – S 04 2:2 (Viertelfinale)
S 04 – Borussia Mönchengladbach 1:0 (Viertelfinale)
1. FC Köln – S 04 4:1 (Halbfinale)
S 04 – 1. FC Köln 5:2 n.V. (Halbfinale)(6:5 im Elfmeterschießen)
S 04 – 1. FC Kaiserslautern 5:0 (Finale)
2. Pokalsieg

Saison 1972/73:
SV Südwest Ludwigshafen – S 04 1:3
S 04 – Südwest Ludwigshafen 3:1
S 04 – Borussia Mönchengladbach 0:2
Borussia Mönchengladbach – S 04 1:1

Saison 1973/74:
S 04 – Wattenscheid 09 1:2

Saison 1974/75:
SpVgg Bayreuth – S 04 1:2
S 04 – Hertha Zehlendorf 6:0
Fortuna Köln – S 04 2:0

Saison 1975/76:
VfB Oldenburg – S 04 0:6
S 04 – Borussia Dortmund 2:1
S 04 – Eintracht Braunschweig 1:2

Saison 1976/77:
SV Wiesbaden – S 04 1:3
S 04 – SG Ellingen/Bohnefeld 6:1
S 04 – FSV Frankfurt 1:0
S 04 – Eintracht Frankfurt 2:2 n.V. (Achtelfinale)
Eintracht Frankfurt – S 04 4:3 (Achtelfinale)

Saison 1977/78:
Göttingen 05 – S 04 0:2
S 04 – TSV Bleidenstadt 8:1
S 04 – Eintracht Frankfurt 1:0
S 04 – Hamburger SV 4:2
S 04 – Fortuna Düsseldorf 1:1 n.V. (Viertelfinale)
Fortuna Düsseldorf – S 04 1:0

Saison 1978/79:
1860 München – S 04 0:5
S 04 – VfB Stuutgart 3:2
Bayer Uerdingen – S 04 2:1

Saison 1979/80:
SpFr Eisbachtal – S 04 0:1
S 04 – KSV Baunatal 3:0
S 04 – Bonner SC 3:1
S 04 – Vfl Osnabrück 2:0 (Achtelfinale)
S 04 – SpVgg Bayreuth 3:1 (Viertelfin.)
S 04 – 1. FC Köln 0:2 (Halbfinale)

Saison 1980/81:
S 04 – Bayer Uerdingen 2:5

Saison 1981/82:
Hessen Kassel – S 04 4:1

Saison 1982/83:
S 04 – Hessen Kassel 1:0
FSV Mainz 05 – S 04 3:6 n.V.
S 04 – Arminia Bielefeld 2:2 n.V. (Achtelfinale)
Arminia Bielefeld – S 04 0:1 (Wiederholungsspiel)
1. FC Köln – S 04 5:0 (Viertelfinale)

Saison 1983/84:
S 04 – Fortuna Düsseldorf 3:0
SC Charlottenburg – S 04 0:3
S 04 – Karlsruher SC 2:1 (Achtelfinale)
Hertha BSC – S 04 3:3 n.V. (Viertelfinale)
S 04 – Hertha BSC 2:0 (Wiederholungsspiel)
S 04 – Bayern München 6:6 n.V. (Halbfinale)
Bayern München – S 04 3:2 (Wiederholungsspiel)

Saison 1984/85:
Olympia Bocholt – S 04 1:3
Borussia Dortmund – S 04 1:1 n.V.
S 04 – Borussia Dortmund 3:2 (Wiederholungsspiel)
Hannover 96 – S 04 1:0 (Achtelfinale)

Saison 1985/86:
SpFr Eisbachtal – S 04 0:1
S 04 – Borussia Mönchengladbach 3:2
Alemannia Aachen – S 04 1:2 n.V. (Achtelfinale)
VfB Stuttgart – S 04 6:2 (Viertelfinale)

Saison 1986/87:
FSV Mainz 05 – S 04 1:0

Saison 1987/88:
Eintracht Frankfurt – S 04 3:2

Saison 1988/89:
S 04 – Borussia Mönchengladb. 1:1 n.V.
Borussia Mönchengladbach – S 04 1:2 (Wiederholungsspiel)
Saar 05 Saarbrücken – S 04 3:3 n.V.
S 04 – Saar 05 Saarbrücken 7:1
S 04 – Borussia Dortmund 2:3

Saison 1989/90:
Vfl Osnabrück – S 04 3:1 n.V.

Saison 1990/91:
SpVgg Unterhaching – S 04 0:1
S 04 – Eintracht Braunschweig 4:0
Werder Bremen – S 04 3:1

Saison 1991/92:
RW Erfurt – S 04 2:1

Saison 1992/93:
SC Göttingen 05 – S 04 1:3
RW Essen – S 04 2:0

Saison 1993/94:
S 04 – VfL Bochum 1:0 n.V.
S 04 – Bayern München 2:3 n.V.

Saison 1994/95:
S 04 – HSV 3:2
1860 München – S 04 1:2 n.V. (Achtelfinale)
Borussia M'gladbach – S 04 3:2 (Viertelfinale)

Saison 1995/96:
SSV Vorsfelde – S 04 0:5
VfB Leipzig – S 04 0:1
1. FC Kaiserslautern – S 04 1:0

Schalke in Europa

Landesmeister 1958/59:
1. Runde:
Kopenhagen BK – S 04 3:0
S 04 – Kopenhagen BK 5:2 Klodt (2), Sadlowski, Brocker, Nowak
Entscheidungsspiel in Enschede:
S 04 – Kopenhagen BK 3:1 Siebert, Nowak, Klodt
2. Runde:
Wolverhampton Wanderers – S 04 2:2 Siebert, Koslowski
S 04 – Wolverhampton Wanderers 2:1 Kördel, Siebert
Viertelfinale:
Atletico Madrid – S 04 3:0
S 04 – Atletico Madrid 1:1 Nowak

Pokalsieger 1969/70:
1. Runde:
Shamrock Rovers – S 04 2:1 Pirkner
S 04 – Shamrock Rovers 3:0 Libuda, Pirkner, Wittkamp
2. Runde:
IFK Norrköpping – S 04 0:0
S 04 – IFK Norrköpping 1:0 Scheer
Viertelfinale:
Dinamo Zagreb – S 04 1:3 Pirkner, Fichtel, Becher
S 04- Dinamo Zagreb 1:0 Scheer
Halbfinale:
S 04 – Manchester City 1:0 Libuda
Manchester City – S 04 5:1 Libuda

Pokalsieger 1972/73:
1. Runde:
S 04 – Slavia Sofia 2:1 Rüssmann, Fischer
Slavia Sofia – S 04 1:3 Braun, Scheer, Lütkebohmert
2. Runde:
FC Cork Hibernians – S 04 0:0
S 04 – FC Cork Hibernians 3:0 Ehmke, Braun, E. Kremers
Viertelfinale:
S 04 – Sparta Prag 2:1 Ehmke, Rüssmann
Sparta Prag – S 04 3:0

UEFA-Pokal 1976/77:
1. Runde:
FC Porto – S 04 2:2 Fischer (2)
S 04 – FC Porto 3:2 Fichtel, Abramczik, Fischer
2. Runde:
Sportul Bukarest – S 04 0:1 Fischer
S 04 – Sportul Bukarest 4:0 Bongartz (2), Fischer (2)
3. Runde:
RWD Molenbeek – S 04 1:0
S 04 – RWD Molenbeek 1:1 Abramczik

UEFA-Pokal 1977/78:
1. Runde:
AC Florenz – S 04 0:0
S 04 – AC Florenz 2:1 Abramczik, H. Kremers
2. Runde:
1. FC Magdeburg – S 04 4:2 Demange, Abramczik
S 04 – 1. FC Magdeburg 1:3 E. Kremers

Die Schalke-Kader

1947 bis 1996

Berücksichtigt wurde nur, wer auch zum Einsatz kam

1947/48:
H. Klodt, Kwiatkowski - Bäcker, Berg, Bornemann, Burdenski, Dargaschewski, Dieckmann, Forstkamp, Karla, Klimmek, B. Klodt, Kostrewa, Kotzur, Kuzorra, Malinowski, Matzek, Preuß, Schlohnsack, Schmidtke, Schweißfurth, Scheuerl, Sontow, Szepan, Tibulski, Winkler

1948/49:
Kisker, Kwiatkowski - Augustin, Beverungen, Burdenski, Cremers, Dargaschewski, Dieckmann, Eppenhoff, Forstkamp, Groß, Grzella, Kalinowski, Karla, Klimmek, Kotzur, Kuzorra, Matzek, Matzkowski, Podgorski, Rüdinger, Schellhase, Schuh, Schlohnsack, Szepan, Tibulski, Winkler

1949/50:
Kwiatkowski - Behring, Dargaschewski, Ebert, Eppenhoff, Forstkamp, Grzella, Jahnel, Karla, Kretschmann, Klimmek, Malinowski, Matzek, Matzkowski, Sandmann, Thielert, Zwickhöfer

1950/51:
Kersting, Saalbach - Behring, Dargaschewski, Ebert, Eppenhoff, Forstkamp, Karla, Kleina, Klimmek, B. Klodt, Krause, Kretschmann, Malinowski, Matzek, Matzkowski, Sandmann, Zwickhöfer

1951/52:
Hartenstein, Kersting - Behring, Dargaschewski, Eppenhoff, Forstkamp, Kleina, Klimmek, B. Klodt, Krause, Kretschmann, Kuzniewski, Malinowski, Matzek, Matzkowski, Rappenberg, Schäfer, Siebert, Sokoll, Wilmovius, Zwickhöfer

1952/53:
Hartenstein, Kersting - Becker, Brokker, Cornelissen, Eppenhoff, Garten, Jagielski, Kleina, Klimmek, B. Klodt, Krause, Kretschmann, Kuzniewski, Laszig, Matzkowski, Rappenberg, Schäfer, Siebert, Wilmovius, Zwickhöfer

1953/54:
Kersting, Orzessek - Brocker, Eppenhoff, Garten, Harkener, Jagielski, Kapteina, Karsten, Klimmek, B. Klodt, Krämer, Kretschmann, Laszig, Matzkowski, Piontek, Sadlowski, Wilmovius, Zwickhöfer

1954/55:
Orzessek - Borutta, Brocker, Eppenhoff, Garten, Harkener, Hölzermann, Jagielski, Karsten, Klimmek, B. Klodt, Krämer, Kretschmann, Laszig, Matzkowski, Mecke, Monka, Piontek, Sadlowski, Soya, Vatter, Wilmovius, Zank, Zwickhöfer

1955/56:
Orzessek – Borutta, Brocker, Eppenhoff, Garten, Harkener, Jagielski, Karnhof, B. Klodt, Krämer, Koslowski, Kretschmann, Laszig, Matzkowski, Mecke, Piontek, Sadlowski, Siebert, Soya, Wilmovius, Zwickhöfer

1956/57:
Orzessek, Schneider – Borutta, Brokker, Garten, Harkener, Jagielski, Karnhof, B. Klodt, Kördell, Koslowski, Krämer, Kretschmann, Kreuz, H. Laszig, O. Laszig, Matzkowski, Sadlowski, Siebert, Soya

1957/58:
Orzessek, Schneider – Borutta, Brokker, Garten, Grabinski, Jagielski, Karnhof, B. Klodt, Kördell, Koslowski, Krämer, Kreuz, Kuhn, H. Laszig, O. Laszig, Matzkowski, Sadlowski, Siebert, Soya

1958/59:
Loweg, Orzessek – Berz, Borutta, Brocker, Grabinski, Hornig, Jagielski, Karnhof, Kleim, B. Klodt, Kördell, Koslowski, Kreuz, H. Laszig, O. Laszig, Lendzian, Nowak, Pierenkämper, Sadlowski, Siebert, Soya

1959/60:
Broden, Orzessek – Berz, Borutta, Brocker, Gerhardt, Jagielski, Karnhof, B. Klodt, Kördell, Koslowski, Kreuz, H. Laszig, O. Laszig, Lendzian, Mittrowski, Nowak, Soya, Zastrau

1960/61:
Broden, Orzessek – Becher, Berz, Brokker, Cramer, Gerhardt, Horst, Ipta, Jagielski, Karnhof, B. Klodt, Kördell, Koslowski, Kreuz, Kuster, H. Laszig, O. Laszig, Lendzian, Neumann, Nowak, Schulz, Soya, Zastrau

1961/62:
Broden, Schonz – Assmy, Becher, Berz, Gerhardt, Horst, Ipta, Karnhof, B. Klodt, Kördell, Koslowski, Kreuz, Kuster, Nowak, Schulz, Zastrau

1962/63:
Broden, Mühlmann, Schonz – Becher, Bechmann, Berz, Gerhardt, Horst, Ipta, Karnhof, Koslowski, Kraus, Kreuz, Libuda, Nowak, Rausch, Rodekamp, Schulz

1963/64:
Broden, Mühlmann – Becher, Bechmann, Berz, Gerhardt, Herrmann, Horst, Karnhof, Kleina, Klose, Koslowski, Kreuz, Lambert, Libuda, Matischak, Nowak, Rausch, Schulz

1964/65:
Mühlmann, Toth – Becher, Bechmann, Berz, Crawatzo, Gerhardt, Grau, Herrmann, Horst, Karnhof, Kleina, Klose, Koslowski, Kreuz, Libuda, Nowak, Rausch, Schulz

1965/66:
Broden, Elting, Mühlmann – Becher, Bechmann, Fichtel, Grams, Grau, Herrmann, Kleina, Klose, Kreuz, Lömm, Neuser, Pliska, Pyka, Rausch, Weikamp, Werner, Senger

1966/67:
Elting, Nigbur – Becher, Bechmann, Blechinger, Fichtel, Herrmann, Kirchwehm, Klose, Kraus, Kreuz, Neuser, Nikolic, Pliska, Pyka, Rausch, Senger

1967/68:
Elting, Nigbur – Becher, Blechinger,

Dittrich, Erlhoff, Fichtel, Höbusch, Klose, Kreuz, Neuser, Nikolic, Pliska, Pohlschmidt, Pyka, Rausch, Senger, Slomiany, Wittkamp

1968/69:
Elting, Nigbur – Becher, Erlhoff, Fichtel, Galbierz, van Haaren, Hasil, Höbusch, Kasperski, Lütkebohmert, Libuda, Michel, Neuser, Pohlschmidt, Rausch, Senger, Slomiany, Wittkamp

1969/70:
Elting, Nigbur – Becher, Erlhoff, Fichtel, Galbierz, van Haaren, Lütkebohmert, Libuda, Neuser, Pirkner, Pohlschmidt, Rausch, Rüssmann, Scheer, Senger, Slomiany, Sobiray, Wittkamp, Wüst

1970/71:
Burdenski, Nigbur – Becher, Beverungen, Fichtel, Fischer, Galbierz, van Haaren, Kuczmierz, Lütkebohmert, Libuda, Pfeiffer, Pirkner, Pohlschmidt, Rausch, Rüssmann, Scheer, Senger, Sobiray, Wittkamp, Wüst

1971/72:
Nigbur, Pabst – Beverungen, Braun, Fichtel, Fischer, van Haaren, Holz, Huhse, E. Kremers, H. Kremers, Lütkebohmert, Libuda, Manns, Rüssmann, Scheer, Sobiray

1972/73:
Nigbur – van den Berg, Beverungen, Braun, Budde, Dubski, Ehmke, Fichtel, Frey, Holz, Huhse, Klein, Kosien, E. Kremers, H. Kremers, Lütkebohmert, Manns, Rüssmann, Scheer

1973/74:
Nigbur, Pabst – R. Abramczik, van den Berg, Beverungen, Budde, Dubski, Ehmke, Fichtel, Fischer, Holz, Huhse, Klein, Krauthausen, E. Kremers, H. Kremers, Libuda, Lütkebohmert, Rüssmann, Scheer, Sobiray, Thiele

1974/75:
Endrulat, Nigbur – R. Abramczik, van den Berg, Bongartz, Budde, Dubski, Fichtel, Fischer, Huhse, Klein, Krauthausen, E. Kremers, H. Kremers, Libuda, Lütkebohmert, Rüssmann, Scheer, Sobiray, Thiele

1975/76:
Mutibaric, Nigbur – R. Abramczik, van den Berg, Bittcher, Bongartz, Bruns, Dubski, Elgert, Fichtel, Fischer, Gede, E. Kremers, H. Kremers, Lütkebohmert, Oblak, Rüssmann, Schipper, Schonhoff, Schütte, Sobiray, Thiele

1976/77:
Maric, Schubert – R. Abramczik, Bittcher, Bongartz, Dörmann, Dubski, Fichtel, Fischer, Gede, Höfer, E. Kremers, H. Kremers, Lander, Lütkebohmert, Oblak, Rüssmann, Schipper, Schütte, Sobiray, Thiele

1977/78:
Groß, Maric – R. Abramczik, Bittcher, Bongartz, Demange, Dörmann, Dubski, Fichtel, Fischer, E. Kremers, H. Kremers, Lander, Larsson, Lütkebohmert, Ritschel, Rüssmann, Schipper, Sobiray, Suurbier, Thiele, Wagner

1978/79:
Groß, Sandhofe – R. Abramczik, Bittcher, Demange, Dörmann, Dubski, Elgert, Fichtel, Fischer, Höfer, E. Kremers, H. Kremers, Kruse, Lander, Larsson, Lütkebohmert, Rüssmann, Schipper, Sobiray, Thiele, Tönnies, Wagner

1979/80:
Nigbur, Sandhofe – R. Abramczik, Berkemeier, Bittcher, Boljat, Drexler, Dzoni, Elgert, Fichtel, Fischer, Geier, Höfer, H. Kremers, Kruse, Opitz, Rüssmann, Schröder, Thiele, Tönnies, Wuttke

1980/81:
Nigbur, Sandhofe – Bär, Bittcher, Danner, Drexler, Dzoni, Elgert, Fischer, Geier, Höfer, Jara, Kruse, Kügler, Mangold, Opitz, Rüssmann, Sandt, Schröder, Siewert, Szymanek, J. Täuber, Thiele, Tönnies, Winkel, Wuttke

1981/82:
Nigbur – V. Abramczik, Bittcher, Bükker, Drexler, Elgert, Geier, Holcer, Janzon, Kruse, Kügler, Opitz, Siewert, Stichler, Szymanek, Thiele, Tüfekci, Winkel

1982/83:
Junghans, Nigbur – Abel, V. Abramczik, Bittcher, Bücker, Clute-Simon, Dietz, Drexler, Geier, Janzon, Kruse, Kügler, Lorant, Opitz, Schipper, Stichler, Tüfekci, Wuttke

1983/84:
Junghans, Macak – Abel, R. Abramczik, Berge, Bücker, Clute-Simon, Dierssen, Dietz, Drexler, Geier, Jakobs, Kruse, Opitz, Schipper, Skibbe, Stichler, K. Täuber, Thon

1984/85:
Junghans, Macak – Dierssen, Dietz, Eilenfeldt, Fichtel, Hartmann, Jakobs, Kleppimger, Kruse, Memering, Opitz, Schatzschneider, Schipper, Skibbe, Stichler, K. Täuber, Thon

1985/86:
Junghans – Dierssen, Dietz, Fichtel, Hartmann, Jakobs, Kleppinger, Kruse, Marquardt, Opitz, Regenbogen, Roth, Schatzschneider, Schipper, Skibbe, K. Täuber, Thon

1986/87:
Junghans, Macak – Bistram, Dierssen, Dietz, Fichtel, Grabosch, Hannes, Jakobs, Kleppinger, Kruse, Marquardt, Opitz, Patzke, Prus, Regenbogen, Roth, Schipper, K. Täuber, St. Täuber, Thon, Wegmann

1987/88:
Heimen, Schumacher – R. Abramczik, Berge, Bistram, Edelmann, Fichtel, Giesel, Götz, Goldbaek, Hannes, Herrmann, Jakobs, Klinkert, Kruse, Marquardt, Mielers, Mirbach, Nielsen, Opitz, Patzke, Prus, Schipper, Thon, Tschiskale, C.D. Wollitz, M. Wollitz

1988/89:
Lehmann, Vollack – Anderbrügge, Belarbi, Edelmann, Figas, Fonfara, Gaßmann, Goldbaek, Igler, Klinkert, Kotas, Luginger, Marell, Marquardt, Mielers, Müller, Nielsen, Prus, Schlipper, Wassmer, M. Wollitz

1989/90:
Lehmann, Vollack – Anderbrügge, Belarbi, Bieber, Borodjuk, Edelmann, Flad, Goldbaek, Herget, Kortmann, Kotas, Ljuty, Luginger, Marquardt, Mielers, Müller, Prus, Ruthmann, Schacht, Schlipper, Sendscheid, Wildoer

1990/91:
Lehmann, Welp – Anderbrügge, Borodjuk, Eigenrauch, Flad, Güttler, Kroninger, Ljuty, Luginger, Mademann, Mihajlovic, Müller, Prus, Ruthmann,

Schacht, Schlipper, Sendscheid, Wörsdörfer, Zechel

1991/92:
Lehmann, Welp – Anderbrügge, Borgmeier, Borodjuk, Bürger, Christensen, Eigenrauch, Flad, Freund, Gaber, Gredig, Güttler, Herzog, Kroninger, Leifeld, Luginger, Mademann, Mihajlovic, Müller, Prus, Schacht, Schierenberg, Schlipper, Schwiderowski, Sendscheid

1992/93:
Gehrke, Lehmann – Anderbrügge, Borodjuk, Büskens, Christensen, Eigenrauch, Freund, Güttler, Herzog, Hey, Leifeld, Linke, Luginger, Mademann, Mihajlovic, Müller, Prus, Scherr, Schlipper, Sendscheid, Spanring

1993/94:
Gehrke, Lehmann – Anderbrügge, Bester, Borgmeier, Borodjuk, Büskens, Deering, Dikhtiar, Eckstein, Eigenrauch, Güttler, Herzog, Hey, Komljenovic, Linke, Luginger, Müller, Mulder, Nemec, Pereira, Prus, Scherr, Schierenberg, Sendscheid

1994/95:
Lehmann – Anderbrügge, Bester, Bettenstaedt, Bruckmann, Büskens, Dikhtiar, Eckstein, Eigenrauch, Herzog, Kohn, Ksienzyk, Latal, Linke, Müller, Mulder, Nemec, Pereira, Prus, Scherr, Schierenberg, Thon

1995/96:
Albracht, Lehmann – Anderbrügge, Büskens, Dooley, Eigenrauch, Held, Ksienzyk, Kurz, Latal, Linke, Max, Müller, Mulder, Nemec, Prus, Scherr, Schön, Thon, Wagner, Weidemann

Nationalspieler des FC Schalke 04

Abramczik, Rüdiger (19/2)
Berg, Walter (1/0)
Bongartz, Hannes (4/0)
Burdenski, Herbert (3/1)
Eppenhoff, Hermann (3/3)
Fichtel, Klaus (23/1)
Fischer, Klaus (30/23)
Gellesch, Rudolf (20/1)
Herrmann, Günther (2/0)
Klodt, Bernhard (19/3)
Klodt, Hans (17/0)
Kördell, Heiner (1/0)
Koslowski, Willi (3/1)
Kremers, Erwin (15/3)
Kremers, Helmut (8/0)
Kuzorra, Ernst (12/7)
Libuda, Reinhard (24/3)
Nigbur, Norbert (6/0)
Nowak, Hans (15/0)
Pörtgen, Ernst (3/5)
Rüssmann, Rolf (20/1)
Schulz, Willi (22/0)
Szepan, Fritz (34/8)
Thon, Olaf (28/2)
Tibulski, Hans (1/0)
Tibulski, Otto (2/0)
Urban, Adolf (21/11)

Zuschauerkurve in der Bundesliga

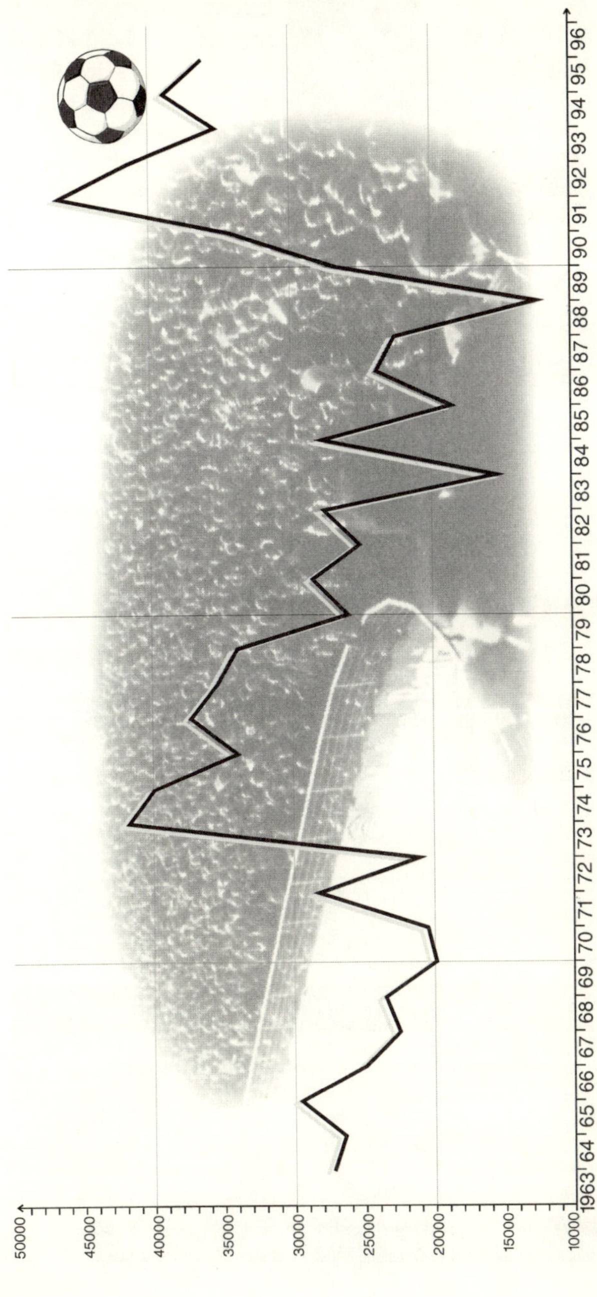

1963/64: 27.300
1964/65: 26.500
1965/66: 29.900
1966/67: 25.200
1967/68: 22.800

1968/69: 23.400
1969/70: 20.100
1970/71: 20.600
1971/72: 28.500
1972/73: 21.200

1973/74: 42.000
1974/75: 40.000
1975/76: 34.100
1976/77: 37.500
1977/78: 35.600

1978/79: 34.200
1979/80: 26.200
1980/81: 28.500
1981/82: 25.600
1982/83: 27.900

1983/84: 15.600
1984/85: 28.100
1985/86: 18.900
1986/87: 24.200
1987/88: 23.000

1988/89: 12.500
1989/90: 27.000
1990/91: 34.500
1991/92: 46.800
1992/93: 41.700

1993/94: 35.400
1994/95: 39.200
1995/96: 36.500

Präsidenten

Willy Gies /	
Gerhard Klopp	1904-1909
Heinrich Hilgert	1909-1912
Gerhard Klopp	1912-1914
(Leiter der Fußballabteilung im TV Schalke 1877)	
Robert Schuermann	1915-1916
Christine Schuermann	1916-1917
Fritz Unkel	1919-1924
(Leiter der Fußballabteilung im TuS Schalke 1877)	
Fritz Unkel	1924-1939
Heinrich Tschenscher	1939-1940
Heinrich Pieneck	1940-1945
Dr. Lenig	1945-1947
Josef Wietfeld	1947-1950
Albert Wildfang	1950-1953
Albert Möritz	1953-1958
Dr. Georg König	1958-1964
Fritz Szepan	1964-1967
Günter Siebert	1967-1976
Dr. Karl-Heinz Hütsch	1976-1978
Günter Siebert	1978-1979
Dr. Hans-Joachim Fenne	1980-1986
Günter Siebert	1986-1988
Michal Zylka	1988
Günter Eichberg	1989-1994
Bernd Thönnies	1994
Helmut Kremers	1994
Gerd Rehberg	seit 1994

Mitglieder

1904	16
1907	40
1914	60
1930	802
1974	3.200
1984	5.100
1990	10.000
1991	13.000
1996	16.500

Trainer

Heinz Ludewig	1926-1927
Gustav Wieser	1927-1929
Kurt Otto	1929-1930
(August Sobottka leitet das Training während der Sperre 1930/31)	
Hans Sauerwein	1931-1932
Kurt Otto	1932-1933
Hans (Bumbes) Schmidt	1933-1938
Otto Faist	1938-1942
Willi Schäfer	1947-1948
Theo Langel	1948
Ferdl Swatosch	1948-1949
Fritz Szepan	1949-1954
Edi Frühwirth	1954-1959
Nandor Lengyl	1959-1961
Georg Gawliczek	1961-1964
Fritz Langner	1964-1967
Karl-Heinz Marotzke	1967
Günter Brocker	1967-1968
Rudi Gutendorf	1968-1970
Slobodan Cendic	1970-1971
Ivica Horvat	1971-1975
Max Merkel	1975-1976
Friedel Rausch	1976-1977
Uli Maslo	1977-1978
Ivica Horvath	1978-1979
Gyula Lorant	1979
Dietmar Schwager	1979-1980
Fahrudin Jusufi	1980-1981
Rudi Assauer	1981
Siegfried Held	1982-1983
Jürgen Sundermann	1983
Diethelm Ferner	1984-1986
Rolf Schafstall	1986-1987
Horst Franz	1987-1988
Diethelm Ferner	1988-1989
Peter Neururer	1989-1990
Aleksandar Ristic	1991-1992
Klaus Fischer	1992
Udo Lattek	1992-1993
Helmut Schulte	1993
Jörg Berger	seit 1993

Literatur

(Auswahl)

Baroth, Hans Dieter, „Jungens, euch gehört der Himmel!“ Die Geschichte der Oberliga West 1947-1963 (Essen 1988)

Bausenwein, Christoph, Geheimnis Fußball (Göttingen 1995)

Becker, Peter; Pilz, Gunter A., Die Welt der Fans (München 1988)

Berns, Heinz; Wiersch, Hermann, Das Buch vom Deutschen Fußballmeister. Fritz Szepan und Ernst Kuzorra. Die Geschichte zweier Mannen und einer Mannschaft (Essen 1936)

Böttiger, Helmut, Kein Mann, kein Schuß, kein Tor. Das Drama des deutschen Fußballs (München 1993)

Gehrmann, Siegfried, Fußball, Vereine, Politik. Zur Sportgeschichte des Reviers 1900-1940 (Essen 1988)

Hering, Hartmut; Klaus, Michael (Hg.), Und das ist unsere Geschichte. Gelsenkirchener Lesebuch (Oberhausen 2. Aufl. 1985)

Hermann, Wilhelm und Gertrude, Die alten Zechen an der Ruhr (Königstein 3. Aufl. 1990)

Homann, Ulrich; Thoman, Ernst (Hg.), Als die Ente Amok lief. Geschichten aus den ersten 10 Jahren Fußball-Bundesliga 1963-1973 (Essen 1989)

Homann, Ulrich; Nöllenheidt, Achim (Hg.), Don Hennes und die Liebe zur Liga. Geschichten aus der Bundesliga 1973-1982 (Essen 2. Aufl. 1994)

Holz, Helmut (Hg.), Der blau-weiße Kreisel. Ernst Kuzorra erinnert sich (Gelsenkirchen o.J.)

Horak, Roman; Reiter, Wolfgang (Hg.), Die Kanten des runden Leders. Beiträge zur europäischen Fußballkultur (Wien 1991)

Huizinga, Johan, Homo ludens. Vom Ursprung der Kultur im Spiel (Hamburg 1981)

Konzen, Peter (Redaktion), 50 Jahre Schalke 04 (Gelsenkirchen 1954)

Kropp, Matthias, Deutschlands große Fußballmannschaften. Teil 1: Schalke 04. Daten, Fakten, Bilder (Kassel 2. Aufl. 1995)

Landefeld, Harald (Red.), Auf Schalke. Fußball total (Gelsenkirchen 1991)

ders., (Redaktion), FC Schalke 04. 75 Jahre Fußballgeschichte (Gelsenkirchen 1979)

Lindner, Rolf (Hg.), Der Satz „Der Ball ist rund“ hat eine gewisse philosophische Tiefe. Sport, Kultur, Zivilisation (Berlin 1983)

Lindner, Rolf; Breuer, Heinrich Th., „Sind doch nicht alles Beckenbauers.“ Zur Sozialgeschichte des Fußballs im Ruhrgebiet (Frankfurt 1978)

Osieck, Holger, Geschichte und Struktur des FC Schalke 04 auf dem Hintergrund der gesamtstädtischen Entwicklung Gelsenkirchens (Examensarbeit Essen 1978)

Raap, Rainer (Hg.), Das Schalke-Buch von den Fans zum Aufstieg (Köln 1991)

ders. (Hg.), Die Fanfreundschaft zwischen den Schalkern und Nürnbergern (Köln 1992)

ders. (Hg.), Die Fußballfans aus dem Revier (Köln 1993)

Röwekamp, Georg; Ballnus, Daniel, Schwarz und Weiß, das sind die Farben... Die Geschichte der SG Wattenscheid 09 von den Anfängen bis heute (Gelsenkirchen 1993)

Schümer, Dirk, Gott ist rund. Die Kultur des Fußballs (Berlin 1996)

Schulze-Marmeling, Dietrich, Der gezähmte Fußball. Zur Geschichte eines subversiven Sports (Göttingen 1992)

ders., Borussia Dortmund. Der Ruhm, der Traum und das Geld (Göttingen 1994)

ders. (Hg.) Holt euch das Spiel zurück. Fans und Fußball (Göttingen 1995)

Schweer, Joachim, Das Revierderby Schalke – Dortmund (Kassel 1995)

Seel, Martin, Die Zelebration des Unvermögens – Zur Ästhetik des Sports, in: Merkur 2 (Februar 1993)

So ein Tag... Die Spielberichte über die legendären Spiele des FC Schalke 04 von 1963 bis heute aus: Westdeutsche Allgemeine Zeitung (Köln 1991)

Steiniger, Andreas (Redaktion), FC Schalke 04. 90 Jahre 1904-1994 (Gelsenkirchen 1994)

Teichler, Hans Joachim; Hauk, Gerhard (Hg.), Illustrierte Geschichte des Arbeitersports (Berlin 1987)

Teske, Hans-Joachim, FC Gelsenkirchen-Schalke 04. Zur Sozialgeschichte eines Fußballvereins in einer Industrieregion 1904-1944. Hausarbeit zur ersten Staatsprüfung für das Lehramt für die Sekundarstufe I (Essen 1977)

Zebandt, Claudia, ...am Anfang stand das Reck. Geschichtliche Entwicklung des Sports in Gelsenkirchen (Gelsenkirchen 1990)

Zum Autor

Georg Röwekamp, Jahrgang 1959, lebt in Gelsenkirchen und arbeitet als freier Autor sowie als wissenschaftlicher Mitarbeiter der Universität Bochum. Neben Reiseführern verfaßte er zahlreiche Beiträge zur Geschichte der Fußballvereine im Ruhrgebiet.

Fotonachweis

Stadtarchiv Gelsenkirchen: 39, 41, 43 (u), 53, 57, 79, 85, 87o, 117, 133, 159, 197 (u), 207, 287.

Klaus Wieschus: Seiten 7, 27, 129 (l), 191, 215, 217, 219, 223, 225, 229, 235, 239, 241, 251, 255, 263, 274/275, 281, 291, 301, 304, 305 (r), 306, 317.

Alfred Winter: Seiten 155, 165, 169, 171, 175, 177, 197(o), 221, 231, 243, 261 (u).

Heinz Kersting: Seiten 142/143, 144, 145, 146, 149, 161, 305 (l), 309.

Heinz van Haaren: Seiten 183, 185, 188, 307.

Horst Müller: Seiten 179, 180, 201, 245.

Georg Röwekamp: Seiten 37, 43o, 47, 87 (u).

Bodo Berg: Seiten 115, 228, 261 (o).

Thorsten Marquardt: Seite 266.

Deutsche Presseagentur: Seite 103.

Umschlagfotos:
Horst Müller (Vorderseite); Archiv Bodo Berg (Rückseite).